21世纪高职高专财经类规划教材
21SHIJI GAOZHIGAOZHUAN CAIJINGLEI GUIHUA JIAOCAI

公共关系理论与实务

Gonggong guanxi lilun yu shiwu

吴少华 ◎ 主编　邵运川 王泉 王海霞 ◎ 副主编
周朗天 孙普 ◎ 主审

21SHIJI GAOZHIGAOZHUAN CAIJINGLEI GUIHUA JIAOCAI

人民邮电出版社
北京

图书在版编目（CIP）数据

公共关系理论与实务 / 吴少华 主编. -- 北京 ：
人民邮电出版社，2015.5（2019.6重印）
21世纪高职高专财经类规划教材
ISBN 978-7-115-38147-7

Ⅰ. ①公… Ⅱ. ①吴… Ⅲ. ①公共关系学－高等职业
教育－教材 Ⅳ. ①C912.3

中国版本图书馆CIP数据核字(2014)第311927号

内容提要

全书共分 11 章，涉及公共关系概述、公共关系机构和人员、公共关系客体、公共关系传播、公共关系工作程序、公共关系形象塑造、公共关系礼仪、公共关系谈判、公共关系写作、公共关系专题活动、公共关系危机管理等内容。每章内容按照导读案例、基本内容、复习思考、案例分析、综合实训等模式进行编排。

为了便于学生理解和掌握所学知识和技能，拓展学生的知识视野，除在教材内设置了相应的案例分析、拓展阅读辅助资料外，还用链接及二维码给出了一些网络参考资料。

本书提供课件、教案、练习题答案、补充教学案例和模拟试卷等配套资料，索取方式参见“配套资料索取说明”。

本书可作为高职高专经管类专业的教材，也可作为企事业组织管理者及公共关系爱好者的读物。

◆ 主　　编　吴少华
副 主 编　邵运川　王　泉　王海霞
主　　审　周朗天　孙　普
责任编辑　万国清
责任印制　杨林杰

◆ 人民邮电出版社出版发行　　北京市丰台区成寿寺路 11 号
邮编　100164　　电子邮件　315@ptpress.com.cn
网址　http://www.ptpress.com.cn
三河市君旺印务有限公司印刷

◆ 开本：787×1092　1/16
印张：15.75　　2015 年 5 月第 1 版
字数：403 千字　　2019 年 6 月河北第 7 次印刷

定价：38.00 元

读者服务热线：(010) 81055256　印装质量热线：(010) 81055316
反盗版热线：(010) 81055315
广告经营许可证：京东工商广登字 20170147 号

前言

公共关系学是以公共关系的客观现象和活动规律为研究对象的一门综合性的应用学科，是研究组织与公众之间传播与沟通的行为、规律和方法的一门学科。公共关系学是一门新兴的交叉学科，是建立在传播学、管理学、行为科学三大学科基础之上的一门揭示组织公共关系状态、公共关系活动规律的科学。公共关系学是随着我国社会的进步、经济的发展形成的一门新兴的应用性很强的学科，适用于个人及任何组织。公共关系是组织为了在公众中树立良好形象，运用传播、沟通媒介和手段，与公众结成的利益一致的社会关系。在当今经济社会生活中，公共关系作为一种管理职能、经营策略、传播行为和现代交往方式已广泛应用于各类组织的经营、管理活动之中，正发挥着越来越重要的作用。编写本教材的目的是适应社会需要，培养更多的应用型、复合型、掌握一定专业技能的高级人才，从而为实现高等职业教育的目标服务。教材内容具体，体例编排新颖、独特，突出实用性，注重能力培养。本教材适合作为高职高专院校教材，也可作为相关人员的学习、参考用书。

本书在借鉴和引用国内外大量的公共关系研究成果的基础上，结合我国实际，对公共关系的基本原理、方法及应用进行了比较详细的阐述。全书共分 11 章，涉及公共关系概述、公共关系机构和人员、公共关系客体、公共关系传播、公共关系工作程序、公共关系形象塑造、公共关系礼仪、公共关系谈判、公共关系写作、公共关系专题活动、公共关系危机管理等内容。

本书着眼于组织的实际情况，从高职院校的教学需要出发，本着工学结合的原则较系统地介绍公共关系的理论和方法。在编写过程中，以前瞻性、新颖性、实用性和操作性为原则，既博采众家之长，又力求突破与创新，以实现以下编写思路。

（1）以实际工作需求调整教材内容。本书中部分案例采自企业实践，同时根据多家企业调研结果对理论内容进行了调整，以使本书内容更符合企业实际工作需要。

（2）各章按照导读案例、基本内容、本章小结、练习题（含案例分析）、综合实训模式进行编排，以利于学生更好地理解公共关系理论以及尽快掌握公共关系实务。

（3）以章前引例和正文内相关的小栏目调动并保持读者学习兴趣，以求学习和教学效果最大化。

（4）利用网页链接及其二维码扩展读者的阅读范围、增强阅读的趣味性，所涉及的网络资源包括推荐网站、文章、案例、教学视频、新闻视频等。

（5）课后设置内容丰富的练习题和具有较强可操作性的实训内容，帮助读者纠正、弥补和巩固所学知识和技能。

（6）为方便学生学习和教师授课，本书提供电子课件、电子教案、练习题答案、补充教学案例和模拟试卷等配套资料，索取方式参见“配套资料索取说明”。

本书由江苏食品职业技术学院吴少华任主编，江苏食品职业技术学院周朗天、涟水县职业技术教育中心孙普担任主审，江苏食品职业技术学院邵运川、王泉、王海霞任副主编。具体分工如下：第一章、第二章及教材辅助资料等由吴少华编写；第三章、第四章、第五章由王海霞编写；第六章由王泉编写；第七章、第八章由王泉和吴少华编写；第九章、第十章、第十一章由邵运川编写。此外，涟水县职业技术教育中心和江苏中央新亚百货股份有限公司提供了部分公共关系案例分析等资料。

在本书的编写过程中，我们借鉴和引用了国内外学者们的大量研究成果，在此向他们表示衷心的感谢。由于编者水平有限，书中不足之处在所难免，恳请各相关高职院校和读者朋友在使用本教材的过程中给予关注，并将意见和建议及时反馈给我们，以便修订时完善。

编　者

2014 年 9 月

目录

第一章

公共关系概述

学习目标

知识目标：掌握公共关系的概念及特征，了解公共关系学的研究对象和内容，了解公共关系的起源，了解公共关系在西方和中国的发展。

能力目标：初步掌握公共关系的学习方法，掌握公共关系的要素和特征。

教学导入案例

2013 年 12 月 2 日中国成功发射“嫦娥三号”卫星。“嫦娥三号”携带中国第一部月球车实现了中国首次月面软着陆，这是中国国家航天局嫦娥工程第二阶段的登月探测，是该工程的一个标志性事件。

如果你是国内某电器企业集团大型活动的策划者，该集团计划以“铭记这一历史时刻，激发民众对航天科技活动的参与热情”为由，在“嫦娥三号”发射前夕举行主题为“嫦娥奔月，梦想成真”的大型活动，面向全国公众征集个人梦想，通过这一活动支持中国航天事业的发展，同时扩大企业的影响，塑造良好的企业形象，你将如何运作？为何该集团会组织这一活动？

教学导入案例中，该集团所组织的“嫦娥奔月，梦想成真”活动应该说和其业务并无实质关系，且应该不会带来直接的经济效益，但这类活动却是众多企业所热衷的。为什么企业会热衷于这类和本身业务无直接关系的活动？这就是本课程所研讨的“公共关系”，企业借助良好的公共关系可间接实现经济目标是企业举办类似活动的动力所在。

那么什么是公共关系？公共关系是如何产生和发展的？正是本章所探讨的内容。

第一节　公共关系理论

公共关系一词源自英文的 public relations。public 意为“公共的”“公开的”“公众的”，relations 即“关系”之谓，两词合起来用中文表述便是“公共关系”，有时候又称“公众关系、机构传讯”，简称 PR 或公关。公共关系是一项管理功能，制定政策及程序来获得公众的谅解和接纳。

拓展阅读

1989 年上映的《公关小姐》选取了一个相当精巧的角度，就是把主角设计成一个来自中国香港的公关人士，这样一部吸取了香港电视连续剧优点的都市言情剧就有了一个宏大的背景，“一国两制”的政策已经提出，香港回归的脚步正逐渐接近，人们对香港文化的了解正在一步步加强，这样的角度让《公关小姐》在与港产剧的竞争上占据了天然的优势。同时，电视剧中的“广味”又使《公关小姐》的影响远不止在影视领域，《公关小姐》带旺了一个刚刚兴起的行业，同时又把广州的形象以及岭南的文化推向了全国。

一、公共关系定义

公共关系（public relation）是指某一组织为改善与社会公众的关系，促进公众对组织的认识、理解及支持，达到树立良好组织形象、促进商品销售目的的一系列公共活动。公共关系的含义是指这种管理职能：评估社会公众的态度，确认与公众利益相符合的个人或组织的政策与程序，拟定并执行各种行动方案，提高主体的知名度和美誉度，改善形象，争取相关公众的理解与接受。

课堂讨论

你是否见过以下的公关情景。

公关活动：新闻发布会、行业研讨会、企业专访、经销商会议等相关公关活动的策划、组织、执行和传播；

日常传播：根据企业传播需求，按一定的周期策划、组织、撰写公关稿件在指定的媒体内进行沟通、发布、跟踪、反馈、收集；

公关监测：按照企业需求，对其自身及竞争对手企业的传播状况进行监测、收集和统计分析；

危机公关：针对企业可能出现和已经出现的舆论负面新闻，制订媒体响应对策和响应机制，最大化地降低其对公司经营和发展产生的影响；

其他服务：就企业遇到的特殊公共关系问题有针对性地展开公关策划及执行。

1. 公共关系含义的层次

公共关系到底有几层含义，目前还未形成一个世界公认的看法，对其含义的理解和定义的表述是多层次的。**人们普遍认为它既可以是一种状态，又可以是一种活动，还可以是一种学说，更可以是一种观念和职业。**

（1）任何组织都处在一定的公共关系状态之中，这是一种客观存在的形态。

（2）组织的公共关系活动是一个组织长期进行社会交往、沟通信息、广结良缘、树立自身良好形象的过程，它表现为日常公共关系活动和专项公共关系活动两大类。

（3）公共关系观念它影响和指导着个人或组织决策与行为的价值取向，从而反作用于人们的公共关系活动，并间接影响实际的公共关系状态。公共关系观念主要有形象观念、公众观念、传播观念、协调观念、互惠观念。此外，公共关系观念还包括团队观念、创新观念、服务观念、社会观念等。

（4）就学科特点而言，公共关系学不仅是一门应用性很强的边缘性学科，在理论上又是一个综合性、交叉性的学科，涉及的学科有社会学、哲学、政治学、经济学、传播学、管理学、营销学、伦理学、心理学等，是以传播学和管理学为基础建立起的新兴学科。

（5）公共关系职业任务是协调社会组织与公众的关系，塑造组织良好的社会形象，以促进组织不断发展和完善。公共关系职业产生于 1903 年，人们通常把美国的新闻记者艾维·李尊为“现代公共关系之父”。事实上，这里的“公共关系”主要是指公共关系职业。**正是由于艾维·李在 1903 年开始从事为组织树立形象的公关工作，并于次年创办了一家公共关系咨询事务所，公开对外营业，社会上才出现了公共关系职业。**

2. 公共关系的性质

公共关系是社会关系的一种表现形态，科学形态的公共关系与其他任何关系都不同，有其独特的性质，了解这些特性有助于我们加深对公共关系概念的理解。

（1）**情感性**。公共关系是一种创造美好形象的艺术，它强调的是成功的人和环境、和谐的人事气氛、最佳的社会舆论，以赢得社会各界的了解、信任、好感与合作。我国古人办事讲究“天时、地利、人和”，把“人和”作为事业成功的重要条件。公共关系就是要追求“人和”的境界，为组织的生存、发展或个人的活动创造最佳的软环境。

（2）**双向性**。公共关系是以真实为基础的双向沟通，而不是单向的公众传达或对公众舆论进行调查、监控，它是主体与公众之间的双向信息系统。组织一方面要吸取人情民意以调整决策，改善自身；另一方面又要对外传播，使公众认识和了解自己，达成有效的双向意见沟通。

（3）**广泛性**。公共关系的广泛性包含两层意思：一层意思是公共关系存在于主体的任何行为和过程中，即公共关系无处不在，无时不在，贯穿于主体的整个生存和发展过程中；另一层意思指的是其公众的广泛性，即公共关系的对象可以是任何个人、群体和组织，既可以是已经与主体发生关系的任何公众，也可以是将要或有可能发生关系的任何暂时无关的人们。

（4）**整体性**。公共关系的宗旨是使公众全面地了解自己，从而建立起自己的声誉和知名度。它侧重于一个组织机构或个人在社会中的竞争地位和整体形象，以使人们对自己产生整体性的认识。它并不是要单纯地传递信息，宣传自己的地位和社会威望，而是要使人们对自己各方面都要有所了解。

（5）**长期性**。公共关系的实践告诉我们，不能把公共关系人员（也称“公关人员”）当作“救火队”，而应把他们当作“常备军”。公共关系的管理职能应该是经常性与计划性的，这就是说公共关系不是水龙头，想开就开，想关就关，它是一种长期性的工作。

案例阅读和分析

美国约翰逊制药公司曾发生一起事故：一种止痛药染上氰化物，导致很多人死亡。公关部采取措施：通过媒介向社会和消费者道歉；立即设法通知医院医生、批发商等 45 万个用户，停用该用品，退回公司检验；立即派出医生专家对药物进行化验，将结果公布于众，并要求公安机关调查。调查结果是人为的投毒。最后对其进行销毁。

思考：你认为美国约翰逊制药公司公关部采取的措施是否有效？

二、公共关系的构成要素和特征

（一）构成要素

公共关系是社会组织运用各种传播手段，来维持和发展与公众之间良好关系的互动过程。公共关系由社会组织、公众、传播三个要素构成。

1. 社会组织

在人类社会生活中，人与人之间会发生各种各样的联系和交往，在这些交往活动中，人们发现单个人的活动往往会受到种种限制，因而逐渐产生了各种社会组织。我们这个社会之所以会丰富多彩、不断发展，就是因为各种组织之间在不停地相互影响和作用，新的组织不断地产生并努力壮大，已有的组织竭力维护自己的利益以实现扩张。

组织的生存和发展与很多因素有关，自身的实力、良好的管理、适宜的环境是组织成功的基础，公共关系作为一种管理职能，则是从如何建立和维护组织与公众之间的互利互惠关系、树立组织良好形象的角度来促进组织的发展。

公共关系是一种组织活动，而不是个人行为，因此，组织是公共关系活动的主体，是公共关系的实施者、承担者。我们在理解公共关系时，特别要注意这一点，不要把一些个人的行为也说成是公共关系。如某公司总裁以个人名义向野生动物基金会捐款，这是个人行为，而不是公共关系；但当他以公司的名义捐这笔款时，我们便可把这种行为理解为一种旨在提高组织（公司）的知名度和美誉度、扩大组织影响的公共关系行为。

为了使公共关系活动的针对性更强，在公共关系学中，我们一般把组织分成四种类型。

（1）**营利性组织**。这些组织以赢利为目的，追求经济利益的最大化，如工商企业、旅游服务业、保险公司、金融机构等。

（2）**服务性组织**。这类组织不以赢利为目的，而以服务对象的利益为目标，包括学校、医院、慈善机构、社会公用事业机构等。如学校的首要公众是学生，其目的则是教书育人；慈善基金会的宗旨就是更好地为社会弱势群体或那些需要帮助的特定公众提供服务。

（3）**公共性组织**。通常是指为整个社会和一般公众服务的组织，如政府、军队、消防部门、治安机关等。这类组织的目标是保证社会安定，不受内部不良因素的影响和外来干涉。

课堂讨论

同一社会组织处于不同的内外环境中，其公共关系活动会有什么不同？

（4）**互利性组织**。这是一种以组织内部成员间互获利益为目标的组织，这类组织追求的是组织内部成员之间的互惠互利，如政党、工会组织、职业团体（学会、协会、研究会等）、宗教团体。

2. 公众

简单地说，公众就是公共关系的对象。正如前面有些定义所说的那样，公共关系是一种特定关系，而当我们谈到关系时，必然要涉及双方。对于公共关系而言，这个相互影响、相互作用的双方便是组织与公众。因此，从这个角度说，公共关系就是公众与组织的关系如图 1-1 所示。

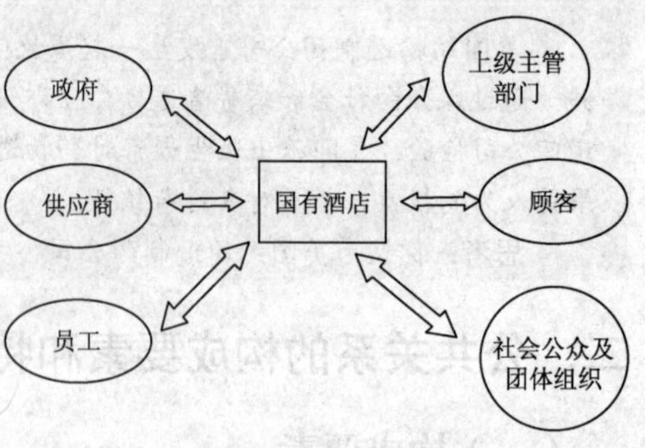

图 1-1　国有酒店公众

任何组织都有其特定公众，而公共关系便是组织主动地去与公众建立和维护良好关系的过程。但这并不意味着作为客体和对象的公众是完全被动的、随意受摆布的，公众随时都可以表达自己的意志和要求，主动地对公关主体的政策和行为做出积极反应，从而对公关主体形成舆论压力和外部动力。公众还有一个最有效的权利——用脚投票。当公众因为不满意而使用这一权利时，他们（她们）可能不会当面抗议，也不会大吵大闹，但他们（她们）会抛售股票，不再光顾某一商店、某一银行、某一饭店、某一旅游点。因此，组织在计划和实施自己的公关工作时，必须认清自己的公众对象，分析研究自己的公众对象，并根据公众对象的特点及变化趋势去制定和调整公关政策和行动。

案例阅读和分析

从 2008 开始，广州市委、市政府先后举办过直接为市长做参谋的“假如我是广州市市长”征文活动（后定名为“市长参谋活动”），为政府职能部门出谋献策的“房改方案千家谈”“菜篮子工程千家谈”等“千家谈系列活动”，讨论广州市风和广州人精神的“羊城新风传万家”和“羊城居委新形象”等大型公众活动等，运用报纸、杂志、广播、电视等媒介，动员了成千上万的市民参政议政，各抒己见，都收到了良好的社会效果，提高了政府对市民的凝聚力。

问题：试讨论分析这一案例。

3. 传播

公共关系中的传播是指组织传播媒介向公众进行信息或观点的传递和交流。这是一个观念、知识或信息的共享过程。其目的是通过双向的交流和沟通，促进公共关系的主体和客体（组织和公众）之间的了解、共识、好感和合作；其手段主要有人际传播、组织传播和大众传播等形式。

有的学者强调公关的传播这一要素的重要性，认为对传播过程和模式的研究是公共关系的主要内容，甚至觉得离开了传播、沟通，就无法界定公共关系。这种观点当然有一定的道理。但当我们把公共关系作为一个整体、一个系统来考察时，就会发现传播和公众、组织一样，都只是公共关系这个大系统的一个要素，传播只是使组织和公众之间建立关系的一种手段，传播媒介则是实现这种手段的工具。只有这两者有机结合、共同作用，才能产生整体大于部分之和的协同效应，才能使组织的公共关系活动得以顺利开展，使组织得以在公众面前建立和维持良好的公共关系形象。

拓展阅读

离开了传播，公众无从了解组织，组织也无从了解公众。如果我们把社会组织看作公共关系工作的主体，把公众看作公共关系工作的客体，传播就是二者之间相互联系的纽带和桥梁。组织与公众的沟通，在很大程度上依靠信息传播，组织与公众之间的误解，也往往是由于信息不畅造成的。因此，一个社会组织不但要有明确的目标、符合公众利益的政策和措施，还要充分利用传播手段开展公关活动，赢得公众的好感和舆论的支持，获得良好的经济效益和社会效益。

也许“公共关系”“传播”与“交际”“拉关系”“拉拉扯扯”在词义上容易产生混淆，也许在公共关系实践中确实出现过偏差，从这门学科引入我国之日起，对它的疑惑和误解就没有停止过。有人甚至做出这样的推断：“公共关系 = 美女 + 交际”“公共关系 = 公关小姐”“公共关系 = 不正之风”。由于缺乏系统的理论研究与指导，公关人员在利用媒介进行传播的过程中，也往往带有很大的盲目性，这就在一定程度上影响了宣传效果。

（二）公共关系的特征

相对其他社会关系，公共关系主要有以下几个特征。

（1）公共关系是组织主体与公众之间的一种关系。更侧重组织和它的受众之间的互动，通过组织的宣传和形象的塑造，使组织的产品和服务以及组织本身获得社会公众的认可，实现扩大组织的影响和提高组织的收益等目的的一种公共关系活动。

（2）公共关系主体和客体之间联系的纽带是有效的传播与沟通活动。组织通过开展各种类型的公共关系活动把组织和组织的沟通受众联系到一起，公共关系活动是沟通公共关系组织和观众的桥梁和纽带。组织必须有合理的经营决策机制、正确的经营理念和创新精神，并根据公众、社会的需要及其变化，及时调整和修正自己的行为，不断地改进产品和服务，以便在公众面前树立良好的形象。可以这么说，良好的形象是组织最大的财富，是组织生存和发展的出发点和归宿。另一方面，受众通过对组织的活动的反馈和评价，使自己的意见得到尊重，需要得到满足。

（3）公共关系是组织主体有计划、有意识、有目的开展的一种沟通活动。在现代社会，社会组织与公众打交道，实际上是通过信息双向交流和沟通来实现的。正是通过这种双向交流和信息共享过程，组织与公众之间才形成了共同利益和互动关系。组织和公众之间可以进行平等自愿的、充分的信息交流和反馈，没有任何强制力量，双方都可畅所欲言，因而能最大限度地降低不良的副作用。

（4）公共关系是以在公众心目中树立组织的美好形象为目的。在公众中塑造、建立和维护组织的良好形象是公共关系活动的根本目的，而这种形象既与组织的总体有关，也与公众的状态和变化趋势直接相连。这就要求组织必须有合理的经营决策机制、正确的经营理念和创新精神，并根据公众、社会的需要及其变化，及时调整和修正自己的行为，不断地改进产品和服务，以便在公众面前树立良好的形象。可以这么说，良好的形象是组织最大的财富，是组织生存和发展的出发点和归宿，企业的一切工作都是围绕顾客展开，失去了社会公众的支持和理解，组织也就没有存在的必要了。

（5）公共关系是一种长期活动。公共关系是协调沟通、树立组织形象、建立互惠互利关系的过程。这个过程既包括向公众传递信息的过程，也包括影响并改变公众态度的过程，甚至还包括组织转型，如改变现有形象、塑造新的形象的过程。所有这一切，都不是一朝一夕就能完成的，必须经过长期艰苦的努力。因此，在公共关系工作中，公共关系组织和公关人员不应计较一城一池之得失，而要着眼于长远利益，只要持续不断地努力，付出总有回报。

总之公共关系是以公众为对象、以美誉为目标、以互惠为原则、以长远为方针、以真诚为信条、以沟通为手段等的较完整的过程。

案例阅读和分析

综合媒体报道　2013 年 4 月 26 日上午，在法国总统奥朗德访华之时，法国开云集团（Kering 集团，2013 年 3 月 22 日前称 PPR 集团）董事长兼首席执行官弗朗索瓦·亨利·皮诺代表皮诺家族表示，将向中国政府捐赠流失海外的圆明园十二大水法中的青铜鼠首和兔首。2013 年 6 月 28 日，圆明园青铜鼠首、兔首捐赠仪式在北京举行。

鼠首和兔首原为北京圆明园大水法十二生肖兽首喷泉构件中的两件，1860 年英法联军火烧圆明园后流失。2009 年 2 月 25 日，法国佳士得拍卖行在巴黎拍卖鼠首和兔首，遭到中国方面的强烈反对，中国国家文物局曾经明确要求佳士得撤拍，此事引起国际社会关注和谴责。兽首意外流拍之后，皮诺家族从皮埃尔·贝杰手中低调地买下了它们。此事件后中法关系一度陷入低谷。

评析：“公共关系是组织主体有计划、有意识、有目的开展的一种沟通活动。”虽然说皮诺家族否认了佳士得和无偿捐赠之间的关系，作为佳士得拍卖行最大股东的皮诺家族，捐赠这两件礼物也是明显向中国示好的动作。此事件完美展现了公共关系的其他几个特征，有效提高了佳士得、开云集团在中国市场中的“美好形象”。（佳士得公司 2013 年 3 月在上海拿到执照，成为首家能在中国独立开展拍卖业务的国际拍卖公司。）

（三）公共关系的实质

关于公共关系的“实质”，长期以来国内外研究者众说纷纭。对公共关系实质的认识又直接影响公共关系学一系列基本理论和公共关系实践，所以弄清公共关系的实质对于公共关系活动的效果和公共关系理论的发展都至关重要。有人认为它是一门管理哲学，因为它的终极目标和行为手段，均以公共利益为前提；有人认为它是公共传播手段，因为它强调双向沟通和全方位的信息服务；有人认为它是一种管理技能、经营谋略；有人认为它是一种艺术、交际手段，等等。

现在公共关系学领域认为公共关系本质上是一种社会关系的塑造活动，是为组织的利益服务的与组织外界人物关系的调节活动，通过给组织树立良好的社会形象以服务于组织目标的实现。从一定意义上说，公共关系是一种社会交往艺术。它可促使社会组织与公众建立和保持和谐融洽的关系，营造共生共荣的良好生态环境。

作者认为公共关系的实质有着更加丰富的内容和更加广阔的外延，从不同的应用领域可以得到不同的理解。

（1）公共关系是一种调节组织目标和组织行为以适应社会状况，寻求社会对自己的产品和服务的肯定，最终以实现组织的利益和目标的社会活动。通过组织和受众的双向互动，以达到组织和受众的合作共赢。组织既履行自己的社会责任，又实现组织和社会的发展目标。

（2）促使社会组织与社会公众“和谐共生”是公共关系的本质要求与终极目标，公共关系具有促使组织与公众“和谐共生”的一种特殊功能。社会组织只有在不断满足公众需要的过程中才能得到生存与发展。从社会公众的视角考察：首先，任何社会公众都存在于各类社会组织之中，通过组织的形式获取自身利益；其次，社会公众需要各类社会组织提供各种形态的合格产品和优质服务；再次，社会公众需要社会组织不断推动人类文明的发展，在更高的程度上满足社会公众日益增长的物质文化需要。可见，组织与公众互为生存与发展的条件，是一种血肉相连的关系。双方只有在和谐的关系中共生共荣，才能实现各自的核心利益。

拓展阅读

公共关系与庸俗关系有什么本质区别

庸俗关系就是平常所说的“拉关系”“走后门”等庸俗的社会现象，它是一种非正常的、不健康的、庸俗化的人际关系。它以损公肥私，侵占他人利益及危害社会利益为特征，是一种赤裸裸的私利关系。由于公共关系引进我国的时间不长，人们对公共关系的含义理解得不够准确，一些人认为公共关系就是“拉关系”“走后门”的学问，把公共关系误解成了庸俗关系。庸俗关系和公共关系有着本质的区别，表现在以下几个方面。

1. 两者产生的社会基础不同

公共关系是市场经济条件下的产物。在激烈的市场竞争条件下，企业从对商品的竞争转向对公众的竞争，谁拥有公众，谁就能在竞争中取胜，而对公众的竞争实质上就是组织形象的竞争。所以，一个社会组织塑造良好的形象，构建良好的公共关系已成为其赖以生存和发展的必要前提。而庸俗关系则是生产力低下，卖方市场和经济落后的表现。当经济落后、商品数量短缺时，即使劣质产品和服务往往也供不应求，公共关系对于组织还没有成为需要。同时，人们的活动范围局限狭小，固定的地域使社会关系具有浓厚的宗族关系、地域关系的性质，人们习惯于生活在同族、同乡的熟人世界中，并对外人产生排斥，局外人想从这个关系网中分享一份利益，即获得某些商品或服务，就必须与其中的某个人建立关系，“拉关系，走后门”的根源就在于此。

2. 两者代表的利益不同

公共关系将组织利益和公众利益有机地结合在一起。公共关系所追求的是组织在公众心目中的良好形象，强调通过组织的政策、行动来赢得公众的理解和支持。任何一个组织，只有在组织利益和公众利益相互协调、互利互惠的前提下才能得到发展，因此组织利益和公众利益是一致的。而庸俗关系背离广大公众的利益，所追求的是小团体特别是个人的私利，甚至为了一时的既得利益，不惜损人利己、损公肥私，危害社会和公众的利益。

3. 两者的手段不同

公共关系活动以事实为基础，利用大众传播媒介，通过双向信息交流，协调组织与公众的关系，以取得公众对组织的了解和支持，因此公关人员光明正大地采用公开的、合法的、符合社会道德准则的手段来塑造组织的良好形象，实现组织与公众的共同利益。而庸俗关系为逃避公众舆论的谴责和法律的制裁，总是采取隐蔽的、不正当、不合法的手段进行私下交易，如行贿受贿，徇私舞弊等，通过投机钻营以达到不可告人的目的，因此被形象地称为"走后门"。

4. 两者性质不同

公共关系作为一种状态是客观存在的，作为一种活动是组织与公众之间的必要沟通，它对于组织的生存和发展具有重要意义。因此公共关系学已成为现代组织所重视、研究和应用的一门新兴管理学。而庸俗关系则是一种不正之风，它损害了国家和集体的利益，应对之进行坚决抵制、反对和肃清。

（佚名）

三、公共关系学的研究对象和内容

公共关系学的研究对象是组织与公众之间的传播沟通。公共关系是指组织与公众之间的传播沟通关系；公共关系具有以优化公众环境、树立组织形象为任务的一种传播沟通职能；公共关系学是一门综合性的、应用性的学科，是现代传播学和经营管理学的交叉。

公共关系学的基本内容如图 1-2 所示。

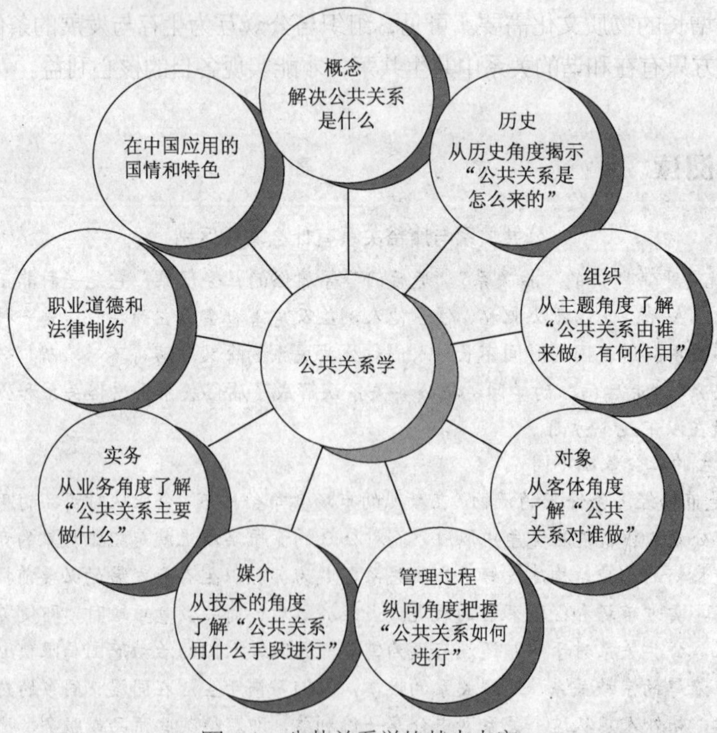

图 1-2　公共关系学的基本内容

拓展阅读

你能区分下列名词吗?

1. 公共关系与广告

广告是通过付费购买或使用传播媒介，以对产品、服务及某项行动的意见和想法进行推销宣传的活动。公共关系常常要借助广告的形式去实现其传播信息、建树组织形象的职能，广告也常常借助公共关系去增强它的说服力。

但公共关系绝不等同于广告：①行为导向不同。广告以销售产品、服务，引起公众的购买行动为导向，它注重的是产品、服务的介绍和宣传；公共关系以实现组织与公众的双向交流和沟通为导向，它注重的是组织形象的介绍和宣传。②使用范围和活动领域不同。广告一般只在工商企业组织中得到采用，而且属于销售经营的局部性工作；公共关系可以在各类组织中得到采用，并且是涉及组织各个环节的全局性管理工作。③传播信息的原则和特征不同。广告传播信息的原则是引人注目形成轰动效应，为此它往往进行不加掩饰的自我宣传，具有明显的倾向性、渲染性和夸张性；公共关系传播信息的原则是客观真实、实事求是，为此它强调要在信息传播中体现真情、真意，以客观公正的态度向公众介绍组织的情况和面貌。

2. 公共关系与人际关系

人际关系是依赖某种媒介并通过个体交往而形成的人与人之间的关系。公共关系与人际关系联系紧密。因为组织内部的联系主要是个人与个人之间的联系，组织与组织之间的联系也往往表现为一个组织中的若干人与另一个组织中的若干人之间的联系。

公共关系实务工作除了运用大众传播的手段，也常常通过人际关系的人际沟通来进行。所以，公共关系是以人际关系为基础的，良好的人际关系有助于组织内部环境和外部环境的和谐与发展。但公共关系与人际关系是有明显的区别，主要表现在以下三方面。

(1) 目的不同。公共关系的目的是为组织在社会公众中树立良好的形象，建立组织与社会公众之间的良好合作关系；人际关系的目的是为个人结良缘、交朋友，是为了实现个人的心理需要，建立个人与个人之间和谐的人际环境。

(2) 结构不同。公共关系的主体是社会组织，在组织与公众的交往中实现的是组织的宗旨，体现的是组织的价值观念、行为规范。其客体对象公众也是一个整体概念，即使是通过人际交往的形式来实现的公共关系，构成关系的主客体仍然是两个集合体。人际关系则是个人与个人之间的关系，关系的主体与客体都是个体，实现的是个人的意愿、个人的目的，体现的是个人的价值观念和行为规范。

(3) 沟通方法不同。公共关系尽管也需要人际沟通的手段，但它主要是运用大众传播和群体传播的技术和方法，如报纸、电视、广播，或召开记者招待会、大型集会等。人际关系则以自己的言语举止为媒介，采用个人之间面对面的直接交谈，或借助电话、书信等技术和方法。

总之，公共关系不是人际关系，它要比人际关系复杂得多。因此，在开展公关工作时，不能把它当作人际关系来处理，即使是以个人身份出现，也必须增强自己的角色意识，要透过个人之间的关系，将组织与公众联系起来。

(佚名)

四、公共关系学的学习及考评方法

公共关系学是一门应用学科，即运用各种传播沟通的手段协调组织的社会关系，影响组织的公众舆论，塑造组织的良好形象，优化组织的运作环境，它在实际操作中涉及的业务领域包括调查研究、新闻传播、广告宣传、策划和主办活动、处理危机、交际礼仪等。为此，公共关系实务也应是该学科理论体系重要构成部分，也是我们学习研究的重要内容。

1. 正确认识公共关系学课程的性质与设置目的要求

公共关系学是研究行政管理和经营管理活动中组织如何与公众进行双向传播与沟通的一门应用性学科。学习这门课程应具备必要的传播学、管理学、社会心理学以及新闻、广告等学科的知识。在高职院校各专业设置这门课程的主要目的是：使学生认识公共关系在现代管理中的性质、意义和作用；学习和理解公共关系管理的概念和基本原理；了解和掌握组织与公众沟通的过程、手段和方法。学习这门课程，除了认真阅读和理解教材的内容之外，要密切联系实际，在实践中努力培养现代公共关系意识，完善自身的公共关系素质，提高实际的公共关系能力，将所学的理论知识和操作技能运用到工作实践和社会实践中去。

2. 宏观把握与具体掌握相结合

所谓宏观把握就是要从整体上勾勒出该学科的理论体系，搞清其具体的研究内容及任务。公共关系的概念探讨界定了公共关系的定义及其本质属性，同时涉及公共关系的分支概念和范围及相关学科概念和实践范围。通过这一部分的学习，可使我们真正确立公共关系的科学概念，为我们以下的学习打下牢固的基础。

在具体的公共关系的起源与发展历史的学习中，将加深对公共关系的认识。公共关系活动是由三大基本要素构成的。对其基本要素之一公共关系主体（狭义）即公共关系的组织机构和公关人员的研究非常必要；公共关系的对象将使我们理解“公众”的概念的内涵和外延，了解公众的基本特征，掌握公众分类的方法。研究公共关系对象的一个重要内容是分析公众的心理和行为，以便使传播沟通工作具有较强的针对性和科学性。据此，公众心理分析必成为公共关系学理论体系的重要组成部分。

3. 熟读教材，理解基本概念、基本原理，弄懂弄通各章节重点和难点

读者应以教材为主，把各章各节的基本内容学通弄懂。另外，在基本教材之外，还应适当扩大一些阅读范围，参阅一些其他版本图书，这对加深理解、拓宽知识面、增强领悟力是大有好处的。其次，就是要抓住各章节的重点难点。

4. 积极训练，提高应试能力和实践技能

应试过关是学习过程中要完成的一项重要任务，为此提高应试能力非常必要。提高应试能力，首先要了解试卷或题库的特点及出题者的心态。一般而言，一套结构合理的试卷或题库题型应涵盖该科理论体系的基本框架，它应是识记、领会、应用等各种考核目标的有机结合。这就要求考生在全面理解的基础上对知识进行把握，而不能处处死记硬背。

> 用所学理论对现实公关事件进行分析是很好的学习途径。中国公关网上有比较丰富的案例，建议读者关注。

其次，要针对不同题型特点进行训练。例如，对于填空、单选题型则要求对一些最基本理论问题准确把握，而多项选择题则要求有较强的辨别能力，在能力要求上则上了一个层次。名词解释要求对一些基本理论问题理解透彻并能准确表述。简答题要求对一些理论问题能够理解并能表述，属领会型范畴；而论述题则是属于应用型范畴，是考核能力的最高要求，不仅要求有合适的观点，而且还应有在全面把握该科理论内容的基础上自己的理解发挥，这是学习的最高要求，也是最终目的。为此，我们可以通过多做练习来增强自己对基础理论问题

的准确把握，同时，我们应通过比较分析、逻辑推理、小组讨论等有效方法来增强应用能力的提高。

学习本课程的最终目的是提高实践技能，能将所学知识运用到实际生活、工作中。要达到这个目的，应在教师的引导下进行多角度案例分析、关心现实中相关事件、分析企业现有做法，通过课堂讨论提高认识，认真做好实训和案例分析题等。

第二节　公共关系的起源与发展

公共关系作为一种职业和学科，最早产生于美国。但公共关系作为一种客观的社会现象，作为人类一种朴素的思想意识观念，作为人类一种不自觉的社会活动却早已问世了。随着商品经济的急速发展，商业主之间的竞争日趋激烈，人们之间的关系可能影响到竞争的胜败，尤其是实力不相上下的对手之间，如果能找到一个“关系突破口”，这将能起到事半功倍的作用。意识到这一点后，人们就开始找这样能起到润滑油作用的人物，通过他们运用一系列的手法，以影响竞争中关键人物的决策，从而一举打败竞争对手，这就是搞“公共关系”，或叫作“公关”，可以说，商业利润是促使公共关系产生的根本原因。

一、公共关系的起源

我国封建时代农业经济高度发达，经过数千年的发展社会相对稳定，传统文化重德轻利、重义轻法，讲究以孝、德治国，为人信为先。儒商备受当时和后代人的尊重，应该说中国古人做事更讲究“人和”，也就是更注重公共关系，虽无公共关系之名，实则渗透到生活的方方面面。

欧洲古代经济文化发展落后于东方，重商主义、利己是传统，利为先、弱肉强食，因此才有东方文化难以理解的殖民政策、舰炮商务、奴隶贸易等。资本快速积累中为稳定社会关系逐渐形成重“法”的观念，近一百年在经济高度发达后反过来重视人道、人权、社会关系等，这是一种反思式的进步，相当于中国春秋战国时的老路。

公共关系的源头可追溯到古代社会人类文明开始的地方——中国、古埃及、巴比伦、波斯等国家。当时的统治者虽然更多的是依靠国家机器（军队、监狱等暴力工具）来维护他们的统治，但舆论手段的运用在处理其与民众的关系上仍然具有很重要的地位[①]，“水能载舟，亦能覆舟”就是当时统治方式的反映。虽然“公共关系”这个名词几千年前根本没有出现，但在当时，它作为人类的一种实践活动却早已有之。

1. 中国古代公共关系的萌芽

中国古代公共关系的萌芽是从周武王伐纣前孟津之誓（《泰誓》）及之前的一系列活动开始的，很多活动都和公共关系相关联。春秋战国时期，当时社会，国家分裂，各种势力不断重新组合，造成了一种社会动荡不安的政治氛围，这在客观上为各种思潮的发端提供了现实的土壤。各种思想、言论的冲撞与吸收，造就了“百家争鸣、百花齐放”的文化盛世。郑国“子产不毁乡校”的故事，就是古代公共关系思想的极好体现。乡校是当时养老和比赛射箭的场所，老百

---

① 编辑注：有人认为夏、商、周三代和秦及其后的封建统一王朝不同，天子作为“天下共主”，维护统治更多依靠的是“王德”，这与“公共关系”的联系也许更为紧密。

姓常在那里议论和批评政府。有人建议毁掉乡校，子产说：“其所善者，吾则行之，其所恶者，吾则改之，是吾师也。”（《左传·襄公三十一年》）当时的士大夫阶层，在社会上举足轻重，深受诸侯君王的器重与信任，形成策士游说成风、舌战艺术发达的局面。以齐国孟尝君为代表的“四君子”，家里都养了成群的门客，这些门客主要起提供参谋意见、收集信息情报和外交说服的作用。门客的功能和今天公共关系部的功能有着惊人的相似。

拓展阅读

狡兔三窟[1]

战国时，齐国宰相孟尝君家中养了三千门客，其中一个名叫冯谖（xuān）。有一次，孟尝君让冯谖到他的封地薛邑去收债。临走前，冯谖问孟尝君收债之后买点什么东西回来，孟尝君说：“你看我家缺少什么你就买什么吧。”

冯谖到了薛邑后就和债民核对了账目，而后说：“孟尝君不要你们还债了。”说完，冯谖当众把账单全部烧掉了，薛邑百姓为此非常感激孟尝君。冯谖回去，孟尝君问道：“你怎么这么快就回来了？给我买什么东西了吗？”冯谖说：“我觉得你家什么都有，所以就自作主张给你把‘义’买回来了。”孟尝君听了很不高兴。

一年后，齐王罢免了孟尝君的宰相之职，孟尝君只好回到封地薛邑。薛邑的男女老幼都去迎接他，孟尝君这时才体会到冯谖为他买“义”的意义。可是冯谖却对他说：“狡猾的兔子有三个藏身的洞（原文是‘狡兔有三窟’），才能免除一死。如今你才有一个洞，还不能放宽心啊。让我再替你开两个洞吧。”接着，冯谖到了魏国，对魏王说：“孟尝君这个人非常能干，凡是接待他的诸侯，都能富国强兵。”魏王相信了，便把丞相的职务留给孟尝君。齐王听到这个消息之后，马上用更隆重的礼节去请孟尝君再回去做宰相。冯谖这个时候才说：“现在三个洞都修好了，你可以放心垫高枕头睡觉，无忧无虑了。”

后来，人们用“狡兔三窟”来比喻藏身的地方多，便于避免灾祸。现在多用于贬义。

此外，那时人们自觉的公共关系意识和思想也得到一定程度的体现。《论语》中“有朋自远方来，不亦乐乎！”孟子说：“天时不如地利，地利不如人和。”这些都同现代公关活动的基本原则和追求目标基本一致。当然，这些自觉的公共关系意识带有很大的随意性，并且这种意识很分散不具有普遍性。因此，从严格意义上来讲，它只是公共关系的萌芽活动。

明清时期，公共关系思想开始进入商业活动中。如酒店门口悬挂写着“酒”的旗帜，店铺门上悬挂“百年老店”招牌，人们经商活动中遵循“和气生财”准则，都是公共关系思想在商业活动中的运用。到了这一时期，人们有了朦胧的形象意识，已经懂得良好的企业（店铺）名称对顾客的正面影响。民国初年，钱彭寿把他研究字号命名的心得写成一首七律诗：

顺裕兴隆瑞永昌，元亨万利复丰祥。
泰和茂盛同乾德，谦吉公仁协鼎光。
聚益中通全信义，久恒大美庆安康。
新春正和生成广，润发洪源厚福长。

这首诗迎合了人们追求吉祥美好的愿望，也反映了当时人的公共关系意识。

① 编辑注：本故事见于《战国策·齐策四·冯谖客孟尝君》。《史记·孟尝君列传》中本事件梗概与之略有不同。《史记》中记载是冯谖到薛邑后收利息十万钱，大摆酒宴把借债的人都找来，并说孟尝君之所以贷钱给大家，是为了帮助没有本钱的人创业；之所以索要利息，是因为孟尝君要拿利息奉养宾客。大家挣了钱我们就约好还本付息的时间，如果大家没挣到钱我现在烧了契约，借给大家的就是送给您的了。大家吃好喝好。我们有这么好的主人，怎么能辜负他呢？薛邑百姓为此非常感激孟尝君。

拓展阅读

刘邦入咸阳约法三章[1]

秦朝末年，民众苦于沉重的捐税、繁重的徭役和严酷的刑罚。公元前209年(秦二世元年)秋，人们再也不能忍受，陈胜、吴广揭竿而起，全国各地纷纷响应。秦王朝的统治，在大规模的农民起义中摇摇欲坠。形势发展很快，公元前206年10月，刘邦带领的一支农民起义军便攻破了秦朝的都城咸阳。

刘邦攻入咸阳以后，看到秦王朝的残暴所带来的恶果，便召集各县的父老豪杰们说："老百姓苦于秦朝的严刑苛法已经很久了，诽谤朝政的要灭族，相聚议论的要砍头。根据怀王与诸侯们原来的约定，谁先进关谁称王。我先攻入关中，我应管理关中。因此，我把你们找来，与父老乡亲们约法三章，杀人的判处死刑，伤人和抢劫的依法治罪，其余的秦朝法律全部废除。我到这里来，是为了替父老们除害，不是来侵害你们的，不要害怕!"

接着，刘邦又派人到各县各乡，将约法三章通告于百姓。百姓得知大喜，纷纷带着牛、羊、酒、食前来犒劳刘邦的军队。刘邦一再谦让不肯接受，说："我们的军粮并不缺乏，不想再麻烦百姓了。"百姓们更加高兴，唯恐刘邦不做王。

2. 西方古代公共关系的萌芽

考古学家发现，早在公元前1800年，巴比伦王国就发布过农业公告，告诉农民如何播种灌溉、如何对付地里的老鼠、如何收获庄稼等。这与现代社会中某些农业组织公关部的宣传材料很相似。

古希腊的民主政治导致公众代表会议和陪审团制度的形成，它为公众表达自己的意见提供了一个舞台，而这种变化所产生的舆论导向在当时有着非常大的影响。

公元前4世纪，古希腊出现了一批从事法、道德、宗教哲学研究与演讲的教师和演说家，他们在当时被称作诡辩家，他们的演讲技巧被称为诡辩术，苏格拉底、柏拉图和亚里士多德是他们的代表。亚里士多德运用严谨的思维逻辑和科学的方法写出《修辞学》，强调语言修辞在人际交往和演讲中的重要性。他认为，修辞是沟通政治家、艺术家和社会公众相互关系的重要手段与工具，是寻求相互了解与信任的艺术；他还提出在交往沟通中，要用感情的呼唤去获取公众的了解与信任，要从感情入手去增强演讲和劝服艺术的感召力和真切可靠性。为此，西方的一些公共关系学者视亚里士多德的《修辞学》为人类历史上最早的公共关系著作。这个观点从一定程度上说明公共关系作为一门实践性艺术，从人类文明社会一开始就放射出自己灿烂的光芒。

古罗马时代，人们更加重视民意，并提出"公众的声音就是上帝的声音"。整个社会都推崇沟通技术，一些精通沟通技术的演说家往往因此而被推选为首领。据记载，古罗马的独裁统治者凯撒就精通沟通技术。面对即将来临的战争，他通过散发各种传单来展开大规模的宣传活动，以便获得人民的支持。他甚至为此还专门请人写了一本记录他功绩的纪实性著作《高卢战记》，后来该书成为一部纪实性的经典之作广为流传。这些活动堪称古代社会公共关系实践活动的典范。

拓展阅读

刘备入川先树恩德后取之

建安十六年（公元211年），刘备没费心思，就抢先孙、曹进了益州，真是宾至如归，他决定把这里当成自己的家，再也不离开了。

① 本故事见于《史记·高祖本纪》。

刘璋亲自出城迎接刘备，双方欢宴百日。然后商定，刘备北上帮助刘璋进攻汉中张鲁，只要取下汉中，就不怕曹操从北路进攻了。刘璋想要像当初刘表恩养刘备一样，之后把这位皇叔放在汉中，做自己的长城。他没想到，今天的刘备，早不是当初那个没有立锥之地的逃亡诸侯。

刘备统率数万兵马，浩浩荡荡进入益州和刘璋见面的时候，对方的张松、法正和己方的庞统都曾劝他，干脆就在这里袭击刘璋，一战给西川换个主子。刘备是聪明人，知道这样办，自己半辈子辛苦积攒的声誉就全毁了，并且未必擒下刘璋就可以平定整个西川。他微微一笑："此大事也，不可仓促。"否决了急性子们的建议。

刘备戎马数十年，好不容易才有了半个荆州，现在事业蒸蒸日上，可不能因为贪图一时小利而毁了大局。反正已经等了这么多年了，再等两年又何妨？刘璋不但给刘备增添了兵马，还把西川北边门户白水关守军的指挥权全数奉让，并且为他预备了丰足的物资粮草。刘备的兵数增长到三万，他送刘璋回成都，自己北上行进到葭萌关，就停了下来。此后刘备干了些什么呢？有进攻张鲁吗？史书上对此只写了十二个字——"未即讨鲁，厚树恩德，以收众心"。

二、现代公共关系产生的社会条件

现代公共关系首先是从西方发展起来的。公共关系的产生及传播，是20世纪人类文化史上的重大事件，在这短暂而又具有传奇色彩的历史背后，有着深刻的社会历史必然性。

1. 商品经济的高度发达

20世纪以前，即使在西方发达国家，经济发展水平也不是很高，社会上存在着严重的两极分化，物资供应也不丰富，因此对于企业来说，并不需要专门用心思去考虑公众的需要与情感。然而随着20世纪科学技术与生产力的发展，物质产品充分涌流，社会上大量中产阶级出现，就迫使企业家必须高度重视公众的利益和要求了。可以说：是发达的商品经济提出了对公共关系的需要。

（1）公共关系适应了商品经济分工协作和社会化大生产的需要。

（2）公共关系是物质生产供过于求和市场重心从卖方向买方过渡的产物。

拓展阅读

如何向和尚推销梳子而且买得很好

负责人问甲："卖出多少把？"答："一把。""怎么卖的？"甲讲述了历尽的辛苦，游说和尚应当买把梳子，无甚效果，还惨遭和尚的责骂，好在下山途中遇到一个小和尚一边晒太阳，一边使劲挠着头皮。甲灵机一动，递上木梳，小和尚用后满心欢喜，于是买下一把。

负责人问乙："卖出多少把？"答："10把。""怎么卖的？"乙说他去了一座名山古寺，由于山高风大，进香者的头发都被吹乱了，他找到寺院的住持说："蓬头垢面是对佛的不敬。应在每座庙的香案前放把木梳，供善男信女梳理鬓发。"住持采纳了他的建议。那山有10座庙，于是买下了10把木梳。

负责人问丙："卖出多少把？"答："1000把。"负责人惊问："怎么卖的？"丙说他到一个颇具盛名、香火极旺的深山宝刹，朝圣者、施主络绎不绝。丙对住持说："凡来进香参观者，多有一颗虔诚之心，宝刹应有所回赠，以做纪念，保佑其平安吉祥，鼓励其多做善事。我有一批木梳，您的书法超群，可刻上'积善梳'三个字，便可做赠品。"住持大喜，立即买下1000把木梳。得到"积善梳"的施主与香客也很是高兴，一传十、十传百，朝圣者更多，香火更旺。

（3）证券民主化[①]运动推动了公共关系的深化发展。

① "证券民主化"是指企业股票持有人数量的大幅度增加，形成一个庞大的公众群体。

拓展阅读

有的学者建议，我国应将上市公司的国有股表决权证券化为类似于股票的国有股表决权证，并在沪深股市竞价发行后流通交易，将上市公司控制权由国家转给股民，制定《国有股被动表决权法》，政府依法管理国有股与行使上市公司政治控制权，实现政企、政经合理分开，扩大国民的经济决策参与权，使国有经济决策实现民主化与法制化。（郭洪涛，2004）

（4）民众的巨大压力迫使企业家放弃唯利是图的经营方针，采取赢利与公关并重的经营战略。我们可以肯定地说：公共关系是一种适应社会化大生产的现代文明经营观念。当商品经济发展到一定程度，就必然要把它应用于生产实践之中。

2. 民主政治制度的出现

西方社会从封建制度向当代民主制度过渡，是一场深刻的社会变革，也是公共关系产生的重要政治前提。

3. 现代管理理论的发展

公共关系是组织的一项重要管理职能，它的发展与管理学的发展密切相关。20 世纪以来，西方管理学领域中的两种思潮对公共关系的发展影响极大：其一是科学管理理论；其二是人际关系理论。科学管理理论以美国福特汽车公司的工程师泰勒为代表。1911 年，泰勒系统总结了他的管理学说，出版了《科学管理原理》一书。在这本书中，他提出了生产作业标准化、工时利用科学化、管理权利层次化、劳动分配合理等原则。泰勒的“科学管理原理”比传统的经验管理有了重大的发展，确实起到了促进生产发展的作用。泰勒在书中虽然强调了要在管理人员和广大工人之间建立一种和谐的关系，但由于时代的限制，其理论的核心仍然是如何控制机器的附属品——工人，以便最大限度地提高劳动生产率。他把工人看成受金钱驱使的“经济人”（经济动物），把物质刺激当成调动工人生产积极性的唯一手段。他主张把人与人的关系简单化为纯粹的金钱关系，用对钱和物的管理代替对人的管理。在这种理论指导下，当然没有内部公关工作可言。所以在公共关系发展的早期，公关活动都是面对外部公众的。

影响公共关系发展的第二种管理理论是人际关系理论。20 世纪 20 年代，哈佛大学教授梅耶在著名的“霍桑实验”中，提出了如何激励人的积极性从而提高工作效率的问题。人际关系理论的出发点是：工人是“社会人”，劳动对于人来说恰如娱乐和休息一样自然；在为既定目标奋斗的过程中，人有自我引导和控制的能力；对目标的执着追求而取得的成功本身就是一种报酬；在一般情况人们不仅接受而且谋求责任；为解决组织的问题而激发的想象力、聪明才智和创造力是一种普遍现象。以后，美国管理学家麦格雷戈把泰勒的理论称为 X 理论，把人际关系理论称为 Y 理论。人际关系理论注意到了工人的人格尊严及个人价值，注意到了生产过程中要发挥工人的积极性。在这种理论的指导下，组织内部公关的问题提了出来，并得到迅速的发展。

4. 大众传播事业的发达

20 世纪以来，大众传播事业获得了长足的发展，为公共关系的发展提供了必要的技术手段。进入工业社会以后，生产的社会化使人们之间有了进行交往的迫切需求。只有占有充分的信息资源，一家企业才能在激烈的市场竞争中永远立于不败之地。近代有了公路、邮政、报纸，才有了报刊宣传运动，有了公关的萌芽。进入 20 世纪，由于电报、电话、广播、电视、电传、计算机、互联网等电子媒体的发展，使信息可以迅速地传送到每个人手中，公共关系从而也获得了飞速的发展。社会组织可以运用各种传播工具与公众进行沟通，从公众中采集信息，又把组织的信息传达到公众中间去，最终达到为组织树立形象的目的。特别是计算机、互联网的发展，已引起了人们的普遍关注，在互联网中传播信息，具有更迅速、更广泛、更自由的特点。

三、公共关系发展

（一）西方公共关系的发展阶段

1. 巴纳姆时期——现代公共关系的发端

19 世纪中叶在美风行的报刊宣传活动，被认为是现代公共关系业的“前身”。“报刊宣传活动”，是指一个组织为了自身的目的和利益，雇佣报刊宣传员在报刊上进行宣传活动，以制造舆论，扩大影响。

拓展阅读

巴纳姆的信条是“凡宣传皆好事”。这种把新闻媒介视为异己，或利用新闻媒介“愚弄公众”的现象，引起了新闻媒介的不满，报纸杂志率先刊载揭露实业界那些“强盗大王”的恶劣丑闻。据统计，1903—1912年的 10 年间，有 20 000 多篇揭丑文章发表，同时还有社论和漫画，形成了美国近代史上著名的“清垃圾运动”（又称为“扒粪运动”“揭丑运动”）。“清垃圾运动”的冲击，使工商企业意识到了取悦舆论的重要性。从此，企业和外界的隔绝消除了，“象牙塔”被“玻璃屋”取代，企业的透明度大大增加。不过，早期的新闻代理活动仍然免不了存在大吹大擂、搪塞了事、混淆视听和隐瞒欺骗的弊端。

（佚名）

2. 艾维·李时期——现代公共关系职业化的开始

艾维·李（1877－1934），1903 年，他开办了第一家宣传顾问事务所，成为向客户提供劳务而收取费用的第一个职业公共关系人。现代公共关系职业化由此发端。1906 年，艾维·李向新闻界发表了著名的具有里程碑性质的《原则宣言》，他的信条：“公众必须被告知”。

艾维·李作为公共关系之父，不仅首创了“公共关系”这一专门职业，而且，他提的“说真话”，公众必须被告知的命题将“公共利益与诚实”带进了公共关系的领域，使公共关系这门学科从对一些简单问题的探讨上升为探求带有某些规律性的原则和方法，大大推动了这门学科的发展。

由于时代的局限，艾维·李的咨询指导主要还是凭经验和直感进行的，缺乏对公众舆论严密的、大量的科学调查。因此，有人批评艾维·李的公关咨询只有艺术性而没有科学性。但无论如何，艾维·李作为公共关系职业的先驱者的地位是无可争议的。

拓展阅读

（1）艾维·李时期的公共关系信条是：“公众必须被告之”“说真话”，主张企业管理遵循“门户开放”的原则。

（2）1903 年艾维·李与帕克合作在纽约创办了“宣传顾问事务所”，成为公共关系历史上第一位向顾客提供公共关系咨询服务而收取报酬的职业公关人员，首创了公共关系这一专门职业。

（3）艾维·李曾先后被多家巨型公司聘请处理劳动纠纷和社会摩擦，他以自己卓有成效的公共关系实践活动奠定了其在公共关系历史上的地位，他被后人誉为“现代公共关系之父”。

（4）艾维·李的重要功绩，表现为他对公关所做的四大贡献：第一，提出了工商业应把自己的利益同公众利益联系起来，而不是对立起来的观念；第二，与最高决策者和管理人员打交道，并且只有在管理人员积极支持和亲自处理的情况下才实施计划；第三，与新闻媒介保持公开的畅通的信息交流；第四，强调使工商业具有人情味的重要性，并把公关工作做到雇员、顾客和邻居中去。

（5）艾维·李的公共关系咨询还存在凭经验、凭直觉来进行工作的不足，但艾维·李作为公共关系职业先驱者的地位是无可争议的。

（佚名）

3. 爱德华·伯尼斯时期——现代公共关系学科化的成熟

公共关系职业化的发展，促进了公共关系由简单零碎的活动升为较系统完整的专业活动，并逐渐形成了公共关系的原则与方法，使公共关系自立于学科之林、成为一门独立的学科。美国学者爱德华·伯尼斯就是公共关系学科化的一名旗手。

出生于维也纳的奥地利裔美国人爱德华·伯尼斯（Edward L. Bernays）是著名心理学泰斗弗洛伊德的外甥。1923 年，他以教授的身份首次在纽约大学讲授公共关系课程，同年出版了被称为公共关系理论发展史上“第一个里程碑”专著——《公众舆论的形成》。伯尼斯的主要贡献就在于，他把公共关系学理论从新闻传播领域中分离出来，并对公共关系的原理与方法进行较系统的研究，使之系统化、完整化，最终成为一门独立完整的新兴学科。伯尼斯不仅是一位公共关系理论家，同时又是一位公共关系的实践家。伯尼斯公共关系思想的一个重要特点就是他提出的“投公众所好”的主张。

拓展阅读

（1）爱德华·伯纳斯使公共关系系统化、科学化，他最终成为公共关系学这门独立新兴学科的创始人，他的贡献对公共关系学科理论的形成和发展具有划时代的、里程碑式的意义；他所著的《舆论明鉴》一书，是现代第一本公共关系学著作，也是公共关系学经典著作之一；他率先在纽约大学开设了公共关系学课程，是世界上第一个把公共关系学引入大学教育的公共关系专家。

（2）爱德华·伯纳斯的公共关系信条是“投公众所好”。他主张，组织在决策之前，应首先了解公众爱好什么、喜欢什么、赞成什么、反对什么、对组织有什么期待和要求，在确定公众的价值观和态度的基础上，再进行有组织的宣传以迎合公众的需要。他认为，企业只有获得公众的谅解与合作，才能得到稳定而持续的发展，才能够在竞争中立于不败之地。

（3）爱德华·伯纳斯不仅是一位公共关系理论家，也是一位公共关系实践家，接受过多位美国总统和实业界巨头的委托，成功地帮助他们塑造良好的社会形象。

（佚名）

继伯尼斯之后，1937 年，雷克斯·哈罗博士在斯坦福大学开设公共关系课程。1947 年，波士顿大学成立了第一所公共关系学院，培养公共关系学士及硕士。

1952 年，美国的卡特利普和森特俩人出版了他们的权威性的公共关系专著《有效的公共关系》，论述了“双向对称”的公共关系模式，在美国被誉为“公共关系的圣经”。至此，公共关系正式进入学科化阶段，一门充满时代特征的、具有强大实用性的新兴学科以其崭新的身姿崛起于学科之林中。

1955 年，全美有 28 所学校设置了公共关系专业，66 所学校开设了公共关系课程。

1968 年，在学的学生发起成立了“美国公共关系学生协会”，当下即拥有 80 多所院校的 3000

多名学生会员。这些人成为美国社会各业从事公共关系活动的一支后备力量。

1977 年进行的一项调查表明，在全美的公共关系从业人员中已有 54%具有学士学位，29%的人具有硕士学位。

进入 20 世纪 80 年代以来，美国的公共关系教育已开始按不同的行业分门别类地进行，各有一套不同的大纲要求，逐步向更细、更深入的领域健步发展。1998 年，美国著名的公关学者詹姆斯·格鲁尼格主持了“卓越公共关系和传播管理”的课题研究，提出了一种“普遍原则，特殊应用”的公共关系全球化理论。

（二）中国公共关系的发展阶段

中国的公共关系与中国的改革开放同步而生、同步而长，大体可以分为三个阶段。

1. 拿来主义时期（1980—1986）

改革开放后，顺应企业发展和世界公共关系的成长，公共关系思想迅速进入我国，主要有以下两类标志性事件。

（1）公关部挂牌，公关从业人员出现。20 世纪 60 年代的中国台湾地区与香港地区较早地接受了公共关系思想的洗礼。20 世纪 80 年代初，中国大陆出现公共关系，主要是在沿海改革开放最早的深圳特区的一些外商独资或中外合资企业中率先出现。这些公司在运作过程中设立了公共关系部，招聘培养了一大批公关从业人员，开始了早期的公共关系业务。中国早期的公关从业人员在这些或洋或中的公关部里开始出现，一个崭新的职业群体开始浮出水面。

（2）国际著名公关公司登陆中国市场。随着我国改革开放向纵深发展，我们的经济发展开始吸引了全世界关注的目光，国际公关界摩拳擦掌冲入中国市场。捷足先登的是世界上最早诞生（1927 年）也是当今世界第二大公关公司的伟达公关（Hill & Knowlton），1984 年率先在北京设立了办事处。1985 年 8 月，世界上最大的公共关系公司博雅也向中国投来了深情的目光，与中国新华社下属的中国新闻发展公司联手成立了中国第一家公共关系公司——诞生于北京的中国环球公共关系公司。这些国际著名公关公司带来的新思路、新的国际操作规范，都极大地催发了我们本地公关公司的出现和成长。

2. 自主发展时期（1986—1993）

到 20 世纪 80 年代中期的中国，公共关系作为拿来的事业经过本土的消化吸收已有了良好的发展势头和逐渐被社会接受与认知的氛围，有效地促进了公共关系事业的职业化，公共关系研究的学科化。这个时期公共关系有以下几个特点。

（1）行业协会辈出，职业网络出现。1986 年 1 月，中国大陆第一个公共关系民间团体——广东地区公共关系俱乐部成立，这是中国第一个公共关系的机构。1987 年 6 月 22 日，中国公共关系协会在北京成立，标志着公共关系在中国得到了正式确认和接受，公共关系事业的发展进入了一个崭新的时期。1991 年 4 月 26 日，中国国际公关协会在北京成立，前任驻美国大使柴泽民任会长。当时全国已有 100 多家公关协会或学会，其中包括全国性的协会二家、省级公关协会 28 家、地市级 70 家。这些学会积极发展会员，进行公共关系基本知识的培训与传播，它们对于推进公共关系事业的普及、促进公共关系职业的规范化、完善公共关系学科化做出了卓越的贡献。

（2）公关出版物丰硕，学术成果推广快。中国公关事业的发展与 20 世纪 80 年代中期趋向火热的公关学术成果的翻译、出版、推介有直接关系，同时也与公共关系报的陆续推出有关。我国大陆第一部公共关系学专著《公共关系学概论》于 1986 出版；1994 年，我国最大的一本公关巨著，550 万字的《中国公共关系大辞典》问世；最早问世的一张公共关系专业报纸是 1988 年由浙江省公共关系协会主办的《公共关系报》。专业性的公共关系传播媒介的发展，极大推动了公共关系的普及和公关向纵深发展。

（3）公关培训活跃，教育层次多样化。1985 年 1 月，深圳市总工会举办的公共关系培训班是我国有史以来第一次，1985 年 9 月，深圳大学首先开设了公共关系必修与选修课程，从此公共关系开始步入高等学府的讲坛。1994 年，经国家教委批准，中山大学创办了我国第一个公共关系本科专业，同时在行政管理专业的硕士点招收公共关系研究方向的研究生，从而使我国公共关系的学科化建设迈上一个新的台阶，即我国公共关系教育事业已开始逐步走向正规化和系统化的高层次学历教育阶段。

（4）公关关系科学研究和实践运作空前繁荣。20 世纪 80 年代中后期，在两大国家级协会的推动下，每年都召开公共关系理论与实践问题的研讨会。中国公共关系协会主办的“中国最佳公共关系案例大赛”始于 1993 年，推动了中国公共关系事业职业化、规范化的健康发展。这对促进我国公共关系与国际公共关系的交流，促进中国公共关系早日纳入国际的轨道，加入世界公共关系的大家庭，都具有深远的意义。

（5）国内外公关市场开始交流，国际公关职业市场正在开辟。中国国际公关协会多次邀请世界著名的一些公关专家来华授业解惑，前国际公关协会主席、英国公关权威萨姆·布莱克教授，美国的公关专家格鲁尼格教授等曾应邀来华讲学，为国内公关界认识和了解国际公关市场，为国内企业提供国际公关服务，培养和输送国际公关人才创造了特定的氛围和环境，也为国际社会了解中国公共关系行业市场发展的潜力提供了机会。这一时期是中国公共关系理念传进千家万户的时期，这是改革开放的成果。

3. 迈入成熟发展时期（1993 至今）

1993 年 11 月，中国共产党第十四届中央委员会第三次会议通过了《中共中央关于建立社会主义市场经济体制若干问题的决定》后，中国社会主义市场经济的步伐全面启动，中国公共关系行业进入了全面的整合时期，公共关系行业开始步入更加职业化和专业化阶段，公共关系行业开始进入成熟发展时期。具体表现在以下几个方面。

（1）公共关系职能部门渗透到各行各业。公共关系事业经过近十年的冲浪，开始步入稳步发展时期，扩展到各种社会组织和行业，如社会团体、科研机构、银行、学校和党政部门，人们越来越重视运用公共关系手段来保障和促进自身的发展，各行各业出现了各种各样的公共关系的职能部门。

（2）职业公关公司开始成熟发展。20 世纪 80 年中期到 90 年代初，名目繁多的公关公司风起云涌。90 年代初中期，优胜劣汰后生存下来的一些中资公关公司渐渐开始走向专业化、市场化和职业化的道路，在公关市场上逐渐确立了自己的地位。环球公关公司就是典型的代表。许多中资公司规模小，机制相对灵活，经营成本也低，同时优于外资公司熟悉国情和市场，因而在市场上也富有竞争优势。

（3）外资公关公司纷纷抢滩中国市场。1992 年开始，美国爱德曼、奥美、福莱、罗德、凯旋先驱，英国宣伟等公司纷纷进入中国，积极导入公关新观念，着力于公关专业宣传，让业内人士了解像“认知管理”“危机和问题管理”“财经传播”“高科技传播”等一些公关的新观念。同时外资公关公司通过自身的实践，引进了公关的最先进的国际职业操作规范和标准。特别是一些先进技术手段的广泛运用，向中国的客户展现了极高的专业服务水准。让人们看到了公关更灿烂的未来，一些著名的公关公司代理的一些著名跨国公司在中国市场运作的成功案例，让业内人士和中国客户备受鼓舞。这极大地推动了中国公关市场的发展，对中国公关市场的专业化、职业化和国际化起到了积极的影响和作用。

（4）公关教育立体化。公关教育经过20年的风风雨雨，目前基本形成立体多维的学历和非学历交叉并存的局面。从低级到高级，公关教育的具体种类有：业余培训、函授教育、普通全日制教育、大学全日制本科教育。最高层次的教育是公共关系专业方向的硕士研究生的培养，这为我国日后培养高层次公关人才指明了方向。1997年11月15日，中国公共关系职业审定委员会成立，标志着我国的公共关系开始真正走上职业化和行业化的道路。这不仅完善了公关职业的成熟发展，极大推进了中国公共关系行业纳入国际化运作轨道，同时必将为中国经济真正融入全球一体化经济发挥巨大作用。

（5）政府公共关系建设是构建和谐社会的必要条件。2004年9月19日，中国共产党第十六届中央委员会第四次全体会议通过《中共中央关于加强党的执政能力建设的决定》。提高政府公关能力是提高执政党的执政能力的具体体现，是构建和谐社会的客观需要，在新形势下研究提高政府公关能力的意义和措施十分必要。

拓展阅读

中国公共关系发展的特色概括

纵观中国公共关系近30年的发展历程，与国际同行比较，中国公共关系突出地呈现出的鲜明特色主要有以下三方面。

第一，中国公共关系已经得到政府部门的高度重视，一些权威的中国公共关系组织均挂靠在中国的相关部门。

第二，中国公共关系发展不平衡。公共关系是现代社会经济高度发展的产物。改革开放为我国公共关系创造了良好的发展环境，但是由于中国经济发展的不平衡，导致了中国公共关系发展的不平衡。

第三，中国公共关系学科不仅定位在新闻传播层面，更定位在企业管理层面。这种学科定位的趋势反映出中国公共关系更重视应用。追求实效性和应用性是中国公共关系的普遍要求。

（佚名）

本章小结

本章主要介绍了公共关系的概念及特征，公共关系的基本目标和原则及公共关系的职能，公共关系学的研究对象和内容及公共关系在西方和中国的发展。比较重要的知识点有以下几点。

1. 公共关系是指某一组织为改善与社会公众的关系，促进公众对组织的认识。理解及支持，达到树立良好组织形象、促进商品销售目的的一系列公共活动。它本意是社会组织、集体或个人必须与其周围的各种内部、外部公众建立良好的关系。公共关系具有情感性、双向性、广泛性、整体性和长期性。

2. 公共关系的构成要素是社会组织、公众和传播。公共关系的特征：①是组织主体与公众之间的一种关系；②主体和客体之间联系的纽带是有效的传播与沟通活动；③是组织主体有计划、有意识、有目的开展的一种沟通活动；④是以在公众心目中树立组织的美好形象为目的；⑤公共关系是一种长期活动。

3. 公共关系学的研究对象是：组织与公众之间的传播沟通。理解这句话可以从三个角度：①公共关系是指组织与公众之间的传播沟通关系；②公共关系是以优化公众环境、树立组织形象为任务的一种传播沟通职能；③公共关系学是一门综合性的、应用性的学科，是现代传播学和经营管理学的交叉。

4. 公共关系学的基本内容：①公共关系的概念，解决“公共关系是什么”；②公共关系的历史，从历史角度揭示“公共关系是怎么来的”；③公共关系的行为主体（组织），从主体角度了解“公共关系由谁来做，有何作用”；④公共关系对象，从客体角度了解“公共关系对谁做”；⑤公共关系的管理过程，纵向角度把握“公共关系如何进行”；⑥ 公共关系媒介，从技术的角度了解“公共关系用什么手段进行”；⑦公共关系实务，从业务角度了解“公共关系主要做什么”；⑧公共关系的职业道德和法律制约；⑨公共关系在中国应用的国情和特色。

5. 公共关系的起源：公共关系的源头可追溯到古代社会人类文明开始的地方——古埃及、古巴比伦、波斯和中国等国家或地区。当时的统治者虽然更多的是依靠国家机器（军队、监狱等暴力工具）来维护他们的统治，但舆论手段的运用在处理其与民众的关系上仍然具有很重要的地位，“水能载舟，亦能覆舟”就是当时的统治方式的反映。虽然“公共关系”这个名词几千年前根本没有出现，但在当时，它作为人类的一种实践活动却早已有之。

6. 现代公共关系产生的社会条件：①商品经济的高度发达；②民主政治制度的出现；③现代管理理论的发展；④大众传播事业的发达。

7. 公共关系发展：①西方公共关系的发展阶段 ；②中国公共关系的发展阶段。

练　习　题

一、名词解释

公共关系　　公共关系特征　　公共关系研究对象

二、单项选择题

1. 公共关系就是一个组织为了达到与它的公众之间相互了解的确定目标而有计划地采用一切向内和向外的传播沟通方式的总和。这一定义属于公共关系定义的（　　）。

A. 管理说　　B. 传播说　　C. 传播管理说
D. 协调说　　E. 关系说

2. 公共关系的本质属性是（　　）。

A. 个人之间的传播沟通　　B. 公众与个人之间的传播沟通
C. 公众与传媒之间的传播沟通　　D. 组织与公众之间的传播沟通

3. 公共关系的主体是（　　）。

A. 组织　　B. 公众　　C. 传媒　　D. 个人

4. 现代公共关系发展史上的第一本公共关系专著是（　　）。

A.《公共关系学》　　B.《舆论》
C.《有效公共关系》　　D.《公众舆论的形成》

5. 被称为“公共关系之父”的人是（　　）。

A. 巴纳姆　　B. 伯尼斯　　C. 艾维 · 李　　D. 格鲁尼格

6. 公共关系作为一种职业和学科，最早产生于（　　）。

A. 英国　　B. 美国　　C. 德国　　D. 中国

7. 19世纪中叶在美国风行“报刊宣传运动”被认为是（　　）的标志。

A. 公共关系的萌芽　　B. 现代公共关系的发端

C. 现代公共关系职业化的开始　　D. 现代公共关系学科化的成熟

E. 现代公共关系的发展

8. 民主政治取代专制政治，这是公共关系产生的（　　）。

A. 文化条件　　B. 历史条件　　C. 政治条件　　D. 经济条件

9. 当组织与环境发生某种冲突时，为了摆脱被动局面，应采取的公关活动方式是（　　）。

A. 建设型公关　　B. 防御型公关　　C. 进攻型公关　　D. 矫正型公关

10. 现代公共关系职业化开始的代表人物是（　　）。

A. 巴纳姆　　B. 艾维·李　　C. 伯尼斯

D. 哈罗　　E. 夫兰克·杰夫金斯

11. 运用传播沟通的方法去协调组织的社会关系，影响组织的公众舆论，塑造组织的良好形象，优化组织的运作环境的一系列公共关系工作，称作（　　）。

A. 公共关系状态　　B. 公共关系活动　　C. 公共关系观念

D. 公共关系行为　　E. 公共关系结果

12. 组织与其公众环境之间客观上存在的关系状况和舆论状况，属于（　　）。

A. 公共关系状态　　B. 公共关系活动　　C. 公共关系观念

D. 公共关系行为　　E. 公共关系结果

13. 维持企业的营利性和社会性之平衡就是公共关系。这一定义是属于公共关系定义的（　　）。

A. 管理说　　B. 传播说　　C. 传播管理说

D. 协调说　　E. 关系说

14. 现代公共关系学科化的旗手是（　　）。

A. 巴纳姆　　B. 艾维·李　　C. 伯尼斯

D. 哈罗　　E. 夫兰克·杰夫金斯

三、多项选择题

1. 公共关系的构成要素包括（　　）。

A. 组织　　B. 公众　　C. 沟通

D. 舆论　　E. 形象

2. 下列属于公共关系的基本职责的项目是（　　）。

A. 广告　　B. 传播推广　　C. 提供服务

D. 收集信息　　E. 公共事务

3. 下列属于公关人员职业道德素质的是（　　）。

A. 公正　　B. 敏锐观察　　C. 对社会负责

D. 真实　　E. 正派

4. 下列哪些项目是公共关系应掌握的基本实务知识（　　）。

A. 公共关系活动的基本类型知识　　B. 公共关系活动策划知识

C. 公众分析知识　　D. 公共关系的职能知识

E. 公共关系调研知识

5. 制约知觉的选择性的客观因素包括（　　）。

A. 知觉对象本身的特征　　B. 知觉对象和背景的差别

C. 知觉对象的组织　　D. 对象的第一印象

E. 对象的最后印象

6. 组织形象信息主要包括（　　）。

A. 产品形象信息　　B. 公众对组织机构的评价

C. 公众对组织管理水平的评价　　D. 公众对组织人员素质的评价

E. 公众对组织服务素质的评价

7. 公共关系对组织的直接功能是（　　）。

A. 树立组织形象　　B. 协调关系网络　　C. 促进产品销售

D. 提高个人素质　　E. 优化社会环境

8. 公共关系对组织的直接功能包括（　　）。

A. 树立组织形象　　B. 协调关系网络　　C. 促进产品销售

D. 提高个人素质　　E. 优化社会环境

9.（　　）属于公关人员的能力素质。

A. 良好的组织能力　　B. 敏锐的观察能力　　C. 自制自控能力

D. 灵活的应变能力　　E. 与人交往能力

10. 公共关系的基本职责包括（　　）。

A. 收集信息　　B. 辅助决策　　C. 传播推广

D. 协调沟通　　E. 提供服务

四、简答题

1. 什么是公共关系活动？
2. 简述公共关系管理的意义。
3. 简述公共关系产生与发展的社会条件。
4. 公共关系传播推广的职责。
5. 公共关系协调沟通的职责。
6. 会议的公共关系功能是什么？

五、案例分析

案例 1. 某时装店专营各类高档时装。一天，小王参加社区劳动后从该店门前经过，欲进店为自己女友选购生日礼物。但门口保安不让小王入内，原因是他“衣冠不整”，双方争执不下，店中顾客议论纷纷，甚至有顾客指责店员，认为他歧视顾客，下次不准备再来这家店了。

问题：组织应如何处理好与顾客之间的关系？

案例 2. 2011 年，双汇集团的“瘦肉精事件”再次使“瘦肉精”这个词频繁出现在公众的视野中。据央视新闻频道记者暗访报道称，河南温县、孟州、沁阳等地一些养猪场为了增加猪肉的瘦肉量，减少饲料使用，降低成本，都在使用“瘦肉精”喂猪，并设法摆脱检验部门的检验，获得合格的生猪检验证书，这些使用了“瘦肉精”的生猪大部分被河南当地知名企业河南双汇食品厂收购。从而将双汇集团推上了风口浪尖。

问题：分析双汇集团应如何处理瘦肉精事件？

案例 3. 新加坡航空公司（简称新航）在国际航空业群雄角逐的激烈竞争中独占鳌头，多年连续被国际民用航空组织评为优质服务第一名。新航的服务有很多独特之处，他们把西方的先进技术及管理手段与东方的殷勤待客传统有机地融合在一起，把“乘客至上”的公共关系思想贯穿于服务的全过程，给每一位乘客留下极为深刻的良好印象，使来自各国的乘客自然成为新航的义务宣传员，再加上通过新闻媒体做广告宣传，使公司的形象不胫而走，誉满五洲。新航的服务准则是：对所有乘客一视同仁地施以关心和礼貌，在一切微小的服务细节上给乘客留下难忘的印象，并树立公司的整体形象。这些服务准则通过每一位工作人员的良好举止体现出来。

（1）订票时可得座位号，登机时对乘客以姓相称。

（2）殷勤款待，乘飞机如同做客。

（3）照顾乘客休息用餐，将饭店服务方式搬进机舱。

（4）纪念品加优待券，希望你再来光顾。

以上这些及其他各项服务措施，构成新加坡航空公司充满活力的公共关系，使新航在国际航线上赢得了声誉，赢得了顾客，在激烈的国际竞争中胜人一筹。

问题：新加坡航空公司完善服务的突出特点是什么？它何以能胜人一筹？

综合实训

一、实训内容

实训课题：

1. 请收集一到两个符合或违背公共关系原则的事例。
2. 请观察你所在学校的领导或老师一天的工作，分析他（她）哪些工作属于公共关系工作内容？

二、方法步骤

1. 以8～10人为一组对上述实训课题进行讨论。
2. 每个小组派一名代表在课堂上用2～3分钟时间对讨论的结果进行交流发言。

三、实训考核

教师对小组讨论交流的成果给予点评。

第二章

公共关系机构和人员

学习目标

知识目标：了解和掌握公共关系机构的主要类型和公关人员应具备的素质与能力。

能力目标：培养能初步根据组织的特点和需要选择公共关系机构类型的能力。

教学导入案例

广州白云山制药总厂在20世纪80年代初，还是一个生产单一产品“穿心莲”的小厂，生产设备极其简陋，年产值不到20万元。这个厂到20世纪90年代已发展成为生产医药品种达数百种、年产值超亿元、上缴利税过千万元的大型骨干企业。

1984年，广州白云山制药厂率先挂出了国内第一块国有企业公共关系部的招牌，并注资120万元，开展公共关系活动，并美其名曰：信用投资。这120万是其当时年总产值的1%。尽管公关在整个中国营销大环境中，一直处于边缘性地位，尽管白云山制药厂的公关关系部，在此后的20多年里，总是建了撤，撤了又建，但公关作为营销传播工具中的一种，作用仍然不可小觑。至少，在几经反复后，白云山的公关部，今天依然留存，并且在每个年度，总会在业界爆出一些惊天动地的猛料。

该厂的公关部负责与社会各界建立并保持良好的关系，主持关系到企业信誉的各项公关事务，包括向社会开放工厂，向来访者播放企业录像，奉送精美宣传品，带领客人游览厂区，介绍科学制药方法等。通过医药刊物和学术界、卫生界进行信息交流，通过邮购药品的来往书信同顾客进行思想交流，通过遍布全国的近千个销售网点及时反馈公众需求和意见，获得了公众的支持和信任。

白云山的公关部，一度成为了中国公关的“黄埔军校”。它的公关部，在某种程度上，可以与某些企业的市场部媲美。它主管着企业内部的企业形象识别系统设计、导入和持续性维护，主导着广告宣传和公关促销活动。它的公关策划人员，很早就开始利用报纸、广播、电视等一切可利用的宣传媒介系统开展促销活动，在市场上掀起了一轮又一轮的“白云山潮”。中国国有企业率先建立公关部，这在当时是一则不小的新闻。

启发思考：该企业的公关部为何总是建了撤，撤了又建，今天依然留存？

本章将从组织内部的公关部、组织外部的公关咨询公司来阐述公共关系机构的主要类型，从公关人员的素质、知识结构和职业道德准则与能力来阐述公关人员应具备的素质与能力。

第一节　公共关系机构的主要类型

公共关系工作是一项长期的、复杂的、有计划的工作，需要有专门机构来从事这项工作，以保证组织的公共关系工作职能化和经常化。目前公共关系组织机构可以分为两大类：组织内部的公共关系部（公关部）、组织外部的公关咨询公司。

一、组织内部公关部

内部公共关系是组织内部纵向公共关系和内部横向公共关系的总称。针对组织结构而言，纵向公共关系是组织机构上下级之间的关系，横向公共关系是组织机构同级职能部门、科室、班组之间和员工之间的关系。现代组织是一个相互联系、相互依存的开放系统，内部关系是否融洽、团结、目标一致，决定着组织能否充满生机，能否具有竞争优势和发展潜力。建立良好的内部公共关系，是组织开展各类对外公共关系活动的基础和前提。所以建立组织内部的公关部是十分必要和重要的。

组织内部的公关部是组织内部设立的专门性公共关系的工作机构，它主要是组织为处理、协调、发展本组织与社会公众和组织内部公众关系而设立的专业职能机构，是组织重要职能部门，它的地位和作用是其他部门无法取代的。

（一）组织内部公关部的优势

组织内部公关部的优势主要有以下几点。

（1）熟悉组织情况。公关部的工作人员都是组织成员，他们对组织内部的各种情况比较熟悉了解，尤其是对组织运营的特点和各种因素的相关程度，了解得比较透彻，把握得比较准确。如组织内各部门、各成员之间的关系及其在组织中所起的作用；谁是关键的人物；何处是关键性的环节，等等。同时，他们在组织内拥有良好的人际关系，能及时获取比较可靠的、新的信息。因此，在开展工作时，他们容易抓住存在问题的症结，可以对症下药，提高公关工作的有效性。

（2）能提供及时的公共关系服务。由于组织内的公关部对本单位情况比较了解，可以随时为组织的领导层提供业务咨询和建议。特别是在突发性的事件出现时，公关部就可以做出快速决定，并及时提出对策，发布新闻，协调关系。

（3）有利于保持公关工作的连续性和稳定性。公共关系工作是组织的一项长期而持久的工作，旧的矛盾解决了，新的矛盾又会产生。另外，为了使组织与公众之间的关系保持平衡与稳定状态，不断完善组织自身在公众心目中的良好的形象，创造有利于组织进一步发展的社会环境，仅靠开展一两项公关活动很难实现这个根本目标。而外请的或临时的公关人员，由于对组织或工作情况不熟悉，也很难保证工作的连续性和稳定性。

（4）有利于节约经费。在组织发展过程中，公关问题随处可见。有些重大的公关专项活动，组织可以委托公关公司或聘请公关专家来处理，但大量的、例行的事务性工作，都委托公司或专家解决，对组织来说将是一笔可观的开支。而公关部由于与所属组织在利益上的一致性，使其在开展各项活动与实施公关计划时，不仅会考虑公关工作的效果，同时还会注意尽量节约经费，减少开支。

（二）组织内部公关部的不足

组织内部公关部的不足主要体现在以下几方面。

（1）职责不明，负担过重。这是公关部最常见的不足之处。由于公关工作涉及的面较广，组织的领导很容易把许多“三不管”的问题交给公关部去办。有时还很容易把许多虽然属于公共关系范畴，但应由其他部门办的事情也交给公关部去办，影响正常工作的进行。

（2）看问题有时不够客观。公关部的人员在处理问题时，有时不够客观，容易受组织内的人际关系等因素的影响。如因人事、工资等方面受制于本单位，担心得罪领导，会违心地去迎合领导的意图，不如实报道情况；或出于对自己前途的考虑，可能掩盖问题的真相，不能客观地、实事求是地看待问题或处理问题。

（3）总费用可能比聘请公关公司多。这是因为公关部的工作人员都要占有一定的编制，组织除了需要长期支付工作人员的工资外，还需要购置大量的办公设备。

（4）有可能成为组织的一种负担。如果组织内公关部的建立不具备条件，而是为了赶时髦东拼西凑而成，或其工作人员缺少专业训练，难以胜任工作，或由于公关经理不具备领导素质，得不到领导部门的重视，难以开展工作。这样公关部就可能成为组织的一种负担。

（三）组织内部公关部的主要职能

组织内部公关部的主要职能有以下几项。

1. 采集信息，监测环境

采集信息是公关工作的必要前提，在信息社会中，信息已成为公认的巨大资源。公共关系是信息产业。不采集信息，公共关系就成了无米之炊。因此，无论是内部公关还是外部公关，任何策划都应从采集信息开始，这样才能做到知彼知己、百战不殆。采集信息的职能要求公关人员具备信息意识，注意随时采集有关组织的信息。所谓监测环境，是指观察和预测影响组织目标实现的公众情况和各种社会环境的情况，使组织对环境的发展变化保持清醒的头脑和敏锐的感觉以及灵敏的反应，从而保证科学地塑造组织形象，实现组织目标。

2. 咨询建议，参与决策

对本组织内部方针、政策和行动提供咨询意见，发挥公共关系对组织的导向作用，参与决策，制定出合乎组织发展的目标；对本组织公共关系战略、 经营销售战略、广告宣传战略、企业形象识别系统战略、组织文化战略提供咨询意见，使原来分由几个部门负责的工作发展成为一个系统，并制定出科学的实施方案供决策者参考；对组织生存环境的有关发展变化进行预测和咨询，使组织决策者拥有一套乃至几套可以选择的方案，以适应这些变化。

公关人员不仅要向组织提出一般的咨询建议，而且要尽可能参与决策，为领导决策提供必要的信息建议，直接影响决策过程，这才是公关咨询建议的最高形式。公关人员要努力开展工作，在决策之前，要广泛征询内外公众意见，获取全面信息，以供决策者参考，使决策方案具有较强的社会适应性和应变弹性，并争取在决策方案中较完整地反映出公关人员的工作成绩及其思想而引起领导层的重视，为公关人员更多地参与决策活动提供机会。

3. 传播推广，塑造形象

传播沟通职能主要体现在两个方面：一是组织运用传播沟通的手段同公众进行双向交流，与公众交心，赢得公众的信任和支持；二是顺时造势，实现舆论导向，通过策划新闻、公关广告、专题活动等手段，营造声势，提高组织的知名度与美誉度，为组织创造良好的舆论环境。从某种意义上说，丧失了传播沟通的职能，公共关系就将一事无成。

4. 协调沟通，平衡利益

协调组织内部领导与职工之间的利益与关系；协调组织内各部门、各环节之间的利益与关系；协调组织与外部公众之间的利益与关系。

5. 教育引导，培育市场

随着科技的突飞猛进、产品的极大丰富，需要公共关系来培育市场。公众不可能了解那么多的新产品，需要不断对其进行商品知识、消费知识、 安全保险等方面的教育和引导， 使消费群体与组织认同。

6. 科学预警，危机管理

组织危机是组织生存发展的大敌，处理不好往往给组织造成重大损失，甚至断送组织的“生命”，因而组织公共关系将危机处理作为公共关系的主要职能和工作重点之一。随着公关理论和实践的发展，事前预测管理危机已成为公共关系对待危机的主流方法，这是组织公共关系的新发展。

（四）组织内部公关部的设置原则

由于各组织的规模和工作内容不同，对公共关系活动的要求不同，因而所设公共关系部的结构、规模也会不同。但任何一个组织在设置公共关系部时，应该要考虑以下几项原则。

1. 规模适应性

所谓规模适应性，是指公共关系部规模的大小应当与组织的规模及其发展相适应。组织的规模有大有小。规模大的组织可达几千人、上万人，而规模小的组织仅有几十人、十几人。因此，大型组织可设立人数较多、门类齐全、分工细致的公共关系部；中型规模的组织可设立人数不多、具有综合性的多职多能的公共关系办公室；小型组织可以不设立公共关系部门，而任命专职的公关人员或从社会上的公共关系公司聘请公共关系顾问来开展本组织的公共关系工作。

2. 整体协调性

所谓整体协调性，则是在设置公共关系部机构时，应与组织内部各部门相协调，如果有冲突，应做适当调整，以免产生矛盾。同时，在机构内部人员的设置也应考虑整体效应，使公共关系部协调一致地工作。

3. 工作针对性

所谓工作针对性，是指公共关系部的机构设置，要根据不同组织的工作性质和自身所面向的社会公众的特殊性来确定。公关部总是依附于特定的组织，这些组织又总是性质多样、类型各异。组织的性质不同，公共关系工作的目标、内容、方法也不同，面对的公众也不同。有的以特定的公众为对象，有的以整个社会公众为对象。这样，在设置公共关系部时，就不能盲目照搬或仿效别人的做法，而应遵循“针对性”原则，根据组织自身的性质，根据组织特定的公众对象来进行设置。

4. 机构权威性

公共关系部是代表一个组织进行工作的，它的一言一行、一举一动都关系到组织的形象和整个事业的顺利发展。这就要求把它放在十分重要的位置上，使它具有一定的权威性。

在设置公共关系部及有关机构时，必须加以综合考虑，而不能只考虑其中一项。

（五）组织内部公关部的结构类型

组织内部公关部主要有直接隶属、平等并立和部门隶属三种结构。

1. 直接隶属结构

直接隶属于组织最高领导层，由总经理或副总经理担任公关部的负责人，公关部的所有工作都要汇报到组织最高决策机构讨论、批准。优点是公关工作与经营管理的最高层次直接联系，公关部能够着眼于企业的各个经营环节，方便全面地、有针对性地开展公关工作，并使公关思想从上至下融会贯通，且具有权威性。（有许多企业公关部采用的都是这种类型）（见图 2-1）

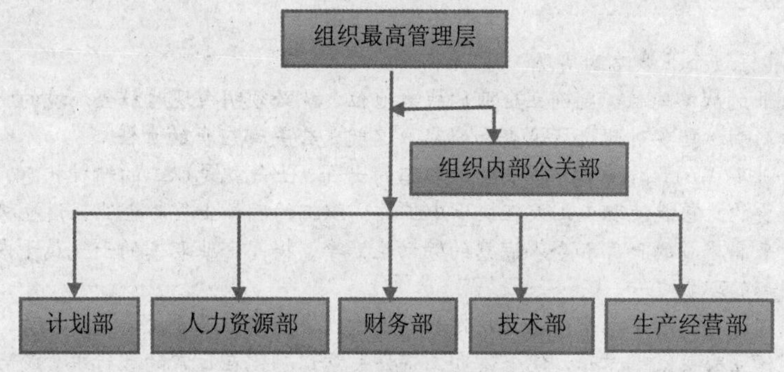

图 2-1　直接隶属结构

2. 平行并立结构

公关部与企业内部其他的职能部门平行，公关部的负责人与其他职能部门的负责人处于平等地位。（见图 2-2）

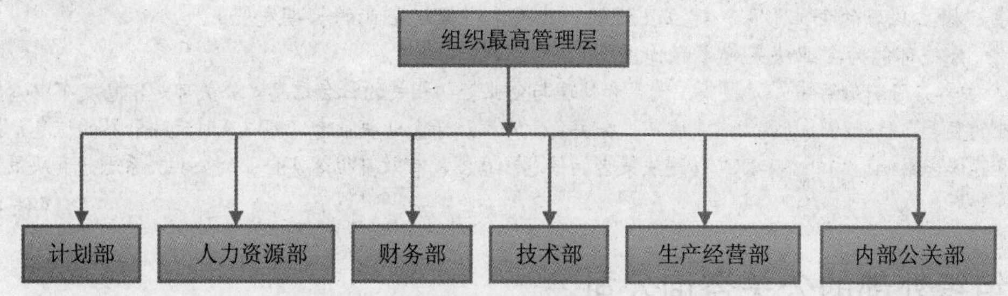

图 2-2　平行并立结构

3. 部门隶属结构

部门隶属型公关部是指公关部隶属组织内其他职能部门。这种类型的公关部较其他职能部门低一个层次，因为它受某一具体职能部门的管辖。（见图 2-3）

隶属部门不同，功能不同：公关部隶属于办公室，强调公关的经营管理功能，配合其他各项业务开展工作；公关部隶属于营销部门，强调公关在市场营销领域的促销功能；公关部隶属于广告部，强调其传播作用；等等。

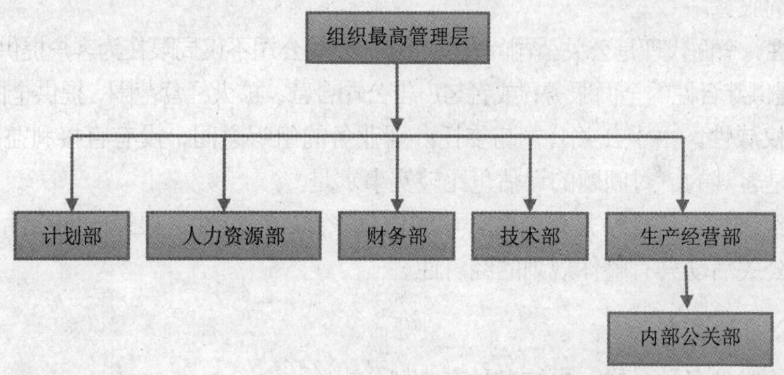

图 2-3　部门隶属结构

拓展阅读

公关部的作用

1. 公关部能促进企业战略的实现

(1)确立企业的战略地位。要确立企业的战略地位，就必须明白现时社会环境的状况。社会环境会受到不同因素影响，需要对此进行调查和研究，这就是公关部应负的责任。

(2)增强企业职工的群体意识，提高企业职工的士气。士气就是职工的精神状态。高昂的士气对职工来说是很重要的，它能使职工每天在快乐中工作；职工的高昂士气对企业来说也极为重要，因为高昂的士气会带来高质量的产品和令人满意的劳动生产率。提高企业职工的士气属于内部公关，而内部公关正是公关部的职责之一。

(3)提高员工素质。职工素质是企业决定性的因素。提高职工质素主要是靠教育。教育引导企业内部的全体成员建立公关策划意识，使全体员工将公关意识融化在日常的言行中，成为习惯和行为规范，这会直接影响到企业的形象和经济效益。教育职能是公关部的职能之一。

2. 公关部能为产品销售铺路架桥

产品销售是任何一个生产型或经营型的企业的经常性活动，在产品销售上，公关部可有以下两项作用。

(1)新产品投放市场时开展公关活动，使顾客在了解产品的基础上产生购买的欲望和行为。

(2)现有产品的销售也存在扩大市场的问题，扩大市场也离不开公关。它帮助提升品牌知名度和关注度，树立良好的企业形象，建立良好的公共关系，促进企业的长期发展。

3. 公关部能为企业决策起参谋作用

公关部是资料储存中心，搜集、储存和处理与企业密切相关的社会信息；公关部是信息发布中心，它是企业的喉舌，对外的信息就由它来发布。公关负责人隶属于企业决策者，可以及时反映外界的信息、提供咨询和建议，准确地向外界和职工传递决策者的信息和意图，有效贯彻落实企业的公共关系思想和决策。

(佚名)

二、组织外部的公关咨询公司

公共关系咨询公司简称公关公司，公关公司指由具有一定专业特长的公共关系专家及专业队伍所组成，专门从事公共关系咨询或受委托为其委托方开展公共关系活动策划执行，并收取费用的社会服务性机构，具有独立的法人资格和地位。

1. 公关公司的特点

相对组织内部的公关部，公关公司主要有以下四个特点。

(1) **专业性**。公共关系公司专门为客户提供某一种公关技术服务，或者只为某一特定的行业提供公关咨询服务。

(2) **全面性**。全面代理是公关公司的发展趋势。公关公司不仅局限在为客户提供某一方面的专项服务，而且提供综合性的全面服务；或者与广告公司合营，扩大经营范围，提供全面的公关业务。

(3) **客观权威性**。由于公关公司与委托办理业务的组织之间，没有直接利益关系，因而观察问题的立场是客观的，对问题的评估也比较实事求是。

(4) **广泛经济性**。广泛性是指公关公司的信息来源的广泛性、渠道的网络性。经济性是指公关公司开展公关活动具有整体规划的经济性。

2. 公关公司的类型

公关公司的类型多种多样，可按多种方式划分。

公关公司按内部业务可分为专项业务服务公司、专门业务服务公司、综合服务咨询公司。

公关公司按经营方式可分为合作型和独立型两类。合作型，是与广告公司等合作经营的公司。独立型，坚持自身经营，不论经营单项、专项、多项或综合性业务，都不与广告公司或其他部门合作。

3. 公关公司的经营范围

公关公司的经营范围包括咨询诊断、联络沟通、收集信息、新闻代理、广告代理、推介产品、会议服务、策划活动、礼宾服务、印刷制作、音像制作和培训服务等。

课堂讨论

你对公关公司了解吗？

拓展阅读

综合媒体报道，据中国国际公共关系协会行业调查，2010 年中国公关市场（不包括港澳台地区）继续保持快速增长：整个行业年营业额估计接近 150 亿元人民币，比 2009 年增长了 50%；全行业具有一定经营规模和固定客户的专业公司数目估计达到 1000 家左右，专业公关公司从业人数超过 50000 人。

全国 80%以上的专业公关公司集中在北京、上海、广州（深圳）三地。三地都是很重要的城市，主要的区别是客户的不同。如波音等大型航空设备提供公司都会在北京设立总部，要求服务的重点是政府关系或整体策略性的活动；上海是一个金融中心，更多的是时装时尚与高档消费品的市场；广州则更与老百姓的日用品接近，如宝洁、亨氏、高露洁等。

大企业一方面委托公关公司连横合纵，另一方面本身也设立媒体部，同时还将发稿指标压到内部各种部门，甚至在考核业绩时将其拔高到与销售额同等的地位。

中国现在可供企业炒作的主流媒体不超过 120 家，集中在北京和广州。其中多为综合性日报和财经类大报，另外包括几家财经类杂志、一两家电视台和一家新闻网站。

2012 年 11 月，CHINA 品牌价值研究中心对外公布了《中国网络危机管理公关公司 TOP10 排行榜》，具体排名如下①：

第一名 易神州公关　第二名 奥美公关　第三名 伟达公关　第四名 灵思公关
第五名 博雅公关　第六名 万博宣伟公关　第七名 迪思公关　第八名 凯旋先驱
第九名 安可顾问　第十名 博得天策

从榜单上可以看出，在危机公关能力方面，本土网络公关公司整体实力强于国际网络公关公司。从相关渠道了解到，近年来，在中国市场上，国际品牌公司纷纷调整选择网络公关公司合作伙伴策略，即公关战略业务单元通常交由国际公关公司完成，危机公关业务单元通常选择和本土网络公关公司合作。这体现出本土网络公关公司在资源整合方面的实力。

“中国企业如何面对突如其来的各类危机”这一话题长期以来始终是企业管理界长期关注和研究的课题。日前，一份中国企业平均寿命延长的统计的数据表明，中国企业平均寿命分别走过了 2 年、3.5 年、5 年和 8 年的过程，这与欧美企业平均为 40 年的寿命尚有本质的差距。但是，中国本土企业的可持续经营能力在逐年提升已经成为不争的事实。

有关管理专家分析指出：中国本土企业寿命的逐年提升与中国市场经济环境逐步规范，持投机心态的企业大幅度下降密不可分；同时，企业的危机公关外脑也功不可没，在专业的危机公司指导下，面临复杂多变的经营环境，企业掌握了趋利避害的专业手段。

本土企业通过方方面面危机阵痛后，越来越看重专业公司的危机公关能力。相关管理专家指出，对于危机公关的重视是本土企业经营的觉醒，在企业和专业危机公关公司的共同努力之下，中国本土企业的生命力得以持续提升。

① 本部分内容采集自中国广告网《2012 十大网络公关公司（危机公关）排名》。

第二节 公关人员的素质与能力

公关人员的素质是指从事公共关系工作的职业人员的气质、性格、兴趣、风度、学识和技能方面的综合品质。结合公共关系职业的特殊性，它专指公关人员以公共关系观念为核心，以自信、热情、开放的职业心理为基础，配之以公共关系的知识结构和能力结构的一种整体职业素质。

一、公关人员须具备的心理素质

（1）**追求卓越、渴望成功的心理**。公关人员只有有了这种心理才有动力发挥自己的聪明才智，以创新的能力去竞争，以敢想、敢于创造的精神，在全国乃至世界范围内寻求机遇、寻求成功。

（2）**乐于投入、热情工作的心理**。只有具备这样的心理素质，公关人员才能自如处理不能自由选择公众对象的情况，转换角色、迅速投入新领域。公共关系是一个既动脑又动手，既有学又有术的职业。公关人员不是审批方案的决策者，要做到嘴勤、手勤、腿勤、没有乐于投入、热情工作的心理，就无法胜任工作。

（3）**自信的心理**。公关人员有了自信心，才能激发极大的勇气和毅力，才能最终创造出奇迹。当一个创造性的新方案得不到大多数人的理解与支持时，只有当公关人员有较强的自信心，敢于坚持用实践去检验真理，才会获得检验方案的机会，进而才会取得成功。

（4）**开放乐观的心理**。该心理能使公关人员在工作中遇到各种各样的人，并能够应付自如、游刃有余，能够“异中求同”，能够与各种类型的人建立良好的关系。

二、公关人员须具备的知识结构

公关人员必须具备以下知识结构。

（1）公共关系的基础理论知识。这些知识包括公共关系的基本概念，公共关系的三要素，公共关系的历史，公共关系的基本原则，公关工作的程序，不同类型的公共关系机构的构建原则和工作内容等。

（2）公共关系的基本实务知识。这些知识包括分析公众心理的知识，与公众打交道的知识，公关调查的知识，公关策划的知识，公关活动实施与评估的知识，处理公关危机的知识，社交礼仪的知识等。

（3）与公共关系密切相关的其他知识。主要包括：管理学、社会学、传播学、心理学、广告学、经济学、创造学、组织行为学、市场营销学等相近学科的知识，以及写作、口才、礼仪、摄影、摄像、计算机与网络等实用知识。

三、公关人员须具备的能力结构

（1）**组织管理能力**。公关工作的本质属性是管理，通过公关工作促进组织目标的实现。公关工作千头万绪、具体繁杂，没有良好的组织能力是很难顺利做好工作的。为此，公关人员应具备激励员工积极性，协调各类公众关系，收集信息，制订公关计划与方案，组织实施各类公关活动及大型专题活动，进行有效传播沟通等能力。

（2）**语言表达能力**。公关工作需通过传播沟通与公众建立良好的关系。能写会说，能很好地运用语言传达组织的有关信息，能与公众有效沟通，是公关人员的一项基本素质要求。它主要有口头语言表达能力、文字语言表达能力、体态语言表达能力。口头语言用于与公众的直接的面对面的交往中。文字语言用于与公众的文章、书信、宣传资料等的沟通中。体态语言用于与公众的直接交往中，它能在一定程度上补充口头语言的不足，并和口头语言相得益彰。

（3）**公众交往能力**。公共关系就是要为组织多交朋友，广结良缘，在组织与公众之间形成沟通的“桥梁”，形成“人和”的氛围和环境。为此，它需要公关人员正确认识公众，把握交往的技巧、艺术、原则，了解公众的行为特点，学会与各种类型和特点的公众友好相处。

（4）**宣传推广能力**。公关人员是组织的宣传员，要善于周密策划、精心设计组织形象，善于运用各种传播方式、传播媒介展现组织形象，善于宣传推广组织形象。

（5）**创造能力**。公关工作是一项极富挑战性和创造性的工作。公关人员是组织与公众的中介者，但绝不是“传声筒”，必须以自己的想象力和创造能力来影响和感染公众。不满现状，不断超越，追求卓越，追求创新是公关人员的应有素质。

（6）**应变能力**。公关活动中经常会出现一些突发事件和事先难以预料到的问题，需要公关人员根据实际情况，灵活从容地应对，以有效地解决问题。

（7）**专业操作技能**。公关人员应是多才多艺的“多面手”，除具有专业基础知识和能力外，还应掌握计算机、通信、制图制表、声像、摄像、摄影等技术，以提高公关活动的层次与效果。

四、遵循公关人员的职业道德

公共关系活动是为了改善或树立组织的形象，公关人员自身的职业素质和品德修养决定了公共关系的融洽程度。在加强全社会诚信建设的今天，对公关人员的职业道德建设显得尤为重要，同时，对于树立我国良好的国际形象，赢得世界竞争中的有利地位，也有着重大的意义。公关人员应遵循的职业道德包含以下几方面内容。

1. 遵循基本的社会道德规范

公关人员始终是作为社会的一员加入某个组织，他们首先需要遵循的是社会的基本道德规范。当组织的决策者做出的决策与基本的社会道德规范相冲突之时，公关人员需要做出抉择，尽管在心中会有些犹豫与矛盾，但作为优秀的公关人员，做出的决定必定是遵循社会基本道德规范的。

2. 维护组织的利益

公关人员在从事公关工作时，是以组织代表的身份与公众进行接触的。所以，公关人员应该真诚维护本组织的利益，这是职业最基本的要求。公关人员对外代表着整个组织，无论是外在形象，还是个人言行。当公关人员的言行有偏差之时，整个组织的形象都会受到影响，组织利益因此也受到影响。另外，尽管公众也是公关人员所应负责的对象，但不能一味地迁就公众的利益而不顾组织的利益。一个优秀公关人员更应该避免在处理公关事件中，因为收取公众好处而损害组织利益的情况。

3. 对公众负责

公关人员一方面以组织代表的身份与公众接触，另一方面，也以个体的身份在与各种人打交道。公关人员与公众的接触，也正如人与人之间的交往一样，需要为对方考虑。真正让公众心悦诚服的是一种以组织身份所做出的关怀举动。很多的经典的公关案例都体现了一种人文关怀。让公众体会到组织的温情和责任感，公众才会长久地信任组织、支持和忠诚于组织。而公众的利益与组织利益冲突时，公关人员也应从一种人道主义的视角，去调节两者之间的利益冲突。从长远来看，只有适当地维护公众的利益，让公众认识到组织的真诚，提高组织的美誉度，才能维护组织的长远利益。

4. 自觉遵守公关道德准则

随着社会的发展，社会各方面对公关人员道德素质方面的要求也在不断提高，各种针对公关人员的道德明文规范也在不断发展。其中，《国际公共关系道德准则》的影响最大，很多国家直接采用这一准则，或者以此为范本制定本国的公关道德准则。制定规则之后，就需要公关人员高度自觉遵守。中国公关职业道德准则内容如下。

（1）每个公关从业人员必须使自己的公关实践和理论符合我国的宪法、法律和社会公认的道德规范。

（2）在任何情况下，公关从业人员必须做到全心全意为我国的社会主义事业服务，应该考虑到有关各方的利益，首先应该考虑社会公众的利益，同时也应该考虑自己所在组织的利益。

（3）公关从业人员在进行公关活动时，力求真实、准确、公正和对公众负责。

（4）从事各种专业公共关系的专职人员应该在借鉴、钻研和实践的基础上努力提高自己的公共关系业务水平。

（5）公共关系教育工作者应该以一种严肃认真、诚实的态度对待公共关系高等教育和普及教育。

（6）公关从业人员不得为了个体利益故意传播虚假的或使人误解的信息。

（7）每个公关从业人员不应该有意损害其他公关人员的信誉和公关实务，如有违反应当向自己所属组织反映。

（8）公关从业人员不得借用公关名义从事任何损公关信誉的活动。

（9）公关从业人员不得参与不道德、不诚实或有损于本职业尊严的活动。

（10）公关从业人员不得利用贿赂和不正当手段影响传媒人员真实、客观的报道。

（11）公关从业人员在国内外公关实务中应该遵守国家和各自组织的有关机密。

拓展阅读

市场公关人员的必备素质①

现代社会组织的市场公关人员是开拓市场的先锋。他(她)们不仅是社会组织的代表，也是消费者的顾问。因此，市场公关人员需有较高的思想水平和业务能力。从公关推销的角度来讲，市场公关人员主要应具备以下的素质和能力。

1. 良好的个人修养。公关人员个人修养水平的高低往往是推销成功与否的首要因素。提高自身修养是每一个准备从事公关推销工作的人员应该做的第一件事。具体地讲，良好的个人修养包括个人形象、高质量的工作作风、高标准的职业道德三个方面。个人形象主要应做到合乎身份、整洁大方。高质量的工作作风则包括富有进取精神、高效率、计划性以及踏实细致等几方面。一个市场公关人员应具备的高标准的职业道德包含三个方面的含义。一是要有适应时代发展的职业道德观念；二是要有诚实的推销作风；三是要有强烈的社会责任感。

2. 健全的心理素质。具有健全的心理素质，才能适应多变的环境。这一点对于一个市场公关人员来说尤其重要，心理素质的好坏直接影响到公关推销工作的成功与否。健全的心理素质主要体现在：能知己；有自信；具有开拓精神；良好的自制自控能力；灵活的应变能力。市场公关人员的内在品质一般有十个方面：独当一面的工作能力；充满干劲、富有开拓进取精神；思维敏捷；谈话时口音清晰，能发挥语言运用力；讲究职业道德，诚实可信；常能保持清醒的分析头脑，表现出敢于解决任何问题

① 据编者查询，本文最早见于公关世界官方博客，发表时间为2008年12月19日，作者赵培华。

的魄力；处事稳重，有不急不躁的自我克制力；待人接物真诚、热情；是一位称职的管理人员，既善于出主意、想方法，又有实干精神；具备坚忍不拔的毅力。

3. 广博的知识储备。一名合格的市场公关人员修养越深厚，知识越广博，公关推销工作成功的几率越高。需储备以下几个方面的知识。一是深谙行情，通晓经济学。一个市场公关人员如果没有经济头脑，不懂经济学就很难适应瞬息万变的市场情况。二是知己知彼，懂得心理学。公关推销工作是和人打交道的一种工作，市场公关人员通过交谈、观察、分析和实践，如果能够总结出各种各样的复杂心理现象其中的规律，并把它运用于公关过程中，那么他的推销能力便会日益提高。三是入情入理，熟知法律。公关推销工作必须依法进行，依法推销主要包含保护消费者利益和防止不正当竞争两个方面。四是既博又专，掌握专门知识。一个市场公关人员只有掌握所推销产品比较完整、系统的知识，并且对公司的情况也有较详细的了解，才能针对不同消费者情况开展公关推销工作。

4. 合理的思维方式。现代化强烈地冲击着社会的各个领域。其中最根本的是对人的冲击，对人的心理素质的冲击。人的现代化是由思维方式、工作方式和生活方式组成的一个多层次的、立体式的生物结构体。缺乏任何一个层次都不可能成为一个完整的现代人。现代人的模式中，工作方式属中间层次，思维方式属最高层次。因此，无论从事什么职业，都应重视思维方式的锻炼和培养，作为处理复杂而多变的推销事务的市场公关人员，尤其应该如此。合理的思维方式主要有三方面的含义。一是要有正确的思想观念，二是要有敏捷的思维能力，三是要有及时总结的思维习惯。

5. 过硬的实施能力。过硬的实施能力主要包括以下方面。一是敏锐的洞察能力。推销公关人员应有敏锐的洞察能力，应对市场明察秋毫，能够从现象中看出本质，从普通的市场销售资料中发现重点，发现潜在的问题，捕捉一切对自己的发展有利的或不利的信息。二是较强的信息反馈、处理能力。公关推销工作实质上是一种信息工作，因此市场公关人员必须有较强的信息反馈、处理能力，要有较强的逻辑和是非判断能力，要能在复杂有时甚至是虚假的现象中，筛选出于己有用的信息。三是较高的组织领导能力。公关推销工作决不单单是对顾客的单向工作，它还包括对内部、对外界、对社会的各方面的全方位的工作。四是高超的应变能力。市场公关人员要和各种人物打交道，工作对象复杂，各有其特点，必须要有高超的应变能力。五是有效的讲解能力。市场公关人员需要一副好的口才，好的口才确实功效非凡。反之，如果市场公关人员在讲解时，方式草率、吐字不准、语不成句，顾客便会失去耐心。

本章小结

本章主要介绍了公共关系机构的主要类型和公关人员的素质与能力。比较重要的知识点有以下几点。

1. 组织内部的公关部是组织内部设立的专门性公共关系的工作机构，它主要是组织为处理、协调、发展本组织与社会公众和组织内部公众关系而设立的专业职能机构，是组织重要职能部门，它的地位和作用是其他部门无法取代的。

2. 组织内部公关部的主要职能：①采集信息，监测环境；②咨询建议，参与决策；③传播推广，塑造形象；④协调沟通，平衡利益；⑤教育引导，培育市场；⑥科学预警，危机管理。

3. 组织内部公关部的设置原则：①规模适应性；②整体协调性；③工作针对性；④机构权威性。

4. 组织内部公关部的结构类型：①直接隶属结构；②平行并立结构；③部门隶属结构。

5. 组织外部的公关咨询公司：公共关系咨询公司简称公关公司，公关公司指由具有一定专业特长的公共关系专家及专业队伍所组成，专门从事公共关系咨询或受委托为其委托方开展公共关系活动策划执行，并收取费用的社会服务性机构，具有独立的法人资格和地位。

6. 公关公司的特点：①专业性；②全面性；③客观权威性；④广泛经济性。

7. 公关公司的类型：①按内部业务划分为专项业务服务公司，专门业务服务公司，综合服务咨询公司；②按经营方式划分为合作型(这类公司是与广告公司等合作经营的公司)，独立型(这类公司坚持自身经营，不论经营单项、专项、多项或综合性业务，都不与广告公司或其他部门合作)。

8. 公关人员的素质：是指从事公共关系工作的职业人员的气质、性格、兴趣、风度、学识和技能方面的综合品质。结合公共关系职业的特殊性，它专指公关人员以公共关系观念为核心，以自信、热情、开放的职业心理为基础，配之以公共关系的知识结构和能力结构的一种整体职业素质。

9. 公关人员须具备的心理素质：①追求卓越、渴望成功的心理；②易于投入、热情工作的心理；③自信的心理；④开放乐观的心理。

10. 公关人员须具备的知识结构：①公共关系的基础理论知识；②公共关系的基本实务知识；③与公共关系密切相关的其他知识。

11. 公关人员须具备的能力结构：①组织管理能力；②语言表达能力；③公众交往能力；④宣传推广能力；⑤创造能力；⑥应变能力；⑦专业操作技能。

12. 公关人员的职业道德准则：①基本的社会道德规范；②维护企业的利益；③对公众负责；④遵守公关道德准则。

练 习 题

一、名词解释

公关部　　　公关咨询公司　　　公关人员的素质

二、单项选择题

1. 公共关系工作对公关人员最基本的要求是（　　）。

A. 身体健康　　B. 能学会说　　C. 埋头苦干　　D. 灵活机智

2. 公共关系意识的核心是（　　）。

A. 塑造形象的意识　　B. 沟通交流的意识　　C. 服务公众的意识　　D. 真诚互惠的意识

3. 组建公关部是有效开展公关工作的（　　）。

A.行动保证　　B. 组织保证　　C. 成功保证　　D. 重要保证

4. 公共关系部是（　　）。

A. 服务部门　　B. 领导部门　　C. 生产部门　　D. 销售部门

5. 公关从业人员应该具备的基本素质的核心是（　　）。

A. 公关的基本理论与实务知识　　B. 公关从业人员的心理素质

C. 公关从业人员的知识与能力结构　　D. 公关意识

6. 公关知识体系中的三个子系统中属于核心层内容的是（　　）。

A. 公关的基本理论与实务知识　　B. 与公关密切相关的学科知识

C. 有关组织的知识　　D. 社交礼仪知识

7. 公关协会属于（　　）。

A. 协调型机构　　B. 权利型机构　　C. 合作型机构　　D. 实业型机构

8. 在公共关系公司的类型中，按业务内部划分，专门为客户提供某种公共关系技术服务的公司是（　　）。

A. 专门业务服务公司　　B. 专项业务服务公司

C. 综合服务咨询公司　　D. 独立型公共关系公司

9. 公共关系协会等公共专业性社团组织，是非官方、非营利的（　　）社团组织。

A. 集体 B. 大众 C. 自发 D. 群众

10. 组织内部协调的基础是（ ）。

A. 相互尊重 B. 谅解互助 C. 信息沟通 D. 有效配合

三、多项选择题

1. 组织内部公共关系部的设置原则是（ ）。

A. 规模适应性 B. 整体协调性 C. 工作针对性

E. 机构权威性 D. 专业性原则

2. 公关部在组织中充当的角色为（ ）。

A. 组织的信息情报部 B. 组织的社会情报部 C. 组织的决策参谋部

D. 组织的社会调查部 E. 组织的宣传外交部

3. 公共关系社团的特征是（ ）。

A. 复杂性 B. 广泛性 C. 松散性

D. 服务性 E. 非营利性

4. 公共关系的组织机构分为（ ）。

A. 组织内部的公关部 B. 社会上的公关公司 C. 信息咨询公司

D. 各种类型的公关社团 E. 广告设计公司

5. 公关公司的工作方式包括（ ）。

A. 向委托人提供公关咨询 B. 短期专项工作 C. 专业技术服务

D. 职工培训服务 E. 长期综合工作

6. 社会组织内部设置公关部的优势是（ ）。

A. 充分发挥专业作用 B. 服务及时 C. 节约费用

D. 了解本组织状况 E. 保持公关工作的连续性和稳定

四、判断题

1. 公关部的组建是由组织自身状况和公众特点以及组织与公众之间联系的状况决定的。（ ）

2. 公关人员活动中的主要方面，就是权衡和处理好特殊公众和其他公众的关系。（ ）

3. 自信是对公关人员职业心理素质最基本要求。（ ）

4. 公共关系公司通过为社会提供无偿服务，满足客户需要，并取得一定赢利。（ ）

5. 公共关系对提高个人素质，使其适应现代社会发展有着积极的作用。（ ）

6. 公关社团具有严格的组织结构，但不具备强制性。（ ）

7. 公关人员面对各类公众的要求，要有所侧重和选择，而不必面面俱到。（ ）

8. 公关人员不需要具备信息采集处理与知识管理的能力。（ ）

9. 一切公关工作的成败得失、有效程度和创造活动在很大程度上取决于公关人员的心理素质。（ ）

10. 公共关系部的优势，往往就是公共关系公司的劣势。（ ）

五、简答题

1. 公共关系从业人员的基本素质包括哪些方面的内容？

2. 公共关系意识包括哪些内容？

3. 为什么有公关部的企业在开展公关工作中还要与公关公司保持密切联系？
4. 如何看待公关社团在我国社会生活中的作用？
5. 一个健全的公关部应有哪些人员组成？
6. 公共关系部在组织内的职能角色是什么？
7. 公关人员的职业道德包括哪些内容？

六、案例分析

“你会坐吗？”——一次公关部长聘任考试

一家公司准备聘用一名公关部长，经笔试筛选后，只剩 8 名应试者等待面试。面试限定他们每人在两分钟内对主考官的提问做出回答。当每位应试者进入考场时，主考官说的是同一句话：“请您把大衣放好，在我面前坐下。”

然而，在进行面试的房间中，除了主考官使用的一张桌子和一把椅子外，什么东西也没有。

有两名应试者听到主考官的话以后，不知所措；另有两名急得直掉眼泪；还有一名听到提问后，脱下自己的大衣，搁在主考官的桌子上，然后说了句：“还有什么问题？”结果，这 5 名应试者全部被淘汰了。

剩下的 3 名应试者，一名听到主考官发问后，先是一愣，随即脱下大衣，往右手上一搭，躬身致礼，轻轻地说道：“这里没有椅子，我可以站着回答您的问话吗？”公司对这个人的评语是：“有一定的应变能力，但创新开拓不足。彬彬有礼，能适应严格的管理制度，可用于财务和秘书部门。”另一名应试者听到问题后，马上回答道：“既然没有椅子，就不用坐了。谢谢您的关心，我愿听候下一个问题。”公司对此人的评语是：“守中略有攻，可先培养用于对内，然后再对外。”

最后一名考生的反应是，听到主考官的发问后，他眼睛一眨，随即出门去，把候考时坐过的椅子搬进来，放在离主考官侧前约一米处，然后脱下自己的大衣，折好后放在椅子背后，自己就在椅子上端坐着。当“时间到”的铃声一响，他马上站起来，欠身一礼，说了声“谢谢”，便退出考试房间，把门轻轻地关上，公司对此人的评语是：“不着一词而巧妙地回答了问题，性格富有开拓精神，加上笔试成绩佳，可以录用为公关部长。”

问题：试运用公共关系学中的相关知识分析评点这一案例。

综合实训

一、实训内容

实训课题：结合你熟悉的企业，对企业组织的公关机构的主要类型和公关人员的素质与能力进行分析和研究，分析其特点，并提出合理化建议。

二、方法步骤

1. 以 8～10 人为一组对上述实训课题进行讨论。
2. 每个小组派一名代表在课堂上用 2～3 分钟时间对讨论的结果进行交流发言。

三、实训考核

教师对小组讨论交流的成果给予点评。

第三章

公共关系客体

学习目标

知识目标：掌握公众的含义及分类，了解公众的心理特征。

能力目标：具备对公众进行心理分析的能力。

教学导入案例

一名乘客的航班

据1999年6月4日《中国旅游报》报道1999年3月9日，海南航空股份有限公司从广州飞往成都的一个航班上，148个座位中，只有一名乘客。

一架波音737客机，从广州飞成都，总费用在7万～8万元，只运载一名乘客，远远不够运输成本。但飞机还是照常起飞了。而且，航行途中照常举行乘客抽奖活动，这名唯一的乘客以100％的中奖率，获得一张免费机票，等于不花钱享受到了乘坐专机的待遇。这件事，引起人们的争论。

从教学导入案例可以看出海南航空股份有限公司特别注重自己的信誉，视顾客为上帝。这样必然会给公众留下较好的印象。本章对公众的相关知识进行阐述。

第一节　公众的特征及分类

“公众”是由“public”一词翻译而来的。public 有泛指公众、民众的含义，但公共关系学中所讨论的公众，并不是广泛意义上的公众、民众或群众，而是组织的公众，是指与某一特定组织机构相联系的，所处地位相似或相同，具有共同的目的、共同面临的问题、共同的利益、共同的兴趣、共同的意识、共同的文化心态等并相互影响、相互作用的“合群意识”的社会群体，是公共关系工作对象的总称。可见，公众是一个集合概念，不是单一的群体。从其概念可知，它包括个人、群体或组织，它是与某一组织运行有关的整体环境，但限于具体组织的资源的有限性、活动对象的针对性，另外它表现为与组织相互联系，这是公众形成的主要理由。

公众与环境的关系是息息相关、互相包容的。任何组织的生存和发展都离不开一定的公众环境。公众环境是指组织运行过程中必须面对的社会关系和社会舆论的总和。公众构成组织的环境，而公众又是可变的，他们要受自己所处的环境的影响和制约，这种影响和制约表现在公众的意向中，或多或少地影响该社会组织的发展。公共关系工作者在公共关系活动中，应努力把握公众的特征，处理好公众与个人的关系，充分适应环境，并积极改变环境、创造环境，以实现组织的目标。

一、公众的特征

任何组织的生存和发展都是在一定的公众环境中进行的。组织在开展公共关系时，应该把组织面对的公众视为一个整体，要用全面、系统的观点分析组织的所有公众，绝不可忽略其中任何一部分公众。因为疏忽其中某一部分公众，都可能导致整个组织公众环境的恶化，从而影响组织的生存和发展。公众具有以下几个特性。

1. 共同性

公众是具有某种内在共同性的群体。当某一群人、某一社会阶层、某些社会团体因某种共同性而发生内在联系时，便成为一类公众。某种共同性即相互之间的某种共同点，如共同的利益、共同的需求、共同的问题、共同的背景等。这些共同点，使一群人或一些团体对组织具有相同或类似的态度和行为，构成组织所面临的一类特定的公众。界定公众首先要归纳公众的共同点，通过相应的共同点（如共同的问题）去了解和分析其内在的联系，这样才能从公众整体中区分出不同的对象。因此，只有了解和分析公众的共同性，社会组织才能对自己的公众做出正确的、具体的划分，才能对公众进行定性的、量化的分析。

2. 相关性

所谓相关性是指因共同问题而聚集的公众和与该问题有牵连的特定组织机构之间相互影响、相互制约的关系。若无此性质，则不形成与组织的关系，也就不称其为公众了。公众因某一特定的问题而聚集，这种问题直接、间接地与该组织机构的目标和发展相联系，从而使组织与公众之间产生利益相关性。一个组织的公众是具体的，也是有限的。公众的意见、观点、态度和行动对组织的目标实现和发展具有影响力、制约力，制约着他们利益的实现、需求的满足等。公共关系是一种组织与公众间的利益互动关系。

3. 多元性

首先，公众属于社会群体，由于社会群体具有多元性，因此公众存在的形式不是单一的，而是复杂多样的。从表现形式上看，公众可以是单独的一个人，也可以是一些社会团体或社会组织。其次，公众目标和需求的多元性。即便是同一类公众，他们内部各自的需求也不一定完全相同，这就导致公众的存在形式和公众层次的多样性。不同的公众有不同的需要层次，在解决同一问题时，价值取向是不同的。这是由公众内部的组织之间和个人之间相互利益关系不同而显露出来的多样化、多层次所决定的。最后，公众的多样性决定了沟通方式和传播媒介的多样性。正因为公众组成成员的多样性，针对公众的传播和沟通方式必须要考虑不同的接受方式和方法。正因为公众的多元性，才要求组织有灵活机动的工作方法正确对待不同的公众。

4. 变化性

社会公众不是固定封闭、一成不变的对象。作为一个社会群体，公众所处的社会环境处于不断变化的过程中，所以公众的构成、数量、观念、态度、行为和作用都是在不断变化的。公众群体随着问题的产生而形成，随着问题的解决而消散。例如，营利性的企业所面对的公众，对企业产品的要求在某一段时间内是以产品质量为主；当产品进入成熟期后，公众对产品的要求会转向更高层次，如追求产品的款式新颖，售后服务及时等。公众环境的变化，也必将导致公共关系目标、方针、策略、手段的变化。针对不断变化的公众展开相应的公共关系活动是一个基本原则，所以公共关系要处理的公众群体，始终处于变化之中。

5. 心理性

公众的心理状态经常影响公众的判断与行为。公众良好、愉快的心理状态可以促进公众的合作行为，使组织尽快达到目标；而公众愤怒的心理将会拖延，甚至破坏组织完成目标。因此，组织在开展公共关系活动时，要注意对公众心理的把握、分析，有针对性地开展公共关系活动。

6. 可诱导性

社会组织经常借助于对环境因素的改变达到逐渐影响公众的态度和行为的目的，引导有利于组织的公众行为发生，预防和消除不利于组织的行为。公众的态度、动机和行为可能受到个体和环境两个因素的影响而发生改变。如果没有公众的可诱导性，公关工作就失去了存在的前提，策划、新闻传播、危机处理、举办公关专题活动等公关工作和公关技巧都是利用了公众的可诱导性这一特点。

拓展阅读

三个美国人去非洲卖鞋分析的案例

一家美国鞋业公司派职员 A 到一个非洲国家，去了解公司的鞋能否在那里找到销路。一个星期后，这位职员打电话回来说："这里的人不穿鞋，因而这里没有鞋的市场。"

鞋业公司总经理决定派职员 B 到这个国家，对此进行仔细调查。一星期后，B 打电话回来说："这里的人不穿鞋，这是一个巨大的市场。"

鞋业公司总经理为弄清情况，再派职员 C 去解决这个问题。两星期后，C 打电话回来说："这里的人不穿鞋子，然而他们有脚疾，穿鞋对脚会有好处，无论如何，我们必须在教育他们懂得穿鞋有益方面花费一笔钱。我们在开始这以前必须使部落首领同意合作。这里的人没有什么钱，但是他们生产我认为是世界上最甜的菠萝。我估计市场潜力巨大，因而我们的一切费用，包括推销菠萝给一家欧洲超级市场的费用，都将得到补偿。总算起来，我们还可赚得垫付款 20% 的利润。因此我认为，我们应该毫不迟疑地去干。"

二、公众的分类

公众由各种各样的人或社会组织构成，具有广泛性和复杂性，由于自身之间的差异性，他们对组织的作用、影响和重要性也是有差异的。一个社会组织要展开公共关系工作，就必须认清本组织所面对的公众。所以，对公众的分类是公共关系理论中的重要部分。公共关系政策的制定和公共关系方法的运用，都有赖于科学地区别不同的公众。在确定公众的前提下组织才能有针对性地做好公共关系工作，有效地编制公共关系计划，正确地与各种公众建立联系，确立对应的媒介向公众传递信息，在有限的公关资源内开展公共关系活动等。这些与组织生存和发展密切相关的问题，都和公众的分类有关。因此，对公众进行科学的分类才能正确把握公众的属性，有的放矢地做好公众工作，也是展开公共关系调查的基础。按照不同的标准，公众可以划分为以下不同的类型。

（一）按公众的组织结构划分

公众按其组织结构可分为个体公众和组织公众。

（1）个体公众，即形式上分散，以个人作为意见、态度和行为的表达者，以个体形式与公共关系主体发生联系的公众对象，如在酒店或商场中出现问题的具体的某个客人。

（2）组织公众，即以一定的组织或团体形式出现，以组织团体作为意见、态度和行为的表达者，并与公共关系主体相互交往的公众对象集团，如竞选过程中面对的各种助选团体。

组织在公共关系传播过程中，要根据个体公众和组织公众的不同特点采取不同的传播方式，如对个体公众可以采取直接的、面对面的个体传播方式，对组织公众可采取间接的、传播幅度较大的大众传播方式或采取组织沟通的方式。

（二）按公众在社会组织中所处的位置划分

公众按其在社会组织中所处的位置可分为内部公众和外部公众。

1. 内部公众

内部公众即组织的全体成员，包括组织的员工、组织的股东（投资者）。内部公众是组织生存和发展的核心力量，与组织的关系最为密切，是组织运行和发展必不可少的中坚群体。组织针对内部公众开展的公共关系活动，是全部公共关系活动的基础。很难想象，一个组织在内部公共关系活动都无法取得成功的情况下，组织外的公共关系活动能获得成功。维持组织内部公众的良好氛围，促进内部公众对组织发展战略和目标的了解，是公共关系活动的首要任务。例如，美国迪士尼公司非常注意处理员工关系，他们的宗旨是，使员工有高度的满足感。公司把每一位员工都称为“主人”，如“饮食主人”“保安主人”“市容主人”等，为的是增强员工的使命感。公司不像其他大企业那样日常称呼先生、小姐，而是彼此称呼名字，不分等级，令游乐场充满友善和无拘无束的气氛。对顾客而言，公司员工就是公司的化身。如果员工心境不佳，终日板着面孔，无疑是自绝客路，受损害的是公司自己。相反如果员工以身为迪士尼一分子而骄傲，热爱工作，善待游客，公司的业务就会得到发展。

拓展阅读

杭州万向集团公司的老总认为，对职工不能只讲贡献还要给他们创造一个安居乐业的生活环境。为此，公司认真解决职工家属的就业问题，还专门组织妇女干部做“红娘”，给大龄青年牵线搭桥。有些科技人员、供销人员每年几乎有一半以上的时间在外出差，子女教育、家务劳动都落在妻子肩上，时间一久，难免有怨言。工会组织了 40 多位婆婆、妈妈搞了一次“海陆空”旅游。让他们乘飞机去南京、坐火车游无锡、乘轮船回杭州，这些家属表示今后一定要当好“内当家”，全力支持丈夫工作。杭州万向集团公司在创业过程中树立了“想主人想、干主人活，尽主人责”的 12 字企业精神，这是杭州万向集团公司闻名海内外的立身之本。

2. 外部公众

外部公众指组织内部公众之外的与组织潜在或现实发生相互影响、相互作用的个人、群体或社会组织。作为组织的环境力量，外部公众是社会组织依靠的伙伴，也是制约社会组织发展的极其重要的因素。外部公众的数量比内部公众要大得多，而且范围广，可以说它是由相互依赖、功能互补的各类社会组织或群体共同组成的一个庞大的环境系统，社会组织在这个系统中生存和发展。这类公众是组织公共关系的重点工作方向，组织的声誉和良好形象最终需要由外部公众加以确定。因此，对组织外部公众要保持长期的、畅通的信息传递通道，尽可能地获得外部公众的理解和支持。外部公众主要包括以下五类。

（1）消费者（顾客）公众。这里所说的消费者是个总体概念，既包括物质产品的消费者，也包括精神产品的消费者，是指组织的一切服务对象。消费者公众是组织公众中最大的群体，如何通过公关活动争取潜在顾客就成了组织公关部门的重要任务。

（2）**政府公众**。政府即握有国家权力的行政机关。具体地讲政府公众是指组织所在地区各级人民政府及其派出机构。它们通过各项法律、法令和政策对整个社会进行宏观调控和管理，这对组织的发展具有至关重要的作用，因此政府是一个重要公众。

（3）**媒介公众**。媒介公众指非人格化的报纸、广播、电视等大众传播媒介机构，以及其从业的记者、编辑等相关工作人员。在现代社会里，新闻媒介对社会科学的各个方面发挥着监督、导向、表扬、批评、授予地位、提高知名度等重要作用。新闻媒介是一种特殊的公众，有着双重作用。一是新闻传播媒介是一种工具。一个组织可以通过这一工具与各种各样的公众取得联系，它是公共关系人员赖以实现公共关系目标的重要渠道。二是新闻传播媒介本身也是一种公众，只有与这一公众搞好关系，才能充分发挥新闻传播媒介作为工具的作用。

（4）**社区公众**。它是指组织所在地区与之有相互关系的其他社会组织或居民。对于一个组织来说，社区公众构成了其发展的重要“地利环境”。

（5）**国际公众**。凡是从事涉外工作的组织，在境外与该组织发生关系的组织与群众便构成了该组织的国际公众。随着对外开放的不断深化，提高我国产品的国际地位，争取国际贸易中的最佳效益，这都要以国际公众为目标。

（三）按对组织的重要性进行分类

由于不同类型的公众对组织的重要性各不相同，按照公众对组织的重要程度可将公众分为首要公众、次要公众和边缘公众。

1. 首要公众

首要公众是指与组织关系最密切，联系最频繁，对组织有重要的制约力和影响力，甚至关系到组织的生死存亡，决定组织成败的那部分公众。首要公众包括两部分：一是组织的工作人员，即内部员工；二是决定组织生存和发展的公众，即顾客、股东等，如酒店、宾馆宾客关系中的贵宾。此类公众是关系组织兴衰的最基本因素，是组织开展公共关系活动的最主要的对象。

2. 次要公众

次要公众是对组织的生存和发展虽有影响，但并不起决定性作用的公众。对于一个组织来说，多数公众属于次要公众。一个组织在从事公众工作时. 必须善于区分主次，将较多的时间、资金、人力用于首要公众对象。当然，并不是说次要公众可以忽略，在某些情况下，次要公众会转化为首要公众。各类公众对组织的影响力不是一成不变的，在组织发展的不同时期，处理不同问题时，公众的作用和地位会发生相应的变化，所以也要重视针对次要公众的公关活动。

3. 边缘公众

边缘公众指和组织没有发生直接的联系，但可以施加影响的公众，是公共关系人员争取的对象。例如，在企业组织中，一些学校、医院等社会服务组织，就属于边缘公众。它们和组织的经济活动不会发生直接的联系，但对组织的发展具有潜在的影响。在公关的作用下，边缘公众可能会转化为次要公众甚至是首要公众。

（四）按公众的发展过程分类

公共关系的发展一般有一个过程，公众在这个过程中性质、态度、行为都会有一些变化。根据公众与组织之间相互关系的发展阶段，把公众分为非公众、潜在公众、知晓公众和行动公众。

1. 非公众

非公众是指在社会组织所处的环境中，公共关系工作范围内，并在一定时空条件下与社会组织之间不存在任何关联也不存在相互作用和相互影响的社会群体。非公众不是组织公共关系的对象，所以在公共关系工作中识别非公众也非常重要，这样可以减少公共关系工作的盲目性，提高公共关系工作的准确性和针对性。但非公众也不是一成不变的，随着组织自身和外部环境的变化，非公众也会成为组织的潜在公众或行动公众，所以在公共关系工作中还要注意观察其变化。

2. 潜在公众

潜在公众也称为隐蔽公众、未来公众，是指组织活动中，可能在未来发生影响的个人、群体或组织，是未来组织公共关系活动要加以考虑的对象。由于某一事件的出现，使得某些人群和组织形成了某种利益关系，而其自身尚未认识到这种利益关系，暂时还没有对组织形成影响。随着时间的推移，问题最终会出现。针对潜在的公众，需要做出未来的公共关系方案，积极引导事件向好的方向转化。发现和关注潜在公众的能力，也是体现组织公共关系活动水平的一个方面。例如，据美国一家百货公司调查，进入该商店的顾客，有明确购买欲望的占 28%，其余都是潜在顾客。所以组织要密切注意潜在公众的态度和意向，通过有效沟通使得潜在公众引起注意、诱发兴趣、激发动机、促成行动。

3. 知晓公众

知晓公众是由潜在公众发展而来，是指公众已经知道有关组织的信息，且知晓自己的处境，的确意识到自己面临的问题，他们对组织感兴趣并迫切地想了解有关信息和解决的方法。一旦知晓公众形成，就成为组织公关活动不可回避的对象，面对这一情况，社会组织的公关人员应采取主动的态度，积极地与知晓公众进行沟通，尽量满足此类公众的需求。

4. 行动公众

行动公众是知晓公众进一步发展而来。这类公众已经明确知道问题的存在，对组织的相关信息进行了了解，开始表达意见，并准备或已经采取行动求得问题的解决。行动公众是组织已无法回避的公共关系工作对象，会对组织的声誉造成严重的威胁，也就是说发生了公关危机。社会组织必须迅速采取应对的措施，全力以赴地开展补救工作，使问题得到妥善解决。如果组织继续保持回避或置之不理的态度，行动公众可能会采取行动对组织造成不可估量的损失。

组织应对不同公众类型发展阶段进行分析和了解，把握公众发展变化的动态，及时采取相应的公共关系应对方案和措施，使组织准确自如地面对各阶段的公众，以顺利完成组织的目标。

（五）按公众对组织的态度分类

在组织所处的环境中，必然有各种各样的公众，他们对组织的行为和政策所持态度肯定不会完全相同，因而就可相应地分为顺意公众、逆意公众和中立型公众。

1. 顺意公众

顺意公众是指组织与公众在互惠互利的基础上，双方互相理解、互相支持，公众对组织政策、行动持认同、赞赏态度，他们是推动组织发展的基本工作对象，同时组织也尽量满足了此类公众的要求，双方处于良好、友善的状态。

2. 逆意公众

逆意公众指组织一方愿意建立公共关系，但公众不理解、不支持组织，对组织的政策、行动持批评、反对态度的公众。这部分公众是公共关系工作中的重要对象，组织的公关人员要通过公关活动全面调整逆意公众的态度，并主动进行适时有效的沟通以消除误解，争取得到他们的理解和支持，同时尽量满足他们的要求，使双方逐渐走向和谐的状态。

3. 中立型公众

中立型公众指尚未表明对组织的态度，对组织的行为和政策持中间立场或观望态度的公众。如果组织加以公关，这类公众就可以成为顺意公众，如对其忽略可能就失掉这部分公众，所以，中立型公众是公共关系人员争取的对象。

（六）按组织对公众的态度分类

公众按组织对其态度可分为受欢迎的公众、不受欢迎的公众和被追求的公众三类。

（1）受欢迎的公众是指与组织目标、利益一致，愿意与组织合作，并且能给组织带来利益和促进组织发展的公众，如投资者、企业股东、为组织做正面报道的新闻工作者等。他们都受到组织的重视。

（2）不受欢迎的公众是指违背组织的利益或意愿，对组织构成潜在威胁或阻碍组织发展的公众。对不受欢迎的公众，组织应慎重对待，讲究策略，以免树敌。

（3）被追求的公众是指能符合组织的利益和需要，但对组织很陌生或不感兴趣、缺乏交往的公众，这类公众可能会对组织的发展有益，是组织追求的公众。组织要制订较有针对性的传播对策，通过切实有效的公共关系活动同他们建立起联系。

（七）按照公众对组织的稳定性程度分类

1. 临时性公众

临时性公众是指因为某一事件而临时聚集起来的公众。在大多数情况下，临时性公众的组织性较差，因为是临时聚集的，很多公众互相之间并不认识和熟悉，但容易发生群体性的冲动。在媒体较为发达的今天，临时性公众聚集的地方，很容易引起媒体记者的注意。因此，在临时性公众出现以后，组织一定要考虑到各种可能出现的情况，做好宣传、组织和协调工作。

2. 周期性公众

周期性公众是指那些按照一定的时间和周期，定期出现的、聚集在一起的公众。周期性公众出现的时间具有一定的规律性，对组织而言相对比较容易预测和掌握，开展公共关系活动的时候，也比较容易进行活动的计划和安排。有条件的情况下，应该了解分析周期性公众的需求和目的，有针对性地开展公共关系活动，使其发展成为组织的长期支持者。

3. 稳定性公众

稳定性公众是指和组织具有长期的稳定联系的公众。稳定性公众对组织的情况比较了解，是组织公众的主要构成基础。例如，企业的老顾客、组织所在的社区公众等等。组织的稳定性公众相对其他公众而言，对组织的信任度较高，比较能够容忍组织的一些缺陷或者不足的地方，是组织一笔宝贵的资源。就组织的公共关系活动来说，和稳定性公众保持定期的信息交流和沟通是非常有必要的，特别是从稳定性公众那里获取其对组织的一些意见和建议时，对方的参与性更高，信息的内容也更加可信。

（八）其他公众划分方法

对各类公众的划分，还有许多不同的方法。例如，格鲁尼戈发现的四类公众：爱管闲事的公众（对于所有的问题都很积极）、漠然的公众（对于任何问题都不在意和不积极）、单一问题公众（只对一个或者有限数目的相关问题积极）和热门问题公众（该问题经媒体披露，变成社会热点后，才予以关注）。在具体的公共关系实践中，公共关系人员应该在了解和把握基本公共关系公众分类的基础上，总结出适合本组织特点的公众分类，以使公共关系活动更加具有针对性，公共关系活动的效率和效果达到优化，组织形象的树立和维护得到健康的发展。

总体而言，如何对公众进行分类完全由组织的实际情况而定，几种方法可以单独使用，也可以交叉使用，应遵循的原则就是具体问题具体分析。

第二节　公众心理分析

一、公众心理概述

公众心理是公共关系情境中公众受组织行为的影响和大众影响方式的作用所形成的心理现象和心理变化规律，是日常生活中普遍存在的一种团体心理现象。人们共同的心理行为不是先天就有的，它是在一定的条件下，经过人们相互作用以后，使个人的社会经验积累凝结而成的。把握公众心理及其基本特征是社会组织与公众建立良好心理关系的必要前提。

公众心理对人们心理活动既可能起积极的推动作用，促使人们快速反应，直接达到一种行为结果；同时也可能对人们的行为起反作用，以一种先入为主的观念、知觉和情绪来判断问题，从而给人们正确认识事物造成一种障碍，产生不良的消极影响。例如，人们看到曝光某种商品质量问题的新闻后，会以这种印象去认识它，从而对该商品产生不良的认知。这种认知一旦形成，往往很难改变。所以，公关活动必须顺应公众心理的指向并因势利导，才能便于公关活动顺利开展，并收到良好效果。

一般而言，公众心理的特征有以下几点。

（1）潜伏性。公众心理是一种内在的心理倾向。心理倾向由人们对某一对象的评价、情感体验与意向三个因素组成，是外界环境与人们行为的中间环节。公众心理不仅有其产生的社会环境因素，而且还有外显行为上的具体表现方式。因此，它不仅是可观察的，而且还能通过运用各种现代科学手段（记录、统计、实验、分析等），把它转化为某种外显的经验事实，从而去认识和驾驭它。

（2）动力性。公众心理不只是存在于大众心底的一种状况，而且具有干预现实生活的主动性，它爆发出来，成为人们的一致性行为时，具有一种难以制驭的力度。

（3）自发性。公众心理是对特定情境的适应性反应，是公众经过相互作用后自发产生的，其中公众的无意识心理占有重要的位置，发生着强烈的作用。这种公众的心理和行为，与一个机构经过决策、为完成组织目标而产生的自主性心理行为有着显著不同。

（4）规范性。公众心理是人们对某一自然现象或社会事物的共同反应方式、原则、策略、规范和标准，因此带有一定程度的规范性。这种心理定势具有普遍的制约力，规范着人们的心理和行为。

（5）综合性。公众心理是人多种心理成分的综合，是人的认知、情感、意志等综合作用的结果，并不是认知领域独有的现象。

公众心理的特征决定了公众心理不只是一种个体心理现象，也是一种群体心理现象；它不仅表现为人的社会认知，而且还表现为人的情感、意志、行为的综合统一。

二、公众角色心理

公众角色心理即个体心理，是指公众在社会生活中，由于扮演不同的社会角色而在行为上表现出稳定的、经常的心理特点。任何公众在社会中都扮演着一定的角色。角色又有自然角色和社会角色之分，自然角色和社会角色的区分是相对的。公众角色心理包括：性别角色心理、年龄角色心理、职业角色心理、文化心理特征等。公众的这些角色心理因性别、年龄、职业、文化的不同常常表现出不同的心理特点。

1. 首因效应

一般来说，陌生的人与我们第一次见面所留给我们的印象往往非常深，会长时间地左右我们对此人的认知，这就是首因效应。事物给人最先留下的印象往往有强烈的作用，左右着人们对事物的整体判断，影响着人们对事物以后发展的长期看法。第一印象一旦形成就比较难以消除。因此，在公共关系工作中要十分注意传播中的首因效应。无论是人、产品、环境，还是组织行为，都要尽可能给公众留下良好的第一印象，避免因为不良的第一印象而造成知觉的片面性。

2. 近因效应

近因效应即最近或最后印象的强烈影响。事物给人留下的最后印象往往非常深刻，难以消失。对一件事物或对一个人接触的时间延长以后，该事物或人的新信息、最近的信息就会使人对其认知和看法产生新的影响，甚至会改变对其原来的第一印象。公关传播工作也要注意这种近因效应，注意用新信息去巩固、刷新公众心目中原有的良好印象，或改变原来已有的不良印象。

3. 晕轮效应

晕轮效应是指公众从对象的某种特征推及对象的整体，“以偏概全”，从而产生美化或丑化对象的心理现象，这是一种心理定势，是一种片面的知觉。之所以把它称为“晕轮效应”，是说它像月晕一样，会在真实的现象面前产生一个更大的假象：人们隔着云雾看月时，在月亮外面有时还能看到一个光环，这个光环是虚幻的，只是月亮反射的光通过云层中的冰晶时折射出的光现象，事实上并不存在这样一个物质的、真实的光环。公共关系活动可以适当利用这种晕轮效应来扩大组织与产品的影响，美化组织或产品的形象，如“名人广告”“名流公关”；同时也要避免因为滥用这种晕轮效应使公众反感甚至讨厌，反对利用晕轮效应来蒙骗公众。

4. 定型效应

定型效应也叫经验效应，即固定的僵化印象对人的知觉的影响。人们往往自觉或不自觉地凭借自己以往形成的固有经验和固定的看法去判断、评价某类人或事物的特征，并对该类人或事物中的个体加以类推，如认为教师是文质彬彬的，商人是唯利是图的，超市的商品质量一定可靠，个体户经常以次充好等。这种看法一旦在人的头脑中定了型，造成“先入为主”的成见，就容易在新的认知中产生偏差，妨碍人与人之间的正常交往或对事物的正常判断。公共关系工作一方面要研究和顺应公众的某些刻板印象，使自己的形象与公众的经验相吻合；另一方面也要努力传播新观点、新知识、新经验，以改变公众某些狭隘的成见和偏见，以及由此形成的误解。

5. 移情效应

人们习惯于将对某一特定对象的情感迁移到与该对象相关的人或事物上去，心理学称这种心理现象为“移情效应”。消费者对于商品广告的认知常常有“移情效应”的心理定势，不少消费者对于广告产品的好恶，取决于他们对于广告形象的好恶。利用消费者的移情效应，创造好的广告形象以树立良好的产品和企业形象是非常必要的。值得注意的是，运用这种方法应该实事求是，弄虚作假最终必会自食其果，断送企业的前程。

拓展阅读

名人微博信者得爱

李小璐与贾乃亮高调恋爱、高调结婚。很多节日都能看到两人在微博上高调秀恩爱的内容，而李小璐的粉丝们也已经习惯接受她的高调，并且十分乐于送上祝福。两人的甜蜜使得情人节里送出“唯一的爱”看起来如此顺理成章。2014 年情人节李小璐的微博上出现了她亲自手捧 roseonly 玫瑰的照片和充满了璐式甜腻的博文。这让 roseonly 花店品牌和李小璐衔接得天衣无缝——如此无缝衔接明星生活且自然而不做作的策划，很难引起粉丝反感。roseonly 花店名人微博营销案例的成功源于其抓住了两个关键点：选择李小璐，并为其量身定做了策划文案。正如 roseonly 的品牌口号“信者得爱”一样，名人微博营销成功的关键点在于“如何让粉丝相信”，并自然接受这些营销信息。

三、公众群体心理

公众群体心理是指公众处在某一实际的社会群体中而在外部行为上表现出来的、经常的和稳定的心理特点。群体的组成一般是基于共同的生存条件和共同的心理需要，因而，群体成员就有可能形成共同的心理倾向。这些心理倾向不可能完全雷同地表现在每一位成员身上，但对全体成员来说具有一定的典型意义。公众群体心理主要包括民族文化心理、地域文化心理、社会习俗和礼仪以及社会刻板印象等心理。

1. 社会刻板印象

社会刻板印象是指社会上对于某一类事物产生一种比较固定的看法，这是一种概括而笼统的看法。人们常说，“物以类聚，人以群分”，这是有一定道理的。如果人们的社会生活、地理环境、经济条件、政治地位、文化水平等方面大致相同，就会具有很多共同点。例如，由于各方面条件的相似性，我国的中年知识分子具有共同的心理特征——责任感强、刻苦、勤劳、俭朴等。基于此社会上逐渐对中年知识分子产生了一种比较固定的看法，这种看法发展下去往往会导致一种刻板印象的产生。

在日常生活中有些刻板印象与职业、地区、性别、年龄等方面有关，也就是说，职业、地区、性别、年龄等都可以成为各种刻板印象形成的基础。例如，一般认为，老人总是思维不清晰的，山东人总是直爽而能吃苦的，上海人大都是机灵的等。可以说，社会刻板印象普遍地存在于人们的意识之中。人们不仅对曾经接触过的人具有刻板印象，即使是从未见过面的人，也会根据间接的资料与信息产生刻板印象。

拓展阅读

麦当劳“爷们”主题社交活动案例[①]

案例背景和目标

本方案旨在让中国消费者爱上巨无霸，在中国打造出巨无霸在世界其他地区已经拥有的标志性产品地位。吃牛肉汉堡对消费者来说是一种相当“爷们”的行为，因为大口吃肉的样子往往感觉上就非常霸道。恒美广告公司（Doyle Dane Bernbach，DDB）的任务是，扩大巨无霸的市场份额，用巨无霸启发引导出消费者心中的“爷们”气概，最重要的是，在网络上掀起一场讨论巨无霸的热潮。

活动鼓励目标消费者尽情展现自己的“爷们”特质：不做作不复杂、不扭捏、不虚伪、不妥协。虽然每个人对“爷们”都有自己的定义，但在大家心目中，老爸一定是终极纯爷们大英雄。然而现实生活中，人们却很少会展示出对老爸的崇敬。

基于这一洞察，恒美广告公司打造了一个线上平台，鼓励消费者用制作超级巨无霸汉堡的方式，向自己的老爸致敬。

案例执行

通过与时下最流行的社交平台——新浪微博的合作，DDB 创建了一个迷你网页，使消费者能借此平台向自己的老爸致敬。

参与者可选择 7 项最符合自己老爸“爷们”形象的特质，每项特质对应巨无霸汉堡的一层原料。

同时，参与者也可加入自己对老爸“爷们”形象的描述。选择完毕后，一个独家巨无霸汉堡就制作完成。制作者可将这个巨无霸堆到巨无霸高塔上，随着高塔高度的不断累积，史上最高的巨无霸汉堡将诞生，借此表达对每一位父亲的崇拜和敬意。

这一互动机制采用了业内颇为新颖的科技：用二维码接通移动端和个人计算机端，打造独特的数字互动体验。消费者用手机扫描二维码后启动游戏，轻轻摇动手机就可不断选择自己老爸的“爷们”特质。

参与者完成个性巨无霸的制作后，可以选择将自己的汉堡分享至各大社交网络以赢取半价的麦当劳巨无霸或其他麦当劳产品的优惠券。

案例效果

活动从 2013 年 2 月 20 日开始，至 2013 年 3 月 19 日结束，共吸引了 650 263 人次的参与，成功突破了原计划中已经超高难度的重要绩效指标目标——650 000 人次。此外，共计 76 455 人次将自己的独家巨无霸汉堡分享至社交网络。

---

① 本文改写自 campaignchina 网站，原标题为《案例研究：麦当劳“爷们”主题社交活动吸引逾 65 000 人参与》，网站显示“本刊记者 发表于 2013 年 4 月 10 日”，网络链接过长，不便录于此处。

2. 社会习俗和礼仪

社会习俗和礼仪就是人们在长期的社会生活中逐渐形成的各种日常生活的行为方式和规范。它会直接影响公众的心理状态和行为方式，因而也是公众心理定势的又一具体表现形式。

风俗习惯是人类社会最早出现的社会行为规范，是人类在生产劳动活动中世代沿袭与传承的习惯性行为模式。风俗习惯是社会文化的一项基本内容，它对人的行为具有深刻而又明显的约束作用，人们的一举一动、一言一行都要受到其所在社会的风俗习惯的熏陶和影响，所以说，“习俗移人，圣贤难免”。

社会习俗和礼仪是普遍性、地域性和特定性的统一。了解和把握这些特征及其表现，对于成功地运用公共关系心理策略，增强公关工作的针对性起重要作用。在公关工作中首先要尊重公众的习俗和礼仪，并采取相应的服务措施去满足公众的这种心理定势和心理需求。其次，还要注意社会习俗和礼仪的可变性，特别是在现代化的城市生活中，传统的社会习俗和礼仪毕竟已不像过去那样起巨大作用——完全支配人们的生活，所以，就应想方设法去引导人们的社会风俗和习惯，并用时间去改变人们的传统观念。

四、公众流行心理

公众流行心理是个体或群体在一定时期内由于相互影响而形成的一种短时间的心理，它具有较大的可变性。这种心理存在时间较短，但它能在一定时期内迅速轰动，对人们的心理活动和行为活动具有较大的冲击力。它主要包括时尚的流行、流言以及社会舆论等。

（一）流行心理

只要社会上某些有影响的特定的人物表现出某种新奇性的行为，许多人就会竞相仿效，从而成为一种社会风尚——流行。

流行（或时尚）作为一种群众性的社会心理现象，是指社会上许多人都去追求某种生活方式，使这种生活方式在较短的时期内到处可见，从而导致了人们彼此之间发生连锁性的感染，即“一窝蜂”现象。流行既体现在人们的物质生活（如衣、食、住、行等）方面，也体现在人们的精神生活（如文化、娱乐活动等）方面。平时讲的“热”“时髦”“时狂”等都是流行表现的不同程度，它是一种极为普遍的社会现象，从人们的追求中可以看到当时的社会风气或社会时尚，所以它总是带有时代的特点、时代的面貌。

1. 流行的特点

流行一般具有以下特点。

（1）**新奇性**。新奇性是所有流行最显著的特征。人们的新奇性不在于流行项目本身是否新奇，而主要取决于当时人们的认识。

（2）**时效性**。流行一般表现为突然迅速的扩展与蔓延，又在较短时间内消失。例如，流行歌曲就是这样，一支优美动听的歌曲可以在几天之内传遍各地，但不多久人们又在追求其他歌曲。在现代社会，由于电影、电视、杂志、网络等宣传工具的普及，通过大量的宣传媒介，人们可以了解外地及国外最时兴的东西，从而加速了流行兴衰。

（3）**周期性**。流行变化具有周期性。今天作为时髦的事物，几个月之后也许变成陈旧的东西；今天是陈旧的事物，若干时间以后往往又被看作是新式的。有人曾研究过女性时装的变迁，发现其款式变化大约以 5～25 年的周期循环变化。

（4）**两极性**。流行项目的变化总是从一个极端到另一个极端。例如，服装长到极端必回到短，短到极端又必回到长；大到极端必回到小，小到极端又必回到大；宽到极端必回到紧，紧到极端又必回到宽。从“喇叭裤”到“健美裤”就是一个实例。

2. 追随流行的心理原因

流行并不具有社会的强制力，它与风俗不同，违反风俗往往会遭到社会的反对，而不追随流行并不会遭到人们的指责，人们追求流行是基于心理上的种种需要，主要有以下几点原因。

（1）从众与模仿。对于大多数人来说，被人视为乖僻、孤独是不能忍受的。于是，人们就要努力去适应周围环境，以保持心理上的平衡。可供选择的最简便而又可靠的方法，就是模仿社会上流行的东西，如周围人们的服装、发式、行为、言语等，以适应环境。

（2）求新欲望。社会生活的内容若缺乏变化则会变得陈旧，人们的精神面貌也就会缺乏生气。人们企图打破这种趋向的动机与流行的追求有着密切的关系。人有一种基本欲望，即想要从自已周围环境寻求新刺激的欲望来满足自己的好奇心。而流行之所以能够存在，正是本身具有新奇性的缘故。

（3）人们的求新欲望与流行的新奇性、短暂性有关。人们即使生活上自由自在，精神生活与物质生活十分满足，但若长期处于没有任何变化的社会环境中，总会逐渐感到厌倦，甚至不堪忍受，最终会产生摆脱陈旧生活模式的欲望，创造新的流行生活方式，用不断变化的新的面目满足人们的求新欲望。

（4）自我防御与自我显示。有些人感到自己社会地位不高，承受种种束缚，希望改变现状，避免受到心理上的伤害与压抑。他们往往为摆脱压抑的感情而追求流行，或者是为了克服自己的劣等感而采用华丽的流行项目。这些都是为了自我防御。另外，有些人往往喜欢“标新立异”。他们有意无意地向他人表现和主张自己与众不同，以此来显示自己的地位与个性，表明自己的嗜好与欲望。他们追求流行是为了自我显示（或自我展现）。

3. 流行与公关宣传

由于流行具有影响大、范围广、速度快等特性，因而公关实务中常常利用流行来开展组织的宣传工作。如倡导或支持某种流行活动，选择某个有号召力的流行领袖作为组织的形象代表等。但利用流行是一招险棋，做得好可以起到“四两拨千斤”的作用，做不好对组织的伤害也是非常深重的，因此需要高超的技巧。具体地说，利用时尚做公关工作应该注意这样几点。①要准确把时握时尚的性质、动态、规律等与组织的性质、特点、宣传目的等的关系，使组织宣传能够与社会时尚相协调、合拍、共振；②要认真搞好调查研究，熟悉流行的趋势、行情、热点、人群等，做到知己知彼；③要慎重选择流行载体，如妥当的人、合适的事等，尽量避免、减少副作用。

（二）流言心理

就字面意义而言,流言的“流”是相对于“源”而言的，指无根源，流言即无根之言。在社会学中，流言是指传路不明、传无根据的言论。流言也在言说事物，但与被言说的事物及其本质并无确定关系。流言的每个传播者都只是人云亦云地传播下去，并不关心流言是否有依据、可证实，也不关心流言从何处来、向何处去。流言中出于恶意而捏造者又称谣言。

1. 流言传播的规律

（1）流言表达形式的通俗化。流言在传播中会被每一个传播者不断地重新编排，有意无意地去掉某些繁琐的细节，特别是复杂的理论基础和逻辑推理，从而越来越简明、通俗、更易于传播和为更多人接受。流言总是通俗的，形式上太复杂的东西必定曲高和寡，其行不远，不可能成为流言。

（2）流言重点情节的强调化。每个流言传播者都不是一个客观的转述者，在听的时候，他不可能接受全部信息，而是只将信息中自己认为是重点、关键、有价值的那一部分接受下来并形成较深印象，在说的时候，他会在自己接受的那部分信息的基础上进一步去强调、突出自己认为重要的部分。如关于重症急性呼吸综合征（SARS），俗称“非典”。特征的传播到了后来就剩下被夸大了的感染率与死亡率。

（3）流言内容的同化。同化指传播者在传播的过程中，总是根据自己的知识、经验、地位、需要、价值观、生活品位等来接受、理解流言内容，在流言中混入自己主观的东西，“添油加醋”，使之更符合自己的判断，与自己的观念同化，然后再传下去，并“煞有介事”地说“这不是我说的”，是“我听说”的，是“××权威说”的，是“××熟人亲眼所见”的，“××机关已经内部传达了”等。

2. 流言传播的消极影响

流言一经发生，传播极迅猛，一传十，十传百，辗转相传，面目全非，越来越离奇荒诞，成为一种精神上的传染。故流言对个人、对社会都会发生消极影响。

3. 流言的制止

流言的破坏性很大，流言的传播可以摧残一个人的精神，威胁一个企业的生存，甚至可以引起社会的震荡，进而影响到一个地区与国家的安定，因此，必须及时制止流言的产生与传播。

由于流言缺乏事实的根据，政府和企业的公关部门通过调查访问，向人们提供确切的消息，就可以彻底制止流言的流传。在紧急情况下必须有针对性地及时制止流言。流言的规模大部分不是国家规模。人们通常希望得到关于该地区危机状态的情报和可信赖人士的说明。例如，人们都会打听威胁他们安全的火山爆发、洪水、水坝决口或地震等发生的情况及可能性。在上述情况下，流言极可能会引发大混乱，危及人们的生命和财产。此时，问题的关键在于如何有效地传播有用的情报。如果政府能够利用广播、电视播出事实真相并做适当指导，往往就会避免或减少恐慌。在紧急事态下还可使用其他宣传媒介，例如，飞机撒宣传品，直升机装上喇叭做广播，在地区内召开包括有影响力的人士参加的群众集会，与掌握情报的可靠机构进行接触，使人们及时了解情报。

在出现危机的紧急情况下，为控制流言而简单地反驳说“那不是事实”的做法并不能奏效，更重要的是进行适当的忠告。这并不是说政府或企业了解事实却故意要隐瞒，而是在某些情况下需要或多或少地改变或省略事实。这对防止恐慌保持稳定是必不可少的。例如，在座无虚席的剧场里发生事故而产生流言时，如果观众们得知生命受到威胁，就会一窝蜂似地涌向出口，过于拥挤有可能出现人员伤亡。相反，如果流言使观众认为那是个无关紧要的小事故，全体观众就会相对有秩序地退出剧场。因此，剧场工作人员在事故发生、流言产生之时切不可表现出手足无措、心慌意乱的神情，必须用镇静从容的姿态与语言疏导观众离开剧场。

在国家发生危机时，政府应该稳定人心，恢复、保持国民对政府的信任感并尽快地将正确的情报传达给每一个人。充分利用国民对政府已有的信任感，问题会更容易解决。

拓展阅读

三亚“宰客门”事件[①]

三亚市位于海南岛的南部，是中国最南部的滨海旅游城市。三亚地区自然风光美丽，生态环境优良，是大自然赏赐给人类的“黄金海岸”之一，是建设滨海旅游城市的宝地。三亚热带海滨风光是国务院公布的国家重点风景名胜区之一。距三亚城区 20 余千米的亚龙湾被誉为“天下第一湾”，1992 年 10 月国务院批准建设首批国家旅游度假区 11 个，亚龙湾即是其中之一。三亚市 1998 年和 1999 年分别被评为全国双拥城、全国卫生城、中国优秀旅游城、全国环境综合治理优秀城。

案例回放

2012 年 1 月 28 日，微博实名认证用户罗迪发布微博称：“朋友一家三口前天在三亚吃海鲜，三个普通的菜被宰近 4000 元。他说是被出租车推荐的。邻座一人指着池里一条大鱼刚问价，店家手脚麻利将鱼捞出摔晕，一称 11 斤，每斤 580 元共 6000 多元。那人刚想说理，出来几个大汉，只好收声认栽”。

该微博发布后，引起网友的热议，一些网友纷纷转帖并留言称自己也遭遇过类似情况。不少网友还反映在三亚不但吃饭被宰，当地还存在出租车司机不打表、司机假日期间拉客人有回扣，以及宾馆天价住宿费等乱象。截至 1 月 29 日下午 6 时 30 分，这条微博在网上已被转发 4 万多次。1 月 29 日下午，罗迪再次发微博表示，没想到这个帖子产生了如此之大的反响，作为海南人，他是恨其不争。

1 月 29 日，三亚工商、物价、公安、质监、食品药品监督管理局等 5 部门先后介入调查此事。1 月 29 日上午，三亚市工商局得知此微博后，立即联系当事人高某（罗迪的朋友），获知涉事宰客海鲜排档的具体位置和名称，以及其他相关情况，并成立专案组开展查处工作，封存了该店近期的销售台账，依据春节前工商所与该店签订的责任状，督促该店立即自行停业，进行内部整顿。

1 月 29 日下午，三亚市政府新闻办的官方微博连发三条，回应了此次“春节宰客”事件，引发网友热议。

第一条微博：节后上班第一天，发现新浪微博《在三亚吃海鲜被宰》引发热议》跟帖人数至 29 日中午已有 3 万多人。这条微博引起三亚市委、市政府主要领导高度重视，批示：要迅速深入调查，绝不容忍欺客宰客现象影响三亚，影响海南国际旅游岛的形象。

第二条微博：三亚市工商和物价部门迅速行动，紧急召开了专题会议，联系微博作者罗迪，并通过罗迪找到了高先生（罗迪不是亲历者，高先生才是）和那家海鲜店。已责令该店停业整顿，调查组已进店调查取证和处理。三亚对欺客宰客行为，绝不姑息，严罚不贷。

第三条微博：感谢游客、网民和媒体对三亚的关注、关心和热爱。今年春节黄金周在食品卫生、诚信经营等方面三亚没有接到一个投诉、举报电话（注：零投诉），说明整个旅游市场秩序稳定、良好。

由于其回应的内容存在争议，每条微博都遭到大量网友嘲笑、质疑。截至 1 月 29 日晚 22 时，这三条微博合计已被转发近两万次，评论近一万条。

1 月 30 日下午，三亚市新闻办在其官方微博公布了三亚市工商局春节期间 12315 值班情况。1 月 22 日，共接到消费者申诉举报、咨询电话 70 个，受理申诉举报 43 件，与 2011 年同期相比下降 59%。其中：普通餐饮 8 件，与 2011 年同期持平;普通购物 13 件，与 2011 年同期相比下降 43%;普通服务 16 件，与去年同期相比下降 74%;其他类 5 件，与 2011 年同期相比下降 33%。已成功调解 30 件，撤诉 5 件，移转 2 件，正在处理中 6 件。而之前微博提及的“零投诉”是指海鲜排档、水果零投诉。同时其官方微博向网友道歉：“上一条微博表述有误，是我们工作的失误，敬请广大网友见谅。”媒体代言为“我们错了”。

1 月 31 日，三亚市政府新闻办举行春节黄金周旅游接待工作媒体通报会，通报近期备受关注的游客春节期间在三亚被宰事件的调查进展情况。三亚政府部门表示，由于没有更确切的证据，海鲜宰客事件查办工作存在很大的困难，希望罗迪和高先生能与三亚工商局联系，提供更有力的证据，一旦

① 本文整理自中网资讯《2012 十大公共危机案例研究报告》。

查实，将依法吊销该店营业执照。同时还表示，对于恶意攻击三亚的人，将依法追究责任。

2月1日上午10时，三亚市委、市政府举行媒体见面会，海南省副省长、三亚市委书记姜斯宪对游客反映的2012年春节黄金周期间海鲜排档、出租车及个别景区“宰客”现象向大家表示歉意。

2月2日上午，针对网上曝光的“海岛渔村”的消费单据，三亚市物价、工商等部门介入调查，该店已停业。

2月2日，三亚市物价局公布三亚海鲜品社会平均批发参考价格，作为海鲜排档销售价格的计算依据。

从2月7日召开的三亚市政府常务会议上获悉，对于微博上曝出涉嫌欺客宰客的三亚凤凰富林渔村海鲜排档，三亚市工商部门经多方调查取证发现该店确实存在欺客宰客、误导消费行为，工商部门将依法吊销其营业执照，并给予最高额度罚款的行政处罚。

2月8日，根据《价格违法行为行政处罚规定》，三亚市价格主管部门决定对海岛渔村海鲜城处以50万元罚款的行政处罚。

3月22日，海南省假日旅游管理领导小组召开会议，该省多部门负责人会诊三亚“宰客门”之病因，寻求改善旅游环境之策。

扫一扫，阅读中网资讯《2012十大公共危机案例研究报告》全部内容。

（三）舆论心理

舆论是公众的意见与看法，是社会全体成员或大多数人的共同信念，是人们彼此间信息沟通后的一种共鸣。

舆论是大众社会中一种普遍存在的心理现象，会对个人或群体产生一定的影响，它既可以约束个人或群体的行为，同样也可以鼓励个人或群体的行为。

1. 舆论的特征

舆论主要有以下特征。

（1）舆论作为一种公众的意见，当然是为多数人赞成和支持的；反之，若社会上某种意见，即使有人大力宣传和提倡，但未能取得公众的赞成和支持，那么这种意见还不能称为舆论。

（2）舆论本身含有合理性。由于舆论的形成经过了一个时期的酝酿与讨论，逐渐使人们看到其合理的部分，才会采纳它、赞同它、支持它。

（3）舆论是有效的。能使某种意见成为舆论，最主要的是在于它的有效性，即这种意见能够发生社会影响。某种意见能推动或阻碍社会上的某种行为，这种意见就是舆论。

（4）舆论一般不是政府的意见。政府的意见一般会以政府的公告、宣言、政策等形式出现，而不是以舆论的形式出现。舆论是广大民众的呼声。但开明的政府提出的公告、宣言、政策等往往是充分研究了社会上流行的舆论之后提出的；提出之后政府也会密切关注社会对它们的舆论，作为反馈信息，以便必要时及时修改这些公告、宣言、政策。

2. 舆论的结构

舆论有三个基本要素。一是作为舆论对象的人或事件；二是作为舆论主体的公众；三是作为舆论现象本身的意见。一个完整的舆论需三位一体，缺一不可。

舆论对象是指与人们的现实利益密切相关，能够引起大家共同兴趣，需要公众认真对待的社会事件。它有两个显著特点：一是功利性，对社会有重要意义；二是新异性，对人们有强烈的刺激性和吸引力。功利性、新异性越强，越容易形成舆论。

作为舆论主体的公众与人群不同，它的内聚力来自于思想的沟通和平等的交流。称之为舆论主体的公众，具有以下一些特点。

（1）有共同话题。话题把公众激活，并把他们连结起来。即使到天涯海角，大洋彼岸，只要谈论同一个话题，就已经进入了同一群公众的行列。

（2）参与议论过程。一个议论过程中，总有三部分人存在着，即说者（传播者）、既听又说者（接受并传播者）和听者（接受者）。前两种人传播信息，表达意见，推动了议论过程，参与了舆论的形成，是舆论的主体。后一种人即听者只是接纳了信息，没有表达意见，终止了传播、议论过程，是沉默的多数。

（3）自发性与松散性。舆论主体靠话题激活，依据话题为转移，话题兴则舆论主体生，话题灭则舆论主体无。舆论主体松散而无定型，范围模糊，迁移流转不定，既谈不上严格的组织体制和上下级关系，也没有什么指令与服从。舆论的流动没有确定的路线和预设的界限，无论是谁，只要有了共同兴趣，愿意参加社会议论过程，他就是舆论主体。

（4）有一定的层序性。舆论主体虽然表面上各自分散、内我独存，但其数量达到一定程度，运用科学手段对其进行分析，却能发现不少问题。例如，按照人口结构，可以分解为性别、年龄、职业、经济状况、文化水平、政治面貌、宗教信仰、种族和民族、地域文化背景等类别，每一类别又可以划分为不同的阶段。显然，对于同一个问题，不同组织的舆论主体，看法往往不尽一致甚至大相径庭。

3. 舆论的作用

舆论是公众的意见，它是一种巨大的精神力量，平时讲的“人心所向”以及“众望所归”等就是一种无形的动力，而“众怒难犯”等则是一种精神压力。古人曾言，“得民心者存，失民心者亡”“得道者多助，失道者寡助”。这里讲的“民心”“道”，实质就是公众的意见，即舆论。舆论的作用包括以下三个方面。

（1）舆论的制约与监督作用。社会舆论对个人、社会群体乃至政府都能发生一定的制约与监督作用。舆论对社会的监督内容是多方面的。从范围来看，大至社会的经济基础和上层建筑，小至每个人的个人行为；上至政府的路线、方针、政策，下至社会的某一具体事件。从具体问题来看，有决策方面的监督、工作方面的监督、法律方面的监督、道德方面的监督、理论方面的监督等。

（2）舆论的鼓动作用。进步舆论往往可以成为社会运动的先导，只有舆论先行，才能发生伟大的社会革命运动。例如，没有18世纪资产阶级启蒙思想作为舆论准备，就不可能出现资产阶级民主革命。

舆论所制造的社会心理气氛影响和控制着人们的行动。现实生活中的事件，经过许多人对其评论、发表意见，造成舆论，便形成一种社会空气，即社会心理气氛。这种社会心理气氛包围着人们的生活，形成了客观的社会环境，反过来又影响着人们的生活。因为人的心理活动或是受他人的心理影响或是对他人的心理发生影响，总是相互作用、相互影响的。

（3）舆论的指导作用。舆论对人们的行为具有指导作用，例如，在购买商品和欣赏电影、音乐时，舆论就起着重要的作用。介绍某一商品或某一电影的人，称为舆论指导者——意见领袖。因为意见领袖总是某方面的专家，熟悉他所介绍的对象，并且和社会上各个阶层的人们有着广泛的接触。通过意见领袖的宣传，就更具有说服力。在公关传播中运用“名流公关”的做法，正是利用了意见领袖的影响力。

正因为舆论有上述的作用，所以任何一个国家和政府都十分重视对公众舆论的控制与引导，尽量利用广播、电视、报刊等宣传媒介做舆论宣传，使宣传内容反映群众的呼声，传达政府的希望和要求。舆论不是一成不变的，它随着社会的发展而不断地变化着。因此，国家的有关部门必须经常研究当前的舆论，并及时把握舆论的发展动向，给公众以正确的指导。

（四）其他公众心理

值得公共关系从业者研究的公众心理还有价值观、从众心理和逆反心理等。

1. 价值观

价值观是人们对是非、善恶、好坏的评价标准，是对自由、幸福、荣辱、平等这些观念的理解和轻重主次之分，是影响个体行为的重要因素。

价值观是人生观的核心。不同的国家、民族和组织，不同的社会生活和文化传统，会形成不同的价值观，进而导致公众态度和行为上的差异。公共关系传播应该认真研究公众的价值观，根据公众的价值观来设计和调整传播沟通的方针、政策和形式。

在组织内部，公共关系工作需要根据这些因素创造条件和气氛，促使组织的成员形成积极向上的价值观，以增加组织的活力和动力。

2. 从众心理

从众心理是指在社会团体的压力下，个人不愿意因为与众不同而感到孤立，从而放弃自己的意见，采取与团体中多数人相一致的行为，以获得安全感、认同感和归属感。这种现象称作社会从众行为，或叫团体压力下的顺从现象，俗称为“随大流”。

从众行为的主观原因是不愿意被孤立。当个人的意见与众不同时，心理上就有种紧张，有一种孤立的感觉，从而使个体产生不愿意标新立异，而愿意顺从多数人的倾向。从众行为的客观原因是外来的影响和压力。当团体中出现不同意见时，团体为了保持行动的一致，使团队能够达成目标以及免遭分裂，团体确实会对有异议的成员施加影响和压力。这种影响和压力是逐渐施加的，它的形式和强度也是逐渐改变的。开始是讨论协商，进而劝说、诱导，再而批评、攻击，直到孤立、排斥。

正是由于上述主客观两方面的原因，通常团体成员都有顺从团体的倾向，但也不都是这样。实际上有顺从，也有不顺从的。顺从有口服心服的真顺从，有口不服但心服的暗顺从，也有口服心不服的假顺从，或权宜顺从。

从众心理对于某些公众态度和行为的产生具有明显的影响作用，值得公关人员分析研究。

3. 逆反心理

逆反心理指作用于个体的同类事物，超过了个体感官所能接受的限度而产生的一种相反的体验，使个体有意识地脱离习惯的思维轨道，向相反的思维方向探索。逆反心理会造成逆反行为、抵触行为。

人们产生心理抗拒以后，将会影响其态度的转变，表现在认知、情感和行为意图方面。这就告诉公关人员，如果宣传说服不当，要求人们不准这样，不准那样，人们认为自己的行为自由被剥夺了，非但不会转变态度，反而会背道而行。

逆反心理形成也可能是出于好奇心与好胜心（自我显示）。

无论如何，逆反心理的产生会成为组织与其传播对象进行沟通的一种障碍。因此，要防止出现公众的逆反心理，公关人员应当细心研究公众对“自由”的看法与认识，充分尊重和顺应他们的“自由”，不能让他们感觉到自己的自由被“剥夺”。另外，从信息传达的角度来看，还要注意传播的信息量和刺激量要适度，信息量过大，刺激过度就容易使传播对象产生厌烦情绪，同样也会产生逆反心理。

本章小结

本章主要介绍了公众的概念、特征及分类，公众心理的概念、特征及基本形态。比较重要的知识点有以下几点。

1. 公共关系学中所讨论的公众，并不是广泛意义上的公众、民众或群众，而是组织的公众，是指与某一特定组织机构相联系的，所处地位相似或相同，具有共同的目的、共同面临的问题、共同的利益、共同的兴趣、共同的意识、共同的文化心态等并相互影响、相互作用的“合群意识”的社会群体，是公共关系工作对象的总称。公众具有共同性、相关性、多元性、变化性、心理性和可诱导性等特征。

2. 公众心理是公共关系情境中公众受组织行为的影响和大众影响方式的作用所形成的心理现象和心理变化规律，是日常生活中普遍存在的一种团体心理现象。公众的心理特征有：潜伏性、动力性、自发性、规范性和综合性。

练 习 题

一、名词解释

公众　　　　公众心理　　　　舆论

二、单项选择题

1. 公众的意见、观点、态度和行动对组织的目标实现和发展具有影响力、制约力，制约着他们利益的实现、需求的满足等。反映了公众的（　　）特征。

A. 共同性　　B. 相关性　　C. 变化性　　D. 心理性

2. 公众良好、愉快的心理状态可以促进公众的合作行为，使组织尽快达到目标；而愤怒的心理将会拖延，甚至破坏组织完成目标。反映了公众的（　　）特征。

A. 共同性　　B. 相关性　　C. 变化性　　D. 心理性

3. 竞选过程中面对的各种助选团体属于下列哪一类公众？（　　）

A. 个体公众　　B. 组织公众　　C. 内部公众　　D. 外部公众

4.（　　）是指能符合组织的利益和需要，但对组织很陌生或不感兴趣、缺乏交往的公众，这类公众可能会对组织的发展有益，是组织求之难得的公众。

A. 受欢迎的公众　　B. 不受欢迎的公众　　C. 被追求的公众　　D. 顺意公众

5. 古人曾言，“得民心者存，失民心者亡”“得道者多助，失道者寡助”。这里讲的“民心”“道”，实质就是公众的意见，即（　　）。

A. 流言　　B. 舆论　　C. 流行心理　　D. 顺意公众

6. 有人听说有多少种物品涨价了，就纷纷抢购，造成一时人为的紧张，于是市场上小至火柴，大至金银首饰，统统被抢购一空。这种现象反映了公共的（　　）心理。

A. 流言　　B. 社会刻板印象　　C. 社会文化和习俗　　D. 舆论

三、多项选择题

1. 下列哪些属于公众的特征（　　）。

A. 共同性　　B. 相关性　　C. 变化性　　D. 心理性

2. 下列哪些属于外部公众（　　）。

A. 消费者公众　　B. 政府公众　　C. 媒介公众　　D. 公司员工

3. 按公众对组织的态度对公众进行分类，可以分为（　　）。

A. 顺意公众　　B. 逆意公众　　C. 受欢迎的公众　　D. 中立型公众

4. 根据公众与组织之间相互关系的发展阶段，可把公众分为（　　）。

A. 非公众　　B. 潜在公众　　C. 知晓公众　　D. 行动公众

5. 下列哪些属于公众心理的特征（　　）。

A. 潜伏性　　B. 动力性　　C. 自发性　　D. 规范性

6. 公众群体心理主要包括（　　）。

A. 民族文化心理　　B. 地域文化心理　　C. 社会习俗和礼仪　　D. 社会刻板印象

四、简答题

1. 简述公众的分类。
2. 简述公众心理的特征。
3. 简述流言传播的规律。
4. 简述舆论的结构。
5. 简述舆论的作用。

五、案例分析

丑陋玩具风靡全美

美国艾士隆公司董事长布希耐有一次在效外散步，偶然看到几个儿童对一只肮脏并且十分丑陋的昆虫爱不释手。布希耐突发异想：市面上销售的玩具一般都是形象优美的，假若生产一些丑陋玩具，又将如何？于是，他让自己的公司研制一套“丑陋玩具”，并迅速推向市场。结果一炮打响，“丑陋玩具”给艾士隆公司带来了巨大收益，并使同行们也受到了启发，于是“丑陋玩具”接踵而来。例如，“疯球”就是一串小球上面，印上许多丑陋不堪的面孔。又如橡皮做的“粗鲁陋夫”，长着枯黄的头发、绿色的皮肤和一双鼓胀且带血丝的眼睛，眨眼时发出非常难听的声音。这些丑陋玩具的售价虽然超过正常玩具，却一直畅销不衰，而且在美国掀起了一场行销“丑陋玩具”的热潮。（凌义斌，1992）

问题：试运用公共关系学中的相关知识分析评点这一案例。

综合实训

一、实训内容

实训课题：

1. 请为你所熟悉的组织列举出三种不同类型的公众。
2. 根据自己的身份、经历，列出你曾经是哪些组织、哪几种类别的公众？

二、方法步骤

1. 以 8～10 人为一组对上述实训课题进行讨论。
2. 每个小组派一名代表在课堂上用 2～3 分钟时间对讨论的结果进行交流发言。

三、实训考核

教师对小组讨论交流的成果给予点评。

第四章

公共关系传播

学习目标

知识目标：掌握公共关系传播目的及含义，了解公共关系传播的模式及传播媒介，掌握网络公共关系传播的理论与方法。

能力目标：掌握公共关系传播的方法，能够利用合适的方式和途径进行公共关系传播。

教学导入案例

看公关经理怎样“制造新闻”

1986年10月，高莉莉就任上海金沙江大酒店公关部经理时，酒店还默默无闻。1987年秋，高小姐从她的记者朋友处得知，著名的日本影星中野良子将偕她的新婚丈夫来北京、上海访问。她马上意识到这是酒店开展公共关系活动借以提高知名度的好机会。于是，她直接给尚在北京的中野良子打电话请她来上海时下榻“金沙江”。对方应允后，高小姐立刻带领工作人员进行策划和准备。

客人晚上到酒店，等待他们的是一个洋溢着浓烈的喜庆气氛的“迎亲”场面。在一片热烈的鞭炮声里，中野良子夫妇被40多位中外记者及酒店上百名员工簇拥进一个中国传统式的“洞房”——正墙上大红“喜”字熠熠生辉，两旁的对联上写着“富士山头紫燕双飞白头偕老，黄浦江畔鸾凤和鸣永结同心”。在笑声、掌声此起彼伏的“闹洞房”仪式中，新婚夫妇还品尝了象征“甜甜蜜蜜”“早生贵子”的哈密瓜、桂圆、红枣等，在异国他乡度过了一个难忘的欢乐之夜。

当晚，在场的记者们纷纷报道了这则饶有情趣的新闻，上海金沙江酒店也随着这些报道在一夜之间扬名海内外，特别是在中国公众和日本公众中留下了深刻而美好的印象。

由教学导入案例可以看出制造新闻是公共关系传播的一种有效方法，那么公共关系传播的主要方式和作用有哪些呢？本章就对公共关系传播的相关知识做详细阐述。

第一节　公共关系传播概述

一、公共关系传播的含义

在公共关系中，传播就是社会组织利用各种媒介，有计划地与公众进行双向交流与沟通的过程。其基本含义包括三方面内容。

1. 传播是信息的交流

在信息传播过程中，传受双方是通过传递、反馈、交流等一系列过程获取信息的。信息作为传播的内容，就像没有货物谈不上搬运和运输一样，没有它就无法谈及传播。传播的过程既是人们之间信息交流的过程，也是人们之间相互影响、相互制约、交替作用的过程。

2. 传播是一个有计划的完整的行为过程

"有计划"是指整个公共关系的传播活动都必须按照社会组织设定的目标有步骤地进行。"完整"是指传播过程必须完全符合传播学的"五个W模式"。

3. 传播的基本环节是表达和理解

表达是从思考到陈述，传播者通过有意义的符号与渠道把自己的某种信息传递给受传者。理解是受传者根据传播者提供的信息来领会或把握对方的意思，理解实际上是一种语言的推理，同时也是表达的语效。正因为如此，有的社会学家认为，传播就是表达与理解某种事实、观点、态度或情感，输出与接收某种信息的社会互动过程。

二、公共关系传播特征

公共关系活动是一种传播活动，传播是公关活动的基本内容与基本手段。所谓传播，也就是指信息的交流，即公关人员将组织信息输送给公众，又将公众的信息反馈给组织。**传播在整个社会系统的相互作用中，体现出双向性与动态平衡性的特征。**

1. 双向性

双向性是公共关系传播的首要特征。传播过程中的信息交流不是传播者向接受者单向发送信息的过程，而是双方相互作用的循环过程。通常，信息接受者在收到某种信息后，根据自身的理解、接受能力对信息进行判断，然后将自己对信息的态度反馈给传播者。

需要强调的是，它不是一方进行信息的发送和灌输，另一方被动地接受，而是传播者（组织）与接受者（公众）之间的双向互动，构成和推进信息的环流。这种双向互动的传递与交流在公共关系中起中介作用。

2. 动态平衡性

传播过程其实就是传播者与接受者之间的移位和变化的动态过程。传播的信息内容不是一成不变的，它是运动的。现代社会知识爆炸、信息瞬息万变，需要传播者（组织）及时发送信息，使公众及时知晓，并以此引发态度和行为的反应，以此来把握传播的最佳时机和了解公众需要的信息，最终达到信息传播的动态平衡性。

三、公共关系的传播任务和目的

公共关系传播的目的可分为三个层次：①协调关系，是指社会组织正确处理好组织内外的关系，增进组织与公众的和谐度；②**扩大影响**，是指扩大社会组织的知名度；③**优化形象**，是指扩大社会组织的美誉度。公共关系工作所追求的便是这三者的最佳组合，即最佳的公共关系状态。换句话说，公共关系的根本目的就是在公众中塑造组织的美好形象。而对于作为公共关系活动手段的公关传播来说，其所追求的最终目的与整个公共关系活动的根本目的是一致的。所以，公关传播的目的可以表述为：组织运用恰当的传播手段和传播媒介，有计划地与公众进行交流与沟通，不断地提高组织的和谐度、知名度和美誉度，以塑造组织的良好形象。从这个意义上说，公关传播本身就是一门为组织雕塑形象的艺术。

四、公共关系传播的实施要求

从组织和社会的关系考虑，对公共关系传播的基本要求是真实、及时和有效。

1．真实

公共关系以事实为基础。这就要求传播的基本内容必须客观、真实、全面和公正。任何失真、失实的报道，都会使公众产生认知上的障碍，最终损害组织的形象。所以，无论是把组织的情况向公众传播，还是把公众对某个问题的意见、看法向组织反馈，都要讲求信息的真实性。只有这样，传播才能达到预期的目的。

案例阅读和分析

“功能性”饮料泛滥，宣传夸张

随着时代的变迁和经济的发展，很多的消费者已经不仅仅是对吃的要求越来越高，对饮用品的要求也越来越高。因此，很多企业推出了许多“功能性强大”的产品。

可口可乐法国公司继 2010 年推出甜叶菊“芬达”以后，又推出甜叶菊“雪碧”。甜叶菊是一种天然甜味剂，不会增加热量摄入。而早在 2006 年可口可乐公司与雀巢公司合作推出了一种绿茶饮料，声称能消耗热量，达到减肥效果。这遭到了质疑。两家企业随后停止宣传类似产品有减肥功效，承认减肥只能采取节食和运动方式。

讨论：夸张传播信息对企业有什么危害？

扫一扫，看看作者观点。

2．及时

信息是运动的。无论是向外界传播信息还是向内部反馈信息，都必须保持其灵敏度，即及时性。如果误失良机，再有价值的信息也会失去作用。传播需要把握最佳时机。

3．有效

有效就是指有的放矢，要有针对性地传播。从心理学的角度出发，根据公众的文化背景、个人偏好、生活方式、思维模式等影响因素，可把公众划分为若干群体，不同的公众群对信息的需求各有不同。针对这一情况，传播者要研究信息与公众的关联性和变化规律，对信息进行必要的加工、整理和筛选，使信息具有很强的针对性，力求达到最佳的传播沟通效果。

第二节　公共关系传播理论及类型

一、公共关系传播模式

1．拉斯韦尔的 5W 模式

1932 年，在美国芝加哥大学任教的哈罗德·拉斯韦尔提出了一个传播模式：“who, say what, to whom, with what effects.” 1948 年，他在题为《社会传播的结构与功能》的论文中又增加了一项，正式提出了 5W 模式。

（1）谁（who）传播——对传播者的分析。

（2）传播什么（say what）——内容分析。

（3）通过何种渠道（though which channel）——媒介分析。

（4）向谁传播（to whom）——对象分析。

（5）传播的效果如何（with what effects）——效果分析。

因为五个问题都以“W”为首字母，故称“5W”模式。拉斯韦尔为传播研究提供了一个简单明了的分类法。任何传播研究都可以套用此模式。

下面，我们对5W模式进行详细分析。

“谁传播”，主要指新闻机构、人员、制度的分析，拉斯韦尔也称这一部分为“控制分析”；“传播什么”即内容分析，亦称“信息研究”，主要是调查研究新闻、传播的多方面内容，旨在了解传播者意图、传播对象同信息之间的关系；“媒介分析”的任务是从分析各种传播媒介的特点、方式入手；面“向谁传播”，即传播对象分析，是专门针对传播对象——接收者的研究，分析千差万别的接收者是怎样选择性地接受信息；最后一个“W”，即效果分析，主要研究接收者对传播信息的反应。

研究人员发现，为提高传播的效果必须做到信息目标明确、信息引人注目、信息及时准确等。

2. 传播过程模式

所谓传播过程是指传播活动的具体程序。在研究传播活动的过程中，传播学学者提出了种类繁多的传播过程模式，大致上可分为单向传播和双向传播两大类。

所谓“单向传播”，亦称线性传播模式。它是以传播者为起点，接收者为终点的单向直线传播活动。这是传统的传播过用理论，它只注重信息的传递，不注重信息的“反馈”。上面提到的拉斯韦尔的5W模式就是一种典型的单向传播模式。这里介绍另外一个比较著名的单向传播模式——香农模式。

20世纪中叶，克劳德·香农和沃伦·韦提出了一种著名单向传播模式，我们称其为香农模式，如图4-1所示。

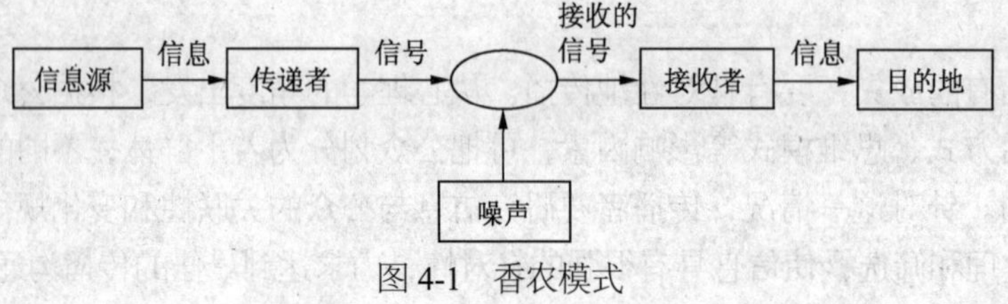

图4-1 香农模式

上述两种传播模式虽然都是单向传播模式中的经典模式，但将其运用于公共关系传播中，显然是不合适的。公关传播具备双向性特征，传播学的另一种传播模式——双向传播模式更符合公共传播的特点。

所谓“双向传播模式”，指在信息传播过程中，既有从传播者至接收者的信息传递，也有从接收者至传播者的“反馈系统”。双向传播不仅将信息传递给了接收者，而且将接收者的反应接收回来，因此双向传播可以使传播者及时调整传播行为。

二、公共关系传播的基本类型

根据人类社会传播的发展过程，一般可将公共关系的传播分为人际传播、组织传播和大众传播三种类型。

（一）人际传播

人际传播是一种最典型的社会传播活动，它是个人与个人之间的信息传播活动，也是两个个体系统相互连接组成的新的信息传播系统。

1. 人际传播的特点

（1）**人际传播双向性强，反馈及时，互动频率高。**人际传播在人与人之间进行，一个人本身并不能构成人际传播，必须有信息发送者与接受者双方。随着传播过程的进行，传播者与接受者可能相互交换位置，但双方的身份始终是明确的，彼此之间知道对方是谁，信息反馈一般比较及时。因此，人际传播是一种高质量的公关传播活动，尤其在说服和沟通感情方面，其效果要好于其他形式的传播。

（2）**人际传播传递和接收信息的渠道多、方法灵活。**换句话说，传播者不仅可以使用语言、文字或图像，而且能够运用表情、眼神、动作、姿态、服饰、特定的物品，以及交往的时间、空间环境等多种渠道或手段来传递信息。同样，受传者也可以通过多种渠道来接受信息。

（3）**人际传播受时空限制较大，信息传播的范围小、速度快，在较短的时间内，很难让更多的社会公众了解组织。**而大众传播是通过大众传播媒介进行，其覆盖面广，信息量大。

（4）**沟通的情感性。**人际传播是传、受双方心理上相互影响的过程，尤其是面对面的人际沟通，有利于双方真正促膝谈心，交流感情，可在比较轻松随和的气氛下进行。因此，在所有的传播方式中，人际传播的人情味最浓，最有利于达到以情感人的效果。

拓展阅读

赠送纪念品

纪念品一般是通过各种专题活动散发的实物，如书籍、画册、纪念章、工艺品等。纪念品作为一种人际传播中的宣传性媒介，能起到宣传、介绍专题活动主办者的作用，它有利于密切人际关系和组织间的关系，增强组织和公众彼此间的联系和感情。

展览

展览是一种自我宣传媒介，它的特点是针对性强，内容集中。由于实物、模型、图表、照片、幻灯、录音、录像等手段可以综合使用，因而事实性强，能吸引公众。展览中信息反馈及时，组织可以直接判断公众的态度和意见并及时做出自我调整，因而常能收到良好的效果。展览的形式多种多样，但一般都需要一定的制作周期和较多的经费，故不能大量使用。

2. 人际传播的作用

（1）人际传播对于组织的意义。首先，有效的人际传播是增强组织凝聚力和向心力的重要因素。一个组织的凝聚力和向心力通常是评价组织形象的重要指标。组织可以通过有效的人际传播营造和谐、融洽的人际关系，从而使员工的心理需求得到不同程度的满足，个人心情愉快，群体宽松和谐，组织的凝聚力和向心力会增强。其次，有效的人际传播是培养社会组织内部“家庭式氛围”的必备条件。如果组织的人际传播和沟通工作做得好，就能形成和谐、融洽、一致的人事环境，就会使人们感到置身于组织集体之中犹如置身于自己的家庭之中，把组织看作是一个扩大了的家庭，从而形成良好的“家庭式氛围”。再次，有效的人际传播也是提高工作效率、完成组织目标、实现人生价值的内在要求。人的本质在其现实性上是一切社会关系的总和。人的工作是一种社会劳动，它的效率、效果既与许多人的分工协作有关，也和人的工作情绪有关，而这两点都与人际传播密不可分。

（2）人际传播对个人的意义。首先，人际传播是个人的一种基本需要。人不仅有生理需要和安全需要，还有社交需要、被人尊重和理解的需要，以及自我价值实现的需要。由此看来，人的生存与发展都离不开人际传播与沟通。其次，人际传播使个人建立与他人的社会协作关系。世界上没有纯粹属于一个人从事的活动，许多看起来似乎是独立完成的工作，实际上都是建立在两人以上的多人合作和配合的基础之上的。要谋求与他人的合作，就必须积极地进行说明、解释、协商等各种各样的人际传播或沟通活动。再次，有效的人际传播和沟通，有助于提高人在认知、规范和评价方面的能力，从而有助于人的个性成长和发展。美国社会学家查尔斯·霍顿·库利在《社会组织》一书中提出了“镜中我”的理论，他认为：一个人的行为在很大程度上取决于对自我的认识，而这种认识主要是通过与他人的社会互动形成的，他人对自己的评价、态度等是反映自我的一面“镜子”，个人透过这面“镜子”来认识和把握自己，一般来说，这种以“镜中我”为核心的自我认知状况取决于与他人信息传播的程度。

（二）组织传播

组织是人们依照一定的规范和目的所进行的社会组合。公共关系主要将组织作为传播主体来进行研究。所谓**组织传播是指组织和成员、组织和其所处的环境之间的沟通交流**。公共关系最基本的一项职能是信息沟通与交流，实际上信息的沟通与交流就是传播的同义语，由此看来，传播是组织的最基本职能。

1. 组织传播的形式

从定义可以看出，组织传播包含两个方面：组织内传播与组织外传播。

组织内传播是组织通过书面文件、会议、电话、组织内公共媒体、计算机通信系统等形式与其员工进行沟通交流。按照管理学的原理，一个社会组织内部的信息传播有上行、下行和平行三种。上行传播是指一个社会组织中下级向上级表达意见和态度的过程，即“下情上达”。如思想汇报、情况反映等。下行传播指的是通过组织的层级，上级将信息往下传达的过程，即“上情下达”。如管理层布置任务、公布奖惩制度等。平行传播则是指社会组织内部各层级的横向沟通和交流。如部门与部门之间、科室与科室之间的业务联系。

组织外传播是组织和其所处环境之间的沟通交流，即组织和其外部各类公众的沟通交流。任何组织的发展都离不开社会各界的配合与支持。首先，组织必须通过传播协调好各类直接的业务来往关系，像顾客关系、产品的销售网络关系、银行信贷与投资人关系；其次，组织必须通过传播手段妥善处理好社会组织与各种权力制约部门的关系，像政府各职能部门；最后，还要通过必要的组织传播，主动建立各种非业务性的社会关系，如社区关系、名流关系、媒介关系和某些社团关系等。

2. 组织传播的功能

（1）内部协调功能。组织中的各部门、各岗位都由一定的信息渠道相连接，每个部门和岗位同时也都执行着一定的信息处理职能，是组织传播的一个环节。这些环节通过信息的传达和反馈相互衔接，使各部门、岗位成为既各司其职，又在统一目标下协同作业的整体。

（2）决策应变功能。组织是一个永远处于运动和变化之中的有机体，它不断面临组织内部和外部的新情况和新问题。事实上，适应新情况、解决新问题的过程就是决策应变的过程。这个过程本身就是建立在信息的收集、整理、分析和判断的基础上的。

（3）指挥管理功能。组织目标和组织任务的实施需要进行指挥管理。在组织中，从具体任务指令的下达、实施、监督、检查和总结，到日常管理，都体现为一定的信息活动，都是在一定的信息互动机制下进行的。

（4）形成共识功能。组织要保持高度的凝聚力和战斗力，必须围绕一系列的问题如组织目标和使命、组织规则和方针、政策等，在组织成员中形成普遍的共识。

3. 提高组织传播技巧及营造组织良好氛围的途径

在组织传播中，管理者经常要运用对话、开会和访谈等传播方法，其中不乏有效沟通的技巧。以对话为例，组织传播中，有效的对话必须具有一定的条件并辅以相应的技巧：双方都有解决矛盾冲突的诚意；双方都把问题摊到桌面上来，并找出真正的分歧所在；双方都能冷静理智地陈述问题的性质、起因和解决办法；双方能充分认识继续对抗的结果；邀请合适的人作为第三方参与对话，充当调停人角色。

除了组织传播的技巧，还有一个重要因素就是组织传播的氛围。美国学者 J·古布提出了两种传播氛围，一种是开放性的，另一种是封闭性的，这两种氛围具有完全相反的 6 个特点。

（1）客观描述与主观估计。管理者多做客观描述，少做主观评价，就容易形成开放性氛围；反之，则容易造成封闭性氛围。

（2）解决问题与控制别人。如果管理者以解决问题为宗旨，则容易形成开放性氛围；若以控制别人为目的，就难以形成开放性氛围。

（3）平等待人与麻木不仁。管理者不以领导自居，与群众同甘苦、共患难，则会带来开放性氛围；反之，有意无意地显示自己的地位和权力，不关心群众的疾苦痛痒，会带来封闭性氛围。

（4）坦率耿直与暗有阴谋。坦率耿直的人大多数是受欢迎的，不会对别人构成较大的威胁，管理者坦率耿直，则容易形成开放性氛围；暗有阴谋的人总叫人敬而远之，不敢接近，管理者是暗有阴谋的人，则容易形成封闭性氛围。

（5）灵活多变与僵硬不化。领导审时度势，善于应变，使得组织易形成开放性氛围；死背教条、思想僵化的领导会造成封闭性氛围。

（6）尊重他人与自以为是。如果领导以圣贤自居，不尊重群众，自以为是，则组织内部的封闭性氛围会迅速发展。反之，则容易形成开放性氛围。

综上所述，在组织传播中，领导者必须做到以下几点：对人对事多做客观描述，少做主观评价；时时以解决问题为宗旨，努力克服控制别人的意向；待人坦率耿直，切忌暗中计算；不忘平等待人，克服麻木不仁；尊重他人价值，不自以为是；思想解放，防止僵化。这样才有利于组织建立开放性的传播氛围。

（三）大众传播

大众传播是指职业传播者通过大众传播媒介（报纸、杂志、电视、广播和网络等），特大量复制的信息传递给分散的公众的一种传播活动。从媒介角度看，它有两大类型：印刷类的大众传播媒介与电子类的大众传播媒介。

拓展阅读

新闻传播

新闻传播始终是大众传播媒介最主要的传播内容。组织进行新闻传播，通常使用三种方式：撰写新闻资料或新闻稿，送交新闻媒介单位进行发表；策划新闻媒介事件，吸引新闻单位做报道；召开新闻发布会，向新闻界公布有关情况。

1．撰写新闻资料和新闻稿

新闻资料是提供给报社、电台、电视台编写新闻消息的文字材料，它不直接同公众见面，要经过记者的加工。因此，新闻资料的撰写要求不高，只要把新闻五要素（即5个W）表达完整即可。5个W，即何时（when）、何地（where）、何事（what）、何因（why）、何人（who）。

新闻稿是直接提供给报社、电台和电视台对外发布的文字材料。

2．策划具有新闻价值的事件

策划具有新闻价值的事件也叫作“制造新闻”或“策划新闻”，是组织争取新闻宣传机会的一种技巧。即在真实的、不损害公众利益的前提下，策划、举办具有新闻价值的事件或活动，吸引新闻界和公众的注意力，制造新闻热点，争取被报道的机会，使本组织成为新闻的主角，以达到提高知名度、扩大社会影响的目的。这需要公关人员具备“新闻脑”，富于创造性和想象力。

3．新闻发布会

新闻发布会是组织与公众沟通的例行方式。它是一种两级传播：先将消息告知记者，再通过记者所属的大众媒介告知公众。新闻发布会可用于树立或维护组织形象，协调公共关系，引导舆论倾向。新闻发布会的工作环节包括：确定主题、邀请记者、会前准备、主持会议和收集反馈信息。

大众传播的主要有以下几个特点。

（1）**公众的广泛性和异质性**。大众传播拥有人际传播无法比拟的广大的社会公众，接受传播内容的人数可以从几百到成千上万乃至数以亿计。同时，因为大众传播的接受者量多面广，他们处于不同的社会群体内，故具有某种异质性。

（2）**传播速度快、范围广、影响力大**。大众传播可以将信息进行大规模的传播和辐射，能在短时间内使很大范围的社会层面获得信息。无论从时间还是从空间效果来看，大众传播都是影响力最大的一种传播方式。一个信息可以传播到一个地区、一个国家，甚至全球范围，从而产生巨大的影响。

（3）**大众传播中的传播者是从事信息生产和传播的专业化媒介组织**。这些媒介包括报纸、广播、电视和杂志等，它们的职业水准比较高。同时，现代大众传播必须借助各种技术手段才能实现，如印刷、摄影、无线电、电视和通信卫星等，其技术程度越来越高。因此，组织在利用大众媒介时，不能对传播机构的工作横加干涉，而只能提供协助和配合。平时要注意与新闻单位搞好关系，建立紧密联系，经常输送信息给媒介，增进相互的了解，以争取对自己有利的报道。

（4）**大众传播往往赋予所传播的信息以某种特殊的意义**。任何社会组织活动，只要得到大众传媒的广泛报道，都会成为社会瞩目的焦点，获得很高的知名度和社会地位，产生放大效应。因此，大众传播对社会舆论有着巨大的引导作用。

（5）**信息反馈困难**。由于大众传播的受众广泛而分散，对象很不确定，针对性差，和传播者之间又没有直接的联系，因此，信息反馈间接而缓慢，传播者难以及时、准确、充分地予以把握，评价传播效果的工作量较大。

三、公共关系传播的媒介

媒介这一词汇源于英文 media 的中文译名。作为实物，大众传播媒介早已产生，1690 年第一份报纸《公共事务报》在美国波士顿出版。作为一个名词，媒介是在 20 世纪 20 年代随着广播的出现而产生的。

（一）印刷类的媒介

印刷类的媒介是指将文字、图片等书面语言符号印在纸张上以传播信息的大众传播媒介，有传播速度快、传播覆盖面广、信息内容公开等特点。

1. 报纸

报纸是一种重要的印刷信息载体，在电子类媒介迅速发展的今天，其在大众传播中的地位和作用仍十分重要。按发行范围，报纸可分为全国性报纸、地方性报纸、综合性报纸、专业性报纸及内部报纸。报纸的优点是信息容量大，便于储存和查阅获取信息价格便宜，读者对信息拥有较大的阅读主动权。

在公共关系传播活动中，如果希望传播有一定的深度，能够让公众查阅和检索，就应该利用报纸。公共关系人员就应重视和主动加强与报界的联系。

案例阅读和分析

20 世纪 50 年代，好莱坞影片《后窗》曾风靡中国香港。影片上映后，香港人竞相观看，形成了“后窗热”。这时，香港一家生产百叶窗的企业成功地抓住了这一事件。他们在报纸上连续刊登题目为《请留心你家的后窗》的销售广告，其生意一下子兴隆起来。

点评：在案例中，企业充分利用了大众传播媒介，多次、大量地报道“后窗热”这一事件，从而使社会公众突出地议论这一话题。在这次公关活动中，企业通过大众传播媒介——报纸，让这个话题直接或间接地与组织及其产品挂钩，从而达到良好的传播效果。最终使企业轻而易举地掀起了一个“百叶窗热”，并从中获得了良好的市场效益。此案例说明：大众传播对某些议题的着重强调和这些议题在公众中受重视的程度是成正比关系的。

2. 杂志

杂志和报纸有许多共同点，只是出版周期稍长，新闻性不如报纸，但它也有些独到的优点。

（1）种类繁多、形式多样。从内容上看，有通俗的，有专业的，有娱乐性的，有理论性的，也有科学普及的；从形式上看，有以文字为主的，有以图片为主的，也有图文并茂的。而且杂志封面各异，千姿百态，容易吸引公众。

（2）内容丰富、针对性强。杂志的篇幅比报纸多，报道内容受版面限制较小，而且出版周期较长，编辑时间充裕。因此，可以对某些事件进行详细报道，使读者对其内容有一个系统的了解。在必要时，还可配以图片或图表，这样能给读者留下强烈而完整的印象。

（3）印刷精良，吸引力大。由于杂志出版时间没有报纸那样紧迫，所以在封面和插图的色彩及图案方面更为考究，而且色彩艳丽，有较强的感染性，能吸引更多的读者。

杂志的缺点是：对读者文化水平的要求比报纸高；出版周期较长，时效性差；杂志虽然比报纸的宣传生动活泼，但与电视相比较，仍显死板。

组织在利用杂志这一传播媒介时，应首先了解杂志的读者面和读者群，并应注意所需传播的信息与杂志的特点和性质是否相符。

3. 其他各类印刷品

组织用于宣传的其他各类印刷品包括企业报纸、职工动态、内部通信、单位介绍、情况简报、新产品介绍、行业信息、部门动态、工作小结、参考资料、股东年报等，它们有共同优点：成本低、效果明显；针对性强，发布范围易于控制；自主权大，内容可以自由选择；对象明确，收效显著；易于掌握，能较好地体现组织的精神和宗旨；传播范围既定，能较快地获得反馈信息。不过，印刷品的内容必须真实可信，任何不实之词，都极可能产生副作用。

（二）电子类的媒介

电子类的媒介是指使用电子技术，通过无线电波或导线发出声音、图像节目，受传播者要借助接收机接收的大众传播媒介。20 世纪后半叶，电子媒介的社会地位不断提升，作用不断增强，受众越来越多。

1. 广播

广播以声音符号作为传播媒介，虽然在 20 世纪末在传播媒介中的重要性逐渐让位于电视，但其普及程度和覆盖范围仍旧有一定优势。相对而言，广播有以下几项优点。

（1）信息传播快、覆盖面广。消息播出后可立即传到公众耳中，远比报纸快。而且可以通过现场播放，使听众感觉到现场气氛，从而增加真实感。

（2）制作简单、成本低廉。收音机购置费用远比电视低廉，不少手机都有收音机功能。广播可无限制地收听，不用另外支付费用。从某种意义上说，比报纸、杂志更经济、实惠。

（3）不受听众时间、地点和文化程度的限制。与报纸、杂志乃至电视相比，广播能把信息传达到以上媒介通常不能达到的地方，它一般不受地理环境和气候条件的限制。另外，广播不依赖文字做媒介，所以男女老少，文盲和无阅读习惯者均可接受。

（4）鼓动性强，能使人产生亲切感。广播的感染力和影响力比报纸杂志大得多。广播用声音来表达传播内容，感情能够较好地表现出来，能产生亲近感，说服力较强，易于在公众中引起共鸣，所以具有很强的鼓动性。

与优点相对应，广播也有其缺点，主要表现在以下几方面：稍纵即逝，不便保存检索；听众选择性差，收听某一节目受严格的时间限制；只有声音，没有文字和图像，等等。

在公共关系传播活动中，如果希望传播简单、明了的信息，可借助广播的传播，这样既迅速又可使传播成本低廉，并可重复多次的传播。

2. 电视

电视是大众媒介中最普遍的传播方式。电视和广播有许多共同点，但它也有一些独到的优点。

（1）真实感强，老幼皆宜。电视既有音响，又有图像，可以使观众的听觉和视觉同时接收信息，给人以真实和亲切的感觉，最接近面对面的个人传播，使人有身临其境之感，增添了传播的可信性和权威性，能给观众留下深刻的印象。

（2）娱乐性强。电视在传播时声图并存，所以可以使人们在轻松愉快中接受信息。另外，由于电视在家庭中基本普及，观众大多是在业余时间里，与家人一同收看，视听情绪比较轻松，干扰因素少，容易受到感染，引起共鸣。

（3）表现手法和节目内容丰富。电视将多种艺术手法熔于一炉，博采各种新闻媒介之所长，综合地运用文字、画面、动画、电影、声响等各种技巧，还采用了定格、重播、插播、特写等多种特技手段，使各种信息得以直观形象地展现在公众面前，加深了公众的印象。便于其理解。

相对其他媒体，电视也有其缺点：制作成本高；制作时间稍长；信息瞬间即逝不便记录和保留；观众的选择余地小，时间和空间限制较大；购买接收设备支付费用稍高，等等。

在公共关系传播活动中，是否选择电视媒介，首先考虑经费问题，其次考虑效果问题。

（三）网络类的媒介

进入21世纪后，互联网的兴起极大地冲击了传统媒介。新闻网站冲击了报纸的地位，电子邮件和QQ、微信等即时通信工具在颠覆远程沟通方式的同时使其本身成为新的媒介，带宽提升后网络视频开始挑战电视的霸主地位……

网络类媒介之所以给传统媒介带去了极大的冲击甚至颠覆，这是因为其拥有传统媒介无法比拟的优点：信息传播范围广、超越时空、高度开放；具有信息双向互动、个性化、多媒体、超文体的特色；同时传播成本低廉、传播速度快捷。

当然，网络类媒介冲击力度虽然大，唱衰报纸、期刊等传统媒介的声音也甚强，但实际上网络类媒介也有其弱点，传统媒介也有其优势，网络媒介与传统媒介加强合作是进入21世纪之后十几年所发生的事实，如新闻网站有偿利用传统媒介提供的新闻信息，中央电视台也开通了中央网络电视台，优势互补，实现真正的互动才是未来的发展趋势。

拓展阅读

电视广告占据总媒体花费38.1% 仍然是广告主渠道[①]

未来几年，电视广告花费将保持单位数的平稳增长。根据eMarketer新的报告《美国电视广告花费：塑造当今电视市场的因素》，虽然这一增长率并不令人惊讶，但它们所占的市场份额却非常惊人。

2014年，电视广告仍将是广告渠道的主导，将占总媒体花费的38.1%，而且到2017年，电视广告花费将一直力压其最大的竞争者——数字广告，但数字广告将越来越接近电视广告的份额，到2018年，两个渠道的广告费所占份额将不相上下。

许多因素导致电视广告对品牌广告主仍很重要。这些因素包括电视的高到达率、大荧幕广告的高影响力以及电视观众的可预见性。

越来越多的营销人员看到了不同的渠道可以相互弥补，可实现他们的全面营销活动。例如，Forrester Consulting和Videology在2013年9月的调查发现，52%的媒体公司、68%的广告商和69%的广告代理公司打算投放数字广告全面覆盖所有观看平台。

Advertiser Perceptions2013年9月的调查结果指出数字视频广告整合的一个原因。56%的电视广告买主倾向数字视频广告整合是因为数字广告更佳的定向和更强劲的增长，54%的数字广告买主将电视作为他们核心的投放平台是因为电视拥有广泛的到达率。电视的规模是数字渠道无法比拟的，电视广告能够给他们的投资带来可预见的结果。电视媒体带来的回报要比其他媒体广告大。

电视广告对观众的影响要比其他媒体大，到达率和规模也是如此。这些影响能够创造消费者或改变消费者行为的能力。AYTMMarket Research2013年8月的研究显示，83.7%的美国网民表示电视广告的效果是最大的。

---

① 本文整理自中文互联网数据资讯中心2014年3月13日转载的《eMarketer：广告主整合数字和电视广告，进行全面营销》一文。

（四）大众传播媒介的选择

显然，在选择大众传播媒介时，除了要考虑媒介本身的优劣特点之外，我们还必须认真考虑以下三方面问题。

1. 实施对象问题

由于每一个组织会面临不同的公众，所以其公共关系工作的实施对象也就各不相同。对于公共关系人员来说，在选择大众传播媒介之前，首先要认真分析组织与实施对象之间的关系，分清对象也类别和组织的传播对象对各类大众传播媒介信息的接受程度。例如，组织的传播对象是否具备看报纸、杂志的能力，他们喜不喜欢听广播，他们都喜欢看什么电视节目，他们是否熟悉互联网等。只有摸清了这些情况，才能选样合适的媒介，收到事半功倍的效果。

2. 实施内容问题

在分析了实施对象以后，就可以确定实施内容的性质和形式。在确定性质和形式时，应重点考虑两个因素：一是实施对象对实施内容的可能反应，目的是了解实施内容是否能引起实施对象的兴趣。只有引起实施对象的兴趣，才有可能产生良好的传播效果。二是大众传播媒介对实施内容的适应情况。考虑这一因素的目的是考虑实施内容的实际效果。因为大众传播媒介各自的特点并不相同，所以实施内容在不同的媒介传递中将会产生出截然不同的效果。

3. 实施经费问题

选择大众传播媒介时，不但要考虑内容与形式的统一，还应考虑经济的可能性。要在组织经费允许的范围内进行选择，精打细算，充分利用现有的各种条件，以最少的费用来争取最大、最好的效果。

四、公共关系传播的原则

1. 目标明确原则

公共关系传播是针对具体公关问题及明确的公关对象所进行的信息交流活动。

公共关系传播是围绕公关目标展开的。一方面，社会组织要按照自己的准则和组织目标引导公众舆论；另一方面，社会组织对与组织目标相背的舆论，应采取不同形式的措施，启发公众摆脱异已的倾向，从而使其与组织达成共识。公共关系传播也会针对公关的特定对象而展开。例如，政府或企业组织召开新闻发布会，其特定的对象就是被邀请的记者。

2. 双向沟通原则

所谓双向沟通原则是指组织与公众双方相互传递、相互反馈、相互理解的原则。它强调公共关系的信息传播是双向的、循环的。组织一方面要及时、准确、有效地将本组织的观念和信息向公众进行传播，争取公众的了解和好感；另一方面又要尽量迅速、准确、及时地收集来自公众的反馈信息，调整自己的行为，改善自己的形象。这种双向的信息传播，是实现公共关系内外信息交流的重要方式，也是公共关系传播的首要原则。

3. 真实性原则

真实性原则是指公关从业人员在传递组织信息和收集公众信息的过程中，必须始终坚持传播信息的内容要真实，对待公众的态度要真诚、守信，信息交流必须实事求是、客观公正。

4. 情感性原则

公共关系传播不同于一般的政策传播那样带有行政命令的意味，而是立足于长远的信息交流，包括思想、情感、意见和态度的交流。出发点是温暖公众的心，使其喜欢、接受。公共关系传播应以诚动人，以情感人，使公众佩服接受组织或愿意同组织合作。

5. 系统性原则

系统性原则是指现代公共传播的全过程，包括传播对象的调查研究、传播目标及传播计划的制订，以及具体传播策略的实施等，都要以组织的整体目标为出发点，使公关传播的各环节相互衔接、密切配合，形成一个有机的统一体。

第三节 网络公共关系

随着互联网的崛起，网络俨然成为最值得关注的大众传媒，网络生态环境也深刻影响着各种组织的生存环境，网络公共关系已经成为公共关系传播中最值得关注的一环。

一、网络公关概述

复旦大学的姚凯把网络公共关系定义为：“网络公关（public relations on net）是指社会组织为了塑造组织形象，借助互联网，为组织收集和传递信息，在电子空间中实现组织和公众之间双向互动式的全球沟通来实现公关目标，影响公众的科学与艺术。”

网络营销学者刘向晖给出的定义是：“网络公共关系（internet PR）又叫在线公关（online PR）或者电子公关（electronic PR），意思是利用互联网上的工具和资源开展的公关活动。”

我们可以把**网络公关定义为：组织为达到特定目标，借助互联网，在组织与公众之间开展的各种有计划的传播与沟通行为，以达到信息传播、关系协调和形象管理的目的。**

我们这里讲的网络公关，指的是通过互联网这种载体，包括手机上网用户，但不包括手机媒体。网络公关不同于其他的网络营销形式，不以直接销售为目的，对组织有影响的个人或群体都是目标对象。网络公关侧重于通过互联网同公众进行沟通和传播。

值得关注的网络公关具体形式主要有博客公关、虚拟社区公关、社交网站的社会化公关和搜索引擎公关等，鉴于互联网发展迅速，本节不能详细介绍所有新形式，编者推荐读者自行关注本节未做详细介绍的智能手机兴起后的新形式及变化。

二、网络公关特性

与传统公共关系相比，网络公关有以下特点。

1. 网络公关主体的主动性增强

网络公关突破了传统公关的时空限制及传统媒体的限制，使组织拥有更大的主动权和传播优势。网络媒体具有即时性、互动性、无地域时间限制、信息化、低成本以及全方位传播等多重特性，摒弃了传统公关必须借助传统传媒以及必须进行信息过滤的问题，使组织能够即时发布信息而不必借助传统媒体，可以直接与公众交流对公众产生影响。同时，网络公关可以充当组织的新闻发言人，成为媒体获知组织最新信息的新闻源。网络公关即时、灵敏的反应速度为组织的信息传播提供了有力的工具，也为组织提供更多增值服务创造了可能。

2. 网络公关客体的能动性提高

网络媒体的互动性使组织和公众都拥有了更大的主动性，这一点对公关的客体来说意义更大。在互动过程中，客体不仅仅是被动地接收信息，同时也可作为信息传播源，网络公众可以对网络信息自由选择、编辑、加工。

传统媒体传播过程中，受众被动接受信息，没有发言权，组织与公众之间是一对多的传播。网络媒体使上网的每个人都可以通过论坛、博客、微博等互动形式将自己的观点、看法等传达给很多人，从而实现多对多传播。这种信息传播方式从本质上保证了传播的双向性和对称性，提高了公众的参与度，从而使组织在公共关系实践中有可能实现双向对称型模式。

3. 网络公关具有精准性

所谓“精准营销”，简单讲就是要定位并满足每一个消费者的需要，从而使每一笔费用投入的效果最大化。“精准营销”对于依赖传统媒体的营销方式而言十分困难，因为传统媒体辨别用户的能力十分有限，所以无法准确定位到个人。但互联网的情况却大为不同。由于网民在浏览网页时会不知不觉留下各种“痕迹”，只要通过一定技术手段记录并获取，即能得到许多关于这些网民的有价值信息。例如，IP 表明受众所在的地理位置，网站上的注册信息表明受众的身份，网页浏览记录可以反映受众的行为特征，而搜索过的关键词则可能代表其兴趣和爱好。当组织把这些数据进行组合并分析时，就能够发现他们的目标消费者在哪里，这些人的性别、年龄、习惯、偏好等个性特征是什么，然后利用这些信息投放相匹配的广告开展网络公关，并观察目标受众的反馈。

4. 网络公关更容易实现量化评估

网络公关由于采用技术手段，比传统公共关系更容易进行效果评估。目前，通行的评估方法有三种：基于项目策划和实施的质量评估（网络流量变化、主流媒体认可度、用户满意度、品牌知名度等）；基于项目执行的数量评估（信息传播量、用户关注度、用户参与度以及媒体推荐度等）；基于资源投入的成本评估（如千人成本等）。

三、博客公关

随着博客在中国的普及，博客在网络公共关系中的价值和潜力正在被越来越多的人尤其是业界人士发现和应用，以公关和营销传播为核心的博客应用已经被证明其是商业博客应用的主流。博客犹如一个个性化的社会媒体，可以引起相互关联的群体进行交流和讨论，从而影响到媒体和公众。

所谓博客公关，就是某一组织利用博客这一个性化。社会化的媒体，有计划、有目的地发布信息，通过这些信息在组织和相关公众之间广泛地交流互动和沟通，从而达到更好地塑造组织形象和实现利益目的。博客公关有以下几个特点。

1. 可信性

博客本身具有非功利性，所以更易获得公众的信赖。组织利用博客，如果用非正式的、口语化的风格来讲述“真实”的故事，能做到内容中没有吹捧，不带有功利性，很具有亲和力，则更容易获取公众的信任。据调查，公众对博客信息的信任度远远高于对企业官方信息的信任度。

2. 社会性

博客相当于一个个性化的社会化媒体，通过发布形式多样的文章，引发互动式的交流和讨论。由于它的公开性，使博客完全成为一个透明的存在体，它会影响到一个相关联的群体，从而影响到媒体和公众。

3. 领导性

博客是一个虚拟网络主体，博客领袖就如社会中的强势领导，具有很强的公信力，能在不同程度上发挥其影响力。博客领袖是舆论领袖在博客里的一种延伸，也可以叫作意见领袖，是传播学里的一个概念。通俗一点说，博客领袖就是那些经常为他人提供信息、观点或建议并对他人产生一种个人影响力的一类人。他们关注特定商品、服务、事件或企业，正因为他们关注多，所以他们的言论通常具有权威性，也就能够在群体中产生很大影响。

4. 扩散性

博客群体因为具有平民化特点，所以他们对某一商品服务以及企业的看法或意见往往更容易被快速接受，并得到迅速传播，他们的消费观念和知识体系会在潜移默化中影响并推动人们消费行为的形成和改变。

5. 平等性

在博客公关中企业和公众之间是互动的关系，在这里企业和公众之间的地位是平等的。任何一位公众都可以通过写博文来发表自己对企业产品、服务以及与企业有关的事件的看法。企业和公众之间进行沟通和交流，两者之间可以说是零距离的。

6. 及时性

网络技术实现了速度的飞跃，通过博客这一网络平台，企业可以随时监测公众对企业的评论、抱怨、意见和建议，当有一点风吹草动时，企业就能够及时做出反应，并对有关情况做好应对。这一点主要针对企业应对危机，及时发现并可以做到及时处理。

拓展阅读

伊卡璐“爱你就要在一起”

伊卡璐“爱你就要在一起”APP 营销[①]案例在 2013 年年初推出。首先是通过品牌代言人 Angelababy 担任主演的在 2013 年播出的爱情电影《在一起》吸引用户的高度关注，然后顺势推出伊卡璐官博的 APP “爱你就要在一起”，鼓励用户将爱表白。在微博平台上经由 2 月 14 日、3 月 14 日两大情人节的狂热传播，短短的时间内，活动受到了上万用户的转发，APP 的参与量也接近 40 万。

（佚名）

四、虚拟社区公关

论坛公关是网络公关的一种方式，指通过论坛进行信息收集和发布，监测公众舆论，并对此做出反应，以达到塑造、维护组织形象，降低组织损失的目的。论坛公关是一种多方行为，

① 编辑注：APP 营销即应用程序营销，这里的 APP 就是应用程序（application）的意思。APP 营销是通过特制手机、网络社区、社交网等平台上运行的应用程序来开展营销活动。

通常涉及四方或以上：第一方，信息主体方，例如需要发布信息的企业、个人等；第二方，信息受体方，也就是信息要到达的目标群体，如网民、群众、利益受害者等；第三方，网络媒体载体，也就是网站、论坛等；第四方，策划方，也就是受第一方所托（如受企业委托、受个人委托）将特别信息通过论坛传递给第二方（如网民、利益受害者）的机构。

作为常用的网络公关工具，虚拟社区常常被简单地视为信息传播的平台。企业总是在有具体的营销活动或出现危机时才会想到通过社区与公众沟通。事实上我们可以将组织在虚拟社区的公关活动简单地分为四块：信息收集、日常传播、特别宣传和危机处理。

（一）建立组织自己的虚拟社区

在网络社区平台中建立品牌的兴趣小组、版块、反馈版，可以让企业和客户深入地进行交流，形成便捷的信息反馈区域。同时也便于企业进行监控、管理、疏导用户的舆论。避免了在网络平台下，用户信息反馈的无序性。一个精心策划的网络社区，可以成为一个长期与公众沟通的驻扎地。

在网上建立组织长期的虚拟社区有两种方式。

（1）建立组织官方论坛。通过组织自己的网站建立专门的公众社区，就组织的各种问题对公众答疑。这种社区在传播活动中的官方性色彩浓烈，主要用于就组织各类问题对公众解释、答疑。对企业来讲，这类论坛适合对品牌、产品进行说明，接受消费者投诉，回答消费者问题，但不太适合带有宣传性质的企业信息传播。因为企业自己的说法往往会被消费者认为是不客观的、自吹自擂的。但是官方论坛对政府以及非营利组织的网上公共关系构建作用则较大，这类性质的组织由于并不以赢利为目的，其主体传播会显得更具公信力。

（2）在公共社区中建立组织的部落、圈子、专区等。如天涯论坛上的“李林专区”、百度贴吧的“魔兽世界吧”等。不同社区表现的形式不同，但本质上都是企业的网络专区。它们有些是需要给公共社区平台付费的，有些则是免费的；有些是纯信息沟通型的，有些则带有电子商务性质。这些是根据企业的具体目标而来的。但有一点，它们的宣传性质都比较强，都是为建立良好的组织形象或是为具体的产品而服务。由于搭载了大的公共社区，一方面有庞大的用户数量，目标公众多，另一方面由于普通用户的讨论氛围较强烈，信息多由用户自己产生，主观上公众会觉得这样的信息可信度更高。组织常常以普通公众的身份去传递带有正面宣传性质的信息，矫正负面信息。这样的信息传播活动隐藏性好，不容易引起反感。但是必须以不欺骗公众为前提，否则，长期的虚假信息对组织形象会造成巨大的伤害。

（二）信息收集

收集公众对组织的各种评价，分析信息，及时发现问题，防范危机，主要有以下三种手段。

（1）建立日常的论坛监测机制。对论坛上出现的负面信息及时进行登记，对网民反映的涉及公司业务或者管理方面的投诉，要及时反馈到公司内部相关部门。

（2）建立常用材料库。对日常经常涉及的网民常问问题进行汇总和归类，统一好应答的口径。此外，公司的各种获奖荣誉和活动信息等都可以作为日常在论坛中使用的资料。

（3）建立热点网民的数据库。对论坛上公司的反对者、抱怨者，经常出来表现敌意的网民账号要特别留意，观察其动机、目的以及心态，并要特别留意竞争对手是否参与其中。

（三）日常传播

日常传播主要是回答公众的各类问题，及时将组织的各种动态消息予以公布，特别是那些能够提高组织形象的正面信息。当然，信息的传播要讲究技巧，否则就容易陷入自我吹嘘的反面形象中。日常传播应该注意以下几点。

（1）建立及时响应机制。要及时地对网民的投诉做出回应，组织相关部门要快速反应，调查了解情况，并给予及时处理。公关部门要将事件的处理结果及时公布出来，体现公司负责任的态度。

（2）建立论坛多用户体系。根据日常公关的实际需要，在论坛上多注册不同身份的用户名，有以组织的名义出现的、以客户的身份出现的、以普通网民身份出现的、甚至以竞争对手身份出现的，不同的角色有着不同的作用。

（3）建立与论坛版主或者网站的关系。当有明显恶意攻击的谣言，涉及组织的敏感利益，可以向网站或者版主申请删除谣言或者给发布恶意言论者降级。

（4）建立日常的发帖机制。日常可以适度地在论坛上发布关于组织的正面报道，当然标题不要太露骨，文章语气也可以做些改动，避免网民反感。通过日常不断发出公司的声音，有利于组织树立良好形象，降低负面言论的风险。

（5）建立网民服务机制。尽可能地利用组织的专业知识，为网民在论坛上提出的问题提供帮助，树立组织的权威形象。

（6）建立自己的行业形象。在论坛上，除了竞争对手的有意攻击，其负面信息主要来自网民的投诉和爆料，这是每个组织都可能面临的情况。因此，当面对一些行业共同的问题的时候，不要让网民误解为是你一家的问题，而要把组织成为行业带头者的形象树立起来，担当起责任。

（7）建立组织人格化的形象。组织在论坛上的多用户注册，可以多角度树立组织形象，防范风险。以组织的形象注册的账号，一定要建立起自己的人格化形象，展现积极健康正面的形象，建立起公众对其的信任。态度诚恳，知错就改，虽然短期内可能会有一定消极影响，但从长远来看，更容易建立公众对组织的信任感，并且愿意相信你说的话，当重大负面影响发生的时候会倾听你的声音。

（四）特别宣传

特别宣传主要指组织对自己的新产品、新服务，或某次营销活动做的线上宣传。这是在论坛里进行公关活动最主要、最具操作性、最可控的形式。它目的明确（直接为某一具体的宣传目标服务）、见效快，通常是短期发力，也便于企业的监测、控制和调整。这种活动对论坛的选择、主帖的撰写、回帖的设置、转帖的控制、与版主的沟通等都有专业的要求，是企业能够“看得见”的活动。这种帖子可以宽泛地称为营销帖。

（五）危机处理

论坛的特点是能够形成病毒传播的效果，这对于组织正面信息传播的益处是显而易见的，同时对组织负面信息的扩散和放大效果也是十分可怕的。危机公关的最佳办法是将危机防患于未然。然而危机一旦出现，组织必须找到最有效的手段对其进行处理。对于危机的处理组织可以分以下几步进行。

1. 评估危机级别

媒体说到底是社会关系的延伸，是不同的人的观点和立场交锋汇聚的场所。只是不同的媒体的物理属性不同，表现出来的沟通渠道特点不同。但要始终认识清楚在其背后不同人所扮演的角色，看到在每篇文章和帖子背后作者的社会属性和利益观点。

其次，媒体的社会影响力必然和媒体内容的制作者（管理者）和受众的社会属性、地位格局是相呼应的，这从根本上决定了媒体的社会影响力的大小。尤其在中国，要讲政治，要有政治意识。必须先关注有政府资源背景，官员、记者和行业关注的网站，其次是消费者或者客户关注的网站。

就帖子的危险级别而言，出现的位置越醒目（甚至被编辑提到网站醒目入口），流量越大，点击人数越多，内容越敏感，则影响力越大。

就敏感事件而言，通常会形成论坛（博客）—网站—报纸（电视）—论坛（博客）循环发展的态势，形成 1.0 媒体和 2.0 媒体的交织传播。

2. 做好危机处理准备工作

（1）分析事件的来龙去脉，对当事各方的利益和观点，对形式要有清晰的认识和判断。

（2）统一应对口径，并以网民的身份发布帖子。

（3）注册各种身份的网民的账号，准备随时可以变换 IP 地址上网。

（4）搜索相关帖子的分布情况，了解各论坛的影响情况（尤其是行业记者和意见领袖关注的论坛），按重要性排序。

（5）准备好策划人员和执行人员，包括美工（制作吸引人的图片）和技术人员（通过技术手段协助处理）等。建立相关人员的通讯录，建立顺畅的沟通反馈机制。

（6）摸清楚相关论坛的情况。不同论坛的管理方式不同：有的有管理员，回复需要审核，时间不定；有的对 IP 进行限制，对发帖的间隔时间进行限制。

（7）密切关注论坛的发帖情况，分析不同网民的身份和心态，通过观察既有的发帖记录、帖子的内容的客观性、IP 分布等，看是个人行为还是存在组织行为。恶性的帖子通常背后有人为的操作，事件会不断地扩散和升级，成为“病毒性”事件，甚至成为主流媒体的关注点。

（8）针对问题，整理清楚“关键词”名单，以方便搜索，同时判别网民支持和反对的声音的大小比例。

3. 主动进行沟通活动

（1）发布正面帖。对媒体的正面报道，以及网民的正面帖，积极加以改装和引用，同时策划相关帖子，不断地发帖，引导舆论。发帖需要隐蔽，不要被识破身份。发的帖子最好要有价值和高度，给网民积极的引导和建设型的意见，引导网民多角度、全面和充分地看待事情，了解企业，避免舆论声音一边倒。大量的正面帖可以起到“稀释”负面帖的作用。当然，也要把握适当的度，否者会引起反感而适得其反。

通常企业遇到危机，可能有企业自身管理的问题，沟通的问题，媒体关系维护的问题，甚至是竞争对手的蛊惑，或者是抱怨的顾客的发泄。要分清楚情况，要线上线下结合处理，从根本上扭转被动局面。

（2）顶正面帖。由于发帖可能面临被删除的危险，所以要积极的顶帖，将有利的帖子不断顶上去，这也是比较省力有效的方法。当然，顶帖也是有方法的，有时候可以直接顶帖，有时候需要以跟帖的方式来顶帖。

（3）回复负面帖。持续地关注论坛动态，对于明显歪曲事实，误导网民的帖子，一经发现，第一时间在主帖下方跟帖，委婉地发出客观的声音，引导舆论。由于跟帖会导致该主帖所在位置上升，因此跟帖的对象限定于不断新出现的帖子。也可以通过给版主发私信的方式与其沟通，弄清事情真相，争取能够让其主动删除帖子。

（4）建立重要论坛管理员的沟通管道，做好关系维护，避免负面帖子被人为置顶，及时协助删除严重负面的帖子（虽然通常较难做到）或者将其沉底到后面，使其协助对论坛的舆论进行管理。

（5）做好线下工作，从根本上化解问题，同时，要处理好与记者和媒体的关系，建立全面的危机公关沟通机制，将处理结果在论坛上及时公布。甚至可以举办相关活动，对相关利益方给以安慰和补偿，以此来化解矛盾，消除敌对情绪。

五、社交网站的社会化公关

社交网站（Social Network Site，SNS）发展正处在如火如荼的阶段，社会化一词被用在各种领域中。《正在爆发的互联网革命》①一书中写道："从目前来看，Facebook（脸谱网）、人人网是以 social game（社交游戏）为核心的商业服务，Twitter 代表的则是以 social media（社会化媒体）为核心的商业服务，淘宝的淘江湖则是以 social marketing（社会化营销）为核心的商业服务，或许还有 social AD（社交广告）、sacial sales（社会销售）。"实际上这种预测正在成为现实，甚至成为潮流。截至本书出版，虽然国内这方面的理论体系还不是很完整，但已有不少学者和从业人员开始进行探索和研究了。社会化媒体、社会化营销、社交广告以及我们上一节讲到的社会化传播（social communication）其实是一组概念，这里我们不妨提出社会化公关（social PR）这一概念来探讨在社交网站时代的网络公关形势。

社交网站平台中社会化公关的一些基本形式。

1. 互动游戏

应该说互动游戏是社交网站中最有特色的应用之一。有人提出社交网站的核心是社交游戏，这话有一定的道理。一方面社交网站最大的特色是互动性，即人与人之间的交流。另一方面当今社会是个娱乐至上的社会，对信息娱乐化的处理会使受众更容易接受信息。

在社交网站上我们可以看到不少的以品牌为主题的互动游戏。如在人人网一款"阳光牧场"的游戏中，用户进入自己的农场页面就会看到农场中竖立着一块"纯果乐果园"的木牌，点击进去后即是一个以"纯果乐果缤纷"为主题的小游戏，用户可以种植果蔬，成熟后可以在加工厂加工成饮料，然后到贩售厅销售。这样不仅使得用户知道了这一品牌，同时也可以通过用户自行参与的酿造过程，使其更深层次地了解这一饮料。这类游戏的方式是多种多样的，如跑步、种田、DIY 照片、自制视频短片……但它们都有一个共同特点——互动参与性。这包括两个方面，一是受众与网页之间的互动，二是受众与受众之间的互动。仔细观察这些游戏，基本上会设置有"邀请好友"或"与好友分享"等项目。这是符合未来的网络传播大趋势的，也是对现代人社交情感的满足。

组织的社会化公关可以利用这类互动游戏传递品牌和企业形象。如果一个游戏的黏性和生命力较长，那么它就能长足地行使组织形象管理功能。企业可以通过游戏公布最新的消息，同时也可以收集公众的反馈信息，而不仅仅是把互动游戏当作一个短期的广告宣传平台。

2. 公共主页

公共主页（page）是公众人物、媒体机构、企业品牌与粉丝的沟通平台，其实也就是组织的公共博客。它区别于个人主页好友间一对一交流的方式，可以将信息传递给所有的关注者，实现一对多及多对多的传播。这一点和传统的博客本质上没什么区别，只是更多地利用了社交网

① 2009 年 10 月，机械工业出版社出版，作者西门柳上，马国良，刘清华。

站的高人气和其特有的互动气氛。

公共主页可以发布状态、日志、相册、视频、音乐等多媒体内容，把新鲜事传播给所有粉丝。公共主页结合“记录”功能（也就是微博客）就可以组成一个组织的信息广播站，用户通过关注公共主页或加公共主页为好友可以实时地了解组织要公布的信息。这一点对于组织的形象管理、舆论管理、危机管理、新闻传播管理极为重要。

公共主页多被一些明星、名人所利用，这一点对于个人的公共关系作用甚大。当然，如果某个名人属于某一组织，这一公共主页其实也就有了管理组织公共关系的功能。另外，一些以主题形式建立的公共主页，如电影《阿凡达》、电视剧《蜗居》的公共主页，其实也就类似企业以某个产品建立的主题博客，受众可以对具体的产品发表意见、收集产品信息等。

3. 调查、投票与测试

其实有时候这些工具除了可以收集信息外，也可以用于传递信息，而且更加自然、隐性，可以达到“润物无声”的效果。如必胜客在人人网做的一个小调查，有一个题目是：你知道“全日制本专科学生证”可以在必胜客打 8 折吗？这个调查是针对大学生群体的，很显然这个问题除了调查这一制度被了解的程度外，实际上也是给学生们传递一个“特惠”的信息。这比单纯地打出一些促销信息更加省钱也更加巧妙。另外，社交网站中的投票与测试等应用也可以植入公关传播信息。而且做的测试、投票会在更新面板中显示出来，看到好友做的有趣的测试，自己也可能参与进来，有可能形成病毒传播。目前这些小应用都趋向休闲化，人们做测试其实是为了娱乐消遣，如想调查自己的性格是怎样的、自己喜欢的异性的类型是怎样的。结果的准确性不重要，重要的是调查完后的会心一笑，也就是一种休闲而已。这也给公关传播信息的设置带来一些启示。

其实，由于社交网站是个高度整合的平台，还有很多公关工具可以利用。如论坛、即时通信等。这些工具的应用和一些独立的同类工具没有太大的区别，这里就不再赘述了。不过基于社交网站的社会化公关不管利用哪种工具都应该考虑到两点：一是可参与性，用户能够在传播活动中发挥自己的主体作用；二是分享性，用户能够与自己的好友分享参与活动，只有这样才可能达到病毒传播的效果。

4. 置顶新鲜事

置顶新鲜事是可以精准投放到用户新鲜事中的内容型广告，并出现在用户新鲜事的第一条位置，同时可以呈现图文、Flash、视频等多种媒体形式，不仅能迅速抓住用户眼球，还能轻松地触发用户的自传播，带来更高的转发率。

拓展阅读

港龙航空为庆祝成立 25 周年（2010 年）纪念，与人人网合作推出“越拼越稿彩——港龙航空 25 周年游戏”的网上拼图比赛（2010 年 6 月 30 日—7 月 16 日），参与活动者有机会获得往返香港经济舱机票或飞机模型、精美钥匙链多种纪念品。这类有奖活动最关键是精准锁定目标人群，吸引用户参与。港龙航空利用的则是人人网置顶新鲜事这种独特的广告形式，将投放人群锁定在国外读书的中国大学生，短时间内导入大量用户参与活动。

港龙航空庆祝活动的其他细节可参考新浪旅游的相关报道。

六、搜索引擎公关

1. 新闻搜索引擎优化

新闻搜索引擎优化的核心是搜索引擎，据艾瑞网统计，截至 2013 年 12 月，我国搜索引擎用户规模达 4.90 亿，与 2012 年年底相比增长 3856 万人，增长率为 8.5%，使用率为 79.3%。也就是说我们在网络平台进行的新闻稿发布、社区营销、社会化媒体营销、博客营销等结果如果没能在搜索引擎上反映，那么很有可能只对少部分人群产生价值。所以无论是哪种网络营销方式，都要结合搜索引擎。在搜索引擎主导的信息过滤时代，我们需要把以传统媒体为平台的公关思维调整到新媒体环境下的公关传播思维。网络公关新闻的发布是网络公关非常重要的一部分，而发放网络公关新闻，很重要的就是被搜索引擎收录，增加搜索引擎的收录量，并且在搜索结果中排名靠前从而进一步增加用户的点击率。

作为互联网的新门户，绝大多数网民首选的信息平台是百度或谷歌这样的搜索引擎。假设你是一个想购买联想笔记本的网民，相信你会首先在谷歌或百度这样的搜索引擎上搜索关键词，如“联想，产品名称”。搜索引擎会告诉你若干条结果，而首页通常只显示 10 条。如果组织的信息能够进入这前 10 条的结果里，其带来的营销价值是不言而喻的。

拓展阅读

新闻稿搜索引擎优化技巧

1. 选定关键词

选定核心的关键词，需要站在读者的立场思考。即在稿件中什么词语是最有可能被人们拿来搜索的？把最重要的关键词写进稿件的标题乃至第一段中。在写作正文时，将这些词进行扩展，组成一系列词组或短语。如电脑、笔记本电脑、惠普笔记本电脑，并进行适当的排列组合。要反复使用关键词，但要注意密度，100 字内三到五个为佳。

2. 标题要突出

标题是新闻稿最重要的内容，因此一定要有一定数量的关键词，而且要突出新闻的主题。此外，使用组体字、斜体字、加标题和副标题强调过的文本能让新闻稿更易被搜索。

公司的名字和标题将是新闻页面的标题，搜索者通过页面标题应该可以找到新闻所在网页，所以页面标题一定要与新闻内容紧密相连。

3. 首段要有关键词

首段的第一句即导语应该对新闻有一个整体的描述，即点出新闻的主题。搜索引擎每页一般只显示前 200 ~ 300 个单词，因此，新闻稿的重要的内容应该出现在这一部分里。同时，关键词应该自然贯穿于文中。在一篇长约 250 字的新闻稿里，关键词不要重复超过三次。过多的关键词，尤其是与新闻关联不大的关键词只会降低新闻的浏览量。

4. 新闻内容应自然易懂

想要高频率地出现在搜索引擎的结果中，就不要把文章写得过于晦涩。新闻稿的目的是要让读者看懂，所以需要直白的叙述性文字。想要搜索引擎找到并让更多读者点击阅读，请让新闻稿的内容自然易懂。

2. 利用百科网站创建词条

维基（WiKi）平台是一种可在网络上开放多人协同创作的超文本系统，是 Web2.0 时代的典型应用之一。其中最有名也是最成功的维基平台就是在线百科全书——维基百科系统。在维基百科的影响下，诞生了众多活跃的在线百科全书平台，如百度百科和互动百科等，特别是百度百科发展迅速。下面将分别做简单介绍。

维基百科（WiKipedia，是维基媒体基金会的商标）是一个自由、免费、内容开放的百科全书协作计划，任何人都可以编辑维基百科中的任何文章及条目，是一个动态的、可自由访问和编辑的全球知识体，也被称作“人民的百科全书”。

互动百科，原称互动维客，是由潘海东博士在2005年创建的商业中文百科网站，隶属于互动在线（北京）科技有限公司。互动百科号称是全球最大中文百科。愿景是致力于建设全球最好、最全的全人工中文百科，与亿万网民共享百万在线百科知识库，成为最中立的知识载体是互动百科的始终追求。

百度百科。正如前文所介绍，是百度公司推出的一部内容开放、自由的网络百科全书，和维基百科非常类似。

3. 利用“百度知道”提问

“百度知道”是一个基于搜索的互动式知识问答分享平台，它逐渐成为用户获取信息的重要渠道。

它可以通过提问、回答的方式，给用户提供所需信息。在“百度知道”提问时，要注意信息对用户的实用性，而不要过多地罗列广告信息，以免引起用户的反感。

本章小结

本章主要介绍了公共关系传播的概念，公共关系传播的方式以及网络公共关系，比较重要的有以下几点。

1. 公共关系传播是指在公共关系中，社会组织利用各种媒介，有计划地与公众进行双向交流与沟通的过程。其基本含义包括三方面内容。第一，传播是信息的交流。第二，传播是一个有计划的完整的行为过程。第三，传播的基本环节是表达和理解。

2. 公共关系的传播分为人际传播、组织传播和大众传播。人际传播是一种最典型的社会传播活动，它是个人与个人之间的信息传播活动，也是两个个体系统相互连接组成的新的信息传播系统。组织传播是指组织和成员、组织和其所处的环境之间的沟通交流。大众传播是指职业传播者通过大众传播媒介（报纸、杂志、电视、广播和网络等），特大量复制的信息传递给分散的公众的一种传播活动。

3. 公共关系传播的原则有目标明确原则、双向沟通原则、真实性原则、情感性原则和系统性原则。

4. 网络公关：组织为达到特定目标，借助互联网，在组织与公众之间开展的各种有计划的传播与沟通行为，以达到信息传播、关系协调和形象管理的目的。

练 习 题

一、名词解释

公共关系传播	人际传播	组织内传播
大众传播	网络公关	博客公关

二、单项选择题

1. 1932年，在美国芝加哥大学任教的（　　）提出了一个传播模式：“who，say what，to whom，with

what effects."。

A. 克劳德 · 香农　　B. 沃伦 · 韦

C. 保尔 · 拉扎斯费尔德　　D. 哈罗德 · 拉斯韦尔

2.（　　）受时空限制较大，信息传播的范围小、速度快，在较短的时间内，很难让更多的社会公众了解组织。

A. 人际传播　　B. 组织传播　　C. 大众传播　　D. 媒体传播

3. 组织公布奖惩制度属于（　　）

A. 组织内传播　　B. 组织外传播　　C. 人际传播　　D. 大众传播

4.（　　）是大众媒介中最先进的传播方式

A. 报纸　　B. 广播　　C. 电视　　D. 杂志

5.（　　）是公众人物、媒体机构、企业品牌与粉丝的沟通平台，其实也就是组织的公共博客；它区别于个人主页好友间一对一交流的方式，可以将信息传递给所有的关注者，实现一对多及多对多的传播。

A. 网络社区　　B. 公众主页　　C. 搜索引擎　　D. 维基百科

三、多项选择题

1. 下列属于公共关系传播特征的有（　　）。

A. 双向性　　B. 动态平衡性　　C. 单向传播性　　D. 静态平衡性

2. 公共关系传播的实施要求包括以下哪些方面（　　）。

A. 真实　　B. 及时　　C. 有效　　D. 超快速

3. 公共关系的传播分为（　　）类型。

A. 网络传播　　B. 人际传播　　C. 组织传播　　D. 大众传播

4. 博客公关的特点有（　　）。

A. 可信性　　B. 社会性　　C. 领导性　　D. 扩散性

四、简答题

1. 简述拉斯韦尔的5W模式。
2. 简述人际传播的特点。
3. 简述组织传播的功能。
4. 简述大众传播的主要特点。
5. 简述公共关系传播的原则。
6. 简述网络公关特性。

五、案例分析

10万美元寻找主人！

据2008年5月15日《番禺日报》刊载（节勇）某公司宣传其新型保险柜的卓越功能，登出一则这样的广告：

"10万美元寻找主人！本公司展厅保险柜里存放有10万美元，在不弄响警报器的前提下，各路豪杰可用任何手段拿出享用！"

广告一出，轰动全城。前往一试身手的人形形色色，有工人、学生、工程师、警察和侦探，甚至还有不露声色的小偷，但都没有人能够得手。各大报纸连续几天都为此事做免费报道，影响极大。这家公司保险柜的声誉随之大增。

问题：试运用公共关系学中的相关知识分析评点这一案例。

综合实训

一、实训内容

实训课题：

1. 联系一个企业或组织，针对其要进行的一项公共关系活动，拟定媒体选择方案并说明理由。
2. 分析某一企业的一次公共关系传播活动，指出其符合哪些传播要求，运用了哪些传播技巧？

二、方法步骤

1. 以 8～10 人为一组对上述实训课题进行实施。
2. 每个小组派一名代表在课堂上用 2～3 分钟时间对讨论的结果进行交流发言。

三、实训考核

教师对小组讨论交流的成果给予点评。

第五章

公共关系工作程序

学习目标

知识目标：掌握公共关系的基本工作程序，掌握公共关系调查、策划、实施及评估的基本理论知识。

能力目标：具备公共关系调查和策划的能力。

教学导入案例

20 世纪 60 年代，日本企业从报纸上看到中国生产石油的消息后，就迫切想要知道油田的具体地点，以便判断中国是否需要输油管，好与中国做生意。

他们找到画报封面王进喜的照片，只见他头戴皮帽，身穿皮袄，背景是漫天大雪，于是分析油田可能在东北，否则不会有这么大的雪。他们找到《人民日报》一条新闻报道：王进喜到了马家窑，说了声“好大的油田呵！我们要把中国石油落后的帽子甩到太平洋去！”日本人高呼“找到了，找到了！马家窑就是大庆的中心。”又看到《人民日报》报道大庆的设备不用马拉人推，完全是肩扛人抬，他们就知道，马家窑离车站不会太远，远了扛不动。1966 年王进喜参加了全国人民代表大会。之后他们又根据《人民日报》刊登的一幅钻塔照片上合手柄的架式算出了油井直径。再根据中国国务院的工作报告数据分析出了大庆油田的石油产量，即把全国石油产量减去原来的石油产量，剩下的就是大庆的产量。据此，日本石油化工设备公司进行了输油管设计。大庆出油后，中国向世界各国征求设计方案，美、英、德等国的企业都没有谈成，而日本人则因早已做好充足的准备，一谈就获得了成功。

（佚名）

教学导入案例可以看到日本企业为了和中国做生意，事先进行了详细的调查和周密的分析，形成了针对性强的方案。公共关系的工作程序是很复杂的，本章将阐述公共关系的工作程序。

公共关系是一门理论和实践并重的实用性学科，尽管公共关系工作内容是复杂的、灵活的、多变的，但公共关系的运作过程依然是有章可循的。美国公共关系学权威斯科特·卡特设普等人在《实用公共关系》一书中，把公共关系程序分为“四步工作法”，即调查研究、公关策划、传播实施、反馈评估。

第一节　公共关系调查①

美国公共关系专家 R·西蒙曾经说过：不论人们如何表达公共关系活动的流程，调查研究都是举足轻重的。如果把公共关系活动视为“车轮”，调查研究便是车轮的“轴”，“车轴论”形

① 有关调查的知识详见“市场调查课程”，本节只简要讲述和公共关系紧密相关的调查知识。

象说明了公共关系调研在公共关系中的地位和作用。

公共关系调查是组织公共关系活动的开端和基础。公共关系方案的策划、实施以及公共关系的评估都必须建立在调研的前提和基础之上，才能保证公关活动的科学性和可预测性。

一、公共关系调查的含义和目的

所谓公共关系调查，就是指公共关系工作人员运用一定的理论方法和技巧，以组织内、外部公众为对象，通过收集资料和分析资料，理解组织的公共关系状态，揭示其发展规律并提出改进措施或意见的活动。因此，公共关系调研既是反映公众意见、希望和要求的过程，也是调研人员向公众介绍组织情况，使公众进一步了解组织的过程。可以说，它本身就是一项沟通公众关系、塑造组织形象的重要公共关系工作。

公共关系调研的主要特点是双向信息交流，即在信息传播的同时，既有信息的搜集又有信息的反馈。为了准确、及时、有效地搜集和传递组织内外部的信息，公共关系人员必须掌握和运用公共关系调查方法，预测未来；采取恰当的对策，防患于未然，使组织保持良好的信誉和形象。

公共关系调研的功能主要有以下几项。

1. 提供有关组织形象的信息

公共关系调查的基本任务，就是了解公众对组织的意见、态度及反应，对组织形象及其社会信誉做到心中有数，其目的在于寻求组织形象的自我评价与公众评价的差距，以便根据这种差距调整组织形象及信誉。

2. 为公共关系策划提供科学依据

公共关系策划是一项复杂的系统工程，它的每一个步骤都必须以可靠、充分的信息为依据。例如，策划中对目标的确定，必须掌握组织自身的信息、社会环境信息以及各种公众信息，这样才可能为组织进行形象定位，进而确定组织的总体目标和具体目标。又如，策划中对主题创意的确定，必须在掌握上述信息的基础上，参考种种相关的、可激发创意的信息，这样才能策划出新颖、贴切、可行的公共关系主题创意。总而言之，调研为公共关系策划提供了科学依据，使策划出来的公共关系活方案具有成功的保证。

3. 为公共关系策划方案的审定提供参考标准

当公共关系方案策划成功之后，一般还须由以组织领导人为首的权威人士进行审定。审定工作既要理解与把握策划者的思路与用心，更要以客观的态度，实事求是地对方案进行评判、优化、决策。这就需要有一定的参考标准。而最可靠、客观的标准不是策划者方案本身或方案说明，也不是审定人主观的经验与好恶态度，而是调研所获得的客观信息。审定者通过对客观信息的逻辑推理，并对照策划方案，就可以得出科学的评判。

4. 公共关系调研本身具有公共关系效应

调查活动的开展，离不开调查人员与调查对象进行广泛的接触。这个接触本身，就在向公众传播散发组织的信息，有助于塑造组织可亲可敬的形象。而调查所得到的信息，无论好坏，均能起到一定的公共关系效应。理想的信息，对组织内部员工有激励作用，对外部公众有树立组织良好形象的作用；欠理想的信息，对组织有早期报警作用，是激起组织上下通过公共关系工作扭转形象的动力，对外部公众来说，则易于反衬出即将开展的公共关系活动的良好效果，变坏事为好事。

二、公共关系调查的基本步骤

公共关系调研是一项有组织、有计划的行动。要经过一定的程序和步骤，才能达到预期的目的。而调研总体方案的设计对整个调研活动有指导和规划的意义，贯穿于整个调研活动的始终。公共关系的调研活动具有很强的专业性和技巧性。因此在公关调研实践开展之前，有必要制订一个总体的调研方案，以利于具体调查活动的实施。制订详细科学的调研总体方案，是公共关系调研活动成功的重要保证。一般来说，调研总体方案的设计包括以下流程。

1. 明确调研目的，确立调研选题

明确调研目的是调研工作的开端，确立调研选题，实际上就是确定调研任务的方向，对于公共关系人员而言，要调查的情况通常都十分繁杂。但是，在一次具体的调研活动中，由于时间、人力以及调查容量自身的限制，不可能、也没有必要进行全方位、大规模的调研，通常只能展开有针对性的、专题性的、围绕某一方面内容的调研活动。

2. 确定具体调研项目，选择调研方法

公共关系调研选题及其命题设立后，即进入调查指标的设计阶段，即确定公共关系调查的具体内容体系。通常一个调查选题中包含多层次的调查内容，公关调研人员要根据调查主题的具体要求确定公共关系调查的具体项目以及调查的手段。究竟以哪个目标命题作为某次具体调查活动的工作项目，需要总体方案的设计人员根据各种情况进行判断，找出恰当的调查项目定位。

同时，调查目标确定后，就要确定公共关系的调研方法，即采取什么手段、什么方式去搜集资料。在调研方法确定之后，要制定必要的调查表格或调查问卷，以使调研有步骤地进行。

3. 实施调查方案，收集调查资料

实施调研方案，实际上就是调研者根据调查方案的既定计划，在既定范围和时间内，利用既定的调查方式，向既定的调研对象收集信息资料的过程。这是整个公共调研过程中最重要的环节，也是最难把握和操作的环节。

4. 研究调查数据，撰写调研报告

这一环节就是对原始的调研资料进行科学的分类、归纳、整理和分析，得出正确结论，写出符合实际的调研报告。一般通过调查得到的资料比较零乱、分散，不能系统地说明问题，必须去粗取精、去伪存真，分析整理，严谨筛选，并合理地推断，只有这样，才能得出正确而令人信服的调查结论。调研报告的撰写在本节最后将有详细论述。

5. 具体安排调研工作

以上四个环行是公共关系调研的调查安排依据。而本环节是调研计划的具体安排，包括调查的组织、领导和人员配备、调研经费的估算、调研日程的安排等。调研的规模、范围多大才合适，人力、物力、财力能否承受得了，时间安排是否恰当，经费估算、工作进度、日程安排是否合理，都要进行比较充分的可行性论证，以确保调研总体方案的科学性和可操作性。

三、公共关系调查的基本方法

公共关系调查是公关调研方案的实施阶段。实施调查方案，实际上就是调查者根据调查方案的既定计划，在既定的范围和时间内，利用既定的调查方式、方法，向既定的公众收集信息资料。这是整个公共关系调研过程中最重要的环节。公共关系调研不仅对信息的数量有要求，而且注重信息的质量。要使调研所得的信息客观、公正地反映事实真相，就必须运用科学调查方法。所谓公共关系的调查方法，是指用以保证公共关系调研目的顺利实现的途径方式、手段、措施等。总的来说，公共关系调查方法可分为间接调查法和直接调查法两种。

案例阅读和分析

美国亨氏集团的母亲座谈会

美国亨氏集团与我国合资在广州建立婴幼儿食品厂。但是，生产什么样的食品来开拓广阔的中国市场呢？筹建食品厂的初期，亨氏集团做了大量调查工作，多次召开“母亲座谈会”，充分吸取公众的意见，广泛了解消费者的需求，征求母亲对婴儿产品的建议，摸清各类食品在婴儿哺养中的利弊。之后进行综合比较，分析研究，根据母亲们提出的意见，试制了些样品，免费提供给一些托幼单位试用；收集征求社会各界对产品的意见、要求，相应地调整原料配比，他们还针对中国婴幼儿食物缺少微量元素、造成营养不平衡及影响身体发育的现状，在食品中加进一定量的微量元素，如锌、钙和铁等，食品营养更趋合理，使产品具有极大的吸引力，普遍地受到中国母亲的青睐。于是，亨氏婴儿营养米粉等系列产品迅速走进千千万万中国家庭。

问题：试运用公共关系学中的相关知识分析评点这一案例。

（一）间接调查法

间接调查法，又称非正式调查方式，是指公共调研人员不直接与公众接触，而是通过中间环节如调查公司、案头资料、媒介信息、公用信息等获得数据资料进而根据组织需要进行提炼、总结、推论，以完成调研目的的方法，即第二手资料收集和调查法。它包括查阅组织内部资料、新闻报道、期刊、有关图书等资料；分析顾客或其他公众的来信或来函；对顾客或客户进行个别访问和召开座谈会等。由于间接调研法简便易行、不需耗费太多的人力和财力，因而在公关调研中被大量采取，已成为一种基本的调研方式。间接调查法主要有文献法和网络利用法。

1. 文献法

文献法是一种收集、保存、检索、分析资料的方法，即通过对各种出版物，新闻资料，政府或行业公报，组织内各部门的工作报告、报表、财务、记录、销售记录等书面信息资料的研究分析，提取有关信息。文献法可分为收集资料、整理资料、保存资料和分析资料四个步骤。

2. 网络利用法

现代社会，市场经济已步入全球贸易时代，一家公司的产品及其形象往往传播于世界各地。在这样广阔的区域，组织人员进行访谈调查抑或观察调查，几乎是不可能的。但现代的市场竞争，又必须掌握世界各地的信息。因此，利用网络检索、收集、传输各种信息资料，就成了公共关系调研的特殊方式。如利用网页浏览国内、国际信息，通过网上主页的形象宣传和广告了解有关信息，利用电子布告的信息发布收集有关信息等。

网络利用有两种途径：一是利用互联网，检索网上信息，充分利用庞大的公用知识资源。二是在各地建立办事处、信息站、分公司、连锁店，通过计算机联网或现代的通信设备随时反馈信息。当然，对于大量的中小企业和社会组织来说，依靠自己的力量建设信息网络是不现实的，但信息的社会化、职业化却弥补了这一不足。通过咨询，任何组织和个人都可以利用网络获得所需要的信息。

其实，网络利用法是介于间接调研法和直接调研法之间的一种调查方法，它可以在网上直接发放问卷，获得第一手资料。但由于它主要是用来检索、收集信息资料，故将其划归到间接调查法之中。

（二）直接调查法

直接调查法，也称为正式调查，是指公共关系调研人员通过实地调查获得第一手调查资料。非正式调查虽然简便易行，但对收集精确度较高的信息却无能为力。因此，在现实的公关活动中，直接调查显得非常重要。

直接调查法主要有访谈法、观察法、问卷法、追踪调查法、公开电话法和奖励建议法。

1. 访谈法

访谈法可分为个别访谈和集体座谈两大类，可分别用于组织内接待来访者、上门专访以及平时服务时的交谈三种情况。访谈法不仅适用于听取公众的意见，还可以通过对社会名流、专家学者、权威人士、各界代表、新闻工作者、协作单位的个别访谈和集体座谈，收集有关组织的信息。

由于现代通信手段的广泛应用，访谈法也超出了传统的模式，而产生了“电话访谈”。即通过电话向被调查者询问有关调查内容、征求意见的一种新颖的访谈调查。另外QQ、微信等即时通信工具也可用于访谈法，效率较电话更高。

2. 观察法

观察法即调查者深入到工作现场、生活社区、事件发生地等环境场所，以观察为主要手段搜集信息资料的调查方法。观察法可分为参与观察和非参与观察两种。参与观察是观察者和被观察者一起活动，如和公众一起劳动、一起就餐、一同游玩，从亲身参与的活动中了解和观察有关信息。非参与观察是作为旁观者进行观察。观察法往往与访谈调研法结合起来使用，均属调查者直接与调查对象接触，获得的是第一手信息资料。

3. 问卷法

问卷法可分为开放式问卷和封闭式问卷两种。开放式问卷又叫无结构型问卷，是由问卷设计者提供问题，由被调查者自行构思、自由发挥，从而按自己意愿自由表达自己的感受和建议的问卷。封闭式问卷是对所提出的问题给出几个可能的答案，由填答者在限制的答案内进行选择。

4. 追踪调查法

追踪调查法是选择一些特定对象，进行定人或定产品的连续性的深入调查，时间短则数月、长则数年。其优点是能更深入地了解特定对象的思想态度变化的轨迹，摸索和总结工作经验，掌握被调查对象的心理特点，此外还可以联络情感，形成固定的信息网点，提高组织的知名度和美誉度。

5. 公开电话法

公开电话法是指在本组织设立公开电话，让一切愿意与组织联系的公众，随时随地拨打电话，方便其反映组织的产品和服务中存在的问题。

6. 奖励建议法

奖励建议法是建立有奖建议和批评制度，广泛征询社会各界公众的书面建议和书面批评，从中了解公众的心态和需要，汲取对组织有用的信息。

需要指出的是，调查方式与具体形式是相互交叉的，各种调查方法均可在具体形式的调查中运用，多种具体调查形式可以运用多种调查方式。同时，各种调查方式与调查形式都有自己的特点，有自己的长处，也有自己的不足。因此，在具体调查时，要灵活运用，相互补充。

四、调查报告的撰写

调研报告是调查的最后结果，即用事实材料对所调查的问题做出系统的分析说明，提出结论式的意见。撰写出一份有说服力的调研报告，是公共关系调研最后阶段的主要工作。公共关系调研报告的价值在于如实地反映客观情况，以事实说话，将组织的社会环境、组织状况和变化如实地反映。客观地撰写调研报告，利于本组织的决策层提出正确的解决方案，为制订公共关系计划打下扎实的基础，为指导后续公共活动提供可行性的保证。与一般的调研报告类似，公共关系调研报告的文字应简洁明白，语言精确易懂，推理要讲究逻辑性，判断、结论要在拿出充分材料论据的前提下做出，结论要对事实进行分析，阐明结论性的意见或建议。调研报告是在调查研究的基础上，把结论反映出来的书面形式。一般而言，公共关系调研报告的写作内容主要包括以下五个方面。

1. 标题

标题一般为“关于××××的调研报告”，可以是由组织名称、调查内容、文中三部分组成的单行标题，也可以是在单行标题上方拟出引题，以突出调研报告的中心论点。标题下方要有署名，署上调研委托单位、调研实施单位及调研主持人的名字。

读者可通过下面的二维码在线欣赏中国国际公共关系协会《中国公共关系业 2016 年度行业调查报告》。

2. 前言

前言一般以概括性的语言文字交代说明调查的相关内容：主要包括公共关系调研的背景目的；公共关系调研的目标公众；公共关系调研的区域范围；公共关系调研的时间进度；公共关系调研的结果概括。

3. 报告主体正文

这是调研报告的核心部分，主要是多角度地、有条理地表达出调查所得到的信息资料，并把研究结果逻辑性地、有说服力地表述出来。要注意兼顾内部调研，做到认知度、美誉度和和谐度的有机统一。正文一般包括以下内容。

（1）调查情况：概要引述主要事实、数据，介绍被调查的地区、市场、单位、目标公众的具体情况（重在经营、开发、管理、销售等的效果情况）。

（2）分析结论：引入定性、定量的分析研究内容，条分缕析地归纳结论，并以此对比数据，验证结论的客观可靠性。

（3）陈述建议：在已得出总结论的基础之上，有针对性地提出若干条建议，但应简明扼要，无需展开，因为展开属于公共关系策划工作。要按照问题的主次，并以解决问题的轻重缓急为序，有的放矢地对存在的问题提出解决的措施、步骤。

4. 结尾

对本次调查的事实结果及结论做出评价，并对未来趋势与补充调查指明方向。结尾是报告的结束部分，可以总结全文、提出希望、发人深省。

5. 附件

这是调研报告的选择项，可有可无，一般包括问卷样本、统计数据、背景资料等。

第二节　公共关系策划

公共关系策划是公共关系四步工作法的第二步，它探讨如何在调查研究的基础上进行运筹决策，制订方案，为公共关系计划的实施和评估提供依据。因此，公共关系策划是四步工作法的核心，是整个公关成败的关键。

公共关系策划（public relation planning）的含义，简单地说，就是对公共关系实践活动的运筹、谋划和设计。具体地说，**公共关系策划就是为了实现组织与其公众认知、美誉、和谐的特定目标，社会组织的管理人员或公共关系人员在充分掌握和利用公共关系信息的基础上，运用理性思维方法和科学的创造技术，对公共关系实践活动的行动方案所进行的构思、设计、制订以及传播沟通方案的智力服务活动。**

一、公共关系策划的原则和方法

（一）公共关系策划的原则

公共关系策划的原则是对公共关系策划实质和规律的反映和表述，它是开展公共关系策划工作的指导思想。遵循公共关系策划原则，是公共关系策划得以成功的关键。

1. 利益性原则

公共关系是社会组织与公众之间的一种利益关系，因此，进行公共关系策划时必须遵循利益性原则。利益性原则是指公共关系策划必须将组织利益与公众利益结合起来。利益性原则的具体内容是组织利益和公众利益兼顾，社会效益和经济效益相结合。策划的目的在于优质高效。优质的意义在于策划要比不策划强，策划的效益要比不策划的效益好；高效在于真正实现事半功倍的效果，没有效益的策划或者负效益的策划是失败的策划。公共关系是一种协调组织和公众双方利益、最大限度地实现双方利益的管理艺术。兼顾组织和公众双方的利益是公共关系的根本原则，也是公共关系策划的根本原则。在现代社会，组织和公众是彼此依存的一个整体，任何有损公众利益的发展，都是在为组织的发展设置陷阱。因此，组织的公共关系策划必须在活动目标中考虑公众的利益，在策划方案上体现公众的利益，将其作为评价公共关系策划成败的重要标准。

2. 创新性原则

公共关系策划的灵魂是创新。所谓公共关系策划的创新原则，就是在进行公共关系策划时，刻意求新，打破传统的思维束缚，别出心裁、标新立异，使新、奇、特的公共关系活动在公众心日中留下难忘、深刻、美好的印象。创新原则要求公共关系策划富有新意、具有独到之处和突出的特点。由于公共公共关系活动带有浓厚的宣传性，在信息剧增的社会里，没有新意的创意，就不能引起公众的注意。因此，一个成功的公共关系策划必须根据社会条件的变化、人们心理状况的变化、组织内容的变化，制订出与以往不同的新方案。这样才能提高执行者的积极性，而且也易于为公众所接受，焕发公众的热情，提高成功率。

案例阅读和分析

父母是孩子最好的老师——哈药集团制药六厂公益广告

中央电视台曾有过这样一则公益广告：一位年轻的劳累了一天的妈妈晚上睡觉前给她的母亲端过来一盆热水，给母亲洗脚，母亲心疼地对她说："忙了一天啦，歇一会儿吧。"年轻的妈妈说："不累，烫烫脚对您身体有好处。"而这一切全被这位年轻妈妈的小儿子看到了，受到妈妈的启发，他也吃力地从走廊里端来一盆热水要给他的妈妈洗脚，妈妈眼里满是泪花。在孩子稚嫩的声音"妈妈洗脚"过后，传来了画外音："其实，父母是孩子最好的老师。哈药集团制药六厂。"

问题：从公共关系策划的角度思考一下这则公益广告有什么创意？

读者可通过下面的二维码观看该公益广告。

3. 可行性原则

可行性原则是指策划方案应该切实可行，方案的实施能够取得良好的效果。策划方案是策划活动最终的结果，方案是否切实可行必须经过实施才能验证。切实可行的策划方案有利于树立组织的良好形象，而不切实际的方案则可能适得其反。可行性原则的具体要求是进行可行性分析、可行性实验和可行性评估。

拓展阅读

老鼠和猫

传说有一群老鼠，他们为了降低被猫捕杀的机会，开了一个家族会议。会上，一个"聪明"的幼鼠提议在猫的脖子上挂一个铃铛，这样的话，一旦猫有动静，他们就会听到铃铛的响声，大家就可以"闻铃而逃"。不少老鼠对此建议表示赞同，认为这是一个在好不过的办法。但是，一只年长的老鼠的声音打断了他们欢呼，"这个办法很好，但是由谁去挂这个铃铛呢？"众鼠哑然。是呀，谁去挂呢？

4. 针对性原则

针对性原则是指公共关系策划必须针对某个具体的问题。针对性原则的具体内容是针对公众的心理状态，针对组织的公共关系现状，针对公共关系活动的目标。

5. 灵活性原则

灵活性原则是指公共关系策划活动应该随着形势的变化，积极、主动、及时地进行。灵活性原则的具体要求是应该增强变化意识，掌握变化情况，预测变化趋势，根据变化的情况修订策划方案，把握灵活程度。

6. 反馈性原则

组织内外环境是不断变化的，为适应不断变化的内外环境，公共关系策划人员必须从动态的角度考虑策划方案小的内容，使其能够得以不断调整、充实和完善。这有赖于及时、准确的信息反馈。反馈是公共关系策划中协调性的基础，反馈保证了策划方案的优化和切实可行。策划方案只是计划和蓝图，不能代替一切。事前策划一般只能想到步骤，而在实际操作中，往往会出现特殊情况和变化，这要求策划人员在操作过程中应根据具体情况进行策略调整和修正。

（二）公共关系策划的方法

公关策划的方法很多，在此简单介绍“制造新闻”“头脑风暴”和“专家意见”三种方法。

1.“制造新闻”法

“制造新闻”也叫“策划新闻”或“新闻策划”，是组织争取新闻宣传机会的一种技巧，是指在真实的、不损害公众利益的前提下，策划、举办具有新闻价值的事件或活动，吸引新闻界和公众的注意力，制造新闻热点，争取被报道的机会，使本组织成为新闻的主角，以达到提高知名度、扩大社会影响的目的。

“制造新闻”的方法，是借助新闻媒介向公众传递组织信息或产品信息，但却不同于做广告，它经济实惠，影响广泛，不失为巧妙的传播手段。利用制造新闻的办法来引起公众注意，既新奇，又直接让实物展示在公众面前会增强公众的信任感，印象会更为深刻。因此，制造新闻已成为不少组织乐于采用的公共关系手段。但是，并不是每个组织的策划都能引起轰动效应. 收到满意的效果。这里的关键在于一方面要选择那些公众关心的或是与公众利益密切相关的题目去做，另一方面要看使用制造新闻的办法是否具有“新、奇、特”的特点。

拓展阅读

日本一家咖喱粉公司的创举

日本一家生产咖喱粉的公司准备推出一系列以绿色环保为主题的活动，但直接推出，效果肯定不佳。于是，公司请来记者，宣称自己要租用直升机把洁白的富士山用咖喱粉染黄。记者闻听大惊，便大篇幅报道此消息。媒体关注，读者、观众关注，使得该企业立刻成为社会焦点、热点。一个星期后，该公司又召开记者招待会，宣布放弃原计划，把钱投在绿色环保改造和相关活动上。媒体对此大加赞扬，又一次用大篇幅报道。这实际是企业的一次新闻制造。倘若不是企业的这般策略，媒体肯定不会把它当作重要的事情来报道。企业通过“新闻制造”形成了轰动效应，收到了奇效。

2. 头脑风暴法

所谓头脑风暴法，是人的语言不受约束，想什么说什么，或怎样想就怎么说，尽量地开阔思路，打开视野，无拘无束地发表自己的看法。

头脑风暴法的具体操作如下所述。

（1）邀请6～10个不同层次的人参加。

（2）会场舒适，气氛宽松。

（3）主持人只提出题目，不讲怎样做及看法。

（4）每位与会者只管听，只管讲，但不许打断和批评别人的讲话，哪怕是非常荒唐的想法，或是异想天开的事，也要让人讲下去。

（5）会议不要求产生统一的方案，由主持人会后通过对参会者所提的每一种方案进行分析、比较后最终定夺。这一方法的最大优点就是与会者之间相互启发，但比较费时，同时也易产生一些不具有可操作性的方案。使用这种方法时最好挑选水平相差不太大的人一起进行，否则容易有心理障碍，也破坏情绪。

课堂讨论

中国有句俗语“三个臭皮匠，顶个诸葛亮”，这句话反映的哲理与头脑风暴法有什么联系与区别？

3. 专家意见法

专家意见法又称德尔菲法，是一种匿名通信方式。采用德尔菲法的具体做法如下。

（1）根据策划内容的需要，选择并成立一个专家小组。

（2）将组织策划活动的有关资料、策划目标等邮寄给各位专家。

（3）每位专家根据所收到的资料及策划要求，独立做出自己的策划方案后，再邮寄给组织者。

（4）组织者将第一次收到的每位专家的策划方案加以整理、综合，然后寄发给各位专家。

（5）各位专家根据第二次收到的资料，重新做出策划，然后将重新做出的策划方案邮寄给组织者。经过如此多次反复直至方案相对集中为止。

专家意见法具备以下优点。

（1）各位专家由主办者选定，不对外公开，专家们之间互不知晓，完全是匿名进行。

（2）各位专家独立思考，独自做出策划，互不交换意见。

（3）由于专家之间互不知晓，始终不见面，因此，无论各自的资历如何，相互关系如何，都互不影响。

（4）正由于专家之间互不知晓，因此，每位专家除充分发挥自己的想象力外，还可毫无顾虑地参考、借鉴、修改别人的方案，使自己的方案更加完美。

二、公共关系策划的程序

公共关系的策划程序即公共关系活动策划阶段的步骤和过程。本书把公共关系策划的程序归结为：公共关系调研、确定策划目标、制订策划方案、经费预算、方案评估和优化五个步骤。

1. 公共关系调研

公共关系调研是公共关系策划的基础。准确、有效、及时的信息是公关策划的重要依据。公共关系策划必须建立在对事实材料的真实把握基础之上，并根据组织内外部环境的变化，不断调整原有的策划方案，以便组织的公关活动得以长期有效展开。组织获取的信息包括外部信息和内部管理信息两类，外部信息主要指政府决策、立法信息、新闻媒介报道、竞争对手信息、公众信息等，内部管理信息则包括组织实力、员工素质、组织凝聚力等各个方面。

2. 确定目标

所谓公共关系目标，是公共关系策划所追求和渴望达到的结果。确定目标是公共关系策划工作的前提。公共关系目标很多、很复杂，根据不同的标准，可以分为很多种类。按时间分，通常 5 年以上为长期目标，1～4 年为中期目标，1 年以下为短期目标；按规模，可分为宏观目标和微观目标；按效果，可分为最优目标、满意目标；按过程，可分为有效目标、备用目标、追踪目标。不管哪种目标作为公共关系策划的依据，都是为了达到传播信息、联络感情、改变态度、引起行为的目的。

3. 制订策划方案

制订策划方案是公共关系策划程序中的实质性阶段。公共关系具体行动方案是公共关系目标的具体化。

策划方案一般要考虑以下四个问题。

（1）确定公共关系活动主题。

（2）确定活动项目，选择公共关系活动方式。公共关系项目多种多样，不同的问题、不同的公众对象、不同的组织都有相应的公共关系活动模式，没有哪一种公共关系活动模式可以解决所有问题。究竟选择哪一种公共关系活动模式，要根据公关的目标、任务、公关的对象分布、权利要求，具体确定。常见的公共关系活动模式有交际型公共关系活动模式、宣传型公共关系活动模式、征询型公共关系活动模式、社会型公共关系活动模式、服务型公共关系活动模式、进攻型公共关系活动模式、防御型公共关系活动模式和建设型公共关系活动模式。

（3）确定活动时机和地点。确定时间即制定一个科学的、详尽的公共关系计划时间表。公共关系计划时间表的确定，应和规定的目标系统相配合，按照目标管理的办法，最终的总目标、项目目标、每一级目标所需的总时间、起止时间都应列表，形成一个系统的时间表。在制订时间表时应注意避免时间的冲突、避开“时间陷阱”、留有时间余地。对活动的起始时间，公关人员要独具匠心，抓住最有利的时机，以取得事半功倍的效果。确定地点即安排好每一次活动的地点。每次公共关系活动要用多大的场地，用什么样的场地，都要根据公众对象的人数多少、公共关系项目的具体内容，以及组织的财力预先确定好。

（4）确定传播方式。公共关系传播媒介的种类很多，有个体传媒、群体传媒和大众传媒。大众传媒又可分为电子类传媒和印刷品传媒。各种媒介各有所长，亦各有所短，只有选择恰当的媒介，才能取得良好的效果。对媒介的选择要考虑公共关系的目标、公共关系的对象、公共关系传播的信息内容和组织的经济实力四个因素。

4. 经费预算

公共关系预算是按照目标、实施方案，将所需的费用分成若干项目，并编制出单项活动及全年活动的成本。公关人员在编制预算时，一般都将各项工作计划具体化为一张可以进行成本预算的清单或预算表。公共关系预算由行政开支和项目开支构成，编制预算可以使策划具有可行性，统筹安排资金，为检查评估公共关系策划提供依据。为了少花钱多办事，在有限的投入内，获取最大的社会效益和经济效益，就要进行科学的公共关系预算。编制公共关系预算，可以预先清楚地知道组织的经济承受能力，做到量体裁衣，还可以监督经费的开支情况，评价公关活动的成效。

公共关系活动的开支构成大体如下：①行政开支，包括劳动力成本、管理费用，以及设施材料费用。②项目支出，即每一个具体的项目所需的费用，如场地费、广告费、赞助费、邀请费、咨询费、调研费等。③其他各种意想不到的可能支出。一项公共关系策划不可能预料到公共关系活动具体实施时的方方面面，因此预算也要留有余地。

5. 方案评估和优化

经过认真分析信息情报，公关人员确定了公共关系目标，制订了公共关系的行动方案。但这些方案是否切实可行、是否尽善尽美，有赖于对方案的分析评估和优化组合。

对公共关系方案的评估标准一般有两条：一是看方案是否切实可行；二是看方案能否保证策划目标的实现。如果方案实施成功的可能性大，又能保证策划目标的实现，便可认可；否则，便要加以修正优化。

公共关系策划经过分析评估、优化组合，最终形成书面报告，交给组织的领导决策层，最终审定决断，准备实施。

三、公共关系策划的文案

公共关系策划文案是公共关系策划活动的工作内容，除了危机型公关是事后策划而只能形成公共关系策划总结报告外，一般公共关系策划均需要提前撰写公共关系策划文案。

策划文案的基本结构，可分为下列十项。

1. 封面

策划文案的封面要大方、典雅；涉外活动时，要在允许的情况下尽量美观，与国际标准并轨；格式一定要规范；纸张厚度要比内文的纸厚些。封面要注明以下内容。

（1）标题。主要是策划项目名称。如“20××年公共关系策划总报告”（左上角编号）、“20××年公共关系策划总报告之一”（4号字，居中）、“20××年环保公共关系策划方案”。

（2）密级。可以分为秘密、机密、绝密或A、AA、AAA。

（3）策划的主体（策划者及所在公司或部门）。

（4）日期。

2. 序文

序文是指把策划书内容概要加以整理，要求简明扼要，使优点、创新的特色、贡献让人一目了然。

3. 目录

务求使人看后就能了解策划的全貌，它具有与序文相同的作用，十分重要。

4. 宗旨

目的在于告诉读者策划者到底要干什么，意义是什么。

5. 内容

内容是策划书中最重要的部分。内容因策划种类的不同而有所变化，但必须让读者能一目了然，切忌过分繁杂，内容层次一定要清楚、具体。一般来说，主要包括策划项目的现状分析、策划目标、公众分析、活动主题、媒体策略、活动组织的具体内容等方面。

6. 预算

策划必须进行周密的预算。其包括的内容有：对策划活动项目进行分类；计算各分类项目所需费用；汇总全部费用等。在预算经费时最好绘出表格，列出总项目和分项目的支出内容，既方便核算，又便于以后查对。

7. 策划进度表

把策划活动起讫全过程拟成时间表，对各项具体工作加以标示，作为策划进行的检查表。如未按表行事，一旦完成日期已定，便需重新制定进度表。

8. 有关人员职务分配表

要把所有任务落实到人，有执行人，有监督人。此项非常重要，一旦发生权责不分的情况或某个环节出现差错，可马上更换有关人员。

9. 策划所需的物品及场地

在何时、何地提供何种方式的协助，需什么样的布置也要细致安排。

10. 此策划的相关资料

这部分内容可附也可不附，只是给决策者提供参考。资料不能太多，择要点而附之。

拓展阅读

华联公共关系策划书

一、目标战略及宗旨

总目标：对企业文化进行全面宣传，让市民深入华联文化，了解华联。

阶段目标：扩大华联影响面，吸引更多的市民关注华联。

具体目标：利用十周年庆典，制造华联购物高潮。

二、创意说明

1. 活动主题：庆典兴华联 商家齐让利

2. 活动目标、宗旨：通过店庆的宣传让广大消费者对华联的认识进一步加深

3. 活动名称、项目：双喜临门，你乐我也乐

4. 活动介绍：北京华联将于2012年1月1日正式举办此活动，为庆祝元旦及店庆，特举办此活动。

5. 活动时间：1月1日—1月3日

6. 活动地点：华联卖场内

7. 活动内容：商品全面特价让利酬宾

（1）食品：F6，5个品项，F7，30个品项，F9，20个品项，由厂家自己进行买赠活动。

（2）生鲜：F1～F5共30个品项，蔬菜、水果天天低价，天天新鲜，设专柜陈列。

（3）百货：服饰以儿童服为重点，降价20%；一层儿童服装城，全场儿童服装六折优惠，部分儿童服饰在10～15元让利广大顾客；文体文教全部降幅10%～30%，让利买赠销售；家纺降价20%～

30%；日化商品30个品项20%~30%降价；家电推出10~20种品项，让利惊爆加买赠，全场家电全市低价酬宾，免费搬送到家。

8. 配合部门

（1）采购部在2011年12月28日将各组特价商品报至华联企划部；

（2）卖场内特价商品由楼面进行专柜陈列，每层形成特价一条街，设置免费试吃、试喝精品大展台；

（3）广播室协助活动不断广播，引导顾客购买商品；

（4）企划部制作店内外各种宣传活动，营造热闹的购物环境。

三、媒介策略（传播沟通方案）

1.《保定晚报》

12月30日：夹页广告宣传（A. 2112期快讯品项 B. 总经理致信两封 C. 庆典活动内容）

12月31日：软性报道（华联在广大市民中所形成的影响）

2.《保定日报》

12月30日：夹页广告宣传（A. 2112期快讯品项 B. 总经理致信两封 C. 庆典活动内容）

12月31日：软性报道（华联带给百姓的利益及对当地经济的推动）

四、活动计划

（一）活动一：庆典兴华联 商家齐让利

1. 活动时间：1月1日—1月3日

2. 活动地点：华联东风路店停车场

3. 活动内容：10~15家知名品牌联手进行场外酬宾活动

4. 具体安排

（1）采购部于12月29日前协商10~15家知名品牌报于企划部；

（2）保卫部保证活动期间的活动场地秩序，并保持活动期间停车场内无车；

（3）客服部落实广播室每天的活动广播宣传；

（4）企划部负责活动场地的布置及安排（条幅、气球、舞台、促销桌的摆设）。

（二）活动二：低价商品限时大抢购

1. 活动时间：1月1—3日

2. 活动地点：东风路店内

3. 活动内容

（1）由采购部同供应商协商，争取到供应商对华联最大的支持，甚至在部分商品上负毛利支持华联，每天由供应商保证提供最少3种以上品项，在卖场内进行限时大抢购；

（2）每天活动时间定为：早晨11:00—13:00，下午15:00—17:00；

（3）根据供应商提供数量，进行限量、限时、具体操作由楼面人员掌握。

4. 具体安排

（1）采购部：于12月29日前将协商确定好的商品品项交于企划部；

（2）企划部：进行每天的场外宣传工作；及时配合楼面进行POP书写；

（3）楼面：根据活动时间，及时有将每天所需抢购商品安排到位；设好专门的抢购堆位；及时更换抢购商品的POP。①

五、经费预算共计：15 900元

1. 媒体宣传（报纸）：9800元

2. 场地布置费用：5000元

3. 宣传费用：300元

4. POP广告：800元

六、效果评估

消费者是我们的“上帝”，感谢广大消费者10年来的厚爱是我们这次活动的重要目的之一。消费

① 编者注：“POP”“店头陈设”或“卖点广告”。

者用低的价格买到合意的商品，心里一定会有一种愉快的感觉。利用消费者的口碑效应可以提升华联在消费者心中的形象。

（佚名）

第三节　公共关系方案的实施

策划阶段的工作结束后，公共关系活动便进入了方案实施阶段，这是真正动手来解决公共关系问题、调整公众关系的实战阶段。它是公共关系活动中最为关键的一个环节，决定着组织的公共关系目标最终能否实现。

一、公共关系方案实施的意义

实施阶段是公共关系工作相对集中的传播过程，承担着四个方面的任务：第一，把公共关系策划方案按计划转化为现实的公共关系活动，使之接受目标公众和实践的检验，充分展示公共关系人员的实践操作能力和专业水平；第二，按预定计划向公众集中地传播某些方面的信息，引起目标公众的关注，使他们加深对该社会组织的了解，形成组织所期望的态度与行为；第三，解决组织公共关系方面存在的具体问题，实现公共关系工作的既定目标；第四，实施阶段公众反馈的信息、取得的成效、出现的问题，既可以用来监测、评估公共关系活动的效果以及组织的公共关系状态、环境变化和无形资产的质量，同时也为开展后续的公共关系工作创造新的条件，提供新的奋斗目标。

公共关系实施的意义有以下几点。

1. 公共关系实施是解决问题的中心环节

公共关系的终极目的不是研究问题而是解决问题，而公共关系策划方案是研究问题的开始，方案的实施才是直接的、具体的解决问题的过程。如果一份完善的公共关系策划仅仅停留在公共关系人员的大脑中或书面的报告中，不付诸实施，那么，策划只是一纸空文，它无论是对组织还是对社会公众都是毫无意义的“纸上谈兵”。

2. 公共关系实施决定着公共关系策划实现的程度和范围

一般来说，公共关系实施要依赖公共关系策划，但公共关系实施并非只是被动实施，而是也有一个创造性过程。在公共关系实施过程中，公共关系人员富有创造性的工作，不仅可以圆满完成公共关系计划目标和任务，甚至可以弥补公共关系策划方案的不足，取得意想不到的效果；而公共关系人员在工作方法上缺乏创新，有可能使整个公共关系活动不能吸引公众的注意，甚至与策划目标背道而驰，使策划想要解决的问题更加恶化。因此，公共关系实施不仅决定了策划能否实现，而且也决定了策划实现的效果。

3. 公共关系实施的结果是后续方案制订的基础和重要依据

一项公共关系策划的实施过程不论成功与否，它都会在社会上造成一定的影响和后果，而后续方案的制订必须以前一项公共关系策划实施的结果为基础，以吸取成功的经验和失败的教训，可以说，这是公共关系策划实施过程中的一个基本原则。

二、公共关系方案实施的方法

公共关系方案实施的方法就是以公关目标与公众的需要为出发点，选择最佳的途径和手段，按照一定的程序将公共关系方案具体落实的过程。

（一）实施方法

1. 确定公共关系活动的项目

公共关系人员应按照公关目标与效果最佳原则选择公关活动的项目。常见的公关活动项目有以下几类。

（1）宣传型活动项目，如产品与技术展览会、企业形象推介会、制作公共关系刊物与视听资料、记者招待会、新闻发布会、策划新闻事件、竞赛活动、开放参观活动等。

拓展阅读

2001 年 7 月 13 日，北京申奥成功了，而青岛作为唯一伙伴城市，届时将举办奥帆赛，青岛必将受到全世界的瞩目。逢此机遇，青岛公共关系协会经过研究策划，一个具有鲜明时代意义的“凝聚的力量——迎办奥运看青岛大型历程展”活动方案正式出台。2002 年 1 月 24 日，活动在山东青岛国际会展中心隆重开幕，到场人数达到 8 万人次，而且在当年的 3—5 月在巴黎等欧洲城市举行了巡回展，让世界各地全面了解今天的青岛，活动取得了圆满成功。（赛韬，2005）

（2）交际型活动项目，如联谊台、座谈台、交际舞会、沙龙活动等。

拓展阅读

在 1988 年元旦之夜，当时，上海电视台收视率最高的专题节目——《大世界》，正举办开播 100 期的纪念晚会。其中，有一别出心裁的节目，叫“冬天里的红玫瑰”，由中日合资三菱电梯公司举办。在节目中三菱公司宣布凡是出生于 1987 年 1 月 1 日（中日合资三菱电梯公司成立日）的上海市区婴儿，都是“三菱电梯”的同龄人，公司将向他们每人赠送一份精美的礼物。消息传开，人们不约而同地把那些与“三菱电梯”同岁的幸运儿称为“三菱娃娃”。于是，街谈巷议，妇孺皆知。不论是否为拥有“三菱娃娃”的人，都知道了上海有一家中日合资的“三菱电梯”公司。任何一个企事业单位，一旦需要电梯，不由自主就会想到拥有众多“三菱娃娃”的“三菱电梯”。

（3）服务型活动项目，如消费教育、消费指导、售后服务、商业或服务业的优质服务、公共事业的完善服务等。

拓展阅读

成立于 1963 年的诺顿百货公司，由 8 家服装专卖店组成，确定了靠服务而不是靠削价取胜的竞争策略。公司提出的服务项目有：替要参加重要会议的顾客熨平衬衫；为试衣间忙着试穿衣服的顾客准备饮食；替顾客到别家商店购买他们找不到的货品，然后打七折卖给顾客等。因此，诺顿公司拥有了大批忠实的顾客，称自己是“诺家帮”。

（4）社会型活动项目，如社会节日庆祝活动、公益事业或福利事业的赞助活动、开业庆典与周年纪念活动等。

拓展阅读

在上海就有许多企业把公共关系拓展到社会公益领域，通过对社会公益事业活动的赞助来扩大企业的知名度，塑造企业良好的形象。例如，上海绵江集团在3月5日学雷锋活动日发动万余名职工捐款集资100万元成立锦江集团雷锋活动奖励基金，专门用于奖励上海市学雷锋活动中涌现出来的优秀个人与集体。此举立即引起社会轰动，极大地提高了锦江集团的声誉。

2. 选择并制作公共关系活动的信息

公共关系活动主要是通过媒体的传播实现的。而传播离不开信息的选择与制作。制作科学的信息会大大提高传播的效果，有助于公共关系目标的实现。

在信息内容的选择上应注意以下几点。

（1）信息的内容要紧扣主题，一目了然。信息的内容是由公共关系目标所决定的，反映了公共关系人员的公关意图。只有紧扣主题、一目了然地传播信息才能迅速对公众产生心理冲击效应，吸引他们的注意。

（2）信息的内容应通俗易懂、便于记忆。公共关系活动的根本目的是树立良好的组织形象并使组织在公众心目中留下深刻的印象。通俗易懂、便于记忆的信息才能易于为广大公众所理解和接受。

（3）信息的内容要生动活泼、不拘一格、富有创意。信息内容的选择不但要符合多数公众的理想、信念和价值观，适合多数公众的兴趣、爱好和要求，还要生动活泼、不拘一格、富有创意。比如，在信息的选择上可以结合当前的时尚文化、流行文化，适当运用一些脑筋急转弯的技巧，这会获得意想不到的公关效果。

在信息的制作上应注意以下几点。

（1）信息的制作应符合受众的心理特点。公共关系信息的受众是组织的目标公众，他们对信息的接受程度将决定公共关系工作的成败，也会影响组织的发展。所以，公共关系信息在制作时一定要考虑到受众的心理特点，只有这样才能取得更好的传播效果。如果目标公众是时尚青年，那么制作的传播资料就应该充满朝气、富有激情。如果目标公众是老年人群，那么制作的传播资料就应该充满朴实、真诚。此外，还要根据不同的地区、不同的风俗习惯、不同的文化背景制作相应的信息资料。

（2）信息的制作要符合媒体的特点。各种媒体具有不同的特点，其传播方式和传播效果各有千秋，收视率或发行量也不相同。公共关系人员在信息制作时一定要咨询专家的意见，选择最合适的传播媒介，以获得最佳的公关效应。

3. 选择最佳时机实施公共关系方案

时效观念在公共关系活动中具有重要的意义。在适当时机实施公共关系方案可以获得事半功倍的效果。一方面，组织在不同的发展时期要选择不同的公共关系方案，比如在组织初创时期需要选择对组织的经营理念、产品质量进行全方位宣传的宣传型活动方案。另一方面，组织在实施公共关系方案时，应注意避开或利用重大节日或重大事件。

拓展阅读

正确选择实施时机是提高公共关系方案成功率的必要条件。那么，在实施公共关系策划方案时，应怎样选择正确的时机呢？

首先，要注意利用或避开国内外重大事件。凡同重大节日无关的公共关系活动应避开节日，以免被节日气氛冲淡。相反，凡是同重大节日有直接或间接联系的公共关系活动，则可以考虑利用节日烘托扩大活动影响的辐射范围。其次，要注意运用各种固定的特殊时机。如中国的春节，西方的圣诞节、情人节、母亲节等。此外，还应注意不应在同一时间内同时进行两项不同的公共关系活动，以免其效果相互抵消。

（二）管理方法

方案实施阶段是实质性阶段，为了确保整个活动收到预期效果，实施过程中需要做好以下几个方面的管理工作。

1. 对人员的管理

做好对公共关系人员的管理，是确保活动成功最为关键的因素。

（1）激发和强化公共关系人员的职业道德与敬业精神，自觉地用公共关系的意识和准则要求自己。

（2）制订系统、完善的工作制度及细则，使公共关系人员在活动中有章可循、有据可依、相互配合、各尽其责，出色地完成活动中的各项任务。

（3）实行明确的小组、个人责任制，颁布具体的纪律规定，加强对各小组、个人的责任和纪律约束。

（4）建立合理的工作考核指标，对每个人在活动中的工作表现和绩效做出公正、客观的衡量与评价。

（5）采取奖优罚劣的措施，激发公共关系人员的竞争意识和荣誉感，形成激励机制，促使他们充分发挥主观能动性、创造性，积极主动地做好本职工作，提高效率，争创先进。

（6）使各级负责人认真做好组织和领导工作，发挥身先士卒的模范作用；关心、爱护每一位公共关系人员，与他们成为好朋友，形成良好的人际关系，及时帮助他们解决实际困难和具体问题，安排好他们在活动期间的交通和食宿，体谅他们工作的辛劳，加大感情投入，努力创造一种和谐、民主、平等相待的工作气氛，重视并积极采纳每个人的合理化建议和意见，使大家都能心情舒畅，全身心地投入公关活动。

2. 对活动进程的管理

公共关系活动在进行过程中最显著的特点和困难，是它的动态性及对其有效的控制。无论事先策划得多么周密，在公共关系活动中仍会遇到一些始料不及的事情和变化，并对整个活动的进程与效果产生复杂的影响。对此，公共关系人员既不能按图索骥，也不能守株待兔，而应在贯彻实施策划方案的同时，紧紧抓住主要的可变性因素，创造性地开展工作，以变制变，随机应变，使公共关系活动的进程与客观条件和具体情况的变化保持动态的适应与平衡。努力克服活动可能存在的目标障碍，妥善、及时处理好各种突发事件，保证活动的正常进行。

3. 对信息的管理

在公共关系活动中从头至尾存在着信息的双向流动。有效、及时、迅速、准确地传播组织信息、接收公众信息是每一个公共关系人员义不容辞的责任和工作。因此，在活动中对公共关系人员工作的管理，在一定程度上就是对信息的管理。

首先，针对目标公众在认知、态度和心理承受能力上的变化，公共关系人员在活动的不同阶段，应逐步调整、改变所传递信息的内容、数量、形式，有区别、分层次地传播，使每天、每一项具体活动传递的信息既不脱离主题，又有适当的变化和差异，避免雷同和完全重复。

其次，从活动一开始，每一个公共关系人员都应该密切关注公众的反应，有意识地主动收集公众反馈的各种信息，及时提供给活动的组织者，以便使他们能够对活动的进度、节奏、内容等做相应的调整和有效的控制，并且为活动的宣传工作提供生动的新素材，为活动结束后的评估工作及后续的公共关系活动提供直接的依据。

案例阅读和分析

美国平等生活保险公司的公共关系活动

美国平等生活保险公司在策划保健教育宣传的公共关系活动时严格遵循统一性的策划要求，及时调整策划过程的程序和步骤。最初，保险公司策划在全国范围内发行一种预防共同性疾病的小册子，但是，他们通过国家公共保健局了解到，50%以上的学龄儿童已经进行了传染病的防疫，而社会人口中的中下层社会集团却严重地存在着对疾病预防漠不关心的问题。这群人生活范围狭窄，文化素养较低，很难进行沟通。于是，保险公司决定改变原来设想，将原先长篇宣传文章改编成文字活泼通俗，并附有详细图解的小册子，为新的目标公众服务。此后，他们先印刷了140份，在一个居民区散发，进行摸底，了解公众的反应，结果，多数公众表示对这一宣传手册没有能力接受。于是，他们又一次请专业通俗文学作家将文字缩减到3000～5000字，使之更通俗、更浅显易懂，从而符合这些公众的欣赏水平，最终使这次宣传策划获得成功。

（佚名）

由本案例可见，一项精心策划公共关系活动方案要经过实施过程的检验，并在实施过程中不断调整，才能取得预期效果。

4. 对活动现场的管理

首先，应做好各种接待工作，使每一位参加活动的公众都受到热情、周到的礼遇，产生亲切、温暖和受到尊重的感觉；其次，要维持好现场的秩序，使整个活动能始终井然有序地进行，避免出现混乱和失控的局面，造成不良的影响；再次，要有效地控制现场的气氛，防止出现太大的起伏和波动，妨碍活动正常进行。

第四节 公共关系评估

案例阅读和分析

无形的公共关系效果

以下是一段对话。

“为什么不行呢？”

“它们看不见摸不着，你实际上看不到公共关系的结果。”

"我为什么要为了那些探测不到的事情——你所说的'看不见摸不着的结果'而付钱给你呢？"
"因为公共关系与众不同，不能采取像其他部门一样的工作标准。"
"好吧，给你钱。"
"在哪？我没看到任何钱呀。"
"当然看不见啦，它是感觉不到的——这就是你所说的'看不见摸不着'。"
——摘自《公共关系教程》中文第八版（美）斯各特·卡特里普等

问题：你认为这段对话点出了什么问题？
其一，公共关系效果评估难度很大，以致被有些公共关系人士作为一种借口（不可测定论）；
其二，公共关系效果评估很重要，它影响到公共关系服务对象对公共关系实务工作"总体评估"。

公共关系评估是公共关系四步工作法中的最后一步。所谓**公共关系评估，是根据特定的标准，对公共关系计划、实施及效果进行检查、评估，从中发现问题，判断其优劣，及时修订计划，进一步调整和完善组织形象的过程**。它在整个公共关系计划实施过程中都具有重要的作用。公共关系评估要求有关专家或机构依据某种科学的标准和方法，对公共关系的整体策划、准备过程、实施过程及实施效果进行测量、检查、评价和判断。

一、公共关系评估的目的

公共关系评估的目的就是取得关于公共关系工作过程、工作效益和工作效率的信息，作为决定开展、改进公共关系工作和制订公共关系计划的依据。具体来说，公共关系评估的目的主要有以下两种。

（1）提供关于既定公共关系工作的各种信息。实施评估的目的主要是在公共关系活动的实施过程中发挥监督和反馈的作用，检测公共关系实施过程中的偏差。一般包括对决策信息、人员情况、进度、预算等的实施过程的信息获取，以及活动效果方面对公众了解程度、是否改变观点和态度等信息的获取。

（2）根据不同的需要、不同的着重点，提供不同的信息。评估之所以重要，在于对公共关系实施过程的监控作用，它通过对组织主客观环境的变化以及实施过程中偏差的分析，将反馈意见输入决策层，从而纠偏正差，以保证组织目标的实现。

二、公共关系评估的作用

公共关系评估的作用表现在以下五个方面。

（1）公共关系评估是改进公共关系工作的重要环节。公共关系评估对一个社会组织的公共关系工作具有"效果导向"作用。美国公共关系先驱者埃瓦茨·罗特扎恩（Evarts Routzahn）早在1920年就曾经说过，当最后一次会议已经召开，最后一批宣传品已经散发，最后一项活动已经成为历史的记录时，就是你在头脑中将自己和自己所采用的方法重新过滤一遍的时刻，这样你就会"清理经验和教训，供下一次借鉴"，这恰恰说明了公共关系评估对改进公共关系工作的重要作用。

（2）公共关系评估是开展后续工作的必要前提。从公共关系工作的连续性看，任何一项公共关系工作计划的制订与实施都不是孤立存在和凭空产生的，它总是以原来的公共关系工作及其效果为背景。制订新的公共关系工作计划，要对前一项公共关系工作从计划的制订到实施，从效果的环境变化进行系统评估和分析，即使是前后两项公共关系工作所要解决的问题各不相同，也应该和必须这么做。例如，前一项公共关系工作目标是为新产品开拓市场，而后一项公共关系工作的目标是缓解不利舆论对组织的冲击、挽回组织的声誉，但这两项公共关系工作仍然不是完全独立的。因为要缓解不利舆论对组织的冲击，挽回组织的声誉，必须了解这种不利舆论产生的原因、辐射的范围及产生的影响，这就不可避免地涉及组织的产品市场、消费公众、组织形象等问题，对前一项为新产品开拓市场的公共关系工作的评估将为后一项公共关系工作提供决策的依据。这是公共关系工作连续性的一种表现。

（3）**公共关系评估是鼓舞士气、激励内部公众的重要形式**。公共关系工作实施的效果本身往往体现为一个复杂的构成，既涉及公众利益的满足，也涉及公众利益的调整。既涉及组织形象的改善，又涉及组织策略、方针的改进和修正。一般来说，内部员工很难对它有全面深刻的了解和认识。所以，当一项公共关系计划实施之后，由有关人员将该项公共关系计划的目标、措施、实施的过程和效果向内部员工解释和说明，可以使他们认清本组织的利益和实现的途径，自觉将实现本组织的战略目标与自己的本职工作紧密地联系在一起，并变为一种爱岗敬业的行动。

（4）**公共关系评估的另一个重要作用还在于为有关人员提供信息**。一项公共关系活动计划的实施涉及计划的制订人员和实施人员，这两方面人员对公共关系计划的实施抱有不同的期望和要求。一般来说，计划的制订人员希望得到计划是否合理，计划实施的程度、范围和效果如何，实施的方法和程序是否需要调整，实施的花费是否与计划相符等方面的信息；计划的实施人员则希望知道关键的环节是什么，哪些实施策略方法最为有效，实施对哪些公众产生了影响、影响程度如何，哪些方法能够有效地排除障碍等方面的信息。通过评估对公共关系活动计划的制订和实施以及通过实施所取得的效果做出全面具体的评价，可以根据各类人员对信息的不同需求，有针对性地向他们提供所需要的信息。这些信息可以成为开展公共关系活动、改进公共关系工作、制订新的公共关系活动计划的可靠依据。

（5）**公共关系评估是有效提高公共关系部门效率的手段**。加强公共关系部门的管理工作，使公共关系机构正常运转，各项工作都处于不断改进的优化状态，使每个公共关系人员都有高度的积极性，要做到这一点，公共关系机构要加强对公共关系人员的考核、奖惩，而这些离不开公共关系评估。通过公共关系评估，可以促进公共关系人员提高工作效率，完成组织目标。

三、公共关系评估的程序

一般来说，公共关系评估工作可以分为以下四个阶段。

1. 明确统一的评估目标和标准

只有明确目标和标准才能够对组织各项活动做出客观评估。统一的评估目标和标准是检验公共关系工作的参照物，有了参照物才能通过比较检验公共关系计划与实施的结果。即使这一评估目标更多的是定性的而非定量的，仍需制订出一个统一的目标。这需要评估人员将有关问题，如评估重点、提问要点形成书面材料，以保证评估工作的顺利进行。另外，评估标准不能拔高或降低，必须进行全面细致的检查。

2. 搜集信息和资料，对公共关系工作进行评估和分析

根据制订的评估目标和标准，公共关系人员可以运用本章介绍的常用的调查方法，广泛地搜集开展公共关系活动以来组织内部和社会公众方面发生变化的各种信息和资料，然后运用各种评估方法比较和分析计划实施前后公共关系工作是否改进，哪些达到甚至超过预期的目标，哪些没达到预期的效果。

3. 向决策部门汇报评估结果

公共关系人员要如实地把分析结果以正式报告的形式上交给决策部门，在报告中应把对公共关系工作的评估和组织的总目标、总任务联系起来。在评估分析的基础上，提出计划实施中存在的问题，并分析原因，写出书面报告，及时如实地向有关部门反映，以便下次决策时参考，搞好公共关系工作。这应该成为一项固定的制度。这一方面可以保证组织管理者及时掌握情况，有利于进行全面的协调；另一方面也可以说明公共关系活动在持续地保持与组织目标相一致及其在实现组织目标过程中的重要作用。

4. 把分析结果运用于决策，提高对公共关系的理性认识

评估的最终目的就是为了在公共关系工作中应用它。评估结果将对下一步公共关系工作起定向作用，公共关系评估结果可以抽象化分析，得出对指导公共关系活动有普遍意义的思想、方法与原则。分析结果可以运用于两方面的决策：一是用于其他的将要制订的公共关系项目的决策；二是用于组织的总目标、总任务的决策。这些对社会也有一定的利用价值，并进一步丰富公共关系专业知识。

案例阅读和分析

困　惑

公关部经理：我们这个月发了创纪录的15万字，超出××公司1/3，这是传播剪报！（等待老板的夸奖）

总经理：哦，辛苦了！但××公司上月的销售势头很猛。销售部门反映，从经销商和用户端反馈的信息是——他们的声音好像比我们强。这是怎么回事？（显得有些烦躁）

讨论：如果你是公关部经理，你会如何解释？如何做呢？

四、公共关系评估的标准

公共关系实施过程的各阶段评估有不同的评估标准，准备阶段的评估标准有以下几项。

（1）背景材料是否充分。

（2）信息内容是否正确充实。强调的是信息的合理性。整个评估过程，要紧紧围绕“公共关系活动是否适应形势要求”而展开。

（3）检验信息的表现形式是否恰当。这一过程是准备过程评估的最后一个环节，其重点是信息表现形式是否合理、新颖，是否能达到引人注目、给人以深刻印象的要求。

实施过程的评估标准有以下几项。

（1）检查发送信息的数量。组织所实施的公共关系活动在电视、广播中的播出次数，发出信件、其他宣传资料以及新闻的数量。

（2）信息被媒介采用的数量。要特别注重这些信息被传播媒介所采用的数量，只有通过传播媒介，才能最有效地保证公众接触到这些信息，并受到它们的影响。

（3）检查接受信息的目标公众的多少。应对收到信息的各类公众进行分类统计，从中找出目标公众的数量。

（4）注意到该信息的公众数量。明确哪些人在阅读组织发出的信息材料，他们的数量是多少，他们读到了什么，读了多少内容。

实施效果的评估标准有以下几项。

（1）了解信息内容的公众数量。对开展公共关系活动前后公众对组织的认识、了解和理解等变量进行比较。如在公共关系活动开展前后，对同一组公众重复测验。

（2）改变态度的公众数量。这是评估实施效果的一个更高层次的标准。如煤气电气公用事业公司的节能宣传活动，可能使用户增加了“使用隔热天花板可节省空调电费”的认识，但这并不意味着他在态度上成为能源保护者。评价一个人的态度，要根据一段时期内他在所有有关问题上的立场和观点，而不能仅凭一时一事判定一个人的态度发生变化与否。

（3）发生与重复期望行为的公众数量。在掌握了发生期望行为的公众数量之后，还应该注意了解重复期望行为的公众数量。如对戒烟运动，不能单纯计算在开展这一运动的第一天内戒烟者的总数，对这些运动影响效果的评估要根据运动开展以后几个月甚至几年的持续观察数据来评定。

（4）达到的目标与解决的问题。这个评估标准是公共关系活动效果评估的最高标准。有时，公共关系活动产生的结果并非完全与目标相一致，但是这些结果同样是积极的，如节约能源宣传活动，其目标是为了减少总的能源消耗，结果却表现为人们增加了对节约能源的兴趣，增长了这一方面的知识，甚至改变了使用煤气与电器设备的习惯。表面看来，这次运动的结果与既定的目标不完全吻合，但是这些结果也是可以说明这次宣传活动是成功的。

（5）对社会发展产生的影响。

五、公共关系评估的方法

在完成公共关系反馈信息的收集整理工作之后，就需要利用恰当的方法对公共关系活动效果实施评估。

（一）选择评估方法的要求

选择评估方法时要注意以下四个基本特点。

1. 有效性

有效的评估方法应该是定性分析和定量分析的有机结合。定性分析侧重于从价值方面评估公共关系活动的效果，有助于我们了解公众环境的概括性或概貌性的特点，掌握组织公共关系活动和公共关系状态的基本要素和总体特征；定量分析侧重于从数据事实方面评估公共关系活动效果，通过具体事实和数据为组织公共关系活动效果和公共关系状态提供量的说明，并揭示公共关系各个要素之间的量的关系。只有将定性分析和定量分析结合起来，才能准确地评估公共关系活动、公共关系状态和公共关系效果。

2. 累积性

公共关系的效果具有潜移默化的特点，不是立竿见影的，因此将为评估带来困难。在进行公共关系活动效果评估时，除了要考察近期效益之外，还要运用动态模式方法分析其长远利益。

3. 综合性

公共关系追求的是组织传播效果与社会的整体效益的统一。不能凡事都要给公共关系活动设定组织的经济效益指标。公共关系关注的是组织的传播效益与社会整体效益的统一，组织与社会的同步发展。

4. 权变性

评估方法和指标的确定要从实际出发。既要有相对标准化的评估标准和要求，也要根据特定的情况，适当地变通其中的测评项目和指标；既不能照搬照抄他人的做法，也不能机械地按照计划的要求而不顾实施条件的变化。

（二）公共关系评估的方法

评估本身是一项研究工作，需要采用各种各样的研究方法，具体的方法有以下五种。

1. 组织自我评估法

组织自我评估法就是由主持和参与公共关系计划实施的人员或本组织自我出面对公共关系工作效果进行评估。这种评估一般由组织的主要负责人主持，组织各部门负责人或有关人员参加。评价人员通过参加公共关系现场活动并观察和统计他人反应进行效果评估，由于当事人自我心得和心境的特定作用，这种评估的结果往往是比较独特的。

2. 公众民意调查法

公众民意调查评估法是一种最重要的评价方法，通过调查研究公众的反应，便可以确认公共关系工作在影响特定公众的认知、态度、观点和行为等方面可度量的效果。此方法就是根据公众的反应评估工作效果，而公众的反应一般要通过调查研究获知。因此要选取一定数量的调查对象，用问卷、访谈等方法获取相关信息，加以统计、分析，进行效果评价。

3. 专家评估法

专家评估法就是聘请组织外的公共关系专家对组织的公共关系工作进行评估。一般由相关学科的专家会同公共关系人员组成评议组，使用意见汇集法、德尔菲法等方法进行效果评估。外部专家通过调查访问和分析，可对组织的公共关系工作效果做出较为客观的评价，并能对组织今后的公共关系工作提出有价值的建议和意见。因此，这种方法很值得重视。

4. 新闻分析法

通过分析新闻媒介对公共关系活动的报道情况，评测公共关系活动效果。组织可以根据传播媒介的受众情况，估算影响。当一次公共关系传播活动结束后，组织可以通过统计、分析传播媒介上（电视、电台、报刊、杂志及新闻网站）所出现的本组织的形象（名字、事迹、广告、产品、商标、照片和评论等），在一定程度上了解组织在公众中引起的注意程度和兴趣程度，了解组织在社会上的知名度和美誉度，以及了解组织与新闻界的关系状态，从而对公共关系的效果做出评价。

具体了解传播媒介受众情况的手段有如下三种：①统计新闻报道的数量。主要是指新闻界报道组织活动的时间、频率和篇幅。②统计新闻媒体的自身情况。主要是指报道组织情况的新闻媒体本身的权威性、影响力和发行面。③统计新闻报道所采用的形式。主要指新闻界是如何对组织活动进行报道的，是正面报道还是负面报道，是全面报道还是部分报道，是重点报道还是一般报道等。

5. 组织活动记录法

在组织实施公共关系活动前后，坚持在组织的日常活动中，记录有关标志和指标的变化。全面而准确的记录是组织重要的效果评估资料。例如，学校的报考人数，企业的产品销售额，宾馆的投宿人数，机关的出勤率都是组织的活动记录范围。组织进行评估，要依据记录的资料，选择一定的标准进行比较，然后得出评判结论。

在评估公共关系工作的效果时，上述几种方法是全部使用还是有选择地使用，应当根据需要评估的工作内容而定。一般来说，如果是对多目标的中长期计划的实施效果进行评估，最好几种方法同时使用；如果是对单目标的短期计划的实施效果进行评估，一般选择一两种方法即可。

本章小结

本章主要介绍了公共关系的工作程序，包括公共关系调查、公共关系策划、公共关系方案实施以及公共关系评估。比较重要的知识点有以下几点。

1. 公共关系调查是指公共关系工作人员运用一定的理论方法和技巧，以组织内、外部公众为对象，通过收集资料和分析资料，理解组织的公共关系状态，揭示其发展规律并提出改进措施或意见的活动。调研总体方案的设计包括的流程有：①明确调研目的，确立调研选题；②确定具体调研项目，选择调研方法；③实施调查方案，收集调查资料；④研究调查数据，撰写调研报告；⑤具体安排调研工作。

2. 公共关系策划就是为了实现组织与其公众认知、美誉、和谐的特定目标，社会组织的管理人员或公共关系人员在充分掌握和利用公共关系信息的基础上，运用理性思维方法和科学的创造技术，对公共关系实践活动的行动方案所进行的构思、设计、制订以及传播沟通方案的智力服务活动。公共关系策划的程序是公共关系调研、确定目标、制订策划方案、经费预算、评估反馈。公共关系策划文案的基本结构包括：①封面；②序文；③目录；④宗旨；⑤内容；⑥预算；⑦策划进度表；⑧有关人员职务分配表；⑨策划所需的物品及场地；⑩策划的相关资料。

3. 公共关系实施的意义有：①公共关系实施是解决问题的中心环节；②公共关系实施决定着公共关系策划实现的程度和范围；③公共关系策划实施的结果是后续方案制订的基础和重要依据。

4. 公共关系评估是根据特定的标准，对公共关系计划、实施及效果进行检查、评估，从中发现问题，判断其优劣，及时修订计划，进一步调整和完善组织形象的过程。公共关系评估的作用有：①公共关系评估是改进公共关系工作的重要环节；②公共关系评估是开展后续工作的必要前提；③公共关系评估是鼓舞士气、激励内部公众的重要形式；④公共关系评估的另一个重要作用还在于为有关人员提供信息；⑤公共关系评估是有效提高公共关系部门效率的手段。公共关系评估的方法有：①组织自我评估法；②公众民意调查法；③专家评估法；④新闻分析法；⑤组织活动记录法。

练习题

一、名词解释

公共关系调查　间接调研法　直接调研法　公共关系策划　公共关系评估

二、单项选择题

1. 公共关系调研的主要特点是（　　）。

A. 单向信息交流　B. 双向信息交流　C. 利益性　D. 可行性

2. 公关策划的灵魂是（　　）。

A. 创新　　B. 准确　　C. 及时　　D. 灵活

3.（　　）是说人的语言不受约束，想什么说什么，或怎样想就怎么说，尽量地开阔思路，打开视野，无拘无束地发表自己的看法。

A. 德尔菲法　　B. 专家访谈法　　C. 头脑风暴法　　D. 制造新闻法

三、多项选择题

1. 下列属于间接调研法的有（　　）。

A. 文献法　　B. 网络利用法　　C. 电话回访法　　D. 奖励建议法

2. 下列属于直接调研法的有（　　）。

A. 访谈法　　B. 观察法　　C. 问卷法　　D. 追踪调查法

3. 公共关系策划的原则包括（　　）。

A. 利益性原则　　B. 创新性原则　　C. 可行性原则　　D. 针对性原则

4. 下列属于公共关系策划的方法的有（　　）。

A. 问卷法　　B. 专家意见法　　C. "制造新闻"法　　D. 头脑风暴法

5. 公共关系计划实施的特点有（　　）。

A. 原则性与灵活性相结合　　B. 创新性与效益性相结合

C. 精简性与广泛性相结合　　D. 前瞻性与利益性相结合

6. 沟通障碍包括（　　）。

A. 语言障碍、文化障碍　　B. 观念障碍　　C. 心理障碍　　D. 组织障碍

四、简答题

1. 公共关系调研的功能主要有哪些?
2. 简述调研总体方案的设计包括的流程。
3. 公共关系调研报告的写作内容主要包括哪些方面?
4. 简述公共关系策划的程序。
5. 简述公共关系策划文案的基本结构。
6. 简述公共关系实施的意义。
7. 简述公共关系评估的作用。
8. 简述公共关系评估的方法。

综合实训

扫一扫，观看该广告图片。

1. 2003年12月《汽车之友》杂志刊登出丰田汽车在中国推出的三款新车：陆地巡洋舰、霸道、特锐做平面广告，意在中国春节期间取得销售佳绩。未曾想到，雄心勃勃的广告推广活动最后演变成四处灭火救急的危机公关事件，让《汽车之友》杂志、盛世长城广告公司、一汽丰田颜面无存。

在"霸道"的广告中，一辆霸道汽车从城市中驶过，其右上方正好

设置了两尊石狮，一只呈俯首侧目状，而另一只夸张地举起右爪向霸道越野车敬礼，整幅广告的背景采用了没有明显建筑特征的城市建筑，根据外观大概可以猜出是上海、广州或香港之一，其相应的广告语为“霸道，你不得不尊敬。”

在“陆地巡洋舰”的广告中，一辆丰田“陆地巡洋舰”越野车拉着一辆绿色的大卡车，而广告左侧的图案告诉观众那是一辆军用卡车，广告中透露出来的地点是可可西里，根据广告的综合信息分析，那辆军用卡车无疑是国产的“东风”汽车。

此两则广告一出，引起了轩然大波，读者的民族情结高涨，甚至提升到政治的高度，网友开始全面反击，制作丰田负面广告，最有代表性的有二则：两尊威风凛凛的石狮把夹在中间的“霸道”车翻了个面；一辆长东风汽车装载着一辆丰田“陆地巡洋舰”，广告语为“东风汽车为丰田陆地巡洋舰指定施救车”。

一汽丰田汽车广告问题出在哪里？

演练要求：

（1）分组讨论、分析背景资料中广告策划方案实施失败的原因。

（2）各组汇报交流。

演练条件：

（1）事先对学生按照 5～6 人进行分组，明确演练要求。

（2）有网络环境并配有多媒体的教室。

2. 以 8～10 人为一小组，以小组为单位为你所熟悉的学校或企业设计一项公共关系活动，并撰写公共关系活动策划书。

3. 假定你所在的学校近日有一次重要的公共关系活动，但由于恶劣的天气，致使活动不能如期开展，以 8～10 人为一小组，以小组为单位拟定一个应急方案，以消除或减少不利影响。

第六章

企业标识战略与整合营销传播

学习目标

知识目标：掌握企业标识战略的概念及特征，了解企业标识的定位、设计流程，了解企业标识系统（CIS）战略导入的概念，整合营销传播的概念和特点。

能力目标：掌握企业标识系统战略的构成和导入程序，整合营销传播的方法。

教学导入案例

麦当劳的公共关系形象塑造

当一个快餐公司的标志成为大众快乐和食欲的象征时，形象就是力量。崛起于第二次世界大战后的麦当劳，成为美国文化的象征。截至 2014 年麦当劳已经遍布全球六大洲 119 个国家或地区，拥有约 35000 间分店，成为当今世界上最大、最知名的快餐服务零售品牌，几乎在任何一个国家都可以看到那座金色的拱门。

麦当劳在全球的成功得益于它的管理和统一的品牌形象，具体来讲，取决于它在全世界产品和服务品质的始终如一。另外，设计简洁但非常有效的麦当劳标志（黄色的 M 字，穿着黄色衣服、袖子有红白相间条纹的“小丑”打扮的麦当劳叔叔）和统一的店面装修共同构成了麦当劳一个独特的外在形象；而服务集中于家庭和孩子，大众化的装修成为麦当劳品牌独特的标识。诞生于美国的麦当劳已经完全国际化，它跨越了地理空间和文化的界限，创造了连锁快餐品牌成功的神话。麦当劳在总结自己时得出这样一个结论：麦当劳不是产品，它是一种经历。

从上面的案例可以看出：麦当劳善于从细节中发掘和品牌相关的内容，在全球使用统一的品牌形象和规范的管理方式，其出众的黄色 M 字和麦当劳叔叔这些视觉要素成为其汉堡、薯条等产品最突出的代表。如何利用已有的品牌视觉要素，简洁鲜明地表达出创意的目的，是我们最值得借鉴的。

第一节　企业标识战略

一、企业标识概念和特征

企业标识（corporate identity，CI）是通过造型简单、意义明确的统一标准的视觉符号，将经营理念、企业文化、经营内容、企业规模、产品特性等要素，传递给社会公众，使之识别和认同企业的图案和文字。企业标识是视觉形象的核心，它构成企业形象的基本特征，体现企业内在素质。企业标识不仅是调动所有视觉要素的主导力量，也是整合所有视觉要素的中心，更是社会大众认同企业品牌的代表。因此，企业标识设计，在整个视觉识别系统设计中，具有重要的意义。

企业标识的一般有以下几个特征。

（1）识别性。识别性是企业标识的基本功能。借助独具个性的标识，来区别本企业及其产品的识别力，是现代企业市场竞争的“利器”。因此经过整体规划和设计的视觉符号，必须具有独特的个性和强烈的冲击力，在企业标识设计中，标识是最具有企业视觉认知、识别的信息传达功能的设计要素。

（2）领导性。企业标识是企业视觉传达要素的核心，也是企业开展信息传达的主导力量。标识的领导地位是企业经营理念和经营活动的集中表现，贯穿和应用于企业的所有相关的活动中，不仅具有权威性，而且还体现在视觉要素的一体化和多样性上，其他视觉要素都以标识构成整体为中心而展开。

（3）同一性。标识代表着企业的经营理念、企业的文化特色、企业的规模、经营的内容和特点，因而是企业精神的具体象征。因此，可以说社会大众对于标识的认同等于对企业的认同。只有企业的经营内容或企业的实态与外部象征——企业标识相一致时，才有可能获得社会大众的一致认同。

（4）造型性。企业标识设计表现的题材和形式丰富多彩，如中外文字体、具象图案抽象符号、几何图形等，因此标识造型变化就显得格外活泼生动。标识图形的优劣，不仅决定了标识传达企业情况的效力，而且会影响到消费者对商品品质的信心与企业形象的认同。

（5）延展性。企业标识是应用最为广泛，出现频率最高的视觉传达要素，必须在各种传播媒体上广泛应用。标识图形要针对印刷方式、制作工艺技术、材料质地和应用项目的不同，采用多种对应性和延展性的变体设计，以产生切合、适宜的效果与表现。

（6）系统性。企业标识一旦确定，随之就应展开标识的精致化作业，其中包括标识与其他基本设计要素的组合规定。目的是对未来标识的应用进行规划，达到系统化、规范化、标准化的科学管理，从而提高设计作业的效率，保持一定的设计水平。此外，当视觉结构走向多样化的时候，可以用强有力的标识来统一各关系企业，采用统一标识不同色彩、同一外形不同图案或同一标识图案不同结构方式，来强化关系企业的系统化精神。

（7）时代性。现代企业面对发展迅速的社会，日新月异的生活和意识形态，不断的市场竞争形势，其标识形态必须具有鲜明的时代特征。特别是许多老企业，有必要对现有标识形象进行检讨和改进，在保留旧有形象的基础上，采取清新简洁、明晰易记的设计形式，这样能使企业的标识具有鲜明的时代特征。通常，标识形象的更新以 10 年为一期，它代表着企业求新求变、勇于创造、追求卓越的精神，避免企业给公众造成日益僵化，陈腐过时的形象。

二、企业标识定位

标识是现代经济的产物，它不同于古代的印记，现代标识承载着企业的无形资产，是企业综合信息传递的媒介。标识形象作为企业标识系统战略的主要部分，在企业形象传递过程中，是应用最广泛、出现频率最高，同时也是最关键的元素。企业强大的整体实力、完善的管理机制、优质的产品和服务，都被涵盖于标识中，通过不断的刺激和反复刻画，深深地留在受众心中。

企业将具体的事物、事件、场景和抽象的精神、理念、方向通过特殊的图形、文字、符号、色彩表达在不同材料载体上，使人们在看到企业标识的同时，自然地产生联想，从而对企业产生认同。在企业及品牌建设当中，好的标识设计无疑是无形资产积累的重要载体，但如果企业标识没有能客观反映企业精神、定位、产业特点，制作不科学、造型外观不够优美的话，将对企业造成不必要的浪费和损失。

三、企业标识设计流程

企业标识设计不仅仅是一个图案设计，而是要创造出一个具有商业价值的符号，并兼有艺术欣赏价值。标识图案是形象化的艺术概括。设计师须以自己的审美方式，用生动具体的感性形象去描述它、表现它，促使标识主题思想深化，从而达到准确传递企业信息的目的。

企业标识设计的难点是如何准确地把形象概念转化为视觉形象，而不是简单地像什么或表示什么。即要有新颖独特的创意，表现企业个性特征，还要用形象化的艺术语言表达出来。

优秀的企业标识的设计，应该考虑注入企业深刻的思想与理念内涵，方能传达出鲜明独特优良企业形象，达成差异化战略之目的。

随着商业信息传递与科技文化交流速度加快，一切传播行为都极其讲求效率，视觉传播的文字和商业符号一样，都朝着一个共同方向发展，即要求简洁、共识，同时讲求造型美观、大方、具有个性。企业标识设计也不例外。

（一）标识设计调研分析

商标、标识（logo）设计不仅仅是一个图形或文字的组合，它是依据企业的构成结构、行业类别、经营理念，并充分考虑标志接触的对象和应用环境，为企业制定的标准视觉符号。在设计之前，首先要对企业做全面深入的了解，包括经营战略、市场分析，以及企业最高领导人员的基本意愿，这些都是标志设计开发的重要依据。对竞争对手的了解也是重要的步骤，标志设计的重要作用即识别性，就是建立在对竞争环境的充分掌握上。

（二）标识设计要素

要素挖掘是为设计开发工作做进一步的准备。依据对调查结果的分析，提炼出标志的结构类型、色彩取向，列出标志所要体现的精神和特点，挖掘相关的图形元素，找出标志设计的方向，使设计工作有的放矢，而不是对文字图形的无目的组合。

（三）标识设计开发

有了对企业的全面了解和对设计要素的充分掌握，可以从不同的角度和方向进行设计开发工作。通过设计师对标志的理解，充分发挥想象，用不同的表现方式，将设计要素融入设计中，标识设计必须达到含义深刻、特征明显、造型大气、结构稳重、色彩搭配能适合企业，避免流于俗套或大众化。不同的标志所反映的侧重或表象会有区别，需经过讨论分析或修改，找出适合企业的标志。

（四）标识设计修正

提案阶段确定的标志，可能在细节上还不太完善，经过对标志的标准制图、大小修正、黑白应用、线条应用等不同表现形式的修正，使标志使用更加规范，同时标志的特点、结构在不同环境下使用时，也不会丧失，达到统一、有序、规范的传播。

拓展阅读

英国著名快餐连锁店小厨师（Little Chef ）的新形象设计

在中国，饭店喜欢用一个很流行的名字——小饭馆，大厨师。外国人则不同，这个“Little Chef”就是一个很好的例子。

下面我们来欣赏一下这个小厨师开的大饭馆形象标志，如图 6-1 所示。

图 6-1 英国著名快餐连锁店小厨师(Little Chef)的新（右）旧（左）标识品牌标志

小厨师（Little Chef ）是英国著名快餐连锁店，成立于 1958 年。在 20 世纪 80 年代，曾经在英伦三岛拥有 435 家连锁店，2000 年以后，因为业务萎缩，只剩下 162 家。作为一家英国人家喻户晓的快餐店，它在很多英国人的心目中都拥有很深固的形象，特别是它的棒棒糖，让很多英国人留下了许多温馨的回忆。但在日益竞争的快餐店市场中，它已经处于下风。时代在变，但小厨师几十年如一日的形象已经日益显得老化，RCapital 收购了小厨师的业务，并且希望重振小厨师昔日雄风。2013 年他们委托英国设计公司 Venturethree 为其设计新形象。

Venturethree 设计团队谈到这个设计时说：“Little Chef 历史悠久，且知名度非常高，93％的人知道这个品牌。所以，重新塑造其视觉形象，不仅是一次改革，更是一次进化。设计师要让 Little Chef 变得更生动、更新颖、更有活力。另外，设计师又必须尊重其传统，考虑 1 千万老顾客的感受。为了平衡两者，设计中的 Charlie 形象被保留了下来。最后，更新的形象变得更友好、更精练，充满活力和目标，但仍然可以轻易被老顾客辨认出来。Charlie 是联系新老标志的桥梁，是服务英雄的代表，是把老客户带进新标志的纽带。Charlie 代表着尊重和品质。”“我喜欢进化，尤其是当它们发展得很好的时候。Charlie 的形象很简单，将它加入新设计，能保持原来品牌的灵魂。另外，新的标志字体好看且饱含精神。”“我们提出了一系列英国式想法来强化品牌理念。比如，我们将 Little Chef 的形象做到广告牌上，举着广告牌在英国大街上游走。除了产品创意，我们也希望能在用户体验上想出有趣的创意。”

四、企业标识系统战略的导入

企业标识在发展的过程中不断得以完善，从而形成了企业标识系统。企业标识系统战略比企业标识战略更系统、更完善。

企业标识系统（corporate Identity system，CIS）又称企业识别系统，或者称为企业形象战略。所谓的企业标识系统是组织、企业将其经营理念、经营行为、视觉形象、听觉形象以及一切可感受的形象实行统一化、标准化与规范化的科学管理体系。

企业标识系统作为企业形象识别系统，是一种高级的管理系统。在公众面前和国际交往中，代表了企业现代文明的现代化程度，凸显了企业规范的管理和值得信赖的经营作风。所以，企业标识系统是企业的一种“身份牌”。当今企业界普遍把有无导入企业标识系统作为一个企业是否进入高级管理层次的判定标准之一。

（一）企业标识系统战略的构成

企业标识系统（CIS）战略，作为组织识别系统是由三个识别系统组合而成的，它们分别是理念识别系统（mind identity system，MIS）、行为识别系统（behavior identity system，BIS）、视觉识别系统（visual identity system，VIS）这三者之间各有其特定的内容，相互联系，逐级制约，共同作用，相互配合。

企业标识系统战略是组织形象策划、设计、传播和管理的战略，其实质是组织形象个性的一体化。

1. 社会组织之“心”——理念识别系统

理念识别系统，亦称理念统一化，是组织长期发展过程中形成的，具有独特个性的价值观体系，是组织宝贵的精神资产，是组织不断成长的根本动力。企业标识系统战略中的灵魂是组织理念，它包括经营观念、精神标语、方针策略、组织口号、组织文化等。其中组织口号是它的具体表现形式之一。

例如，华为公司通过对行业的认真分析和对市场的反复研究认识到，作为电信网络解决方案供应商，应该把客户放在最重要的位置，始终保持竞争力是生存与发展的关键，优秀的员工队伍是成功的必备要素。经过探索积累，华为把企业愿景确定为“丰富人们的沟通和生活”，企业使命确定为“聚焦客户关注的挑战和压力，提供有竞争力的通信解决方案和服务，持续为客户创造最大价值”。提出企业核心价值是“成就客户、艰苦奋斗、自我批判、开放进取、至诚守信、团队合作”。华为公司的理念识别系统使企业形象的水平和层次得到提高，产生了巨大的企业凝聚力，也使得社会公众产生了认同感和归属感，为企业的发展创造了良好的社会环境。

2. 社会组织之“手”——行为识别系统

行为识别系统，亦称行为统一化，它是社会组织的基础和原动力，它规划着组织内部的管理、教育以及组织对社会的一切活动。对内行为活动包括：干部教育、员工教育（这里又包括服务态度、服务技巧、礼貌用语和工作态度等）、工作环境、生产设备等。对外行为活动包括：市场调查、产品销售与开发、公共关系、广告宣传、促销活动等。各组织积极参与社会事件和公益文化活动，其目的主要在于获得参与活动的社会公众的认同。

一切行为识别系统的活动，应该是从人出发，再回到人，使活动充满人情味，有关心人的亲切感。这对公共关系、促销等活动是非常重要的。同时，行为识别系统应当让组织的宗旨、精神及形象设计渗入生活领域去，因为生活领域比销售领域更宽广，更有潜在影响力。企业标识系统渗入生活领域应该不是强制性的，而是让人们在不知不觉中接受，默默地体味到组织的关怀，在心中树立起良好的组织形象。例如，福特汽车的关怀是这样向世人表达的：在汽车的斑马线上，一位白发苍苍的老人正准备过马路，但车水马龙，谁也不肯停下，这时画外音：“人人都有老时。”这是一则成功的广告，虽未直接推销自己的产品，却给人留下了深刻的思考，并给人留下了关心他人的福特汽车的组织形象。

在行为识别系统中对内部员工进行的教育训练等活动一定要通过媒体传达出去，才能起到双重效果。例如，某商场为适应商品市场的竞争，在本商场员工中，推出了岗前教育计划，主要内容包括：①店史及未来发展规划教育；②商店仪容、仪表和道德规范教育；③销售技术（迎接顾客，提示、介绍商品，包装、捆扎商品，欢送顾客）教育；④商品知识；⑤商品管理，商品分类，商品补充，商品整理，盘点等；⑥商品陈列；⑦收付款方法；⑧采购业务；⑨票据的使用和填写等。岗前教育计划通过广播报刊宣传了出去，为组织树立了具备良好服务质量的形象。

3．社会组织之“脸”——视觉识别系统

视觉识别系统亦称视觉统一化，它是组织所独有的一整套识别标志，是组织理念外在的、形象化的表现。理念特征是视觉特征的精神内涵。视觉识别系统是企业标识系统的具体化、视觉化。它包括组织标志、组织名称、组织商标、组织标准字、组织标准色、象征图形、组织造型等，并被应用于产品、包装、办公用品、交通工具等处。所有这些视觉因素，一方面组成了组织的视觉系统，另一方面又直接影响人们的视觉角度，以及留给目标公众对于组织的形象评价。

优秀的企业视觉识别系统设计对企业有着重要作用，主要包括以下几点。

（1）在明显地将该企业与其他企业区分开来的同时又确立该企业明显的行业特征或其他重要特征，确保该企业在经济活动当中的独立性和不可替代性，明确该企业的市场定位，属企业的无形资产的一个重要组成部分；

（2）传达该企业的经营理念和企业文化，以形象的视觉形式宣传企业；

（3）以企业特有的视觉符号系统吸引公众的注意力并产生记忆，使消费者对该企业所提供的产品或服务产生最高的品牌忠诚度；

（4）提高该企业员工对企业的认同感，提高企业士气。

没有视觉识别系统对于一个现代企业来说，就意味着：它的形象将消失在茫茫的商海之中，让人辨别不清；它是一个没有灵魂的赚钱机器；它的产品与服务毫无个性，消费者对它若即若离；团队的涣散和低落的士气。

英国的维珍（Virgin）公司的业务范围包括航空、旅游、音像制品零售、饮料、金融保险，等等，跨度之大近乎风马牛不相及，但是由于该公司很成功地在其各个商业领域里严格地实行了统一的视觉识别系统，如图 6-2 所示为英国维珍公司的标识，使其品牌形象得到了很好的延伸。你在华灯闪烁的纽约时代广场的巨型维珍音像商店享受到的良好服务经验很可能促使你产生在美艳明媚的夏威夷海滩上购买一听维珍牌口味怪异的冰凉饮料的冲动。

英国维珍公司的标识

英国维珍传媒公司的标识

英国维珍澳洲航空公司的标识

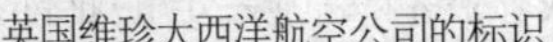
英国维珍大西洋航空公司的标识

英国维珍移动通信公司的标识

英国维珍铁路公司的标识

图 6-2　英国的维珍（Virgin）公司的标识

联想是全球四大个人计算机厂商之一，是中国企业在国际化方面比较成功的典型，名列《财富》世界 500 强。其 2013 年营业额达 210 亿美元，客户遍布全球 160 多个国家。其国际化的经验值得借鉴，联想更换标识的内容可参阅新浪网《联想启用新的品牌标识 用 Lenovo 替换 legend》这一报道。

创立于 1984 年的联想通过不懈努力，在个人计算机市场上谱写了一次次的传奇故事，逐步在中国人心中树立起“联想”的金牌形象，方圆相间的公司标识也成为联想传奇故事的标志。2001 年联想将“高科技的、服务的、国际化的联想”明确定为未来远景目标。为服务于这一目标，2004 年 4 月，联想发布了最新的品牌标识“Lenovo”，如图 6-3 所示。“Lenovo”中的“novo”是一个很古老的拉丁词根，代表“新意，创新”；而“le”代表现有的“legend”，整个名称的寓意为“创新的联想”，有效地传递着“科技创造自由”的理念，注入了更多新的活力。通过这次切换，梳理并明确了联想的品牌内涵，即：诚信，创新有活力，优质专业服务和容易。10 年后的 2013 年，联想首次超越惠普成为全球最大个人计算机厂商。

联想 LEGEND　　lenovo联想

1984—2003 年的联想标识　　2003 年至今的联想标识

图 6-3　联想标识的演进

其实，视觉识别设计对企业商业运作的作用的最好例子也许表现在运动时装行业。在很多情形下，一位消费者决定购买一套耐克（Nike）还是阿迪达斯（Adidas）的运动衣往往仅仅取决于他（她）是喜欢耐克的视觉标识还是阿迪达斯的视觉标识，如图 6-4 所示。

耐克的标识　　阿迪达斯的标识

图 6-4　耐克、阿迪达斯的标识

企业标识系统的这三个方面的内容是一个整体，相互联系，相辅相成，具有不可分割性。其中，理念识别系统是组织基本的精神所在；行为识别系统是组织行为活动的动态形式，可直接显示理念识别系统的内涵；视觉识别系统能将组织识别的基本精神、差异性等充分表现出来，让公众一目了然地识别组织。它们三者的交集组成完整的企业标识系统，有人还将这三者的关系形象地比喻为一棵树。理念识别系统是“树根”，行为识别系统是“枝叶”，视觉识别系统是“花”。理念识别系统是基础和源泉，行为识别系统是保证和行为，视觉识别系统是外在表现，三者融为一体，才能使组织形象统一而强劲有力。它们之间相辅相成，使得企业标识系统的操作成为一个整体。

（二）企业标识系统战略的导入程序

1. 组建机构

当组织决定进行企业标识系统战略时，首先必须给予组织保证。

（1）组建企业标识系统战略委员会。企业标识系统战略委员会是在正式实施组织形象塑造之前成立的企业标识系统战略的决策机构，其人员由企业标识系统战略的高级主管、专家组成。

（2）组建企业标识系统战略执行委员会。企业标识系统战略执行委员会是企业标识系统战略委员会属下一个从事企业标识系统战略与推广工作的机构。企业标识系统战略委员会负责企业标识系统战略的大政方针、信息提供和后勤保证，而企业标识系统战略执行委员会则专职负责具体的企业标识系统战略的导入工作。

2. 组织现状分析

当组织决定导入企业标识系统战略，并成立企业标识系统战略委员会时，要做的第二件事就是开展对组织现状的调查和分析，以了解组织运行的全面情况，并对组织内外环境进行全面诊断，找出组织当前的优势和劣势、在同行业中的地位、在社会上的形象状态，为下一步的企业标识系统战略指明方向。

组织现状分析主要包括以下两部分内容。

（1）组织形象调查。组织形象调查主要包括组织有形形象与无形形象调查，以及组织知名度与美誉度调查。

（2）组织形象定位。组织形象的定位就是要在组织形象调查、诊断的基础上，设计出组织所预期达到的组织形象的特征和社会地位。组织形象定位以提高组织效能为原则，以满足社会公众对组织的期望和要求为准则，基于组织本身的性质、经营战略目标、组织结构功能等实际要素而设定。

3. 组织理念和事业领域的确立

根据调查研究诊断的结果，重新检讨组织理念和事业领域。组织理念是企业标识系统战略的灵魂，它决定着企业标识系统战略的成败，所以不仅要给予高度的重视，而且应当非常慎重。新确立的组织理念不仅要反映组织新的追求和风格，还要能被公众认定和同化。同时，还要根据组织的背景、条件，进行环境预测，确定出10年或20年后的事业领域，以勾画出组织今后的发展方向。

4. 组织行为设计

当组织推出新的组织形象时，必然要求相应的组织行为配合，如新的组织机构、新的管理手段、新的规章制度、新的信息传达系统等。组织行为设计不仅要改变旧的行为模式，还要建立新的行为模式。因此，组织行为设计必须要高度科学化、规律化、规范化和操作化，而且必须有管理专家的参与才能很好地完成。

5. 组织视觉设计

它是对组织所有可能的传播媒体进行标准化、系统化的设计，通过统一的视觉系统，把组织的理念有效地传递给外界。就整体而言，任何组织要一次性地完成所有的企业标识系统战略并使之统一化，这不是轻而易举的事。它不仅需要投入大量的资金，更需要大量的人力和时间。因此，组织可以根据自身状况和需要，有选择地逐步进行。

6. 编制企业标识系统手册

企业标识系统手册是组织最重要的智慧资产之一。企业标识系统手册是组织在企业标识系统策划、制作结束后，为了便于公众理解企业标识系统战略的要求、要领，以便全向推广、树立组织形象而编制的文本。

具体来说，企业标识系统手册是阐述企业标识系统战略精神要领基本内容与具体操作规程的指导书，是运用企业标识系统塑造组织形象的集中体现。制定企业标识系统手册的目的在于统一整体的组织形象，贯彻组织形象塑造的意图，使承载着组织精神、规划理念的每个规划设计要素能够简明扼要地、正确地表达，以达到塑形效果。

前面已经谈到，塑造组织形象的公共关系活动是一种只有起点而没有终点的过程。因此，组织必须在第一次导入企业标识系统战略的基础上，不断进行反思，开展多次公共关系活动，使组织形象不断上升。同时，在企业标识系统战略实施过程中，还必须建立组织形象监测系统，进行定期的观测与矫正，调整企业标识系统中不合理的部分，以确保企业标识系统计划前后的关联性和对组织经营发展的指导作用。

拓展阅读

海尔走过的一条成功的企业标识系统之路

1. 企业标识动态演进，三步到位，同国际接轨

海尔的前身“青岛电冰箱总厂”是一家集体企业。海尔商标经历了一个改造外来商标为我所用的历史进程。1984 年海尔引进德国“利勃海尔”公司先进技术和设备，生产出亚洲第一代“四星级”电冰箱，将产品名称定为“琴岛-利勃海尔”，图形标志以德方标识为基础修改而成，象征中德合作的两个儿童做吉祥物图案，这是海尔第一代企业标识，典型的中外合作企业与品牌形象。

随着企业的发展和产品市场开拓，企业商号与产品名称不统一的弊端，企业标识与德方“近似”，影响国际市场开拓等不利因素显现出来。1991 年，海尔开始进行企业和产品名称的规划统一，将企业更名为“青岛琴岛海尔集团公司”，产品商标同步过度为“琴岛海尔”，同时导入企业标识系统理念，推出以“大海上冉冉升起的太阳”为设计理念的新标志和“海尔蓝”企业色，由此形成海尔集团企业标识的雏形。这是海尔第二代企业标识的演进。

海尔的第二代标识仍存在着不够凝练、工业感和科技感不强等弱点。伴随企业向多元化、国际化方向发展，海尔迫切需要超前的企业识别设计与产品品牌定位。海尔开始效仿松下、索尼等世界性大公司商标形象设计，将第二代识别中的图形标志去掉，直接以“Haier”拼音作为(英文)主识别标志，以中文标准字“海尔”及两个儿童吉祥物与之组合，辅助推广，形成完整、简洁的标识体系，同时将企业名称简化为“海尔集团”极易记忆和传达推广，顺应世界设计潮流，为企业国际化奠定了形象基础。

海尔三代标识的演化推进，同企业的发展进程默契配合、连贯及时，自然得体。海尔将企业识别系统看作一个过程，而不是一成不变的表现形式。海尔采取务实的态度，经过改进、否定、再改进的反复过程，不断完善识别系统，形成海尔企业标识系统之路。这是很值得推崇的。另外，两个可爱的儿童吉祥物的成功设计与运用，对海尔品牌形象的推广起了助力作用。

2. 统一品牌定位，实施海尔总商标下的名牌产品群的大名牌战略

海尔形成自己定型的，同国际接轨的标识体系同时，实施海尔产品家族的统一品牌战略，将集团品牌划分为企业牌（产品总商标）、产品牌（产品类别商标）、行销牌（产品销售识别名）三个层次。海尔将电冰箱、电冰柜、空调器、微波炉、洗衣机、展示柜、小家电等七类产品，65 个系列，3000 多个品种，统属在“Haier 海尔”总商标下，实施名牌产品群的大名牌战略。通过成功的广告策划，集中优势力量宣传总商标，最大限度地发挥“Haier 海尔”名牌的连带效应；各个产品则着重展示个性。统一品牌形象与个性化产品形象的有机结合形成海尔企业标识系统一大特色；同时，也是海尔相对于国内一些厂家单个家电名牌战略，运用企业标识系统最显成功之处。

3. 产品形象追求个性化、人格化、系统化，注入高附加值

海尔企业标识系统出色之处不只在于统一品牌战略的运用，而且在品牌延伸与产品细分化中的差异化战略。海尔非常注意产品命名的文化味、形象感、可视性，注入高附加值。例如，电冰箱系列中的海尔冰箱小王子，海尔冰箱大王子，海尔冰箱双王子，海尔冰箱美王子，海尔冰箱帅王子等，所有的王子系列与海尔的儿童吉祥物相融合，传递出产品可爱、可亲、可视形象。这对于引发消费者的购买欲无疑具有竞争优势，表现出海尔形象战略对品牌无形资产的开发功力。

4. “真诚到永远”理念传播与国际星级服务形象塑造

为追求产品的强劲竞争力和品牌形象力，海尔在表现产品质量形象、技术形象、外观形象的同时，不遗余力树立海尔特色的优质服务形象。以“真诚到永远”为经营理念和统一广告词，连贯传播；在全

国家电行业独家推出“国际星级服务”。提出“用户永远是对的”的服务理念，以及如下服务目标：“产品零缺陷，使用零抱怨，服务零烦恼”。海尔完善的服务体系，获得美国优质服务科学协会授予的“五星钻石奖”；海尔集团总裁张瑞敏被授予“五星钻石个人终身荣誉奖”。“真诚到永远”的深入人心与国际星级服务形象的树立，使海尔在全国家电的炽热化竞争中，同对手区别开来，明显高出一个层次。

5. 企业注入先进管理理念，形成 OEC 管理模式

海尔企业标识系统对企业管理进步的推动，表现在“全员日清日高自我管理”体系的建立，称作海尔 OEC 管理模式。英文全称 Overall Every Controland Cler，即全方位地对每人、每天、每事进行清理、控制，主要内涵是贯穿在企业各项工作中的“日事日毕，日清日高”，上自总裁，下至花匠，都十分清楚自己应该干什么、干多少、按什么标准干、达到什么结果。海尔的管理理念强调“人人是人才”，所有的员工都是可以造就的人才，设法让每一个人的潜能都发挥出来，使之对企业达到“投入地爱一次，忘了自己”的境地，由此形成海尔高速发展强劲的内在动力。

6. 运用海尔品牌无形资产，兼并盘活有形资产，迅速扩大集约化经营规模

随着“海尔”名牌效应的迅速扩展，海尔领导人已经十分娴熟地运用“海尔”的巨大品牌无形资产，去盘活兼并有形资产，迅速壮大集团实力，扩大经济规模。海尔初期只是生产电冰箱单一产品。“海尔”名牌地位确立后，自 1991 年年底起，先后兼并青岛电冰柜总厂、青岛空调器厂、青岛冷凝器厂，以及年产 70 万台洗衣机的骨干企业红星电器股份有限公司等，分别冠以海尔商号，输入海尔管理，使几家处境艰难的国企迅速扭转亏损局面，成为海尔总商标下的名牌畅销产品群体，海尔集团由此形成“联合舰队”。1995 年，海尔销售收入 40 亿元，1996 年超过 60 亿元。海尔以品牌无形资产盘活有形资产，输入 OEC 管理转变观念，转换国企机制，实现精神变物质的运作经验很值得思考、研究。

7. 实施“三个三分之一”的品牌国际化战略

海尔企业标识系统的目标是实施“大名牌、大科研、大市场、资本活，企业文化统一”的“三大一活一统”的大集团战略，创立世界名牌。在产品市场格局上，海尔实施国内销售，出口海外，海外设厂三个 1/3 的市场战略。

8. 丰富的理念系统，形成海尔企业标识系统灵魂与价值体系

海尔企业精神：敬业报国，追求卓越。海尔作风：迅速反应，马上行动。经营理念：真诚到永远。服务理念：用户永远是对的。人才理念：人人是人才，赛马不相分。管理理念：日清日高，日事日毕，等等。海尔新型企业价值观的树建，企业文化氛围的营造，是企业标识系统战略成功的核心所在。

9. 企业标识系统统筹下的广告策划与形象推广

将海尔企业形象、品牌形象、产品形象有机组合，海尔在总商标连贯一致的可视形象下，着重展示产品的独特个性，大大降低传播成本，企业形象不断上升，品牌地位不断加强。几年间，海尔以“中国家电大王”“中国家电第一名牌”的形象出现，雄踞同行霸主地位。

海尔的企业标识系统是务实型的、实战型的、大手笔的。对于探索中国特色的企业标识系统之路，海尔是最具典范意义的个案之一。

（佚名）

第二节　企业整合营销传播

一、整合营销传播的概念和特点

整合营销传播（integrated marketing communication，IMC），又称统合营销传播，是指将与企业进行市场营销有关的一切传播活动一元化的过程。整合营销传播一方面把广告、促销、公关、直销、企业标识、包装、新闻媒体等一切传播活动都涵盖于营销活动的范围之内，另一方面则使企业能够将统一的传播信息传达给顾客。其中心思想是以通过企业与顾客的沟通满足顾客需要的价值为

取向，确定企业统一的促销策略，协调使用各种不同的传播手段，发挥不同传播工具的优势，从而使企业实现促销宣传的低成本化，以高强冲击力形成促销高潮，即营销传播一元化策略。

案例阅读和分析

2013 年第二季度，小米在中国区的手机出货量已超越苹果，在三星、联想、宇龙酷派、中兴、华为之后，位居国内市场第六位。小米手机能够短时间内风靡全国，重点就在于产品特质和合适的整合营销策略。小米公司正式成立于 2010 年 4 月，是一家专注于高端智能手机自主研发的移动互联网公司。小米手机、MIUI、米聊是小米公司旗下三大核心业务。“为发烧而生”是小米的产品理念。

小米产品推出前期，在新浪微博、百度贴吧、手机专业论坛制造话题，扩大产品知名度，引起网友讨论。借助雷军在业内的影响力，借助对苹果手机的崇拜和挑战，让网友在讨论的过程中对小米物美价廉的渴望达到顶峰。小米手机上市后，先不急于全面铺开销售，而是在单一渠道限量销售，并且在微博上继续扩大影响力，例如网友转发抽取限量网友赠送手机，按转发数向慈善机构捐助一定数额的善款或免费午餐。借助乔布斯的影响力，开一个类似于苹果公司独具特色的产品发布会，引起网友和媒体的关注，扩大新品对潜在用户的吸引力和关注度。在专业手机论坛、百度贴吧、交友网站上引导用户对小米手机做技术交流。

在影响力到达一定的高峰时期，全面生产和移动电信运营商合作定制款手机，借助其渠道迅速扩大销售。小米和百度、腾讯、新浪微博等知名网站合作，开发具有特色的定制程序，引起媒体广泛关注和报道。

点评：创立之初的小米公司很少在电视、广播、报纸上做过广告，但它充分利用了互联网时代各种免费的新媒体传播手段，并且把这些新媒体传播活动都涵盖于其营销活动范围内，使产品和企业理念能统一地传达给客户。

整合营销传播有两个明显特性：一是战术连续性；二是战略导向性。

“战术连续性”是指所有通过不同营销传播工具在不同媒体传播的信息都应该彼此关联、呼应。战术连续性强调在一个营销传播战术中所有包括物理和心理的要素都应保持一贯性，与此相对就分别称其为“物理连续性”与“心理连续性”。“物理连续性”是指在所有营销传播中的创意要素要有一贯性。如在一个营销传播战术中可以使用相同的口号、标签说明，以及在所有广告和其他形式的营销传播中表现相同的行业特性等。“心理连续性”也同样重要，它是指对该机构与品牌的一贯态度。它是消费者对公司的“声音”与“性格”的知觉。这可通过贯穿所有广告和其他形式的营销传播的一贯主题、形象或语调等来达成。

整合营销传播的第二个特性是“战略导向性”。它是用来设计完成战略性的公司目标的。重点不是在发展一则创意广告，单纯吸引受众注意，或让受众发笑等。许多营销传播专家虽然能够深深感动受众，制作出超凡的创意广告作品，甚至获得传播大奖，但是未必有助于完成本机构的战略目标，如销售量、市场份额以及利润目标等。能够使一个营销传播战术整合的，就是其战略焦点。信息设计必须达成特殊的战略目标，而媒体则必须通过有利于战略目标的考虑来对其进行选择。

二、企业整合营销传播的作用

为了对整合营销传播的概念有更深层次的了解，我们来分析一下整合营销传播对企业能起到的作用。主要有以下几点。

1. 整合感

许多企业把整合营销传播当作战术运用。因为整合营销传播可以让如广告、促销、直销、公共关系等所有的传播程序具有整合感。这种价值体现让利害关系者更容易理解信息。开发整合营销传播的目的正在于此。

案例阅读和分析

恒大冰泉的整合营销传播

2013 年 11 月 9 日，在与韩国足球俱乐部“首尔 FC”的决战开始前，广州恒大足球俱乐部的球员穿上了胸前印有“恒大冰泉”的球衣，此前恒大拒绝了三星电子以每年 4000 万元人民币冠名球衣的合作。当晚广州恒大如愿以偿捧得了亚冠奖杯，恒大冰泉则几乎一夜成名。

恒大冰泉的横空出世与广州恒大在足球赛场上的表现紧密相连，2013 年广州恒大在亚冠赛场上的胜利震惊了亚洲足坛，恒大获得比赛的胜利便是对自身品牌的最大广告。正如许家印算的账：“在中央电视台做广告，1 秒钟大概 15 万元。恒大足球俱乐部一场球有 25 家电视台现场直播，有 300 多家媒体报道，11 个运动员穿着印上了“恒大”两个字的背心，一个半小时的直播时间，如果做广告要多少钱？”

除了品牌在赛场上的展示，恒大在微博上的表现也堪称优秀，每场重要的比赛，都会进行同步文字直播，在重要比赛之前，恒大还会在微博上发布官方海报。2013 年 11 月 9 日晚，恒大“这一夜我们征服亚洲！下一步我们走向世界！”一条带有海报的微博获得超过 7000 次的转发。

恒大的线上线下整合营销的策略为其获得了极大的曝光量和品牌价值，而当 11 月 9 日晚恒大推出恒大冰泉的时候，这一切优势和价值便附加在了恒大冰泉身上。

虽然恒大冰泉在电视、楼宇的广告仿佛让我们回到了 20 世纪 90 年代那个粗暴广告的时代，但毫无疑问越来越多的人因为广州恒大足球队而记住了恒大冰泉。

点评：从恒大冰泉的整合营销传播的案例可以看出，恒大将电视媒体的直播、平面媒体的广告、自媒体时代的微博营销等一切传播活动都涵盖于营销活动的范围之内，使恒大集团开始进入饮用水这一全新领域的信息统一传播给了潜在的顾客，为其发展成功的拓展了新的空间。

（佚名）

2. 传播效果的最大化

某些企业认为整合营销传播就是合理运用营销或营销传播费用的方法。这些企业相信适当地减少或整合几种传播程序的话，企业的组织成员、业务活动和组织能力都会有所改善。

3. 交易费用的减少

整合营销传播效果最明显之处是减少生产或流通中的交易费用，这对处于激烈竞争市场中的企业而言有强大的吸引力。

企业以往降低成本的方法主要有以下两类：通过**规模效益或经验曲线降低制造成本，运用全面质量管理（total quality management，TQM）提高企业运行效率；通过信息化等方法降低商品流通费用**。这两类降低企业成本的方法以可持续性不强，竞争对手容易快速模仿而使自己失去优势。

整合营销传播从系统上着手考虑降低交易费用的办法，对手更难模仿。

4. 目标导向观念的实现

简单地说，整合就是通过市场使与利害关系者的沟通更好、更有效率。这意味着把包括广告的所有营销活动和传播活动的焦点尽可能移向目标导向的观念。

这是从覆盖范围（coverage）向传播的转换。当销售者和消费者能够互相理解时，可以说营销和营销传播完全整合了。如果信息变得更加准确、商品变得更加高性能化和个性化的话，那么消费者寻找、购买商品的费用和接受服务的费用会大幅度地减少。最重要的是满足顾客的同时，营销费用也减少。比起用各促销组合争取新顾客，或反复进行争取一次性顾客的活动，对已有满足感的现有顾客展开市场活动更有效率。今后营销传播会更加需要这样的基准。

三、企业整合营销传播的目的

整合营销传播不仅以消费者，而且还把从业人员、投资者、社区、大众媒体、政府、同行业者等作为利害关系对象，不是对这些对象进行一次性整合，而是分阶段一步步地进行。目前，不仅美国、日本、欧洲等先进国家的市场，而且发展中国家的一部分商品也逐渐趋向饱和及均衡状态。对于企业，以产品力（product power）为基础的产品差别化变得很困难；开发创造性的新技术或新产品也变得很难，即使开发出新产品，由于技术的发达，仿制品会很快上市，产品的先占效果也很难实现；至于价格战略，降价固然很重要，但这也很难与低价的无商标产品竞争，何况通过合理的流通渠道节约费用，从而降低单价的方法也有其界限。综合上述观点，通过整合营销传播战略所追求的战略传播的整合创造价值才是企业创造以后竞争优势（competitive advantage）的唯一方法。以方法论而言，获得竞争优势的最主要核心就是集中管理企业传播要素，能够创造企业利害关系者所提出的充分必要条件。

企业通过实施整合营销传播要达到以下三个目的。

1. 建立服务于消费者的一体化理念

以消费者为中心，研究和实施如何抓住消费者、打动消费者，与消费者建立一种“一对一”的互动式的营销关系，不断了解客户和顾客，不断改进产品和服务，满足他们的需要。

2. 整合营销传播要通过各种营销手段建立消费者对品牌的忠诚

市场营销是什么？市场调研、定价、产品企划、售后服务等。以上这些活动都是市场营销的一部分，市场营销不仅仅是这些要素，美国市场营销协会对市场营销定义为：计划和实施对观念、产品和服务的形象建立、定价、促销和分销策略的过程以实现满足个体和组织目标的交换。有效的营销要求管理人员认识到销售额与促销等活动之间互相依赖的关系，并懂得如何协调它们来制定营销管理。

从整合营销传播的角度来看，市场营销从某种意义上说，就是传播沟通，营销就是传播，因为营销的最高层次是要建立品牌忠诚，品牌忠诚要靠先进的传播和与消费者良好的双向沟通才能实现。

3. 整合各种营销手段

过去企业习惯使用广告这一单一的手段来促进产品的销售，但我们今天已处于现代社会的信息时代，现在的传播手段越来越多，传播本身开始分化和组合。这就要求企业在营销传播过程中，注意整合使用各种载体，达到最有效的传播影响力。

中国的市场，是13亿人口的市场，是世界产品的市场，这个市场的竞争是非常激烈的。企业的产品、价格、营销的手段有很高程度的同质化，企业之间互相模仿的现象比较严重，聪明的企业去创造产品、价格、营销手段的差异化，但是创造差异化的优势又谈何容易？在这个时候，企业之间在市场上真正较量的东西是什么？这就是品牌。

从理论上和实践上讲，拥有市场比拥有生产线更重要，而拥有市场则要拥有一个强势的品牌。市场或行业追随者们可以模仿一种技术、一种产品，或模仿别人的营销手段，但不能模仿品牌在消费群心目中的特殊感受和影响。国际上包括中国，许许多多的企业取得的巨大成功，其品牌对市场、对消费者的影响起着非常重要的作用。中国的企业和市场正在走向成熟，主要的标志之一就是我们正在从产品时代逐步迈向品牌时代，品牌价值的塑造和提升已成为中国企业市场营销活动的中心工作。塑造和提升品牌靠什么手段？除了产品、质量、价格、服务都要上佳外，基本的手段就要靠各种传播工具了。

媒体整合策略无疑是从消费者出发，以消费者为中心制订的，它充分考虑到消费者在一天的工作、学习、生活、休闲中可能接触到的媒体及其时间段，连贯性地进行品牌塑造及宣传，目的在于通过整合达到事半功倍的效果。

四、整合营销传播的方法

整合营销传播分为以下几个步骤。

1. 建立消费者资料库

建立消费者资料库的起点是建立消费者和潜在消费者的资料库。资料库的内容至少应包括人员统计资料、心理统计、消费者态度的信息和以往购买记录等。整合营销传播和传播营销沟通的最大不同在于整合营销传播是将整个焦点置于消费者、潜在消费者身上。因为所有的厂商、营销组织，无论是在销售量或利润上的成果，最终都依赖消费者的购买行为。

拓展阅读

宝洁公司的消费者资料库

宝洁公司与某部门网站健康频道合作，创建了一个针对女性消费者的网站 Capessa，旨在成为女人们讨论诸如减肥、怀孕与育儿话题的论坛。该社区不仅成为宝洁公司和产品的品牌营销平台，而且成为顾客对某种产品或品牌发表看法的信息收集地，成为建立数据库继而研究消费者行为的信息来源。

（佚名）

2. 研究消费者

研究消费者是第二个重要的步骤，就是要尽可能使用消费者及潜在消费者的行为方面的资料作为市场划分的依据。相信消费者“行为”信息比起其他资料如“态度与意想”测量结果更能够清楚地显现消费者在未来将会采取什么行动，因为用过去的行为推论未来的行为更为直接有效。在整合营销传播中，可以将消费者分为三类：对本品牌的忠诚消费者；其他品牌的忠诚消费者；游离不定的消费者。很明显这三类消费者有着各自不同的“品牌网路”，而想要了解消费者的品牌网路就必须借助消费者行为信息才行。

3. 接触管理

所谓接触管理就是企业可以在某一时间、某一地点或某一场合与消费者进行沟通。这是 20

世纪90年代市场营销中一个非常重要的课题。在以往消费者自己会主动找寻产品信息的年代里，决定“说什么”要比“什么时候与消费者接触”重要；现在的市场由于信息超载、媒体繁多，干扰的“噪声”大为增大，目前最重的是“如何、何时与消费者接触”，以及采用什么样的方式与消费者接触。

4. 发展传播沟通策略

发展传播沟通策略意味着在什么样的接触管理之下，该传播什么样的信息，而后，为整合营销传播计划制定明确的营销目标。对大多数的企业来说，营销目标必须正确同时也必须是数字化的目标。例如对一个擅长竞争的品牌来说，营销目标包括以下三个方面：激发消费者试用本品牌产品；积极鼓励消费者试用过后继续使用并增加用量；促使其他品牌的忠诚消费者转换品牌并建立起本品牌的忠诚度。

5. 营销工具的创新

营销目标一旦确定之后，第五步就是决定要用什么营销工具来完成此目标。显而易见，如果我们将产品、价格、通路都视为是和消费者沟通的要素，整合营销传播企划人将拥有更多样、广泛的营销工具来完成企划，其关键在于哪些工具、哪种结合最能够协助企业达成传播目标。

案例阅读和分析

小米手机的微博营销

小米手机在正式发布前，其团队充分发挥了社交媒体——微博的影响力。比如：“今天，从现在到晚上20：00，转发本微博就送出20个普通F码。欢迎转发！今天只针对老用户，这个微博的转发有3万多，还有好多@小米的。”2011年开始的时候雷军通过他的朋友们，包括过去雷军投资过的公司高管，如凡客CEO陈年、多玩网CEO李学凌、优视科技CEO俞永福、拉卡拉CEO孙陶然、乐淘网CEO毕胜等，纷纷在微博里为小米手机造势。作为信息技术界的名人，他们中的每一个人都拥有着众多的粉丝，因此，微博的营销功能被小米团队运用到了极致。

评价：创立之初的小米公司很少在传统媒体做广告，凭借网络媒体成功地实现了品牌的推广，让很多人认识了小米手机。这其中，网络营销手段可谓是功不可没。

小米的微博营销并不是一个神话，而是经过精心安排充分运用公共媒体的一场营销盛宴。小米手机虽然虽道路坎坷，并且争议不断，但在社会化媒体营销的尝试中无疑是一个极其成功的案例，并且小米的营销效果是完全有可能被复制的。那么小米是公司是怎样实现的呢？有兴趣的读者可扫描右侧的二维码，阅读《用好你的自媒体：探秘小米微博营销》一文。

6. 传播手段的组合

最后一步就是选择有助于达成营销目标的传播手段。这里所用的传播手段可以无限宽广，除了广告、直销、公关关系及事件营销以外。事实上产品包装、商品展示、店面促销活动等，只要能协助达成营销及传播目标的方法，都是整合营销传播中的有力手段。

本章小结

本章主要介绍了企业标识的概念及特征，企业标识设计流程及企业标识系统战略，还介绍了企业整合营销传播的特点、作用、方法。比较重要的知识点有以下几点。

1. 企业标识（corporate identity，CI）是通过造型简单、意义明确的统一标准的视觉符号，将经营理念、企业文化、经营内容、企业规模、产品特性等要素，传递给社会公众，使之识别和认同企业的图案和文字。

2. 企业标识的特征：①识别性；②领导性；③同一性；④造型性；⑤延展性；⑥系统性；⑦时代性。

3. 企业标识设计流程：①标识设计调研分析；②标识设计要素；③标识设计开发；④标识设计修正。

4. 企业识别系统（corporate identity system，CIS）又称为企业形象战略。所谓的企业标识系统是组织、企业将其经营理念、经营行为、视觉形象、听觉形象，以及一切可感受的形象实行统一化、标准化与规范化的科学管理体系。

5. 企业标识系统战略，作为组织识别系统是由三个识别系统组合而成的，它们分别是理念识别系统（MIS）、行为识别系统（BIS）、视觉识别系统（VIS）。

6. 企业标识系统战略的导入程序：①组建机构；②组织现状分析；③组织理念和事业领域的确立；④组织行为设计；⑤组织视觉设计；⑥编制企业标识系统手册。

7. 整合营销传播（integrated marketing communication，IMC），又称统合营销传播，是指将与企业进行市场营销有关的一切传播活动一元化的过程。

8. 整合营销传播有两个明显特性：一是战术连续性；二是战略导向性。

9. 企业整合营销传播的作用可以表现为以下几点：①整合感；②传播效果的最大化；③交易费用（transaction cost）的减少；④目标导向观念的实现。

10. 整合营销传播的方法，分为以下几个步骤：①建立消费者资料库；②研究消费者；③接触管理；④发展传播沟通策略；⑤营销工具的创新；⑥传播手段的组合。

练习题

一、名词解释

企业标识　　企业标识系统　　整合营销传播

二、单项选择题

1.（　　）就是让顾客满意的活动，事实上也就是为顾客提供各种服务的活动。

A. CS　　B. 企业标识系统　　C. 6PS　　D. 理念识别系统

2. 企业识别系统中的灵魂和动力是（　　）

A. 企业标识系统　　B. 理念识别系统　　C. 行为识别系统　　D. 视觉识别系统

3. 企业标识系统作业的关键程序是（　　）

A. 调查分析阶段　　B. 策划设计阶段　　C. 实施控制阶段　　D. 评估阶段

4. (   ) 就是企业运用现代设计理论与方法，通过对企业理念、行为和视觉要素的设计，将企业的经营理念和精神文化传达给公众，从而促使公众对企业产生一致的认同感和价值观。

A. 企业识别系统   B. 企业行为识别系统   C. 企业视觉识别系统   D. 企业管理信息系统

5. (   ) 是企业理念的动态表现，它以企业的经营理念为核心，显现为对内、对外的一系列活动形式和活动规范。

A. 企业识别系统   B. 企业行为识别系统
C. 企业视觉识别系统   D. 企业管理信息系统

6. (   ) 是企业经营理念通过视觉符号系统的表现。

A. 企业识别系统   B. 企业行为识别系统
C. 企业视觉识别系统   D. 企业管理信息系统

三、多项选择题

1. 企业导入企业标识系统应该遵循的基本原则为 (   )。

A. 个性化   B. 统一性   C. 可接受性   D. 易识别性

2. 企业标识系统的开发作业程序大体上可以分为 (   ) 阶段。

A. 调查分析阶段   B. 策划设计阶段   C. 实施控制阶段   D. 评估总结阶段

3. 企业标识系统的构成要素主要包括 (   )。

A. 理念识别系统   B. CS   C. 行为识别系统   D. 视觉识别系统

4. 企业视觉识别系统的基础层面的要素包括 (   )。

A. 企业名称   B. 企业标志
C. 企业品牌专用字体   D. 企业名称标准字体、标准色

5. 你认为下列关于企业标识系统构成要素的形象化比喻，恰当的是 (   )。

A. 视觉识别系统是企业的“脸”   B. 行为识别系统是企业的“手”
C. 理念识别系统是企业的“心”   D. 行为识别系统是企业的“心”

6. 整合营销传播的方法有 (   )。

A. 建立消费者资料库   B. 研究消费者   C. 接触管理   D. 发展传播沟通策略

7. 整合营销传播有两个明显特性：(   )。

A. 战术连续性   B. 战略导向性   C. 一元性   D. 易识别性

8. 企业整合营销传播的作用可以表现为以下几点：(   )。

A. 整合感   B. 传播效果的最大化
C. 交易费用的减少   D. 目标导向的观念的实现

四、简答题

1. 简述企业标识的特征。
2. 简述企业标识设计流程。
3. 简述企业标识系统战略的构成。
4. 简述整合营销传播的特点。
5. 简述企业整合营销传播的作用。
6. 简述企业通过实施整合营销传播具体要达到什么目的？
7. 简述整合营销传播的方法。

五、案例分析

案例 1. 如家连锁酒店集团是国内经济型连锁酒店的领军品牌，创立于 2002 年。作为中国酒店业海外上市第一股（2006 年 10 月），截至 2014 年一季度末已在全国 300 座城市，拥有连锁酒店 2500 多家，形成了业内遥遥领先的最大的连锁酒店网络体系。如家能有这样的成绩，其鲜明的企业形象起到了至关重要的作用。

问题： 读者请登录如家官网“集团简介”栏目查阅相关资料来分析如家连锁酒店集团是怎样通过企业标识系统战略，打造自己独特的企业个性，从而在行业中处于领先地位，并从中寻找企业标识系统运用的可借鉴之处。

案例 2. 京东商城是中国 B2C 市场较大的 3C 网购专业平台。它是中国电子商务领域较受消费者欢迎和较具影响力的电子商务网站之一。2010 年，京东商城跃升为中国首家规模超过百亿的网络零售企业。2013 年 5 月京东商城超市业务正式上线，京东将超市也搬到线上。2014 年 1 月 30 日，京东向美国证券交易委员会（SEC）承报了拟上市的 F-1 登记表格。这意味着京东正式启动 IPO（首次公开募股）进程。

问题： 整合营销传播在京东商城的发展中发挥了重要的作用，读者可通过访问京东商城“关于京东”中的介绍以及查找相关网络资料的方式（推荐用关键字在百度搜索“京东商城 整合营销”）来分析京东商城怎样通过整合营销传播，获得高速发展，从而在行业中处于领先地位。从中归纳出那些可供其他企业借鉴的经验。

综合实训

一、实训内容

实训课题：

组织形象塑造——公司企业标识系统设计

二、方法步骤

1. 以 6 人为一小组，小组所有成员都必须参与公司企业标识系统设计。

2. 实训以 PPT 汇报形式完成，内容应包括：①公司名称、公司地址和公司经营范围；②MI（理念识别）；③BI（行为识别）；④VI（视觉识别）。

3. 现场小组汇报。汇报时间控制在 15～20 分钟。汇报后提交设计材料。

三、实训考核

教师依据小组成员公司企业标识系统设计的具体表现和提交的书面材料综合进行评分。

第七章

公共关系礼仪

学习目标

知识目标：理解公共关系礼仪的含义、作用，了解公共关系礼仪的基本特征和原则，熟悉公共关系社交礼仪的基本要求和特点。

能力目标：掌握公共关系礼仪的基本操作要领。

教学导入案例

修养是第一课

有一批应届毕业生 22 个人，实习时被导师带到北京的国家某部委实验室里参观。全体学生坐在会议室里等待部长的到来，这时有秘书给大家倒水，同学们表情木然地看着她忙活，其中一个还问了句："有绿茶吗？天太热了。"秘书回答说："抱歉，刚刚用完了。"林晖看着有点别扭，心里嘀咕："人家给你水还挑三拣四。"轮到他时，他轻声说："谢谢，大热天的，辛苦了。"秘书抬头看了他一眼，满含着惊奇，虽然这是很普通的客气话，却是她今天唯一听到的一句。

门开了，部长走进来和大家打招呼，不知怎么回事，静悄悄的，没有一个人回应。林晖左右看了看，犹犹豫豫地鼓了几下掌，同学们这才稀稀落落地跟着拍手，由于不齐，越发显得零乱起来。部长挥了挥手"欢迎同学们到这里来参观。平时这些事一般都是由办公室负责接待，因为我和你们的导师是老同学，非常要好，所以这次我亲自来给大家讲一些有关情况。我看同学们好像都没有带笔记本，这样吧，王秘书，请你去拿一些我们部里印的纪念手册，送给同学们做纪念。"接下来，更尴尬的事情发生了，大家都坐在那里，很随意地用一只手接过部长双手递过来的手册。部长脸色越来越难看，来到林晖面前时，已经快要没有耐心了。就在这时，林晖礼貌地站起来，身体微倾，双手接过手册，恭敬地说了一声："谢谢您！"部长闻听此言，不觉眼前一亮，伸手拍了拍林晖的肩膀："你叫什么名字？"林晖照实作答，部长微笑点头，回到自己的座位上。早已汗颜的导师看到此景，才微微松了一口气。

两个月后，毕业分配表上，林晖的去向栏里赫然写着国家某部委实验室。有几位颇感不满的同学找到导师"林晖的学习成绩最多算是中等，凭什么选他而没选我们？"导师看了看这几张尚属稚嫩的脸，笑道："是人家点名来要的。其实你们的机会是完全一样的，你们的成绩甚至比林晖还要好，但是除了学习之外，你们需要学的东西太多了，修养是第一课。"

从上面的案例可以看出：礼仪是一个人思想觉悟、道德修养、精神面貌和文化教养的综合反映。通过一个人在社会生活中对礼仪运用的程度，可以察知其教养的高低、文明的程度和道德的水准。案例中的林晖在一群"冷漠""无礼"的同学中显示出了良好的礼仪修养，最根本的就在于他懂得尊重他人。尊重他人正是礼仪的核心价值。作为当代大学生，急需补上这"人生的第一课"。而对于以塑造良好公共形象为目标的公共关系活动，礼仪则显得更为重要。

第一节　公共关系礼仪概述

公共关系礼仪是将礼仪的具体要求在公共关系的管理中进行运用，这种运用既表现为对公共关系从业人员的礼仪规范的要求，公共关系人员个人形象的塑造，同时也表现为在公共关系活动时所要遵循的一系列基本工作程序。它是传统礼仪在当代公共关系活动中的发展。

礼仪是人类文明的产物，是人们进行社会交往的行为规范与准则。人们相互往来，要讲究礼节，注意礼貌，遵循一定礼仪规范行事，使人际交往更有秩序地、和谐地进行。礼仪具体表现为礼貌、礼节、仪表、仪式等；礼貌是指人们在交往过程中表示敬重、友好的行为规范，如尊老爱幼、热情待客等；礼节是指人们在交际活动中待人接物的形式，如拜会、回访、挥手致意等；仪表是指人的外表，如容貌、服饰、表情、姿态等；仪式是指在一定场合举行的具有专门程序的活动，如开业典礼、迎送仪式等。公共关系礼仪，是社会组织的公共关系工作人员或其他人员，在公共关系活动中，为了塑造个人和组织的良好形象而遵循尊重他人，讲究礼节，注意仪表、仪式等等的规范和程序。

现代公共关系需要广交朋友，广聚信息，但这一切是须臾离不开公共关系礼仪的。公共关系礼仪对于公共关系人员来说，起着进行社会交往、发展公共关系的“通行证”作用。公共关系人员懂得公共关系礼仪，出入各种正式、半正式的社交场合会如鱼得水、游刃有余，会更加受到欢迎和尊重，获得更多的理解和支持，所代表的组织形象也就会随之高大起来。

拓展阅读

日本著名企业家松下幸之助从前不修边幅，他的企业也因此而进展缓慢。一次，在他理发时，理发师不客气地批评他不重视自己的仪表，“你是公司的代表，却这样不重视衣冠，别人会怎样去想，连人都这样邋遢，他的公司会好吗？”从此，松下幸之助改变了过去的旧习惯，开始注意自己在公众面前的仪表仪态，生意也随之兴旺起来。现在，“松下”电器以及松下的其他各类产品享誉天下，与松下幸之助长期率先垂范，要求员工懂礼貌、讲礼节是分不开的。

一、公共关系礼仪的特征

公共关系礼仪与一般的人际交往礼仪相同或相似，是由人际交往礼仪发展而来的。公共关系人员的礼仪修养与其知识修养、道德修养、审美修养是分不开的，但礼仪修养又有其自身的规律和特征。公共关系礼仪具有以下基本特征。

1．以学识为基础

公共关系人员应具备一定的人文科学知识，特别是公共关系学方面的学识；还应有广泛的兴趣爱好，应力求做一名“杂”家。只有这样，才能认识到公共关系礼仪的重要性，感悟各种礼仪规范和程序的内在含义，对社会文化和社会关系达到一定层次的认识和理解。

2．以组织的长远利益为计

公共关系人员的公共关系礼仪修养可以为组织带来经济利益，但不是直接的、立竿见影的，其礼仪表现和由此带来的经济效益的出现总有一定的时间差。所以，有远见的领导人或公共关系人员处理各种关系时，应以长远为计，注重长时效，切不能只看眼前的利益而错过发展的契机。

3. 以公众为对象

现代社会是信息高度发达的社会，每个社会组织都有很大的开放度和透明度，特别是在市场经济条件下，每个社会组织不仅要面对市场的考验，而且要经受公众的评价。因此，组织应避免在公众面前显“官相”的作风，为塑造组织的良好形象，公共关系人员在所有显在或潜在的对象公众面前注重自己的仪表仪态，礼节礼貌。

4. 以美誉为目标

公共关系礼仪主要是为树立组织良好形象，获得公众美誉服务的。公共关系人员由于在社会组织中的特殊地位，其言行举止都将影响组织的声誉和形象。

5. 以自觉为桥梁

公共关系礼仪修养要有一定的理论学识为基础，也需要接受一定的理论和实践的专门训练，同时整个礼仪的规范和程序都离不开公共关系人员的主体自觉性或主观能动性，即用心学习、钻研、感悟、实践各种礼仪规范和程序。公共关系人员需为实现公共关系礼仪的美誉目标而自觉、不懈的努力。

6. 以灵活为原则

《孙子·虚实篇》中讲：“水因地而制流，兵因敌而制胜。故兵无常势，水无常形，能因敌变化而取胜者，谓之神。”公共关系礼仪的规范既是具体的、严肃的，又是可变的、灵活的。任何公共关系礼仪都不是僵死的教条，需要根据时间、地点、场合、对象的不同而灵活运用。

7. 以真诚为信条

公共关系礼仪对于公共关系活动的目的来说，虽然只是形式和手段，但却应当成为公共关系人员情感的真诚流露与表现。公共关系礼仪的核心在于，从根本上体现公共关系人员对公众的真诚尊重与关心，理解与重视，并不在于追求外在形式的完善。如果没有这种真诚，一切礼仪都将成为毫无意义的装饰，做花架子，甚至会引起公众的反感。海尔集团的“真诚到永远”，不仅仅是一句口号，而是海尔对公众实实在在的服务理念，是对公众的关心和重视。

8. 具备民族性

世界文化的多元化使礼仪和公共关系具有民族性特征。各国、各地区、各民族的礼俗呈现出千姿百态的个性化特征。公共关系人员在了解到公共关系礼仪具有共通性的同时，也要认识到公共关系礼仪的民族性。由于不同国家、不同民族长期积淀的文化差异，导致接待礼仪、见面礼仪、交谈礼仪、馈赠礼仪、风俗礼仪等也存在很大差异。例如，国际交往中的见面礼节就体现出民族性特征，除了较普遍的握手礼外，还有拥抱礼、亲吻礼、吻手礼、鞠躬礼、跪拜礼。

公共关系礼仪文化犹如多姿多彩的世界，缤纷灿烂。公共关系人员必须依据民族特征，尊重和了解各国、各民族不同的礼俗，尽力做到“入境问俗，入乡随俗”，以便能与他们融洽和谐地相处。

9. 具有发展性

发展性特征是一种需要特别关注的特征。礼仪自产生以后从未停止过发展和变化，每种礼仪都会经过产生、形成、改革、修正、发展的过程。公共关系礼仪也同样随着社会的发展，随着时代的变化而变化。公共关系礼仪随着全社会文明程度的提升，不断与时俱进，不断完善，不断丰富，不断健全，不断发展。例如，我国从封建社会的“三从四德”到现在的“男女平等”“尊重妇女”“女士优先”等，都体现了礼仪与时俱进的发展性。

从组织的生存意义来看，公共关系追求的是长远的利益和持久的形象。因此，公共关系礼仪总是要与时代合拍，与社会发展相一致。没有亘古不变的准则和永恒的模式，公共共系礼仪只有不断发展，才能永葆旺盛的生命力，才能发挥教育、指导人们规范言行举止的作用。

案例阅读和分析

维护好个人形象

郑伟是一家大型国有企业的总经理。有一次，他获悉有一家著名的德国企业的董事长正在本市进行访问，并有寻求合作伙伴的意向。于是他想尽办法，请有关部门为双方牵线搭桥。

让郑总经理欣喜若狂的是，对方也有兴趣同他的企业进行合作，而且希望尽快与他见面。到了双方会面的那一天，郑总经理对自己的形象刻意地进行一番修饰，他根据自己对时尚的理解，上穿茄克衫，下穿牛仔裤，头戴棒球帽，足蹬旅游鞋。无疑，他希望自己能给对方留下精明强干、时尚新潮的印象。

然而事与愿违，郑总经理自我感觉良好的这一身时髦的“行头”，却偏偏坏了他的大事。郑总经理的错误在哪里？他的德国同行对此有何评价？

点评：根据惯例，在对外的正式交往中，每个人都必须时时刻刻注意维护自己的形象，特别是初次见面的第一形象。在案例中郑总经理与德方同行的第一次见面属国际交往中的正式场合，应该穿正装，即穿西服或传统中山服，以示对德方的尊敬。但他没有这样做，正如他的德方同行所认为的：此人着装随意，个人形象不合常规，给人的感觉是过于前卫，尚欠沉稳，与之合作之事当再作他议。

二、公共关系礼仪的功能与作用

由于全球化时代的到来，世界各国人们的交往日益频繁与快捷，要求人们在交往中要知礼、懂礼、用礼，人们对公共关系礼仪的需求日益迫切。目前，政府机关、学校、企业等各行各业都在强化公共关系礼仪的学习以期提高广大公务员、师生、员工等的公共关系礼仪修养与水平。公共关系礼仪在塑造组织良好形象、维护组织内部团结、拓展组织对外友好往来、提高组织员工的文明水准、广泛传递组织信息等方面发挥了积极而有效的作用，这也正是各类组织为何青睐公共关系礼仪的原因之所在。

1. 塑造组织良好形象

社会组织的形象问题是影响组织生存与发展的关键问题，绝不可掉以轻心。组织拥有良好的形象就等于拥有了一笔无形资产。良好的形象能赢得顾客的信赖，能获得社会的赞誉，能提升组织的社会地位，能提高竞争力，能美化市场、美化社会环境。

国内外一些名牌企业，享有盛誉的一些大公司、集团都具有良好的组织形象。如松下、东芝、本田、丰田等公司创立了让消费者信赖的品牌，树立了“卓越”的美誉。此外，日本名牌企业对公共关系礼仪的注重也是举世闻名的。以松下为例，公司对员工仪表仪态、言谈举止、行为规范、礼貌礼节要求非常严格，公司在各种活动中举行的仪式、仪典也格外隆重、严谨。麦当劳在世界各国各大城市的分店都有统一要求：质量不变、服务一流、清洁卫生、环境舒适，员工统一着装，热情有礼貌。顾客在这样的环境中进餐一定会有一份好心情。中国海尔集团对员工的礼仪要求严格、全面、具体，对为顾客上门服务的员工在礼貌、礼节方面的要求更是细致入微。海尔人以规范的公共关系礼仪行为修养和规范的举止来维护海尔的企业形象，赢得了用户的好评。

2. 维护组织内部团结

公共关系礼仪能使人气质变温和，能教人敬重别人，能化干戈为玉帛，能变对立为合作。组织的凝聚力、内部的团结，一刻也离不开公共关系礼仪。如果组织成员不讲公共关系礼仪，都是自以为是、目中无人、语言粗俗、举止鲁莽、气急败坏、态度恶劣，再加上不修边幅、衣着不整、蓬头垢面，试想，这样的组织成员能精诚合作、团结一致吗？这样的组织会有凝聚力吗?只有注重公共关系礼仪的组织才能维护组织内部的团结，增强组织的凝聚力。

组织举行的仪式对维护组织的内部团结也会产生意想不到的效果。例如，天安门广场，每天清晨由国旗队举行庄严的升旗仪式，不仅吸引成千上万的人前来观看，而且在庄严神圣的气氛中，使中国人感到无比骄傲和自豪。企业举行开张、开业的庆祝仪式，挂牌、揭幕仪式，表彰、颁奖礼仪等，都能起到激励企业员工的士气，激发和调动员工对组织的归宿感、认同感，从而强化员工的主人翁意识，增强责任心。

3. 拓展组织对外友好往来

公共关系礼仪强调待人文明礼貌，尊重友善，同时注重以良好的仪容、仪表、仪态出现在社交场所。良好的形象与修养必然会得到公众的赞美，更有利于增强人际间的吸引力。友好往来，有利于结识新朋友，扩大社交圈。

公共关系礼仪是教人们怎样做一个受欢迎的、有吸引力的人。组织成员如果人人都注重公共关系礼仪，组织对外的友好交往必然得以拓展。

4. 提高组织员工的文明水准

礼仪是人类文明的标志，公共关系礼仪是组织与公众文明交往活动的规范。组织强调员工注重学习公共关系礼仪，不断向员工灌输公共关系礼仪知识，无形中就提高了组织员工的文明水准。

一个组织的员工衣着整洁大方，态度热情温和，举止言谈彬彬有礼，待人接物礼貌耐心，举行仪式认真规范，试想有谁会认为这样的组织文明水准不高呢？市场呼唤这样的组织，社会需要这种具有较高文明水准的组织。公共关系礼仪为人们架起了一座高文明水准的桥梁和阶梯，只要坚持遵循和执行公共关系礼仪的行为准则，各类组织就能达到一个更高的境界。

5. 广泛传递组织信息

公共关系强调双向沟通，公共关系界的权威人物卡特利普和森特提出“双向对称”的原则，即公关人员应把组织信息准确无误地传递给公众，与此同时，也要把公众的信息及时反馈给组织。传递组织信息是公共关系的重要职能之一。

由于人们处在知识经济时代，信息的“爆炸”已导致信息数量巨大，呈现出信息泛滥、充斥整个社会的局面，“信息”作为稀缺资源的地位已被“注意力”所取代。

组织传递信息怎样吸引公众的注意力呢?这就要突破传统的思维定势。突破仅仅依赖广播、电视、广告、网络、报纸、杂志等媒体传播模式，以更新颖、更独特的方式吸引公众的眼球。公共关系礼仪恰恰能发挥它的优势，以新颖的方式传递组织信息并能吸引公众的注意力。如海尔集团，通过上门服务的员工表现出来的规范礼仪行为，向公众传递了“海尔真诚为顾客服务的信息”。

综合上述，公共关系礼仪的作用显而易见。因此，社会上的各类组织都十分重视公共关系礼仪，公共关系礼仪培训机构也与日俱增，这将有利于全社会文明水准的提高。

第二节　公关人员形象塑造

公共关系社交礼仪是指公关人员在社会交际场合中形成的，并被大多数公众所认同的公共关系社交准则和规范。公共关系社交礼仪深受历史、风俗、宗教及文化思潮、时尚等因素的影响，既是一种极其有趣的文化现象，也是一种重要的公共关系礼仪的内容形式。在公共关系社交活动中，恰当的介绍、交谈，礼貌的握手、使用名片，得体的穿着打扮、服饰穿戴是任何一个步入社交的人所必须掌握的基本细节。

一、公关人员的服装礼仪规范

在公共关系活动中，公关人员的服装应当与时间、地点及仪式内容相符。与时间相符，主要是指该白天穿的衣服白天穿，该晚间穿的衣服晚上穿；与地点相符，是指要考虑开展活动的地理位置、气候条件以及这个地方民族风俗；与仪式、场合相符，是指要考虑具体活动的内容或氛围。

（1）公关人员无论在什么公众场合，着装都应当保持整洁、挺直，皮革要光亮。穿中山装应当系上领扣和领勾；穿短袖衫下摆不要塞在裤内，长裤不要卷起。在任何公共关系场合，男士都不能穿短裤、背心、拖鞋。女士夏天可以光脚穿凉鞋，如果穿袜子，袜子口不应露出衣裙外面。

（2）公关人员在参加比较重大的公共关系活动时，着装应当正规。在隆重场合，女士最好穿西装或民族服装，衣着与鞋、帽颜色应协调一致，如果穿旗袍则切忌穿黑色的。男士在隆重的公共关系场合一般穿深色西服、礼服或毛料中山装，应注意鞋帽和衣服颜色的协调。

（3）在公众场合，公共关系人员进入室内要摘帽、脱大衣、风雨衣。在室内，男士任何时候都不要戴手套和帽子；在室内，女士的纱手套、纱面罩、帽子、短外衣等作为服装的一部分，可以穿戴。

（4）公关人员在室内不要戴墨镜，即使是在室外比较隆重的公共关系场合，也不应该戴墨镜。

（5）公关人员若在家中或旅馆内接待临时来访的客人，来不及更衣，应请客人稍坐，立即着装，穿上鞋袜，不得赤脚或只穿内衣、睡衣、短裤会见客人。

案例阅读和分析

广州的悦达、力通两家公司进行商务合作谈判。悦达公司的市场部王经理在谈判的当天才匆匆从外地赶回来，因为时间很急，他身穿旅行服，风尘仆仆地进入会议室。而力通公司的与会人员却是西装革履，力通公司的人员看到王经理的穿着，于是就认为悦达公司在管理制度上不是非常严格，甚至对悦达公司的财力产生了怀疑，结果这次会谈没有成功。后来，经过悦达公司的解释和力通公司的进一步考察后，会谈才得以继续进行。

点评：商务谈判等较为正式的场合对着装的要求较高，对于服装的选择不应该忽视。因为服装给人的是第一印象是组织形象的代表。过于随意的着装会让人对谈判的诚意及重视程度产生怀疑，进而影响谈判的结果。

二、公关人员交际形象

（一）优雅的举止

公关人员的行为举止要切合自己的身份、地位、年龄，还要切合自己的思想、气质风度和情景处境。做到优雅得体，不卑不亢。

1. 站立姿势

站姿要给人挺、直、高的感觉。挺，就是要求人在站立时身体各主要部位要尽量放松，头不要下垂，颈不能弯曲，不耸肩，不含胸，不驼背。无论男女都要给人一种挺拔的感觉。直，就是在站立时使脊柱尽量与地面垂直，因为脊柱是人体保持正确站姿的关键部位。但它不是笔直的，在颈、胸、腰等处都有向前或向后的生理弯曲。所以，人在站立时，要微收下颚，胸不稍挺，微塌下腰，使这个生理弯曲表现出来，这样就给人笔直的感觉。高，就是在站立时，尽量使重心提高，身体重心提高，可以给人产生激越、活跃的感觉。要使重心提高，在站立时就不要将腿分得过开。

2. 行走姿势

行走的正确姿势是稳健、轻盈，行如风。行走时，要挺胸抬头，以胸带动肩轴摆动，提腿、膝，脚跟落地，步幅在 71～75 厘米之间。男士以大步为美，女士以碎步为美。

3. 坐的姿势

坐姿要轻、稳、缓。轻，就是落座要轻，坐满椅子的三分之二即可，不要躺在椅子上或沙发上。坐下以后，上身要端正挺直，胸挺起，肩不要下垂，这样给人以精神和稳重的感觉。同时腿要并拢，男性可以跷“二郎腿”，但不要跷的太高，女性可以将小腿交叉；但是无论是男是女，都忌讳将两腿叉开或向前伸直；手不要乱放，更不要托着头，否则显得没精打采。坐累了，可以变换姿势，但是动作要轻，不要太快，幅度要小，更不能频繁地变换姿势。

4. 卧的姿势

社交场合很少用到卧的姿势，必要时必须以侧卧为宜，卧如弓。

（二）礼貌的谈吐

礼貌的谈吐不仅能反映出一个人的修养、涵养，而且能表现出一个人的知识水平和精神世界。在交谈中应注重用文明语言，要注重应用讨人喜爱的交谈方式。

1. 讨人喜爱的交谈方式

在社交场合与人交谈时要做到以下十“不”，即不抢先说话、不议论不在场的人、不与人发生争吵、不谈自己的责任与挫折、不谈别人的缺点和不足、不取笑他人、不议论别人的生理缺陷、不说粗话（不发火、不造谣）、不阿谀奉承、不损害民族尊严。

2. 交谈的技巧

一般而言，交谈时自己发言要注意语气、语调、言辞、表情，更为重要的是还要学会聆听和观察。

（1）**交谈时使用易懂的口语**。口语注重词汇的通俗化，所表达的思想内容和情感心理，常体现出雅俗共赏的特点，更易为大众心理相容。能用好说易懂的口语表达深奥的思想内容和丰富情感的人，往往是社交能力强并受公众欢迎的人，也是真正有语言表达能力和思想水平的人。

（2）**口语要抑扬顿挫有节奏**。口语节奏具有十分强烈、深刻和丰富的表达力，表现在语速快慢、语调的抑扬、语言的轻重高低、音节的长短停顿等，根据表达的需要，交谈时可以对节奏进行恰当调节、控制和安排，以形成口语节奏的协奏旋律。

（3）**交谈时要声情并茂**。言为心声，体表其情。交谈时，除要调动口头语言这个主要语言形式外，还要综合运用其他辅助性语言形式，最大限度地发挥它们的作用，使交谈者声情并茂，口体相辅，便会产生较好的交谈效果。

（4）**善于聆听和观察对方**。交谈是交谈双方或多方共同进行的交流和沟通活动。在交谈中，交谈者之间的关系并不是一致的，一方总是主动地起主要作用，而另一方或多方则是被动地处于次要地位。因此，在交谈中聆听他人是最重要的。聆听可以加深了解和理解；聆听可以加以自我判断；聆听可以决定自己该怎样做或引导别人做自己想做的事情；聆听是给予别人的最大赞美，是人们最希望得到的。

拓展阅读

倾听的技巧

与人交谈时，应时刻记住倾听是谈话的重要技巧。交谈的目的是交流，一定目视对方讲话，而且要让对方明白自己的兴趣所在。聆听本身就是对对方谈话的一种褒奖方式，如果能够耐心专注地倾听对方的谈话，就等于以自己的体语告诉对方："你的谈话值得我如此专注的倾听。"这样就可以无形地提高对方的自尊心和自信心。谈话人会对你产生亲切感，从而拉近心理距离，从而更容易达成交流的目的。倾听有如下几点技巧。

（1）**专心倾听**。当别人与你交谈时，应目视对方，与说话人交流目光，以示专心，还要静听。聆听者可以通过赞许性的动作语言如眼神、点头、手势、适当地发出"哦""嗯"等，表示自己在专心地倾听，从而鼓励对方说下去。一个出色的聆听者具有强大的魅力，他能使谈话者感到自己的重要性，引起对方继续讲话的兴趣。

（2）**适当地情绪投入**。听者应神情专注，应随着说话人情绪的变化而伴之喜怒哀乐的表情，即倾听者宜在对方谈话时注意自己的反馈。否则对方激昂愤慨，你却毫无反应，他就没有情绪说下去了。

（3）**适当地提问或插问**。通过一些简短的提问或插问，暗示对方确实对他的话感兴趣，或启发对方引出你感兴趣的话题。

（4）**学会边听边想**。听比说快，听者在听话过程中总有时间空着等待。在这些时间空隙里，应该回味讲话人的观点、定义、论据等，把讲话人的观点和自己的观点做比较，预想好自己将要阐述观点的理由，设想可能有的介于自己和说话人之间的第三种观点等。

（5）**在聆听时，身体也要像耳朵一样注意听**。注视着讲话者，不要斜着身子。回答时要热心并克制，如果不同意，要克制自己的愤怒和反对意见，以更礼貌的方式表达否定意见。

（三）潇洒的风度

风度是指人的言谈、举止、神态、仪表等方面总的表现和风貌，即人的思想、文化、修养、性格等的外化，它制约着一个人在交往对象心目中形成的印象。风度不是男士的专利。它通过以下几方面显示出来。

（1）**饱满的精神状态**。神采奕奕，精力充沛，自信而富有活力，能激发人的交往动机和热情，活跃交往气氛，使对方获得交往的力量和信心。

（2）**诚恳的待人态度**。真诚无私是做人的根基，在交往中不论对谁，都应有诚恳的态度，平等的精神，一视同仁，公平相待，尊重别人，尊重自己。

（3）**受欢迎的性格**。要强化自己的性格修养，善与自己性格不相同的人交往，做到大方而不轻佻，喜功而不自炫，自重而不自傲，豪爽而不粗俗，刚强而不执拗，谦虚而不虚伪，认真而不迂腐，直爽而不幼稚。

（4）**洒脱的仪表礼节**。一个人风仪秀整，俊逸潇洒，就能产生使人乐于亲近的魅力，这种魅力来自于人的气质和仪态，这是人的内在品格的自然流露。得体的礼仪能使顽梗变柔顺，使人气质风度变得宽厚、平和、善良、洒脱。

（5）**适当的表情动作**。人的神态和表情是沟通人的思想感情的非语言交往工具，是社交风度的具体表现方式。公关人员在面目、声调、体势表情上要努力做到热情友善、温文尔雅、朴实大方、自然得体，只有这样才能表现出合乎礼仪规范的表情动作。

第三节 交往礼仪

案例阅读和分析

有一位先生为外国朋友订做生日蛋糕。他来到一家酒店的餐厅，对服务员小姐说："小姐，您好，我要为一位外国朋友订一份生日蛋糕，同时打一份贺卡，你看可以吗?"小姐接过订单一看，忙说："对不起，请问先生您的朋友是小姐还是太太?"这位先生也不清楚这位外国朋友结婚没有，从来没有打听过，他为难地抓了抓后脑勺想想，说："小姐?太太?一大把岁数了，太太。"生日蛋糕做好后，服务员小姐按地址到酒店客房送生日蛋糕。敲门后，一女子开门，服务员有礼貌地说："请问，您是怀特太太吗?"女子愣了愣，不高兴地说："错了!"服务员小姐丈二和尚摸不着头脑，抬头看看门牌号，再回头打个电话问那位先生，没错，房间号码没错。再敲一遍，开门，"没错，怀特太太，这是您的蛋糕"。那女子大声说："告诉你错了，这里只有怀特小姐，没有怀特太太!"啪一声，门被大力关上了。

点评：在这个案例中，服务员在没有弄清客人婚姻状态的前提下，选择了错误性的称呼，造成客人的强烈不满。在人际交往中，错误性称呼是一定要注意规避的问题。而基于被称呼者的年纪、辈分、婚否以及与他人关系做出错误判断就是一种典型的错误性称呼。

在案例中，这位先生凭推测称呼朋友"太太"。在西方，"女士"是对成年女性的通称，一般冠以她自己而非丈夫的姓名；"夫人""太太"是称呼已婚女性，冠以丈夫的姓名或丈夫的姓以及她自己的名；已离婚的妇女可冠以她自己的姓名或前夫的姓以及她自己的名，而不能仅用前夫的姓；成年而未婚的女子称"小姐"，冠以她的姓名。而对于不了解其婚姻状况的女子可泛称"小姐"或"女士"，已婚的女性被别人称作"小姐"时，会愉快地接受这一"误称"；相反，未婚的女性被别人称作"太太"时，都会格外介意。

一、礼貌用语与称呼礼仪

1. 礼貌用语

与人相见说"您好"；问人姓氏说"贵姓"；问人住址说"府上"；自己住家说"寒舍"；求

人办事说“拜托”；求人协助说“劳驾”；请人解答说“请教”；麻烦别人说“打扰”；接受好意说“领情”；求人指点说“赐教”；得人帮助说“谢谢”；祝人健康说“保重”；向人祝贺说“恭喜”；老人年龄说“高寿”；身体不适说“欠安”；看望别人说“拜访”；请人接受说“笑纳”；希望照顾说“关照”；赞人见解说“高见”；请人赴约说“赏光”；请人谅解说“包涵”；无法满足别人说“抱歉”；等候别人说“恭候”；初次见面说“久仰”；许久不见说“久违”；陪伴朋友说“奉陪”；中途先走说“失陪”；迎接朋友说“欢迎”；请人别送说“留步”；送别朋友说“再会”。

日常社交过程中，下述礼貌用语得到了广泛使用。

（1）问候语：“早上好”“下午好”“晚上好”“您好”。

（2）欢迎语：“欢迎光临”“请多关照”等。

（3）感谢语：“谢谢”“让您费心了”“给您添麻烦了”等。

（4）致歉语：“对不起”“请原谅”“很抱歉”“请稍等”等。

（5）谅解语：“别客气”“不用谢”“没关系”“请不要放在心上”等。

（6）祝福语：“祝您一路顺风”“身体健康”“生活愉快”“万事大吉”等。

（7）告别语：“再见、欢迎下次光临”“欢迎再来”等。

2. 称呼礼仪

称呼是指人们在日常交往应酬时所采用的彼此之间的称呼语，也是当面招呼对方，以表明彼此关系的名称。在社会交往中，如何称呼对方，这直接关系到双方之间的亲疏、了解程度、对对方的尊重程度及个人修养等。一个得体的称呼会令对方感觉良好，为以后的交往打下良好的基础，否则会令对方心里不悦，影响到彼此的关系。在社交、工作场合中常用的称呼总的要求是要庄重、正式、规范。

（1）职务称呼。职务称呼一般在较为正式的官方活动、政府活动、公司活动、学术性活动中使用。以示身份有别，敬意有加，而且要就高不就低，如王总经理、张主任、刘校长等。

（2）职称称呼。对有专业技术职称的人，尤其是有高级职称的人使用，如龙主编、常教授、叶总工程师等。

（3）学衔称呼。在工作中以学衔作为称呼，用以增加被称者的权威性，同时有助于增强现场的学术氛围，如刘博士，也可以在学衔前加上姓名，如张明博士。一般对学士、硕士不称呼其学衔。

（4）职业称呼。在工作中，可以直接以职业作为称呼，如老师、教练、会计、医生等，在一般情况下此类称呼前，均可加上姓氏或者姓名，如刘老师、王教练、李会计等。

（5）泛尊称。泛尊称被社会各界人士在社交中较为广泛地使用，如小姐、女士、太太。未婚者称小姐，已婚者或不明婚姻状况时称女士。男的叫先生。不分男女叫同志。

二、介绍礼仪

介绍礼仪是礼仪中基本的，也是很重要的内容，介绍是人与人之间相互认识交往的第一座桥梁。从礼仪的角度来讲，介绍可以分为自我介绍和为他人做介绍两类。

1. 自我介绍

自我介绍的时间应该限制在一分钟或者半分钟内，介绍的标准化顺序就是地位低的人先做介绍。主人应该首先向客人做介绍；长辈和晚辈在一块儿，晚辈先做介绍；男士和女士在一块儿，男士先做介绍。一般情况下，自我介绍可以分为 5 种模式。

（1）**应酬式**。应酬式的自我介绍适用于某些公共场合和一般性的社交场合，它的对象主要是进行一般接触的交往对象。它的内容就一项，就是你的姓名。如“您好，我是李方。”

（2）**公务式**。公务式的自我介绍内容包括本人姓名、供职的单位及其部门、担负的职务及从事的具体工作三项。这是人们在日常交往和工作中遇到最多的介绍的内容，是在工作之中在正式场合做的介绍。一般而论，公务式自我介绍需要包括以下四个基本要素：单位、部门、职务、姓名，如“您好，我叫张正，是景天电脑公司的销售经理。”

（3）**交流式**。交流式的自我介绍，主要适用于社交活动，它是一种刻意寻求与交往对象进一步交流，希望对方认识自己、了解自己、与自己建立联系的自我介绍。交流式自我介绍的内容大体应当包括介绍者的姓名、工作、籍贯、学历、兴趣以及与交往对象的某些熟人的关系，如“您好，我叫张正，是景天电脑公司的销售经理，是李方的老乡，都是武汉人。”

（4）**礼仪式**。礼仪式的自我介绍，适用于讲座、报告、演出、庆典、仪式等一些正式隆重的场合。它是一种意在表示与交往对象友好、敬意的自我介绍。礼仪式的自我介绍的内容也包含姓名、单位、职务等项，但是还应多加入一些适宜的谦辞、敬语，以示礼待交往对象，如“各位来宾，大家好！我叫张正，我是景天电脑公司的销售经理。我代表公司热烈欢迎各位大驾光临我们的展览会，希望大家……”

（5）**问答式**。问答式的自我介绍一般适用于应试、应聘和公务交往。问答式的自我介绍的内容，讲究问什么答什么，有问必答，如“先生您好，请问您怎么称呼？（请问您贵姓？）”“您好，我叫张正。”

2. 为他人做介绍

为他人做介绍，通常是介绍不相识的人相互认识或者把一个人引荐给其他人，介绍人时要注意以下礼仪。

（1）**掌握介绍顺序**。介绍他人的一般规则是尊者居后，就是把双方之间地位较低的一方首先介绍给地位较高的一方，“尊者有优先知情权”。具体来说：先将男士介绍给女士；先将晚辈介绍给长辈；先将职位低者介绍给职位高者；先将未婚者介绍给已婚者；先将客人介绍给主人：先将家人介绍给同事、朋友。

（2）**在介绍过程中，先称呼女士、年长者、主人、已婚者、职位高者**。例如，在把职位低者介绍给职位高者时，可以以这样说：“于总，这是张秘书。”然后介绍说：“张秘书，这位是王总经理”。当被介绍人是同性别、年龄相仿或一时难以辨别其身份、地位时，可以先把关系较为熟悉的一方介绍给关系较为生疏的一方。经介绍人介绍后，初识的双方就能够自然地交往了，但是一旦发现对方并无继续交往的兴致，有礼貌走开即可，不应显出委屈的样子。

（3）**偶然相遇的介绍，不一定要向对方介绍自己的同伴，除非认为有这个必要，希望他们交往**。如果两个相识的女子相遇，有一个男子与其中一位女子相伴，他应知趣地退到一旁，至多点一下头表示礼貌。

总之，随着现代交往范围的不断扩大，尤其是公共关系人员，关于介绍的礼仪知识是必须掌握的，不然很容易闹出笑话。另外，在别人为你引见某人，并把他介绍给你之后. 你作为被介绍人也应该有非常得体的举止。主动、及时地站在对方的面前，直视对方，待介绍人介绍完毕之后，应与对方握一下手，起码也要点头示意，同时说一些诸如“你好”“认识你很高兴”“幸会”“请多关照”之类的话，也可视情况递上自己的名片。

案例阅读和分析

失败的介绍

小顾有心让朋友老张和自己的新朋友小朱认识，正好一次小朱陪小顾看展览，遇到了老张。小顾马上热情地招呼老张。小顾先对小朱说："这就是我常和你提起的老张，是泥塑高手。"随即对老张说："老张，这是我新认识的朋友，小朱，对泥塑挺有研究的。"人到中年的老张见小朱只是个20多岁的普通青年，不禁感到被介绍给他很丢面子。打个哈哈就走了，不仅没接受小朱这个朋友，小顾也被冷落到一边儿去了。小顾的此番介绍为什么以失败而告终？

点评：介绍他人，又称第三者介绍，它是第三者为彼此不相识的双方进行引见的一种介绍方式。在为他人作介绍时，先介绍谁？后介绍谁，向来都是一个十分敏感的礼仪问题。根据社交礼仪的规范，处理这一问题时必须遵守"尊者优先了解情况的法则"其含义是：在为他人做介绍前，首先要确定双方地位的尊卑，然后先介绍位卑者，后介绍位尊者，这样做，可以使位尊者优先了解位卑者的情况，以便见机行事，在交际中掌握主动权。确保位尊之人拥有"优先知情权"这一法则，有时又称后来居上法则。小顾显然犯了这一法则，老张与小朱相比年龄上应属于长者，根据这一法则，应先介绍年幼者，后介绍年长者，而小顾却正好相反。老张是泥塑高手，小朱是初有研究，老张应为长辈，小朱应为晚辈，根据"后来居上法则"小顾应先介绍晚辈，后介绍长辈，这样好让老张能见机行事。所以小顾此番介绍以失败而告终也不足为奇了。

三、握手礼仪

握手是人们日常交往中最常见的一种见面致意礼节，表示欢迎、致意、问候、寒暄、辞别、祝贺、感谢、慰问等多种含义。

1. 握手的方法

握手时，一般是双方站立，相距一步，各伸出右手，掌心向左，拇指张开，四指并拢，上身略向前倾，眼睛注视对方，面带微笑，手掌与地面垂直，手臂自然弯曲，上下轻摇。握手时，应让对方感到你的诚恳与真挚，不要斜视别处或东张西望，更不可与某人握手的同时，与另一人交谈。握手的方式千差万别，不同的方式体现出不同的意蕴。通过握手，可以了解对方的性格、情感状况、待人接物的态度等。

常见的握手方式有以下几种。

（1）控制式，即握手者掌心向下，以求居高临下。

（2）乞讨式，即握手者掌心向上，以示谦卑与恭敬。

（3）手套式，即握手者双手握住对方的手，以求更加尊重。

（4）死鱼式，即握手者轻漫无力，毫无生机。

（5）蛮横式，即握手者出手力猛，显得鲁莽。

（6）抓指尖式，即握手者出手仅轻点对方指尖，显得清高冷淡。

2. 握手礼仪规范

（1）从握手时间上来看，初次见面者握手时，用时一般以1～3秒为宜。握手一般不宜轻轻一碰就放下，也不可久握不放。

（2）从仪态上来说，男性握手时应脱去手套，握手完毕不可当面擦手，握手不可跨着门坎或隔着门坎，不可东张西望，不可手指捏捏点点，不可出示不干净或湿的手，不可左手去握。

（3）在力度上，既不能有气无力，也不能握得太紧。太轻，会被别人认为你傲慢冷漠或缺乏诚意；太紧，会让人感到热情过火，粗鲁轻佻。

（4）在次序上，一般遵循先同性后异性、先长辈后晚辈、先已婚者后未婚者、先主人后客人、先贵宾后一般宾客、先职位高后职位低者的原则。握手时，要体现对女士、长辈、主人、上级的尊重。与女性握手要晚出手（即等女性先伸手）、手轻时短；与长辈、上级或贵宾握手时，也要晚出手（即等对方先伸手）、快步趋前、酌情问候，不要久握不放；同辈同性间以同时伸手者为有礼。

案例阅读和分析

傲慢的握手

陈刚去某贸易公司应聘，招聘主管是个女士。因为事先看过陈刚的简历，女主管觉得陈刚很有实力，认为他是个人才。面试进行得很顺利，陈刚给女主管留下了很好的印象。面试结束时，女主管热情地伸出右手，说："小伙子，表现不错！"陈刚赶忙伸手相握，他手心朝下，像铁钳一般握住女主管的手。女主管面露微妙的惊异之色。她想：这个小伙子太傲了。陈刚就这样被女主管从新员工名单中划掉了。陈先生为何最终失败了？

点评：陈先生在社交礼仪中握手的注意事项没有注意到力度及手位的掌握。陈刚在手位和力度上都有不到位的表现，特别是对女士的交往中，握手力度过大会给人不舒服的感觉，所以在与女士握手时一定要注意手位、力度、时间。

四、名片礼仪

名片是经过设计能表示自己身份、使用交往和开展工作的卡片。名片即能用白色纸张印刷，也可用彩色纸张印刷。名片上一般印上姓名、职称、职务、工作单位、联络电话等，还有的名片上印有业务范围、社会兼职等内容。在业务往来和社交场合，人们已经越来越离不开名片了。为了让名片发挥更大作用，人们总结了一些在社交场合递送和接受名片的基本礼仪。

（1）**递送名片时机要恰当**。一般在双方交谈得较融洽有表示建立联系之意时，双方告辞时，顺手取出名片递给对方，以示有意结识对方并保持联络。

（2）**递送时，双目正视对方**，不可目光游离不定或漫不经心，要使名片正面朝向对方，用双手或右手递送给对方，并说相应的寒暄语，如"请多关照""请笑纳"等。

（3）**接受时，要目视对方，用双手或右于接过，态度恭敬，并点头致意**。接过后，要认真阅看一下以示敬重和有兴趣，可以说些表示客气的话"深感荣幸"等。看过后，郑重放入口袋或名片夹或其他适当地方，切不可一眼不看地随手置于一边，或随意扔于桌上或其他地方，也不可随意在手中玩弄。

案例阅读和分析

某公司王经理约见一个重要的客户方经理。见面之后，客户就将名片递上。王经理看完名片就将名片放到了桌子上，两人继续谈事。过了一会儿，服务人员将咖啡端上桌。王经理喝了一口，将咖啡杯子放在了名片上，自己没有感觉，客方经理皱了皱眉头，没有说什么。

思考：客方经理皱眉头说明了什么？

第四节　活动礼仪

诸如接待、拜访、会议、宴请、开业典礼、赠送礼品等公关活动中都涉及礼仪问题，本节简要介绍几种常规公共关系活动需要注意的礼仪规范。

一、接待、拜访礼仪

接待和拜访是公共关系人员在公共关系活动中的一项经常性的工作。公共关系人员在接待和拜访中的礼仪表现，不仅关系到其本人的形象，而且还涉及其所代表的组织形象。因此，接待礼仪和拜访礼仪历来受到重视。

（一）接待礼仪

接待中，一般要注意以下几个礼仪问题。

1. 接待对等

在接待来宾之前，公共关系人员事先要了解来宾的背景资料，如年龄、性别、身份、来访目的、来访时间长短及其工作内容等，确定迎送规格，并根据背景资料，按照与客人对口、对等的原则，确定级别相当的人员或组织出面迎送。如果由于其他原因，级别相当的人员或组织不能出面，可灵活变通为职位相称者或副职人员代替，但要向客人解释，说明原因，表示歉意。

2. 迎送恭敬

迎接客人时，迎接人员应提前到达飞机场、火车站或轮船码头等候；送别客人时，无论是在门口还是在机场、码头、车站，都要待客人走远或在交通工具启动后挥手道别。送行时接待人员应根据情况或陪同前往，或在客人登机、上车、上船前到达指定地点，如果有仪式则应于仪式前到达。

对来访者，接待人员一般应起身握手相迎，对上级、长者、客户来访，应起身上前迎候。对于同事、员工，除第一次见面外，可不起身相迎。

3. 认真倾听

公共关系人员不能让来访者坐冷板凳。如果自己有事暂不能接待来访者，应安排秘书或其他人员接待客人，不能冷落了来访者。要认真倾听来访者的叙述，组织间的往来是“无事不登三宝殿”的，来访者都是为了谈某些事情而来，因此应尽量让来访者把话说完，并认真倾听。

4. 明确表态

公共关系人员对一时不能回答的问题，要约定一个时间再联系；对能够马上答复的或立即可办理的事，应当场答复，迅速办理，不要让来访者无谓地等待或再次来访。对来访者的意见和观点不要轻率表态，应思考后再答复，这也是对来访者的一种负责任的态度。

5. 礼貌婉拒

公共关系人员对来访者的无理要求或错误意见，应有礼貌地拒绝，不要刺激来访者，避免使其尴尬。

6. 委婉结束

公共关系人员如果要结束接待，可以婉言提出借口，例如，“对不起，我要参加一个会，今天先谈到这儿，好吗？”等，也可用起身的体态语言告诉对方就此结束谈话。

（二）拜访礼仪

拜访客户时一般要注意以下礼仪问题。

1. 约定时间和地点

公共关系人员应事先打电话说明拜访的目的，并约定拜访的时间和地点。不要在客户刚上班、快下班、异常繁忙、正在开重要会议时去拜访，也不要在客户休息和用餐时间去拜访。

2. 做好准备

公共关系人员应事先阅读拜访对象的个人和公司材料，准备拜访时可能用到的材料，注意穿着与仪容，拜访前检查各项携带物是否齐备（名片、笔和记录本、电话本、磁卡或现金、计算器、公司和产品介绍、合同等），明确谈话主题、思路和话语。

遵守时间，不得迟到是社会交往中极为重要的礼貌。出发前应与客户通电话确认一下，以防临时发生变化；应选好交通路线，算好时间出发，确保提前 5～10 分钟到达；到了客户公司门前，应再次整理着装；如提前到达，不要在被访公司门前溜达。

3. 见面礼仪

公共关系人员进入室内要面带微笑，向接待人员说明身份、拜访对象和目的，从容地等待接待人员将自己引到会客室或受访者的办公室；如果是雨天，不要将雨具带入办公室；在会客室等候时，不要看无关的资料或在纸上涂画；接待人员奉茶时，要表示谢意；等候超过一刻钟，可向接待人员询问有关情况；如果受访者实在脱不开身，则可留下自己的名片和相关资料，请接待人员转交。

4. 会谈礼仪

公共关系人员见到拜访对象后，首先应问候、握手、交换名片；当客户请人奉上茶水或咖啡时，应表示谢意；公关关系人员在与拜访对象会谈时，要注意称呼、遣词用字、语速、语气、语调；会谈过程中，如果没有急事，不能打电话或接电话；要注意观察接待者的举止表情，适可而止，当接待者有不耐烦或为难的表现时，应转换话题或口气；当接待者有结束会见的表示时，应立即起身告辞。

下面的二维码是周思敏《你的礼仪价值百万之社交礼仪》讲座《拜访与接待礼仪》的视频，读者可以进一步了解相关知识。

二、会议礼仪

会议本身是各种人员交流、沟通、认识、了解的场所，会议的交流主要是会议内容本身，而要开好会议则要讲求会务礼仪。

1. 会议准备

在会议准备阶段，一般需要关注的礼仪问题有以下几项。

（1）**会议通知**。公共关系人员要根据会议的主题和会议步骤（议程、程序、日程等具体内容），拟定与会人员名单或范围，拟定并及时寄发会议通知。

（2）**会场选择**。会场应大小适中。会场的地点选择要合理，方便与会人员参加会议。会场内的照明、通风、卫生间、电话、服务、音响等设备要一应俱全。会场附近应设有停车场，便于与会人员交通工具的停放。

（3）**会场布置**。会场布置的气氛要根据会议的性质来确定。一般有隆重庄严、喜庆热烈、和谐亲切等形式。会场布置时要有相应标语、会标、花卉、彩灯等用以烘托气氛。会场形式要根据会议规模与性质，可以采用圆桌式、方桌式、“口”形式、“U”形式等样式。座次排列，包括主席台座次和其他与会人员座次，可按汉字笔画式、地理位置式、行业系统式等排列。

2. 会议进程

在会议进行当中，一般需要注意的礼仪问题有以下几项。

（1）**迎接与会人员**。根据会议性质、规模及参会人员的情况，有关人员要分赴车站、机场、码头迎接与会人员。

（2）**生活安排**。会务人员要热情引领参会者签到，然后将参会者分送到相应住处并告之会议事项。

（3）**会场服务**。会场服务如茶水供应、会议记录、接转电话等要由专门人员处理，并遵守会议纪律。

（4）**会议结束工作**。按照会务预先安排，调派车辆送与会人员离开。

案例阅读和分析

座次的风波

某分公司要举办一次重要会议，请来了总公司总经理和董事会的部分董事，并邀请当地政府要员和同行业重要人士出席。由于出席的重要人物多，分公司领导决定会议时用U字形的会议桌。分公司领导坐在位于长U字横头处的下首，其他参加会议者坐在U的两侧。当天开会时，贵宾们进入会场按安排好的座签找到了自己的座位就座。当坐在横头桌子上的分公司领导宣布会议开始时，这时会议气氛有些不对劲，有些贵宾相互低语后借口有事站起来要走，分公司领导人不知道发生什么事或出了什么差错，非常尴尬。

点评：分公司的领导失礼之处在于分公司的领导应该坐在U字的侧面，而让最重要的领导坐在U字的横头处。

三、宴请礼仪

宴请是公共关系工作中最常见的交际活动形式之一，宴请是为了达到欢迎、祝贺、答谢、饯行等目的而举行的一种餐饮活动。各个国家和民族往往根据自己的特点与习惯，根据活动的目的、对象以及经费开支等因素举办不同形式的宴会。

1. 宴请的时间地点安排

在确定宴请的时间和地点时，应注意以下礼仪：宴请的时间应对主、客双方都合适，尤其要注意尊重对方的风俗习惯，避免有禁忌的日子和时间；宴请外宾时，宴会日期最好不要订于周末或假日；被邀宾客中，如有宗教教徒，应查明他们的宗教习惯；请柬一般提前一至二周发出，以便被邀请人及早安排。

在与主客商定宴会时间后，应即择定地点。地点一般离市区不宜太远。注意宾客中，是否有人需备车辆接送。还要考虑到宴会场所应有休息室，用作宴会前后谈话之用。

2. 宴请的桌次安排

传统中主位的位置，在面向上讲究坐北朝南。由于现代建筑风格的变化或多样化，人们便习惯于把面对门的位置定为主桌，故宴请中主座的位置即面向餐厅正门的位置。

桌次高低以离主桌位置远近、左或右而定。如有国外来宾，宜按右尊的国际惯例布置；如无国外来宾，宜按中国传统的左尊排序。桌数较多时，要摆桌次牌，这样既方便宾主，又有利于管理。

宴会可以用圆桌，也可以用长桌或方桌。一桌以上的宴会，桌子之间的距离要适当，各个座位之间也要距离相等。团体宴请中，桌子的排列一般以最前面的或居中的桌子为主桌。只有两桌的小型宴会，可根据餐厅具体情况横排或竖排。

3. 宴请的座位安排

正式宴请，一般均排座位，座位高低以离主宾的座位远近而定，有时也只安排部分客人的座位，其他人只排桌次或自由入座。但要在入席前通知到每一个出席者，现场还要有人引导。

安排次序以礼宾次序为主要依据。我国习惯按宾客本身职务排列，以便交谈和餐饮。假如外宾携夫人出席，通常把女方安排在一起，即主宾位于男主人右上方，其夫人坐在女主人右上方。按国外习惯，主桌上男女掺插安排，以女主人为准，主宾在女主人右上方，主宾夫人在男主人右上方。

在具体安排席位时，除根据上述基本规则外，还要充分考虑其他实际情况。例如，客人之间如果关系紧张，安排座位时应尽量避开。而对身份大体相同或从事同一专业者，可安排在一起。

无论采取哪种办法，都要事前通知出席人，使之心中有数，现场要有人引导。排座次的宴请应事先放置桌次牌、座位卡。我国举办宴会时，牌卡的中文在上，外文在下。无需排座次的宴请对座位也要有个大致的安排。

座位安排是公共关系宴请礼仪的一项重要内容。实际工作中不仅宴请要安排，会见、谈判、迎送客人乘车等活动也需要安排符合礼仪规范要求的座位顺序。

案例阅读和分析

某公司的业务员小陈有一次去北方的一个城市出差。事情谈完后，对方在城内一家有名的餐厅请小陈吃饭。小陈一进餐厅，主人便殷勤地将他带到“上座”坐。保守的主人认为将客人安排在“上座”是他义不容辞的最大礼貌与义务。然而时值炎热的夏季，此“上座”是离冷气最远的座位，小陈为了满足主人招待周到的愿望，不得不坐在“上座”忍受着热的煎熬，虽难受也不好说。

很快酒菜上来，这里的人招呼客人有劝酒的习惯。像北方有些地方一样，只要主人敬酒，你就不能不接受，不管客人的酒量如何，凡是有敬就必须喝，才算是符合传统的礼节。酒量是因人而异的，过量人就受不了。小陈一再解释自己不会喝酒，却敌不过热情的主人，不得不一杯又一杯，忍受痛苦喝下去。足足半斤“五粮液”下肚，刚一出餐厅的门口，就趴在路边的栏杆上“喷涌而出”，休息了好几天才缓过劲来。之后再回想起这次作客，小陈只觉得是一场活受罪，丝毫谈不上什么愉快的享受。

点评：作为主人，光有热情好客的心还不够，要能让客人在感受到你的情意的同时，觉得轻松舒服，不受拘束，才是真正尽到了主人的责任和义务。

四、商务礼仪

1. 开业典礼

举行开业典礼时，要注重“热烈、隆重、节俭”原则。公共关系人员在安排活动时要符合以下礼仪规范的要求。

（1）**场地布置的礼仪规范要求**。举行开业典礼的场地一般应设在开业项目的门口。现场布置应表现喜庆感和热烈感。会场应悬挂“××庆典”的会标，会场两边应该摆放来宾赠送的花篮，四周悬挂彩带、灯笼等。大型开业典礼，应配有乐队或号鼓队、欢乐队和花鼓队。

（2）**开业典礼发言的礼仪规范要求**。开业典礼开始时，由主持人先简短致辞，介绍庆典项目并对来宾表示感谢。然后上级领导和来宾可在会上致辞祝贺。发言前后应播放或演奏乐曲，领导来宾发言后可由鲜花队向发言者献花。

（3）**参观座谈的礼仪规范要求**。开业典礼完毕，应安排客人参观庆典项目的主要设施。以融洽与同行的关系，也可以与同行进行短时间的座谈，或请来宾在留言簿上签名。

（4）**欢送客人的礼仪规范要求**。开业典礼结束后，项目领导和员工应站在门口欢送客人离开。还可准备一些印有开业典礼字样的纪念品，赠送给客人作为纪念

2. 剪彩礼仪

组织的剪彩仪式要达到隆重而又热烈的效果，公共关系人员就要在以下剪彩仪式的环节上按照礼仪规范的要求进行安排。

（1）**参加者入座**。在这个环节中，应先由工作人员组织其他一般参加者坐好或列队，然后再引导贵宾上主席台就座。

（2）主持人在宣布剪彩仪式开始后，应鼓掌向与会者表示谢意，也可以由主持人向到会者介绍参加剪彩仪式的领导、负责人与知名人士，并向他们表示谢意。

（3）**简短发言**。在这个环节中，应先由剪彩项目的负责人发言，介绍此次剪彩项目的宗旨等。然后，可安排其他有关部门人员做祝贺性的发言。

（4）**剪彩**。剪彩者一般由上级领导、社会知名人士或建设者当中的劳模担任。剪彩时，主席台上的工作人员一般要和剪彩者保持1～2米的距离。待剪彩完毕后，剪彩者要转身向四周群众鼓掌致意。

3. 签约礼仪

签约礼仪在商务活动中是一个重要仪式，组织出席签约仪式的人员要在礼仪上注意以下要点。

（1）**注意遵守时间**。出席签约仪式的人员要按照规定的时间准时到场，不能迟到；仪式尚未完毕，不应擅自离开，如果有紧急事务，应向对方说明并表示歉意。

（2）**注意座位的安排**。签订协议通常使用长方形、椭圆形或圆形的桌子，宾主相对而坐。在座位的安排上，应以正门为准。主人坐在背对门一侧，客人面向正门；主签人居中，其他人员按礼宾顺序左右排列。

（3）**注意谈话礼节**。出席签约仪式的人员讲话时要注意留给对方发表意见的机会，要善于聆听对方的谈话，不轻易打断别人的发言。在相互交谈时，应目视对方，以示专心。

（4）**注意服饰整洁**。出席签约仪式的人员，不管穿何种服装，都应注意整洁和挺括。

五、沙龙礼仪

沙龙是人们在室内进行的专门的社交性聚会。沙龙对公共关系人员来说非常重要，它是公共关系社交活动的主要形式之一。它以其形式自然、内容灵活、品位高雅，可以使渴望友谊、注重信息的人们，既正规而又轻松愉快地与其他人进行交往的特点，倍受公共关系人员的青睐。

（一）交际型沙龙

交际型沙龙主要的目的是为了使参加者之间保持接触，进行交流。因此，它的具体活动形式可以灵活多样。平时公共关系人员经常有机会参加的座谈会、校友会、同乡会、聚餐会、庆祝会、联欢会、生日宴会、节日晚会、舞会等，实际上大多属于交际型沙龙。

1. 举办交际型沙龙的方法和要求

在通常情况下，交际型沙龙的地点、时间、形式、主人和参加者，均应事先决定。它可以由一人发起、提议，也可以由全体参与者群策群力，共同讨论、决定。

（1）举办交际型沙龙的地点，应当选择条件较好的某家客厅、庭院或是宾馆、饭店、餐馆、写字楼内的某一专用的房间。它至少应当做到面积大、通风好、温度适中、照明正常、环境优雅、没有噪音、不受外界的其他任何干扰。

（2）举办交际型沙龙的时间，一般应为2～4小时。在具体执行上，则不必过分地“严守规章”。如果大家意犹未尽，那么将其适当地延长一些是可以的。通常，为了不影响正常工作，交际型沙龙以在周末下午或晚间举行为好。

（3）交际型沙龙的参加者，大体上应当事先确定好。在某些较为正式的交际沙龙上，参加者彼此之间相识者居多。唯有如此，才有助于大家多交流，少拘束。沙龙的既定参加者，按规定可以携带家人或秘书出席。此外，临时邀请其他人同往，则是不适宜的。

2. 参加交际型沙龙的基本礼仪

参加交际型沙龙，要注意以下几项基本礼仪。

（1）要恪守约定。所谓恪守约定，就是要求公共关系人员在参加沙龙时，遵守时间，按时赴约。不得无故迟到、早退或是失约。参加交际型沙龙，通常不宜早到。准时到场或迟到三、五分钟，是比较规范的。万一临时有事难以准点到达，或不能前往，需提前通知主人，并向大家表示歉意。迟到太久了，一定要向主人和大家说“对不起”。

（2）尊重妇女、长者。妇女是人类的母亲，长者是大家的前辈，鉴于这种原因，公共关系人员在包括交际型沙龙在内的一切社交场合，都要主动自觉地尊重、照顾、体谅、帮助、保护妇女和长者，并积极地为其排忧解难。例如，不应当在妇女、长者面前说“脏”字；不允许与妇女、长者动手动脚，打打闹闹；行走时，应请其优先；就座时，应让其为尊；携带物品时，应为其代劳等。

（3）体谅主人。体谅主人，就是要求公共关系人员在参加沙龙活动时，应当设身处地时时处处多替主人着想，并尽力对其伸出援助之手，干一些力所能及的事。至少应该做到不为主人忙中添乱，雪上加霜。参加沙龙之初，不要忘了先去向主人问候一下。在沙龙举办期间，可以找机会向主人询问一下“我能做一些什么”。在沙龙结束时，在向主人道别之后，方可告辞。要主动与他人进行交流。可以主动地同身边的人进行攀谈，可以旁听他人的交谈，也可以加入他人的交谈。有可能的话，应扩大自己的交际范围，结识更多的新朋友。

要善于向他人学习和请教。特别是参加专题性交际型沙龙时，应当记住两条准则：一是应当以学习“取经”为主要目的，公共关系人员应当多听、多记、多向别人请教；二是应当避免争强好胜，公共关系人员与他人交谈、交流、发言时，应当三思而行，出口谨慎。

（二）休闲型沙龙

休闲型沙龙与交际型沙龙相比，同样也具有社交的功能，只不过休闲性、娱乐性相对来说较为突出罢了。**有一位颇有成就的西方大企业家曾经说过：“我的成功，主要不是来自谈判桌上，而是来自乡间别墅或是在俱乐部里同对手的友好接触”。他的话，对休闲型沙龙的功能，做了最通俗的正确表述。**

公共关系人员在休闲型沙龙中应当表现得会玩。所谓会玩有两重含义：一方面指玩的技巧高；另一方面则是指会玩的内容多。而在玩的内容的选择上，应该注意既高雅脱俗，又适合于使人轻松、愉快。总之，是要好玩又会玩，而且还要力争做到大家大都会玩。一般来讲，打桥牌、下象棋、打网球、打高尔夫球、游园联欢会、远足郊游、俱乐部聚会或是举办小型音乐演奏会，都是休闲型沙龙宜于优先选择的玩的内容。

有经验的公共关系人员都懂得：该工作时就要工作，该休息时就要休息；不懂得休息，就不懂得工作。因此，参加休闲型沙龙时，切勿忘记应当以“休闲”为主，以“交际”为辅，不要将二者倒置。否则，既会败坏他人的雅兴，又会令人侧目。

六、舞会礼仪

舞会，又称交际舞会。它是指以参加者自愿相邀共舞为主要内容的一种社交性集会。在公共关系交往中，舞会一向被视为一种轻松、愉快的重要的社交联谊活动。在优美的乐曲、美妙的灯光、高雅的舞姿的相互衬托之下，公共关系人员不仅可以从容自在地获得自我放松，而且还可以联络老朋友，结识新朋友，进一步扩大自己的交际面。因此，公共关系人员有必要对舞会礼仪有所了解。

（一）舞会举办的时间

在一般情况下，公共关系交谊舞会可以单独举办，也可以作为宴会、晚会的压轴节目。比较而言，单独举办舞会显得更加正式一些。根据惯例，舞会应当安排在晚间举办。每场舞会的具体时间长度，一般以两个小时左右为宜。普遍认为，晚上 7 点至 9 点，或者 8 点至 10 点，是最适合举办舞会的时间。没有特殊的原因，一场正规的交谊舞会不宜长于四个小时，而且也不应当延续到子夜时分。

（二）舞会参加的人员

组织一场舞会，必须对具体的参加人员进行精心的选择。一般而论，参加舞会的人员大致分为三个部分：一是来宾，二是主人，三是工作人员。决定来宾的名单后，应提前向对方发出正式的请柬。根据惯例，邀请每位来宾时，须同时请其再邀请一位异性一同前来。之所以这样做，主要是为了确保舞会的全体参加者在性别上大体保持比例的均衡。

任何一场正式的交谊舞会，都必须有一位名义上的主人，即主持人。较为正式的舞会上，通常需要由一位经验丰富、具有组织才能的人士充当舞会主持人。在一般情况下，主持人应由女士担任。在家庭舞会上，女主人则是其最佳人选。主持人的主要任务，是注意控制、调整场内的情绪，使舞会始终保持欢快、热烈的气氛。舞会的工作人员，主要包括礼宾人员、接待人员、安全保卫人员、舞曲演奏人员、音响与灯光工作人员等。工作人员应由青年男女组成，并穿着统一的服装或佩戴统一的标志，他们的职责一是迎送接待来宾，二是为来宾提供必要的服务，三是邀请单身前来的嘉宾共舞，四是为遭到异性纠缠的客人“排忧解难”。

（三）舞会临场表现

参加舞会时，不论自己身为主人还是身为来宾，临场的表现都要合乎礼仪。

1. 注意服饰仪表

参加舞会前，必须使自己的着装干净、整齐、美观、大方。通常不允许戴帽子、墨镜，或者穿拖鞋、凉鞋、旅游鞋。男士可以穿西装，女士可以穿裙装，有条件的话，可以穿格调高雅的礼服、时装。在一般情况下，不宜穿外套、军服、工作服，穿着的服装不宜过透、过露、过短、过紧，防止动不动就有可能令自己“春光外泄”，这样既不庄重，也不合适。与此同时，人人都要修饰仪表。男士应该梳理好头发，剃去胡须；女士则应当在做好发型的同时，进行认真的化妆。化妆需美观、自然、允许化得浓烈一些，但切勿搞得怪诞神秘、令人咋舌。大家都要剪短指甲，最好提前洗一次澡。

2. 邀约舞伴要得法

在舞会上，通常应由男士主动邀请女士，但女士可以婉拒。女士也可以邀请男士，但男士不得予以拒绝。同性一般不宜共舞。在舞会上，头一支舞曲必须同自己约请参加舞会的异性共舞。此后，即应通过交换舞伴，扩大自己的交际范围。一般来说，只能请一位异性舞伴跳一支舞曲。邀请舞伴时，要征得其同意。不要让对方勉强，更不能争抢舞伴或是跳舞中途换人。

3. 舞中要尊重异性

在舞会上遇到熟人或与某人结识，要争取邀请对方或与其一同参加舞会的异性共舞一次。来宾最好请一次主人，主人则务必请一次重要的来宾。最好不要回绝他人的邀请。非做不可时，应当婉言相告。与他人共舞时，言行一定要检点，不可失敬于对方。在跳舞时，男女双方都不应当目不转睛地凝视对方，男士也不要把女士的手握得太紧，不可把整个手掌心向内地全贴在女士的腰上，不要在旋转时把女士拖来拖去。女士不要把两手套在男士的脖子上，也不要把头部依靠在对方的肩上。在舞会上不允许脸贴、胸贴、腹贴地跳“三贴舞”。在跳舞时，应注意不要踩踏舞伴或碰撞舞伴，若因自己的不慎踩踏、碰撞了舞伴，均应当主动向其道歉。舞曲毕，男士应将女士送回原处，并向其道谢。

4. 舞姿要有美感

在跳舞时，舞姿应力求赏心悦目。在预备时，双腿站直，身体要端正。在跳舞时，通常均为男士领舞。领舞者与伴舞者之间不宜相距过近，在胸部应有30厘米左右的间隔，以维护各自的人格尊严。人们在跳舞时，大都是领舞者左臂弯曲举起，掌心向上，轻握住伴舞者的右手；右臂前伸，右手轻轻地扶对方的左侧腰部。伴舞者则右臂曲举起，手指并拢，手掌掌心向下置于领舞者手中；左手手指并拢，轻放于对方的肩部。双方应脸部相对，眼光各自从对方的右肩上部向前平视。在旋转时，自己膝盖须自由放松，步伐不要超过本人平时的自然跨度，旋转的轴心要放在迈出去的脚上，上身要略向外倾。在跳舞期间，双方的表情应当自然而活跃，切勿过于凝重呆滞，或者面露忧烦、痛苦之状。

七、赠送礼品礼仪

礼品，泛指在公共关系交往中为了表达对对方的尊重、友好与敬意而特意相赠的物品。通常认为，在公共关系交往中向对方赠送适当的礼品，可以表达对对方的心意，从而增加双方的理解，增进双方的友谊。我国民间所说的“千里送鹅毛，礼轻情意重，”所表达的就正是这层意思。

（一）礼品的选择

礼品的选择应当突出“对象化”。所谓“对象化”，是指礼品的选择应当围绕着受赠对象来进行，应当使之具有适合受赠对象某种需要的独特的针对性，这样才会使之更好地发挥作用。强调礼品的选择应以受赠对象为重，一般应具体体现以下三点。

1. 明确关系。

要明确彼此之间关系的现状如何。具体关系具体对待，有所区别。例如，把一支红玫瑰送给自己的夫人或女朋友，可借以表达自己浓浓的爱意，但要把它送给一位普通关系的异性朋友，可就不大对劲了，因为玫瑰象征着爱情，是世人皆知的。

在和人交往中，选择礼品的余地要大一些。例如，对知识分子，可选购工艺美术品、文房四宝之类；给老年人送礼，可送方便老人生活和祝愿长寿的礼品；给同事、同学送礼，可选一些利于工作、促进学习、激励成才的名言字幅、参考书籍以及土特产等。现在流行一种高雅的礼品时尚鲜花，不论什么场合，送上一束鲜花，都会给受礼者一种美好、温馨的感受。接亲朋远方归来，送紫藤花，此花夜夜含苞，每朝开放，大串的花朵儿摇曳多姿，热情好客；迎接英雄战士归来，以送红棉花最为敬重，红棉花是英雄的象征；如恋人、夫妻分别，送上一束芍药，表示惜别；初恋之人送上一枝红蔷薇表示初恋之意；求婚送一束玫瑰，回赠玉兰表示赞同；夫妻闹矛盾后重归于好，送一枝合欢花，意为团圆；当爱情受到挫折时，送一枝秋海棠，表明苦恋。南宋诗人陆游的母亲逼着陆游与唐婉离婚，唐婉无奈别离，心里十分痛苦，就送一盆秋海棠给陆游，作为思念之物，唐婉称其为“断肠红”，陆游称为“相思红”。因此，礼品不一定多贵重，而应是一些物美价廉、实用、有一定纪念意义的东西。

2. 了解对方

要了解受赠对象的兴趣爱好。俗语说：“酒逢知己千杯少，话不投机半句多。”选择礼品，其实也完全一样，如果所赠礼品适应了受赠对象的兴趣与爱好，它的实际作用可能会倍增。相反，则恐怕会受到冷遇，甚至可能会被打入冷宫。例如，若是把一块珍藏已久的古墨送给一位擅长书法的老人，没准会让对方受宠若惊；然而要是把它送给一个不识文墨的人，那就“驴唇不对马嘴”，没有任何意义了。

3. 尊重对方

要尊重受赠对象的个人禁忌。禁忌，即因某种原因而对某些事物所产生的顾忌。对受赠对象的个人禁忌，应当从两个方面来加以理解。一方面，它是纯粹由于受赠对象个人理由所造成的禁忌。例如，向一位刚刚中年丧妻的男士赠送情侣帽、情侣衫，必定会令其心头泛起悲感；把一瓶茅台酒送给一位历来滴酒不沾的长辈，也绝不会受到欢迎。这些都属于触犯了个人禁忌的情况。另一方面，它是指由于风俗习惯、民族差异、宗教信仰以及职业道德等所造成的个人禁忌。有时，这方面的禁忌也称公共禁忌。举例来说，在我国民间，一般讲究不能把“终”发音相同的钟送给上了年纪的人。在西方，赠送礼品的具体数目绝不可以是“13”。在世界各国，都不允许把现金、有价证券以及价格昂贵之物送给并无私交的在职的政府官员。如此种种，都源自公共禁忌。

（二）赠送礼品的方式和时机

一般来讲赠送礼品的具体形式可当面赠送，也可托人赠送。当面赠送，即亲自将礼品面交对方；托人赠送，即委托第三者代替自己将礼品送达受赠对象手中。

赠送礼品的时机大有讲究。赠送礼品，只有选准了适当的时机，方能双方皆大欢喜。在一般的人际交往中，以下时机都是适宜的：①应当道喜之时，如当亲友结婚、生育的时候，均可赠送适当的礼品向其道喜；②应当道贺之时，当他人升学、晋级、乔迁、出国、事业取得成功或是过生日、过节日时，可以以礼道贺；③应当道谢之时，受到他人关心、照顾、帮助之后，可在适当的时机，以礼品相赠，略表谢意；④应当鼓励之时，交往对象身处逆境之时，均可通过赠送礼品的方式以资鼓励；⑤应当慰问之时，若关系密切之人遇到困难、挫折或是患病卧床，可以赠送适当的礼品表示慰问；⑥应当纪念之时，久别重逢、参观访问、临行话别之际，也可以赠送礼品，以为纪念。应当说明的是以上六个时机仅仅是送礼的良机，但是送礼应当少而精，并非逢此时机，都得送礼不可。

下面的二维码是礼仪专家靳斓的讲座《商务往来中的礼品礼仪》的视频，读者可以进一步了解相关知识。

八、使用电话礼仪

正确地利用电话完成公共关系任务，并不是每一个会打电话的人都能做到的，要正确地利用电话，不只是要熟练地掌握使用电话的技巧，更重要的是要自觉维护自己的“电话形象”。要做到这一点，必须在打电话、接电话以及使用移动通信工具时，自觉自愿地做到知礼、守礼、待人以礼。

1. 打电话

做好打电话前的准备。首先，打电话应有思想准备，要有高度的责任心和认真而耐心的态度；其次，要考虑好通话的大致内容，如果怕有遗漏，则应事先写出来以备忘；再次，要在电话机旁备有常用电话号码表和做电话记录的笔和本。

拓展阅读

打电话礼仪示例

电话拨通后，应先说一声：“您好！”然后问一声：“这里是××单位吗？”得到明确答复后，再自报家门，“我是××单位××人。”然后报出自己要找的人的姓名。例如下列。

甲：“您好！这是××公司吗？”

乙：“正是。”

甲：“我是××公司的李俊，麻烦您找赵民小姐听电话，谢谢！”

乙：“请稍候。”

如对方告知“××不在”时，切不可“喀嚓”一下就挂断电话，而应说“谢谢，我过会儿再打。”或“如方便，麻烦您转告××，请告诉她回来后给我来个电话，我的电话号码是××××”等。如电话号码拨错了，应向对方表示歉意，说声“对不起，我拨错号了。”切不可无视地挂断电话。如要求对方做电话记录，应有耐心，别一再催促。打电话时，声音不要太大，也不要太小，说话要富有节奏，表达要清楚，简明扼要，吐字清晰，声音自然，切忌矫揉造作，嗲声嗲气。

给单位打电话应避开快下班的时间；居家打电话应避开早晨太早、午睡及夜晚太晚的时间。打电话结束时，应以“再见”结束通话。

2. 接电话

一般铃声一响，就应及时接电话。如铃声响过四次以上再去接，应说声“对不起，让您久等了。”一般拿起话筒后的说话程序是这样的，比如，“您好！这是××公司×部。我是王总的秘书××，需要我帮忙吗？”听电话时，应注意说些“是”“好”之类的话语呼应，让对方感到你在认真听，不要轻易打断对方的说话。

如果对方不是找你，那么你应礼貌地请对方“稍候”；如果找不到听电话的人，你可以主动提供帮助，如“需要我转告吗？”如果需要把电话打到别的部门、科室，可以说“您要找的人在××部门，请您再拨一次电话或××部门电话号码是××。”对方若要求记录，应马上进行记录，记录完毕后，最好重复核对一遍，以免遗漏。

通话完毕，应等对方挂机后再挂，不要对方话音未落就挂断电话。挂电话声音不要太响，以免让人产生粗鲁无礼之感。接电话时，如果中途有事，必须走开一下，时间不应超过 30 秒，而且应恳请对方原谅。

3. 电话中的交谈

接打电话，双方的声音是一个重要的交际因素，必须重视声音的效果。要尽可能说标准的普通话，这便于沟通，而且富有表现力。声音要亲切自然，不要装腔拿调，让人听了浑身不舒服。说话时虽见不到对方的面，但面带微笑的声音也是富有感染力的。语言表达要简洁明白，切忌啰嗦。要吐字清楚，不要对着话筒发出咳嗽声或者吐痰的声音。

第五节　公关形象传播

公关形象传播，是指个人或组织利用各种传播媒介和传播手段，向公众传递信息、思想和态度，以影响公众意见，塑造自身良好形象的活动。

一、公关形象传播的要素

公关形象传播，需具备以下六项要素。

（1）传播者，指传播的信息是由谁来制作、发出和控制。如课堂上老师是传播者，收音机里播音员是传播者。在形象传播中，组织一般担任传播者的角色。

（2）受传者，指信息传播的接受者，具体包括观众、听众、读者等。受传者是传播的目的地，如果离开了受传者，传播活动就无法进行。

（3）传播内容，即组织要对公众说些什么。总体而言，组织要向公众传播的内容有：产品信息（包括产品的包装、商标、性能、特点等）、服务信息（包括服务项目、服务态度、服务水平、服务承诺等）、组织活动信息、领导员工信息、最新发展状况的信息等。

（4）传播媒介，即组织通过什么渠道来进行传播活动。传播媒介主要包括三种类型，即人际媒介、印刷媒介和电子媒介。三种媒介各有其特点，在形象传播中，应充分把握各种传播媒介的优势和劣势，配合使用。

（5）传播效果，指信息在受传者那里所产生的影响和反应。传播的目的就在于用信息去影响受传者，使他们改变态度，付诸行动。如果传播的信息对受传者没有产生任何效果，那一切努力就算白费了。

（6）传播反馈，是指受传者对信息的反应经过传播返回给传播者。反馈同传播本身一样重要，因为它能告诉传播者信息是否被理解了，人们对这些信息是否感兴趣，从而提醒传播者是否应进行调整。

二、公关形象传播的价值

在市场竞争十分激烈的今天，形象传播正越来越受到各类组织尤其是企业的重视。当你走在大街上，扑入眼帘的是街道两旁纵横交错的广告牌、广告箱和广告标语，还不时有人往你手中硬塞宣传单；当你打开电视、收音机，纷至沓来的又是电视购物、产品专题、热线咨询、企业之声等节目。社会组织纷纷在利用传播来塑造形象，推销产品。归纳起来，公关形象传播的价值主要体现在以下几个方面。

1. 形象传播有利于塑造良好的组织形象

对一个正规的社会组织来说，公众越了解它，就会越信任它，容易对它产生好的印象。正如人与人之间的交往一样，人们往往不相信一个陌生人，而对熟人却十分放心。要使公众对组织熟悉起来，最好的途径就是形象传播。通过形象传播，让公众了解组织的名称、标志、历史、宗旨、组织精神、产品（服务）质量、内部管理、员工素质等，并不断加以强化，使公众最终形成对组织的良好印象。

拓展阅读

杭州民生药厂在研制出多效能营养补给剂“21 金维他”后，马上安排厂长在电视上答记者问，传递产品信息，解释产品受社会欢迎的原因。紧接着又推出“21 金维他伴随您进入 21 世纪”的广告宣传，巧妙地把两个“21”连在一起，在公众心目中产生了强烈冲击感。随后，他们又先后在河南、福建、湖南、四川、广东、河北、吉林、天津等地开展了产品介绍会，请医药专家客观、公正地进行全面介绍。经过这一系列传播活动，人们深刻地认识了“21 金维他”，也认识了生产厂家杭州民生药厂，企业由此建立了卓越的信誉，完善了自身形象。

2. 形象传播有利于转变公众态度

公众对组织的态度一般有三种：赞成、反对、中立。相对应的我们可把公众分为三类：顺意公众、逆意公众和中间公众。公共关系的重要任务就是将逆意公众和中间公众转变为顺意公众，而在转变过程中，形象传播发挥了巨大作用。

首先，中间公众很容易受形象传播的影响。他们之所以对组织及其产品漠不关心，是由于不了解的缘故。一旦将组织的情况传播给他们，将使他们的态度慢慢发生改变，成为顺意公众。其次，逆意公众也只能通过形象传播进行转化。如果是由于组织本身的过错引起了公众的反感，那么就应及时向公众宣传自己改正错误的决心，并告诉他们即将采取的改正措施，以树立“知错必改”的好印象，赢得公众谅解；如果是由于公众本身的误解，或他人的恶意造谣、中伤，引起了公众的不满，组织更应通过传播，把事实真相告诉公众，消除他们的疑虑，重塑良好的组织形象。

拓展阅读

1986 年苏联切尔诺贝利核电站发生泄漏事故后，香港各界数百万人签名上书中央，要求停止修建深圳大亚湾核电站。一时间，满城风雨，舆论哗然。政府有关部门立即着手开展了大规模的形象传播活动。首先组织香港民选代表团参观大亚湾核电站建址，向他们现场介绍层层安全保护措施；其次邀请著名物理学家在香港举办核电站知识讲座，消除了人们对核电站的恐惧心理；最后，在香港和内地的报纸、电台、电视台上说明切尔诺贝利核电站事故完全是操作失误所致，大亚湾核电站绝不会发生类似事故，保证无论遇到什么情况都万无一失。通过这一系列传播活动，香港各界人士的态度发生了重大转折，不再反对修建大亚湾核电站，一场轩然大波终于烟消云散。

3. 形象传播有利于提高组织内部凝聚力

现代组织机构庞大、人员众多、关系复杂，员工与部门之间、部门与部门之间、员工与员工之间可能经常出现矛盾和误解，这些问题如不能有效地加以协调和解决，就会降低企业的凝聚力，影响组织的竞争力。

北京长城饭店的总经理有这样一句名言：“欲使长城饭店跻身于世界一流，有三件事最重要——第一是员工，第二是员工，第三还是员工!”要想使组织员工齐心协力，团结合作，关键在于搞好组织与员工之间的信息传播，做到“上情下达”“下情上达”。一方面，组织要定期把一些重要信息，如经营现状、干部任免、工艺改进、奖惩情况等告诉广大员工，让他们感受到自己是组织的主人。另一方面，要广泛听取员工意见、建议和呼声，并在决策中反映出来。只有这样，才能真正赢得员工的信任，调动起他们的积极性、主动性和创造力。

三、公关形象传播的媒介选择

（一）形象传播可利用的媒介

人类传播媒介的发展，经历了从结绳记事、驿马送书、传令旗、烽火台等原始方式到今天的报刊、杂志、广播、电视、电报、电话等高科技手段的演变，这是数千年来人类文明发展的写照。现代组织可以利用的传播媒介十分广泛，主要有以下三类。

1. 人际传播媒介

人际传播媒介是指个人与个人之间进行信息传播所使用的媒介，它包括语言传播媒介和非语言传播媒介两种。借助语言媒介进行的人际传播方式有谈话、演讲、谈判、报告、电话、电报、名片、信函等；属于非语言传播媒介的有手势、表情、姿态、动作等。人际传播媒介的优点在于双方交流充分，反馈及时，内容保密，便于加深相互之间的了解，增进感情。缺点是传播范围小，速度慢，短时间内很难让多数人知晓某一信息，主要适用于组织内部的信息交流。

2. 组织传播媒介

组织传播媒介是指组织自身所能直接控制的媒介，主要有内部简报、公关刊物、黑板报、广播室、闭路电视、员工手册、宣传窗等。组织传播媒介的优点在于传播内容切合组织实际情况，能引起员工的极大关注，且制作简便、费用低廉，组织对传播的时间、内容、方式也可加以控制，能较好地反映组织的意图和想法。但缺点是影响面小，对外部公众几乎没有影响力，远不及大众传播媒介。

3. 大众传播媒介

大众传播媒介是指在信息传播过程中处于职业传播者和大众之间的媒介体，主要包括报纸、杂志、广播、电视、网络、手机等，其中，前两种称为印刷媒介，中间两种称为电子媒介，后两种称为网络媒介。这些传播媒介传播信息具有速度快、范围广、影响大等特点。大众传播媒介具有以下 5 项功能：即宣传、新闻传播、舆论监督、实用和文化积累。

（二）形象传播的媒介选择

1. 根据公众对象选择媒体

组织在不同的阶段所针对的公众是不同的，而不同的公众接受新闻媒体的兴趣、习惯也各不相同。因此，组织在选择媒体时，首先应考虑谁是你的传播对象？他们的教育程度如何？经济收入多少？年龄、性别怎样分布？从事些什么工作？有什么生活习惯？等等。然后根据这些情况，选择最适合他们的新闻媒体来传播信息。

2. 根据公共关系目标选择媒体

组织公共关系的总目标是树立良好的组织形象。除此之外，组织在不同时期，开展不同的公共关系活动，都要有确定的公共关系具体目标。不同的公共关系目标，要求不同的新闻媒体给予保证。如果组织目标是扩大在全国的知名度和影响，则必须选择全国性的新闻媒体，如中央电视台、中央人民广播电台、《人民日报》等。如果组织目标是赢得社区公众的理解与支持，则只须选择当地新闻媒体，就可以达到目的。

3. 根据传播内容选择媒体

在选择媒体时，要分析组织希望传递的信息内容以及内容的特点。由于不同的传播媒介各有长短优劣，即使相同的内容在不同的传播媒介中也会产生出截然不同的效果，何况组织向外传递的信息十分复杂，其中包括典礼、活动、会议、新产品信息等。由于内容不同，因此要求选择与之相适应的新闻媒体。

4. 根据组织实力选择媒体

尽管组织有时能以播发新闻稿件的形式得到免费宣传，然而更多的时候都要支付一定的费用，尤其是随着市场竞争的加剧，新闻媒体的广告费用正变得日趋昂贵。因此，组织在选择媒体时，应本着经济节约的原则，量力而行，尽量选择费用少、效果好的媒体。

组织在选择新闻媒体时，不能单纯地考虑某一个方面，而应把以上四条标准结合起来，使选择的媒体经济、可行，并收到理想的效果。

四、公关形象传播的注意事项

选择好合适的新闻媒体之后，紧接着便是进行具体的形象传播活动。在传播过程中，有许多因素直接或间接地影响传播的效果。因此，公共关系人员应掌握一定的传播技巧，以保证传播活动达到预期的目的。一般来说，公共关系人员应在传播中注意以下事项。

1. 传播内容真实可信

在形象传播中，最忌讳弄虚作假，欺骗公众。要知道虚伪只可以蒙骗于一时，但绝不会成功于永久，真相总会有被揭穿的一天，到那时，就如一句警言所说的那样："当你开始失去的时候，你所有的一切也将一起失去。"组织的形象势必蒙受巨大的损害。因此，公关人员在进行形象传播时，尤其要注意内容的真实性和消息来源的可靠性，做到不文过饰非，不夸大其辞，用真诚去赢得公众的信任。

2. 语言表达明确易懂

传播者在把信息传递给公众之前要先检查一下，公众能否理解所说的内容？他们是否感到词意难懂？如果信息不能被公众很好地理解，则应该换用更加简明的语言来表达，剔除生僻的词语，用简单的句子去替换那些复杂的句子，使文字水平和句子结构与公众的文化程度相一致。同时也要注意不要使语言产生歧义，令公众无所适从和产生误会。

3. 慎用专业术语

专业术语是阻碍传播的一个重要因素，行业人士一眼就可以看懂的新闻材料，一般公众可能一窍不通。因此，公关传播人员应尽量少用甚至不用专业术语。即使有必要使用，也挑选一些较为简单的专业术语，或者进行必要的解释。

4. 注意传播的一致性

这里的一致性包括两层含义：一是指传播过程前后的一致性，即现在传播的内容要和过去传播的内容相符合，未来传播的内容也要和现在传播的内容相一致，不能朝令夕改，自相矛盾，引起公众的怀疑，影响组织的信誉；二是指组织传播与行为的一致性，即"言行一致"，不说则已，一经说出来的话，就一定要执行。

5. 传播信息应适量

人的接受能力是有限的，尤其在传播技术高度发达的今天，人们每天都要接受大量的信息。如果公关人员一次性传播的信息过多，就很容易使接受者感到厌烦，甚至转移注意力。

6. 注意与新闻界的关系

对于公关人员来说，重要任务之一就是与新闻界密切合作，建立良好的关系。要想与新闻界建立起良好关系，首先要树立为媒介服务的思想，经常向他们提供有关组织重大活动与事件的新闻线索。在他们前来采访时，应主动为他们提供各种方便，使采访顺利进行。其次，要尊重新闻媒介的职业品格，不能以权力、金钱向他们施加压力，要求他们按组织的意愿来刊发稿件。最后，对各种新闻媒体应一视同仁，以礼相待，不能厚此薄彼，应把他们都作为组织最真诚的朋友，在相互尊重的基础上建立起良好的关系。

拓展阅读

中西方礼仪文化差异

中西方礼仪文化存在较大差异，这种差异带来的影响也是不容忽视，在中西礼仪没有得到完美融合之前，我们有必要了解这些礼仪的差异。

一、交际语言的差异

日常打招呼，中国人大多使用“吃了吗？”“上哪去？”等，这体现了人与人之间的一种亲切感。可对西方人来说，这种打招呼的方式会令对方感到突然、尴尬，甚至不快，因为西方人会把这种问话理解成为一种“盘问”，感到对方在询问他们的私生活。在西方，日常打招呼他们只说一声“Hello”或按时间来分，说声“早上好!”“下午好!”“晚上好!”就可以了。而英国人见面会说：“今天天气不错啊!”

称谓方面，在汉语里，一般只有彼此熟悉亲密的人之间才可以“直呼其名”。但在西方，“直呼其名”则比较普遍。在西方，常用“先生”和“夫人”来称呼不知其名的陌生人，对十几或二十几岁的女子可称呼“小姐”，结婚了的女性可称“女士”或“夫人”等。在家庭成员之间，不分长幼尊卑，一般可互称姓名或昵称。在家里，可以直接叫爸爸、妈妈的名字。对所有的男性长辈都可以称“叔叔”，对所有的女性长辈都可以称“阿姨”。这在我们中国是不行的，必须要分清楚辈分、老幼等关系，否则就会被认为不懂礼貌。

中西语言中有多种不同的告别语。如在和病人告别时，中国人常说“多喝点开水”“多穿点衣服”“早点休息”之类的话，表示对病人的关怀。但西方人绝不会说“多喝水”之类的话，因为这样说会被认为有指手画脚之嫌。比如他们会说“多保重”或“希望你早日康复”等等。

二、餐饮礼仪的差异

在餐饮氛围方面，中国人在吃饭的时候都喜欢热闹，很多人围在一起吃吃喝喝，说说笑笑，大家在一起营造一种热闹温暖的用餐氛围。除非是在很正式的宴会上，中国人在餐桌上并没有什么很特别的礼仪。而西方人在用餐时，都喜欢幽雅、安静的环境，他们认为在餐桌上的时候一定要注意自己的礼仪，不可以失去礼节，比如在进餐时不能发出很难听的声音。

中西方宴请礼仪也各具特色。在中国，从古至今大多都以左为尊，在宴请客人时，要将地位很尊贵的客人安排在左边的上座，然后依次安排。在西方则是以右为尊，男女间隔而座，夫妇也分开而座，女宾客的席位比男宾客的席位稍高，男士要替位于自己右边的女宾客拉开椅子，以示对女士的尊重。另外，西方人用餐时要坐正，认为弯腰、低头、用嘴凑上去吃很不礼貌，但是这恰恰是中国人通常吃饭的姿势。吃西餐的时候，主人不提倡大肆的饮酒，中国的餐桌上酒是必备之物，以酒助兴，有时为了表示对对方的尊重，喝酒的时候都是一杯接一杯地喝。

三、服饰礼仪的差异

西方男士在正式社交场合通常穿保守式样的西装，内穿白衬衫，打领带。他们喜欢黑色，因此一般穿黑色的皮鞋。西方女士在正式场合要穿礼服套装。另外女士外出有戴耳环的习俗。西方国家，尤其是在美国，平时人们喜欢穿着休闲装，如T恤加牛仔服。

当今中国人穿着打扮日趋西化，传统的中山装、旗袍等已成非主流服装。正式场合男女着装已与西方并无二异。在平时的市井生活中，仍会看到不少人穿着背心、短裤、拖鞋。

礼仪是一种文化，是文化就有纵向的传承和横向的借鉴与融合。随着世界全球化不断加快步伐，经济、文化高速碰撞融合的大背景下，西方文化大量涌进中国，中国传统礼仪也不断受到西方礼仪文化的冲击。如何保护中华民族传统礼仪，并去其糟粕，与西方礼仪进行合理有效的融合，成为人们不断思考和探讨的话题。越来越多的人认识到中西礼仪文化必将会互相渗透，不断发展。

（佚名）

本章小结

本章主要介绍了公共关系礼仪的概念及特征以及公共关系礼仪的具体要求，比较重要的知识点有以下几点。

1. 公共关系礼仪就是公共关系人员在开展公共关系活动中所必须遵循的礼仪程式或规范。

2. 礼仪作为一种约束和规范主要表现在以下四个方面：①礼貌；②礼节；③仪式；④仪表。

3. 公共关系礼仪具有以下基本特征：①以学识为基础；②以组织的长远利益为计；③以公众为对象；④以美誉为目标；⑤以自觉为桥梁；⑥以灵活为原则；⑦以真诚为信条；⑧具备民族性；⑨具有发展性。

4. 公共关系礼仪的功能与作用：①塑造组织良好形象；②维护组织内部团结；③拓展组织对外友好往来；④提高组织员工的文明水准；⑤广泛传递组织信息。

5. 公关人员交际形象：①优雅的举止；②礼貌的谈吐；③潇洒的风度。

6. 公共关系人员在交谈时的技巧：①交谈时使用易懂的口语；②口语要抑扬顿挫有节奏；③交谈时要声情并茂；④善于聆听和观察对方。

7. 公共关系的交往礼仪包括：①称呼礼仪；②介绍礼仪；③握手礼仪；④名片礼仪。

8. 公共关系人员在倾听时要做到：①专心倾听；②适当的情绪投入；③适当地提问或插问；④学会边听边想；⑤在聆听时，身体也要像耳朵一样注意听。

9. 公共关系活动礼仪包括：①接待、拜访礼仪；②会议礼仪；③宴请礼仪；④商务礼仪。⑤沙龙的礼仪；⑥舞会的礼仪；⑦赠送礼品礼仪；⑧使用电话礼仪。

练 习 题

一、单项选择题

1. 在公共关系活动中，公关礼仪是公关人员必须掌握并娴熟运用的（　　）技能。

A. 公众传播　B. 团体传播　C. 群体传播　D. 人际传播

2. 对公关人员来说，礼仪不仅是与公众交往场合中的“通行证”，而且还是体现（　　）和业务素质的一种标志。

A. 修养水平　B. 技术水平　C. 智力水平　D. 业务水平

3. 礼仪是为表示（　　）而隆重举行的仪式。

A. 敬意　B. 友谊　C. 敬畏　D. 歉意

4. 所谓礼仪，是指礼节和（　　）两个方面。

A. 礼貌　B. 修养　C. 秩序　D. 程序

5. 介绍也有（　　），一般而言，应把身份低、年纪轻的介绍给身份高、年纪大的，把男子介绍给女子。

A. 高低之分　B. 先后之别　C. 贵贱不同　D. 门户之见

6. 握手双方，应该由长者、尊者先伸手，男女双方由女士先伸手，主宾之间由主人先伸手，同辈同性间（　　）为有礼。

A. 先伸手者　B. 后伸手者　C. 不分先后者　D. 同时伸手者

7. 握手用力要适度，体现出热情或景仰，时间以（　　）为宜。

A. 1秒以内　B. 10～30秒　C. 1～3秒　D. 1分钟

8. 遵守时间，(　　) 是社会交往中极为重要的礼貌。

A. 不得提前　B. 不得迟到　C. 分秒不差　D. 不得失约

9. 宴请的时间应对主、客双方都合适。尤其要注意尊重对方的 (　　)，避免有禁忌的日子和时间。

A. 风俗习惯　B. 心理习惯　C. 工作作风　D. 办事风格

10. 请柬一般提前 (　　) 发出，以便被邀请人及早安排。

A. 1～2　B. 1～2 周　C. 1～2 月　D. 什么时候都行

11. 在公关交往之中，(　　) 是最大的失礼，绝不会给人以好感的。

A. 不够热情　B. 热情过头　C. 不按照程序办　D. 缺少真诚

二、多项选择题

1. 关于握手，以下表述正确的有 (　　)。

A. 握手双方，应该由长者、尊者先伸手　B. 男女双方，由女士先伸手

C. 主宾之间，由主人先伸手　D. 一般以右手相握，握手用力要适度

2. 关于握手，以下表述正确的有 (　　)。

A. 握手用力要适度

B. 年轻者对年长者，身份低者对身份高者，则应稍稍欠身

C. 双手握住对方的手，以示尊敬

D. 握手前一般应脱下手套

3. 介绍也有先后之别，一般而言，应该 (　　)。

A. 先把身份低的介绍给身份高的　B. 先把身份高的介绍给身份低的

C. 先把年纪轻的介绍给年纪大的　D. 先把年纪大的介绍给年纪轻的

4. 公共关系人员在交谈时应当 (　　)

A. 交谈时使用易懂的口语　B. 口语要抑扬顿挫有节奏

C. 交谈时要声情并茂　D. 善于聆听和观察对方

5. 公共关系人员在倾听时要做到 (　　)。

A. 专心倾听　B. 适当的情绪投入

C. 适当地提问或插问　D. 直接表述反对意见

三、简答题

1. 公共关系礼仪的基本特征是什么？
2. 公共关系礼仪的功能与作用有哪些？
3. 公关人员应怎样塑造个人形象？
4. 公关人员应怎样塑造交际形象？
5. 公共关系活动中握手礼仪的规范有哪些？
6. 公共关系活动中会议礼仪规范有哪些？
7. 公共关系活动中宴请礼仪规范有哪些？

四、案例分析

案例 1. 一位旅美华人在家乡举办了一次酒会，宴请当地几个房地产界的商人，希望借宴会增进彼此间的了解，寻找合适的合作伙伴。郑先生是本地房地产大户，声名远扬，是旅美华人最为看好的合作对象。但遗憾的是，旅美华人与郑先生握手时，握到了一只潮湿柔软的、被动无力的手，这只死鱼一般的手与它

的主人的洒脱热情的外表极端不相称。握手以后，旅美华人对郑先生心生巨大的失望和厌恶。最终，这次合作机会被另一位实力稍逊的地产商获得。郑先生在房地产界大大丢了面子，事后却百思不得其解。

问题：

（1）郑先生为何最终都失败了？

（2）在社交场合中，规范的握手方式及注意的问题是怎样的？

案例 2. 上海某招聘现场，某外贸公司的老总亲自负责招聘，展台前有很多求职者。突然老板接到一个电话，对方说话很快，身边又没有带翻译，所以他听不太清楚，情急之下，他要在场的应聘人员前来帮忙。三个应聘者接了电话后，都表示专业用语太多，没办法交谈下去；还有的人回答很不耐烦、缺乏礼貌。最后一个小伙子说他试一下，报价、走货、定单，流利的口语和礼貌的态度让人刮目相看。老总当场表示录取他，让人大吃一惊的是，他只是上海一职业技术学院报关专业的毕业生。

问题：这位职校的毕业生胜出的原因何在？

案例 3. 某公司新建的办公大楼需要添置一系列的办公家具，价值数百万元。公司的总经理已做了决定，向 A 公司购买这批办公用具。这天，A 公司的销售部负责人打电话来，要上门拜访这位总经理。总经理打算，等对方来了，就在订单上盖章，定下这笔生意。不料对方比预定的时间提前了二个小时，原来对方听说这家公司的员工宿舍也要在近期内落成，希望员工宿舍需要的家具也能向 A 公司购买。为了谈这件事，销售负责人还带来了一大堆的资料，摆满了台面。总经理没料到对方会提前到访，刚好手边又有事，便请秘书让对方等一会儿。这位销售员等了不到半小时，就开始不耐烦了，一边收拾起资料一边说："我还是改天再来拜访吧。"这时，总经理发现对方在收拾资料准备离开时，将自己刚才递上的名片不小心掉在了地上，对方却并没发觉，走时还无意从名片上踩了过去。但这个不小心的失误，却令总经理改变了初衷，A 公司不仅没有机会与对方商谈员工宿舍的设备购买，连几乎到手的数百万元办公用具的生意也告吹了。

问题：

（1）A 公司的生意为何告吹了？

（2）拜访他人应该注意哪些问题？

综合实训

一、实训内容

实训课题：

模拟日常社交礼仪举。主要内容：着装礼仪、称呼礼仪、握手礼仪、介绍礼仪、传递名片礼仪等。

二、方法步骤

1. 以 6 人分为一小组，小组所有成员都必须参与模拟；
2. 时间控制在 15～20 分钟；
3. 提交书面材料（内容包括各种社交礼仪的使用场合、要求及注意事项）。

三、实训考核

教师依据小组成员模拟礼仪的具体表现和提交的书面材料综合进行评分。

第八章

公共关系谈判

学习目标

知识目标：了解公共关系谈判的概念，把握公共关系谈判的原则，熟悉公共关系谈判的程序，

能力目标：熟练运用公共关系谈判策略和技巧。

教学导入案例

两个人面前摆着一个橘子，这两个人都想得到这个橘子。于是，谈判就开始了。通过一番商谈，他们都认为最好的办法就是将这个橘子切成两半，每人一半。而且，为了公平合理，他们决定首先由一个人用刀来切，然后由另外一个人先进行挑选，两个人都很认可，他们把橘子毫无争议地分了。分完橘子后，两个人随意地说起自己想得到橘子的目的。原来，一个人是想榨橘子汁，而另一个人是想要橘子皮做蛋糕。这样一交流，他们找到了更好的解决办法，两个人都得到了自己想要的东西。

两个人的谈判思考过程实际上就是不断沟通，创造价值的过程。双方都在寻求自己利益最大化的方案的同时，也满足对方利益最大化的需要。

谈判的过程实际上也是一样。好的谈判者并不是一味固守立场，追求寸步不让，而是要与对方充分交流，从双方的最大利益出发，创造各种解决方案，用相对较小的让步来换得最大的利益，而对方也是遵循相同的原则来取得交换条件。在满足双方最大利益的基础上，如果还存在达成协议的障碍，那么就不妨站在对方的立场上，替对方着想，帮助扫清达成协议的一切障碍。这样，最终的协议是不难达成的。

公共关系活动中常常遇到各种类型的谈判，本节将就简要介绍公共关系中所涉及的一些谈判常识。

第一节　公共关系谈判概述

谈判指双方或数方组织就一项涉及各方利益的问题，利用协商的手段，经反复调整各自的目标，在满足己方的利益的前提下取得一致的过程。

公共关系谈判是沟通和协调的一种基本手段，而沟通与协调是公共关系的重要职能，社会组织在其运行过程中，要通过与各方的交往与合作来有效实现自身的各种目标，与各类公众发生利益等方面的矛盾是很难避免的。因此，通过谈判来进行沟通，化解矛盾，就成为公共关系工作的一项重要内容。公共关系谈判指双方或数方组织就一项涉及各方利益的问题，利用协商的手段，经过反复调整各自的目标，在满足己方利益的前提下取得一致的过程。从广义上说，我们每天都在不知不觉中进行着谈判。到菜市场买菜，到商店买衣服，甚至一家人看电视时的

频道选择，都是一种谈判。

一、公共关系谈判基本特征

公共关系谈判具有其他形式谈判的共性，也有其特殊性。一般情况下，具有以下特点。

1. 既相互矛盾又相互合作的过程

相互之间存在着矛盾，彼此都存在着尚未满足的需求。但是，彼此之间还需要合作，否则，各方的利益可能都要受到损失。这是谈判之所以产生的基础，不然，就不用谈判了。不同的谈判场合中，谈判各方都是在为了保证各自的需求和利益而进行沟通协商，通过沟通协商寻求合作，在合作中求得共同发展。一般来说，谈判的主题越是单一，矛盾的冲突表现得就越强烈，因为矛盾全部集中在一个焦点上了。所以，在谈判中要善于将主题分解，对各方矛盾分歧进行全方位的分析，根据各方的需求逐项探讨、协商，这样容易化解矛盾。另外，谈判各方之间相互的依赖程度越大，对自身长远利益的考虑也就越多，对合作的重视也就越大。此外，谈判各方实力、强弱的差距，也直接影响到谈判的矛盾冲突和合作关系的事态变化。

2. 通过协商实现互惠互利的过程

在各种形式的谈判过程中，任何一方都在努力实现自己的需求和利益，都希望对方放弃要求，做出让步。但是愿望毕竟只是愿望，并不是现实。这就要求谈判的各方既然想从对方那里得到自己需求的满足，就要在考虑满足自己的方案和策略时，同时考虑到对方的需求，考虑到对方对己方提案的接受程度。好的谈判者并不是一味固守立场，追求寸步不让，而是与对方充分交流，从各方的最大利益出发，创造各种解决方案，用相对较小的让步来换得最大的利益，而对方也是遵循相同的原则来取得交换条件。在满足各方最大利益的基础上，如果还存在达成协议的障碍，那么就不妨站在对方的立场上，替其着想，帮助扫清达成协议的障碍。这样，最终协议必将是一个双赢的、互惠互利的结局，而且，一个好的结局对今后的相互信任与合作所产生的积极影响是非常重大的。很多谈判桌上的对手在私下里都是好朋友，代表各自的组织建立了良好的彼此信任关系。长远的信任与合作关系所带来的利益，已经远远超出了一局谈判的收获。公共关系任何活动的目的都是树立组织的形象，提高组织的美誉度，与不同的公共关系客体建立长远的信任合作关系，谈判更不能例外，因此，作为公共关系谈判人员更应该注重这一特点。

3. 内容具有广泛性、多变性和不确定性

实践表明，任何一项谈判活动都要涉及许多非常复杂的因素。既有人的方面的因素：谈判者的性别、年龄、文化程度、经验、素养、性格、爱好和接受语言的能力和习惯，使用的谈话方式的不同等等；又有谈判内容方面的因素：公共关系活动涉及的所有内容，都有可能成为谈判的内容，公共关系的特征决定了其内容繁多，相对就更复杂；还有环境方面的因素：不同的国家、地区，不同的民族，不同的场所，从而涉及不同的礼仪和文化等；除此之外，还有其他种种因素。这些不同的因素造成了谈判内容的广泛性、多变性，即谈判的对象、谈判的时间、谈判的地点和内容的不确定性。了解到公共关系谈判的这一特点，就要求公共关系谈判人员在谈判的准备过程中，充分考虑到问题的复杂性，对所涉及的内容综合全面，谈判方案设计合理，以适应谈判的需要。所谓的谈判高手，无一不是首先进行广泛调查，精心地准备材料，甚至对谈判时的环境进行模拟，最后取得完美谈判结果的。

4. 结果具有相对平等性

一切所谓成功的谈判，各方都是胜者。但是，从谈判的结果上看，不平等是绝对的，平等只是相对的。造成这种结果的因素很多，但主要因素是实力问题。如何辩证地看待谈判的这个特点，对正确认识谈判目的有重要的实际意义。首先，只要参加谈判的各方都具有否决权，谈判就可以说是平等的。其次，谈判不是体育比赛，在一局谈判中，可能是赢在现在，也可能是赢在未来。我国在加入世界贸易组织的谈判中，对美国做了相对较多的让步，但是从进入世贸组织后的发展空间来看，我们赢得了战略性的胜利。其三，尤其需要注意的是，公共关系谈判与商务谈判的目的有很大不同，公共关系谈判所侧重的不是暂时的经济利益，而是组织形象的树立，这就需要有更长远的发展目标。

5. 重视协商和沟通，以理服人

公共关系的功能是塑造形象、协调关系、传播沟通和优化环境。公共关系的谈判应该是为实现其功能服务的，所以公共关系谈判应该重视沟通和协商环节，强调以理服人，以信取人，不必过分计较微不足道的枝节问题，以共同利益为重，将着眼点放在组织发展的长久利益关系上。公共关系谈判的另外一个特点是，其结果一般不具备法律约束效力，往往是意向性的、展望性的。谈判的结果一般是以签署意向书、备忘录或者是口头许诺作为结局。

二、公共关系谈判原则

公共关系谈判之中，要想取得良好的效果，需要遵循以下几个原则。

> 公共关系谈判和其他谈判有很多相通之处，本章限于篇幅只是简单讲解，有兴趣研究谈判的读者可参阅“商务谈判”课程或书籍，或访问中国沟通与谈判网了解更多内容。

（1）友好协商原则。公共关系谈判是在矛盾冲突中寻求双方共同认可的目标，因此，双方必须以友好协商的态度作为基调。任何违背友好协商的态度，如欺骗、强制等，都会使谈判失败。

（2）平等互利原则。指双方身份上的平等，经济和政治上的互利。因此，双方虽组织有大小、实力有强弱，但在谈判桌上地位是平等的。

（3）合法性原则。指谈判过程和内容都必须符合法律的要求。凡是不合法的谈判过程（如强制）和内容，都是无效的。

（4）时效性原则。即在谈判中讲求省时和高效。在相对短的时间内达到谈判的目标。最忌讳马拉松式谈判。

（5）最低目标原则。指在不违背总体利益的前提下，制定谈判的最低目标。谈判中最忌讳对对方过高的要求和苛刻的条件，因此，多为对方着想，双方各退一步，是谈判成功的基本前提。

上述这些原则，在公共关系谈判中尤其重要，如友好协商、平等互利等。在实际谈判中情况多变，利益、价格并非是绝对重要因素，下节所介绍的谈判技巧只可在遵循上述原则的情况下适当使用，不可滥用。

第二节 谈判过程和技巧

拓展阅读

经过十多年的艰辛努力后，中国终于完成了加入世界贸易组织（WTO）的所有双边谈判，于2001年11月11日，在卡塔尔的多哈一锤定音，成为世界贸易组织这个“经济联合国”的重要成员。事实上，中国以发展中国家的身份加入世界贸易组织后，既为改革开放注入了新的强心剂，又为快速发展增强了动力。

在这整个谈判过程中，以外经贸部副部长龙永图为组长的谈判代表团功不可没。可以说，没有他们在谈判桌上坚持原则、据理力争，没有不折不挠的意志与决心，是很难取得如此理想的成果。龙永图在谈判过程中表现出来的民族气节令人敬佩，他的机智和精湛的谈判技巧也令人拍案叫绝。由此可见，现代社会中公共关系谈判在解决争端与分歧时的巨大威力。

一、谈判过程

公共关系谈判往往被分为若干阶段，谈判者针对不同阶段的具体情况采取不同的策略与技巧，逐渐形成具体、完备的谈判程序。正规的谈判多数划分为以下几个阶段。

（1）导入阶段。主要是让谈判各方通过介绍相互认识，彼此熟悉，以创造一个有利于谈判的良好氛围。同时，通过前期的接触，找到各方关注的焦点，各自都做好相应的准备。

（2）概说阶段。谈判各方第一次正式的会谈，谈判各方应简要亮出自己的基本想法、意图和目的，以求为对方所了解。一般来说，谈判各方此时都较为谨慎，也不会出示关键的资料，只是利用这段时间摸底。

（3）明示阶段。谈判各方此时会根据前一阶段谈判各方表述的意见，尤其是双方意见存在分歧的地方，进一步明确各自的利益、立场和观点。

（4）交锋阶段。谈判各方都会尽力争取自己所需的利益，自然这就会有矛盾，而矛盾的激化就会导致对立状态的出现。这时，谈判双方相互交锋，彼此争论，紧张交涉，讨价还价，各方列举事实和数据，希望对方了解并接受自己的条件。

（5）妥协阶段。交锋结束后，各方便会相互让步，寻求一致，达成妥协。妥协是谈判不可缺少的组成部分，交锋阶段不可能无休止。只要谈判双方有共同利益，想达成协议，他们就一定会妥协。当然，妥协是有一定范围和限度的，妥协的原则就是既不放弃自己的立场和利益，又兼顾对方的利益。

下面的二维码是潘黎《实战谈判技巧》系列讲座的视频，读者可以通过观看该讲座进一步了解相关知识。

（6）协议阶段。在这一阶段，谈判各方经过交锋和妥协，求同存异，基本或一定程度上达到各自的目的，于是便拍板同意，各自在协议书上签字，握手言欢，谈判宣告结束。

公关谈判是一场心理较量，也是一场集知识、智慧、口才、耐力和团队精神等诸多要素的综合考验。成功的谈判可以使组织受益匪浅，失败的谈判则可能使组织损失巨大。因此，公关人员在组织或参与谈判时，应该认真对待，精心设计、精心组织，特别要注意做好以下几项工作。

（1）谈判前的准备工作。尤其是进行关资料的搜集、背景情况的调查、对自身实力和对方实力的评估；

（2）要善于调节或缓和气氛。特别是当谈判陷入僵局、濒于破裂时，要通过调节气氛使谈判重新步入正轨；

（3）在谈判过程中，要认真倾听各方的意见，了解对方的确切意图和发现问题，及时为己方的主谈者出谋策划等。

总之，谈判是一项具有很强艺术性的工作，它牵涉的内容和能力都极为广泛，需要公关人员通过实践，积累经验，才能真正做好有关谈判的工作。

案例阅读和分析

广州A公司与美国B公司谈判设备购买生意时，美商报价218万美元，我方不同意，美方降至128万美元，我方仍不同意。美提出再降10万美元，118万美元不成交就终止谈判回国。广州公司谈判代表因为掌握了美商交易的历史情报，所以不为美方的威胁所动，坚持再降。第二天，美商果真回国，广州A公司毫不吃惊。果然，几天后美方代表又回到中国继续谈判。我方代表亮出在国外获取的情报——美方在两年前以98万美元将同样设备卖给匈牙利客商。情报出示后，美方以物价上涨等理由狡辩了一番后降至合理价格。

思考：你认为广州A公司为什么能获合理的报价？

二、谈判技巧

谈判技巧有很多，都是谈判艺术殿堂中灿烂的瑰宝，高水平的谈判中往往运用了高水平的技巧，体现出谈判者的博学和智慧。下面介绍几种常见的谈判技巧。

（一）叙述技巧

叙述技巧是谈判者应该掌握的众多谈判技巧中最基本的技巧，要求恰到好处地表述己方的基本观点，准确无误地与对方沟通。谈判中的语言叙述是为了让对方明了自己的观点和想法，而不是看自己的观点与别人的观点有什么联系和差异，因此叙述必须是独立的。叙述语言要准确无误，谈判叙述的内容不仅要向对方说明自己的观点，而且要说服对方接受自己的观点，因而在叙述时使用的语言必须准确，数据等材料也必须准确。另外在叙述的时候，要注意“面”的叙述，而不要突出重点，要把己方的基本观点和基本要求告诉对方，但不要就其中的某一问题过多谈论。

（二）发问技巧

在公共关系谈判过程中，发问需要讲究一定的技巧。例如如何提问，问什么，怎样问才有针对性、才能方式得当，这些都需要讲究一定的技巧。恰当的提问往往能引导谈话、辩论和论证的方向，驾驭谈判的进程。发问的技巧有很多，包括提问的方法，如封闭式提问、开放式提问、选择式提问等。如“能不能”“可以不可以”“要不要”“是不是”等发问形式就能够限制对方回答问题的范围，使其无法含糊其辞。还可以利用假设式提问，谈判者在某种假设前提下故意发问，可以麻痹对方。还可以利用隐含式提问，谈判者将难以使人接受的观点隐含在问话中，在对方不注意的情况下，得到自己想要得到的结果。

要能够灵活运用各种提问方法，还要能够选择适当的时机，在合适的时间提出合适的问题。提问时机不当，不仅达不到提问的目的，还会带来相反的结果。提问要在对方叙述有明显停顿和间隙之间进行，要选择对方正在或已经叙述过的相关内容来提问。提问后应该给对方思考的时间，不要对方还没有回答完上一个提问就提出新的问题，也不要打断对方的谈话。还要注意的是，提问要围绕中心，避免提出与中心无关、含糊不清的问题。而且每个提问之间要相互衔接，要由小到大、由易到难，层层深入，逐步进入敏感点。另外，还可以向辅助人员提问，有时从辅助人员身上，可能会比从主谈人员身上了解到更多的信息。

（三）说服技巧

公共关系谈判中，当对方不接受、不同意己方的观点时，就需要耐心、巧妙地说服对方。说服技巧是一种很复杂的技巧。要诚恳地向对方说明利弊得失，既要讲明接受该意见后双方将会得到什么样的益处，也要讲明双方的损失，显示出处理问题的客观公正，就比较容易使人接受。还要注意说服的顺序，谈判开始时，要先讨论容易解决的问题，然后再讨论争议较大的问题。如果在简单的问题上能够取得一定的共识和利益，继续谈判就有了基础，使下一步的说服工作更容易进行。谈判者还要注意选准时机。在对方情绪激动、不稳定或在对方极端地固执己见时，暂时不要进行说服，否则往往会适得其反，不如缓一缓寻找更有利的时机。

（四）答复技巧

公共关系谈判中，巧妙的回答与恰当的提问同样重要，应答的难度则比提问的难度要大得多。公共关系谈判人员要使自己的回答得体，除了要具有广博的知识外，还要具备一定的答复技巧。具体表现为：回答问题时要能够把握应答要领，要思考对方提问的真正含意，弄清对方的意图，思考己方的应答范围。哪些应正面回答，哪些可侧面回答；哪些应全面回答，哪些可部分回答；哪些应暂不回答，哪些可拒绝回答。还要思考一下应答的后果。回答问题还要明确、具体，不能答非所问，不能含糊其辞，叫人捉摸不定。不过，答复者还要讲究应答方式，要根据对方的提问方式，灵活地选择不同的应答方式，既可以不彻底回答，也可以不确切回答，还可以将错就错，将问话者问话的范围缩小，或者对回答的前提加以修饰和说明。总之，回答问题时要逻辑严密，滴水不漏。

案例阅读和分析

“我不知道……”

美国一位著名谈判专家有一次替他邻居与保险公司交涉赔偿事宜。谈判是在专家的客厅里进行的，理赔员先发表了意见：“先生，我知道你是交涉专家，一向都是针对巨额款项谈判，恐怕我无法承受你的要价，我们公司若是只出100元的赔偿金，你觉得如何？”

专家表情严肃地沉默着。根据以往经验，不论对方提出的条件如何，都应表示出不满意，因为当对方提出第一个条件后，总是暗示着可以提出第二个，甚至第三个。

理赔员果然沉不住气了：“抱歉，请勿介意我刚才的提议，我再加一点，200元如何？”

“加一点，抱歉，无法接受。”

理赔员继续说：“好吧，那么300元如何？”

专家等了一会儿道：“300？嗯……我不知道。”

理赔员显得有点惊慌，他说：“好吧，400元。”

“400？嗯……我不知道。”

“就赔500元吧！”

“500？嗯……我不知道。”

“这样吧，600元。”

专家无疑又用了"嗯……我不知道"，最后这件理赔案终于在950元的条件下达成协议，而邻居原本只希望要300元！

这位专家事后认为，"嗯……我不知道"这样的回答真是效力无穷。

思考：为什么这位谈判专家能获得高于邻居预期的谈判结果？

（五）拒绝技巧

公共关系谈判中，并非所有的提议都能够接受。当无法接受对方所提出的要求和建议时，就要拒绝对方，要学会说"不"。但是，如果直截了当地拒绝对方，就可能立即造成紧张的气氛，形成尖锐对立，对整个谈判产生消极影响，所以说"不"是要讲究技巧的。要表现出遗憾的态度，对于需要拒绝的一定要明确表示，不能模棱两可，让对方心存侥幸。提出新的建议来代替拒绝也是一种很好的拒绝方法，还可以从对方的角度来说明拒绝的利害关系。在整个拒绝过程中，一定要注意措辞，要委婉地拒绝对方。

（六）让步技巧

谈判要达成协议，双方必须做出让步。没有让步，就无法进行谈判，怎样让步，却大有讲究。

拓展阅读

根据许多商业谈判的经验，让步有六种模式。让我们假设有这样一位卖主，准备减价60元，以下6种模式，都可以达成60元的让步幅度。

第一种让步模式：0/0/0/60，这是坚定的让步方式。让对方一直以为妥协希望很少。或选一个软弱的买主可能早就放弃和卖主讨价还价。而一个坚强的买主则会坚守阵地，迫使卖主让步。这种让步风险性大，没有耐心的买主会拂袖而去，从而使交易告吹。

第二种让步模式：15/15/15/15，这是一种均衡让步的方式，会鼓励买主追求进一步的让步。

第三种让步模式：8/13/17/22，卖主的让步越来越大，会引导买主相信卖主还会做出更大的让步。从而随着时间的推移，买主的要求也会越来越大。这种让步往往会使卖主造成重大损失。

第四种让步模式：28/20/10/2，这种模式表现出强烈的妥协意愿，不过同时也告诉了买主，所能做的让步只是有限的。在谈判的前期，有提高买主期望的危险，但随着让步幅度的减少，卖主趋向一个坚定的立场后，危险也就逐渐降低了。到这时候，一个聪明的买主便会领悟出，更进一步的让步是不可能的了。

第五种让步模式：50/9/0/1，一开始就大让步，将会大大提高买主的期望，不过第三步的拒绝让步和第四步的小小让步，会很快抵消这个效果，使对方知道，即使进一步讨论也不会得到更多让步。

第六种让步模式：60/0/0/0，这种让步对买主产生了强烈影响，第一次让步这么大，使他认为会让步更多，然而卖主不再让步会使他很失望。

不同的让步模式传递了不同的信息，可以引起对方不同的反应。对卖主来说，较理想的让步模式是第四、第五种，即先做大一点的让步，然后在长时间内很缓慢地让步。而对买主来说，则应慢慢地开始，在长时间内缓慢让步。

（七）形体语言的运用与技巧

人的行为、体态、面部表情、眼神和说话的声调反映着人在特定环境中的身心状态，是人们进行沟通交流的又一重要渠道。形体语言就是指借助于人身体的某些部位的某些姿态来表达一定含义的无声语言。

1. 形体语言的优势劣势分析

形体语言具有有声语言不具备的许多优势：①形体语言是以有声语言为基础的，但同时又是有声语言的有力补充。如人在讲话时手的用力挥动表示情绪激昂，挥舞拳头表示威胁，跺脚表示气愤，点头表示同意等。②形体语言可以在某些情况下代替有声语言。如用两手指摆成“V”形表示成功或对成功的信心，脸红表示害羞，脸黑表示生气等。③形体语言可以暗示某些不便明言的意图和信息，有时甚至传递出与口头语言完全相反的信息。情人间的一个眼神可能代表了许多含义，随着一句“我讨厌你”而来的亲昵动作却分明表示了她的爱恋之情。④形体语言在某些情况下可以起到调节情绪的作用。用笔在桌上乱画、用手摸眼睛或嘴巴等，都是人本能的一种反映，同时也是人内心世界的一种外在显示。但是，应该看到，形体语言对环境的依赖性比较高，如果信息接受人缺乏对谈话背景的了解，就可能无法理解甚至曲解形体语言的含义，如摆手这个动作，如果没有背景约束，可以理解为朋友告别，也可以理解为和朋友打招呼，还可以理解为不能做某件事情。

2. 形体语言的观察分析

学会观察形体语言有利于正确理解对方谈判意图。实际上，在一场谈判过程中，人的四肢、躯干、五官等无时无刻都在传递着交流的信息，谈判者必须学会从中观察，为谈判提供判断依据。

（1）眼睛的观察。俗话说，眼睛是心灵的窗户，实际上眼睛也确实是一个人心态的反映。眼睛睁大，眉毛扬起，可能表示惊愕；眯着眼睛，皱着眉头，可能表示正在深思熟虑；不敢用眼睛正视对方，可能表示他有负疚感或隐瞒了什么；相互凝视，可能是含情脉脉，也可能是愤怒无比；眼睛长时间停留在一个物体上，可能表示他心不在焉；用眼睛偷窥，则说明了他在看与不看之间的矛盾；双眼紧闭，则反映了他的孤傲。

（2）口部的观察。研究表明，口部的不同微笑代表着不同的含义。不露出牙齿的抿嘴微笑，常见于一个没有实际参与谈判的人，这是一种旁观者会心的笑；轻笑时露出牙齿，表明对方在征求意见或希望得到我方认可，也可能表示一种活跃气氛的愿望；张嘴大笑，则是一种发自内心的喜悦。

（3）面部的观察。脸红是面部的一个突出特征，它多数情况下表明人的害羞；面部放松，是对方信心在握的表示；面部抽搐则是愤怒的表示；面部紧张，则说明存在对立情绪或心中的忐忑不安。

（4）手的观察。从一定程度上讲，用手传递信息可能早于用发声传递信息，正因为这样，手所反映的信息比其他形体所反映的信息量要多得多。一般情况下，先伸出手与人相握，握手时用力较大，上下抖动者属于性格外向者，支配欲望强烈；被动地伸手，手掌无力者属于性格内向者，具有自卑感和容忍性。两手摊开表示坦诚、顺从或无可奈何；两手交叉放在胸前，暗示防御或敌意；掌心向上伸开手表示谦虚、诚实；掌心向下伸开手则表示压抑、控制；用食指点指对方，表示教训和侵略；不断玩弄手指表示拘谨和缺少信心。

下面的二维码是李力刚《从典故解密谈判制胜秘决》讲座的视频，读者可以进一步了解相关知识。

（5）姿势的观察。谈判中，如果倾听者头侧向讲话者一边，表示他对你的讲话很感兴趣；如果低头看资料，表示对所讲的事情不太关心；十指交叉搂住后脑，是想显示权威和信心；双腿合拢，身体前倾表示谦恭有礼；双腿不停地交换姿势说明对讲话失去了兴趣；突然转身则表示拒绝和回避。

（6）物体语言的观察。随手扔名片或纸笔，说明他缺乏应有的教养；在手中玩笔，表示对所谈的问题毫无兴趣或漫不经心；快速打开笔记本说明发现了重大问题；慢慢打开笔记本是为了表示对对方的关注；将眼镜摘下，反映身体疲劳或对讨论的厌倦；整理服饰或收拾东西，表明本次谈判可能要结束。

当然，有些形体动作是个人的习惯，本身没有什么特定含义，谈判者应在仔细观察的基础上及时认清这一点，否则将有可能误入歧途。谈判者不仅要会观察形体语言，而且还要善于运用形体语言，有效的形体语言的使用，往往会起到事半功倍的效果。

第三节 公共关系谈判的策略

策略是指人们谋事的基本计策与方略，谈判策略是指人们在谈判中所采用的计策与方略。策略主要解决的是大的、影响局面的问题，具有相对的稳定性，策略主要体现在方案中。谈判策略是指谈判人员为取得预期成果而采取的一些措施，它是各种谈判方式的具体运用。任何一项成功的谈判都是灵活巧妙地运用谈判策略的结果，一名优秀的谈判人员必须熟悉各种各样的谈判策略与技巧，学会在各种情况下运用谈判策略，以达到自己的目标。

一、公共关系谈判的总体策略

根据不同的划分标准，可将谈判的总体策略进行以下分类。

（1）**按谈判的方针可划分为软式谈判、硬式谈判和原则谈判**。软式谈判策略是一种对人温和、以和为贵、信任对方的一种谈判策略。硬式谈判策略是一种对人态度强硬、向对方施加压力，让对方让步的一种谈判策略。原则谈判策略是对人温和、对事强硬的谈判策略。这三种谈判策略各有其优缺点，不能说孰好孰坏，每一种策略都有一个自身应用的度和范围，现代谈判更推崇原则谈判策略。

（2）**按谈判的姿态划分可分为积极策略与消极策略**。积极策略是在谈判时采取积极的态度，创造良好的谈判氛围、推动双方积极合作的一种策略。即采取一定的方法让对手做出有利于我方的行为，同时我方也会给予对手一定的报偿，实现互惠互利。消极策略是指在谈判中采取一种相对低调、消极的态度，迫使对方主动让步的一种策略。在具体的谈判过程中，应注意采用一定的措施，阻止对方对我方采取不利的行为，否则，我方将会给予相应的报复。

（3）**按谈判的方式划分可分为攻势策略和防御策略**。攻势策略是以进攻为主，主动向谈判对方实施压力的一种谈判策略。此策略强调的是先发制人，先入为主，出其不意，攻其不备，从而掌握主动权。防御策略是以防御为主，伺机发动进攻的一种谈判策略。此策略强调的是坚固防守，后发制人。先摸清对方的虚实，一旦对方的弱点暴露出来就反守为攻。

二、公共关系谈判主动权的谋取策略

公共关系谈判中争取主动权非常重要，可以从人员、时间两方面入手。关于人员方面，可考虑以下策略。

（1）**专家策略**。在谈判中可派出具有一定权威的专家进行谈判。因专家在某一方面具有较高的威信及影响力，容易使人信服，其观点也易于被接受。

（2）**对等策略**。在谈判中常比较讲究权利和地位的对等，派出职务相对等的谈判人员往往可以进行比较好的沟通和交流，取得较好的谈判效果。

（3）**升格策略**。在谈判中，有时级别较低的谈判人员无法取得较好的谈判效果时，谈判双方或一方派出级别更高的谈判人员来取得突破，也不失为一个较好的策略。

（4）**幕后策略**。在谈判过程当中有时为了应付复杂情况，可以让一般谈判人员先出场谈判，真正的决策人物在幕后操纵指挥，一旦谈判出现什么情况，幕后人物可出来进行斡旋或圆场，最后拍板定夺。

（5）**车轮战策略**。在谈判中为了使对手疲于应付，并做出让步，派出不同的谈判人员轮番上阵与对手谈判的策略。

（6）**中间人策略**。当谈判双方分歧较大，均陷入紧张的矛盾中时，为了缓解双方的关系、立场，可从外界寻求有影响力的第三者，并谋求一个各方都能接受的新方案，从而使谈判得以继续进行。

在时间上，可考虑以下几种策略。

（1）**时机策略**。时机策略是指谈判者在开始谈判、采取行动、提出谈判的具体方案、给对方做出让步、退出谈判等都必须选择适当的时机。时机选择非常重要。选择适当的时机可以争取主动；时机选择不当则会失去主动，事倍功半。时机策略在于要懂得选择于已有利尤其是己方的谈判实力强于对方的时候要果断出击。

（2）**僵局策略**。是指在谈判中，为了让对方最终不得不做出某种选择，有意通过比较苛刻的条件或拒不让步来制造僵局，随着谈判的进行，对方会面临较大的压力，从而做出让步的一种策略。僵局策略是一种假性败局，在使用时一定要把握好时机和度，否则就会弄巧成拙。

（3）**休会策略**。是指在谈判过程中，遇到某种重大分歧或突发事件时，谈判一方或双方提出暂时中止谈判，另选时间重新进行谈判的策略。休会能使谈判人员有机会重新思考和调整对策，促进谈判的顺利进行，可以暂时缓和谈判的气氛，缓冲双方的矛盾，也可改变我方不利的局面，为达成谈判的目标另辟蹊径。休会策略运用得当，能起到调节谈判人员的精力，控制进程，缓和谈判气氛的作用。

案例阅读和分析

1. 某次交易会上，我方外贸部门与一客商洽谈出口业务。在第一轮谈判中，客商采取各种招数来摸我们的底，罗列过时行情，故意压低购货的数量。我方立即中止谈判，搜集相关的情报，了解到日本一家同类厂商发生重大事故停产，又了解到该产品可能有新用途。我方在仔细分析了这些情报以后，谈判继续开始。我方以掌握的情报后发制人，告诉对方：我方的货源不多；产品的需求很大；日本厂商不能供货。对方立刻意识到我方对这场交易背景的了解程度，甘拜下风。在经过一些小的交涉之后，乖乖就范，接受了我方的价格，购买了大量该产品。

思考：怎样在谈判中把握休会的时机？

2. 巴西一家公司到美国去采购成套设备。巴西谈判小组成员因为上街购物耽误了时间。当他们到达谈判地点时，比预定时间晚了 45 分钟。美方代表对此极为不满，花了很长时间来指责巴西代表不遵守时间，没有信用，如果老这样下去的话，以后很多工作很难合作，浪费时间就是浪费资源、浪费金钱。对此巴西代表感到理亏，只好不停地向美方代表道歉。谈判开始以后美方代表似乎还对巴西代表来迟一事耿耿于怀，一时间弄得巴西代表手足无措，说话处处被动，无心与美方代表讨价还价，对美方提出的许多要求也没有静下心来认真考虑，匆匆忙忙就签订了合同。等到合同签订以后，巴西代表平静下来，头脑不再发热时才发现自己吃了大亏，上了美方的当，但已经晚了。

思考：对比上一个案例，谈谈休会策略在谈判中的运用。

三、公共关系谈判互利型策略

所谓互利型策略就是在互惠互利、彼此合作的基础上进行谈判的策略。在此种策略下，可以采用以下具体措施。

1. 开诚布公策略

开诚布公策略是指谈判人员在谈判过程中以诚恳、坦率的态度向对方袒露自己的真实想法和观点，实事求是地介绍己方的情况，客观地提出己方要求，以促使对方通力合作，使谈判双方在坦诚、友好的氛围中达成协议。

所谓开诚布公，是指将我方情况大部分透露给对方，实际上百分之百的透露给对方是不明智的，也是不现实的。在谈判过程中，不讲出实际情况是出于某种需要、某种策略，讲出实际情况，也是策略的需要。采用开诚布公策略要以取得好的效果为前提。开诚布公策略并不是在任何情况的谈判中都可以采用。选择这一策略时，其谈判对象一定是要有诚意并且把对方作为唯一的谈判对象，而且还要选择好使用的时机才行，才会促成双方进行合作。

2. 以退为进策略

在谈判过程中，首先为对方留下讨价还价的余地，做到以退为进；其次不要急于表露我方的要求，去诱导对方先行发表其观点及要求，待机而动；再次，在让步时要有一定的策略，可在较小的问题上先行做出让步，让对方在重要问题上做出让步。

3. 润滑策略

润滑策略是指谈判人员在谈判及交往过程中，为了建立友好的情谊和联络感情的需要，互相赠送礼品。在使用此策略时，首先要注意赠送礼品完全是为了联系感情，不带有任何功利色彩，不然的话会给对方造成行贿的感觉；其次，要了解对方个人的兴趣爱好，尊重对方的风俗习惯；最后要注意选择适当的时机和场合赠送礼品，使对方很自然地接受礼品。

4. 假设条件策略

假设条件策略是指在谈判的探测阶段，提出某种假设条件来试探对方的底细。提出假设条件可以从两个方面进行考虑：一是在己方认为不太重要的问题上提出，如果对方对此反应强烈，则说明对方对此问题比较重视；二是在适当的时机在我方认为比较重要的问题上提出假设，同时需要注意应对假设成真后可能产生的结果。否则，一旦提出的假设条件最终要变成现实，而我方还要进行其他的变动和要求，则会使我方陷入被动的局面。

5. 私下接触策略

这是在谈判过程中经常使用的一种非正式会谈的策略。在谈判过程中，谈判人员有目的、有意识的与谈判对手私下接触。这样，不仅可以增加双方的友谊与感情，融洽谈判双方的关系，而且还能得到谈判桌上难以得到的东西。私下接触的形式很多，可根据双方人员的爱好进行选择，没有具体的限制。双方关系越热，合作的时间越长，私下接触的效果就越好。

6. 有限权力策略

有限权力是指在谈判过程中使用权力的有限性。有的谈判专家认为，受到权力限制才具有真正的力量，这是因为受到权力限制的谈判者比大权在握的谈判者处于更加有利的地位。当谈判双方协商某些问题时，一方提出某种要求，企图使对方让步时，另一方就可以使用有限权力策略进行反击，明确告诉对方，在此问题上，他无权向对方做出如此的让步，这样既维护了己方利益，又给对方留了面子。利用有限权力，可迫使对方向己方让步，在有效权力的条件下进行谈判，但是有限权力也不能滥用，过多使用会使对方怀疑你的身份与能力，失去谈判的兴趣。

案例阅读和分析

2014 年 1 月 30 日联想集团以 29.1 亿美元的价格从谷歌手中买下摩托罗拉移动业务，包括 3500 名员工、2000 项专利、品牌和注册商标。而联想对摩托罗拉的收购谈判却只经历了两个月。

联想集团首席执行官（CEO）杨元庆说，联想很早就有买下摩托罗拉的愿望。在谷歌宣布以 125 亿美元收购摩托罗拉移动后不久，他就邀请了谷歌董事长施密特到自己家里来吃饭。施密特是谷歌收购摩托罗拉的推动性人物。在饭桌上，杨元庆除了介绍联想产品之外，也抛出了橄榄枝。杨元庆说，他那时就跟施密特说，如果谷歌想继续运营硬件业务就留着摩托罗拉移动业务，如果哪天不想要这个业务了，可以找联想，让联想把这个业务接下来。

从这个对话中，可看到杨元庆对摩托罗拉移动业务的高度青睐，也能看到，杨元庆对谷歌收购摩托罗拉移动业务有一个较为准确的判断。那就是，杨元庆在当时就认为，谷歌收购摩托罗拉移动业务可能并不在硬件，而是专利，或者谷歌并没有对收购一家硬件公司做好充足的考虑和准备。也能看到，一个高超的商务谈判者，即使在大门关闭的那一刻，也绝不会给自己填死路，而是留着一扇窗。

两个月前，杨元庆收到了施密特的邮件，但施密特在邮件中并没有透露意图，而是问杨元庆有没有机会做个交流？杨元庆马上拨通了与施密特的连线，施密特把出售摩托罗拉的意图表达了出来，问杨元庆有没有信心接手？而电话这端的杨元庆立即表示出了肯定的态度。交易在之后很快达成。

联想与谷歌之间的谈判交易，联想利用了互利型策略达成了交易目标。对联想而言，通过收购摩托罗拉，联想手机在北美安卓手机市场的份额将提升至第三位，拥有全球 50 多家运营商的关系，并获得时间窗口。这场交易对谷歌来讲，摩托罗拉卖给联想后，谷歌不仅丢掉了一些包袱，平衡了自身与其他手机厂商的关系，并仍拥有摩托罗拉绝大部分专利，继续拥有摩托罗拉在硬件和软件上对谷歌安卓系统的支撑。此外，联想这一个重要的 IT 制造厂商也将从微软阵营转向谷歌。

评析：不得不提的是联想集团首席执行官杨元庆使用了润滑策略，谈判之前的交往过程中，已经与施密特建立了友好的情谊，从而能在交易上获得先机并在短期内实现目标。

四、公共关系谈判对己有利型策略

对己方有利策略，并不是意味着在谈判中必须要以损害对方的利益为代价，而是指在谈判中，谈判者在努力争取己方利益的同时，也要同时兼顾对方的利益。

1. 声东击西策略

声东击西是指在谈判中，一方为了某种需要，有意识地将谈判议题引到对己方并不重要的话题上来，去分散对方的注意力，以达到己方谈判目标的一种策略。这种策略是在对对方并不信任的情况下，故意隐藏自己的真实利益，为更好地实现谈判目标所采用的。在谈判过程中，只有更好地隐藏我方真正的利益，才能更好地实现谈判目标，尤其是在我方不能完全信任对方的情况下，更适合使用这一策略。

案例阅读和分析

深圳某公司要从日本 A 公司引进电控元件生产线，在引进过程中双方进行谈判。在谈判开始之后，日本公司坚持要按过去卖给某公司的价格来定价，坚决不让步，谈判进入僵局。我方为了占据主动地位，开始与日本B公司频频接触，洽谈相同的项目，并有意将此情报传递给A公司，同时通过有关人员向A公司传递价格信息，A公司信以为真，因不愿失去这笔交易，很快接受了我方提出的价格，这个价格比过去其他厂商引进的价格低26%。

思考：在谈判中深圳公司为什么能获得理想的谈判价格？

2. 先苦后甜策略

先苦后甜策略是指在谈判过程中，为达到己方的目的，先向对方提出较为苛刻的条件，然后再慢慢让步，最后双方取得一致的看法，以达到获得己方最大利益的策略。在运用此策略时，开始时提出的要求不能过于苛刻，要有分寸，提出的苛刻的要求应尽量是对方掌握较少的信息与资料的某些方面。否则，会让对方感觉缺乏诚意，从而中断谈判。

案例阅读和分析

霍华·休斯买飞机谈判中的先苦后甜

霍华·休斯是美国一位成功的航空工程师、企业家、电影导演，但他也是个脾气暴躁、性格执拗的人。一次他要购买一批飞机，由于数额巨大，对飞机制造商来说是一笔好买卖。但霍华·休斯提出要在协议上写明他的具体要求，内容多达三十四项，其中十一项要求必须得到满足。由于他态度飞扬跋扈，立场强硬，方式简单，拒不考虑对方的面子，激起了飞机制造商的愤怒，对方也拒不相让。谈判始终冲突激烈。最后，飞机制造商宣布不与他进行谈判。霍华·休斯不得不派他的私人代表出面洽商，条件是只要能满足他们要求的是十一项基本要求。该代表与飞机制造商洽谈后，竟然取得了霍华·休斯希望载入协议三十四项要求中的三十项，当然那十一项目标也全部达到了。当霍华·休斯问他的私人代表如何取得这样辉煌的战果时，他的代表说："那很简单，在每次谈不拢时，我就问对方，你到底是希望与我一起解决这个问题，还是留待与霍华·休斯来解决。"结果对方自然愿意与他协商，条款就这样逐项地谈妥了。

点评：在本例中，霍华·休斯的脾气暴躁、性格执拗给飞机制造商留下了糟糕的谈判印象，由于霍华·休斯购买的飞机数量巨大，能给飞机制造商带来丰厚的利益因此他们不愿放弃谈判而只是拒绝与其本人谈判。霍华·休斯的私人代表出马后很容易地争取了几乎所有的具体要求。纵观整个谈判过程，实际上是一种不经意的"先苦后甜"谈判引导策略的使用，霍华·休斯与其私人代表白脸与红脸的扮演利用了飞机制造商既想合作但又不愿与有恶感的对方打交道的心理，诱导其做出了妥协。

3. 最后期限策略

最后期限策略即为谈判限定一个最后的期限。作为谈判中的强者，对于双方一时难以达成妥协的棘手问题，不必强求及时解决，要善于利用谈判的最后期限，不断向对方施加压力，迫使对方在压力下放弃原来主张，屈服于自己。作为谈判中的弱者，也可使用最后期限法，利用强者方急于取得谈判成果的急躁心情，迫使其做出某些让步。

最后期限策略实施的要点：弱者方要审时度势，不能过分。

4. 攻心策略

攻心策略是指在谈判中，谈判一方利用可使对方心理产生较大影响的做法，来使对方妥协让步的策略。一是以愤怒、发脾气来使对方心理产生压力，当对方是新手或者相对软弱型谈判者的情况下更有效；二是以软化方式使对方做出较大让步。此策略主要是针对不同类型的谈判者，尽管可以收到一定的成效，但一定要注意适可而止。

5. 出其不意策略

出其不意策略是指在谈判过程中，没有任何迹象突然改变先前观点或方法，让对方惊奇而产生心理压力的做法。此策略在谈判中经常被采用，因为它能在较短时间内产生一种震慑对方的力量。在遇到令人惊奇的情况时，克服震惊的最好方法是让自己有充分的时间去思考，多听少说或者暂时休会。

6. 得寸进尺策略

得寸进尺策略是指在谈判过程中，在对方已经让步的基础上，再继续提出更多对己方有利的要求，最终达成目标的一种策略。此策略的核心是：一点一点地要求，积少成多，以最终达到自己的目的。运用此策略一定要慎重，如果要求过分，会激怒对方，如果对方进行报复，就会使谈判陷于僵局。

7. 沉默忍耐策略

沉默忍耐法是处于被动时的策略。其方法是谈判开始就保持沉默，迫使对方先发言、先表态。其目的是给对手造成一种心理压力，使其失去冷静，在这种情况下，对手的谈判计划可能会被打乱，出现言不由衷，泄露信息的情况。在这种情况下借机寻找突破口。

沉默忍耐法实施时需要注意：在对手采取咄咄逼人的攻势时，头脑要清醒，忍耐力要强，情绪要平稳。在对手锐气消失后，再提出自己的主张。如某学生因故迟到，待老师发火之后，再做说明。

8. 情感沟通策略

情感沟通法就是通过情感交流，在人与人之间架起连心的桥，牵起感情的线，利用情感因素去影响对手，达到联络感情、增进友谊、促成谈判顺利发展的目的。

情感沟通法使用方法：谈判前，了解对手的兴趣、爱好、目前的困难等，做到有的放矢。注意：不做违法的事情。

拓展阅读

应对九大类客户的策略①

市场经济以市场为向导，市场是企业的生存命脉。好的产品如果没有好的市场人员、好的客户服务人员等于闭门锁关，自我欣赏，丝毫不能体现其商品价值。在市场运作的过程中，市场开发是龙头，客户服务是关键。

笔者是从外资公司到机关，再到私企跳槽过程中不断发现、不断分析、不断总结得出的这些服务感言。多年来从事市场策划、广告策划这个行业，看到很多的朋友、很多的同行为客户开发和客户服务一筹莫展、忧心忡忡。所以笔者在这里想通过网络这个平台把自己的这点拙见写出来，供广大营销人员或者准备加入营销团队的朋友们参考。

笔者将客户分为九大类型，根据每种类型的客户选择相应的公关方式如下。

第一类型：理智型客户

特点：这类客户办事情比较理智，有原则、有规律，这类客户不会因为关系的好与坏而选择供应商，更不会因为个人的感情色彩选择对象，这类客户大部分工作比较细心，比较负责任，他们在选择

① 编者在原文基础上有一定改动，原文作者可能是徐太礼，编者未能查实。

供应商之前都会做适当的心理考核比较，得出理智的选择。

对应方法：对这样的客户不可以强行公关，送礼、拍马屁等方式更不可取；最好、最有效的方式就是坦诚、直率的交流，不可以夸大其辞，要实事求是，把自己的能力、特长、产品的优势、劣势等直观地展现给对方。给这类客户承诺的一定要做到，能做到的一定要承诺到，这就是最好的公关方式了。

第二类型：任务型客户

特点：这类客户一般在公司不会担任很重要的职务，他们只是在接受上级给予的任务，而且这个任务也不是自己工作职责范围之内的，所以这样的客户一般对任务只是抱有完成得“比上不足比下有余”就可以的想法，不会有太多的要求，也不会有太多的奢望。

对应方式：对这类型的客户，要周到服务，要主动地为客户分析，一定要承诺得斩钉截铁，给对方吃个定心丸。这样的客户不是完全的重点公关对象，因为这样的客户通常是我们的临时性客户，一笔业务完成以后可能以后就没有机会和他们打交道了。所以在费用和服务上都不必太优惠，拜访这样的客户第一印象特别重要，有了好的第一印象就一定要跟进、说服并给予一定的质量、服务、时间上的承诺。

第三类型：贪婪性客户

特点：这类型的客户一般其所在公司关系比较复杂，其做事的目的性比较强，价格压得比较厉害，对质量和服务也要求比较高，但这类型的客户很容易稳定，只要和对方的关系发展到一定程度就很容易把握住对方。这类客户时常会有特殊要求。

对应方式：对这样的客户，在关系上要保持心灵沟通，不可大造声势，要使对方有安全感、保密感。另外在质量、价格、服务上都要有一定的保障，职权范围内的优惠要主动提供。但是对这类客户也不可以完全满足对方要求，要注意符合政策。一味满足对方就会导致自己操作很被动，因为对方的贪婪没有止境。

第四类型：主人翁型客户

特点：这类型客户大部分是企业的老板，或者非常正直的员工，这样的客户只追求价格、质量、服务的最佳结合体，尤其对价格最为关注，所以对于这样的客户首先要在价格上给予适当的满足，再根据质量调整价格，要让对方感觉你做的东西就是价格最便宜的、质量最好的。

对应方式：服务这类客户要以价格作为突破口，在价格上给客户一个好的印象，在质量上可以根据客户的认知度定位，前期道路铺好之后就是要经常回访、交流、沟通问候。这样的客户只要在价格、质量上能得到适当的满足，较容易成为长期客户。

第五类型：抢功型客户

特点：这种类型的客户一般不会是公司的大领导，也不会有很大的权力，但是这样的客户有潜力，地位一般是处于上升趋势。这样的客户眼光重点定位在质量上，对价格一般不是十分敏感。这样的客户有的时候会出现自己掏钱为公司办事情的情况，在公司为了表现自己经常吃哑巴亏。

对应方式：对这样的客户一定要站在他的角度着想，千万不可以伤害其自尊心，在质量上一定要把好关，这样的客户不需要保持太紧密的联系，只要在日常的工作中给予适当的力所能及的帮助，为客户在其公司的发展做点力所能及的事情就可以了。对这样的客户在节假的时间应给予适当的问候，保持一定的联系，因为这样的客户很有可能会发展成为未来的潜力客户。

第六类型：吝啬型客户

特点：这样的客户一般比较小气，想赚这样客户的钱不容易，这样的客户不会因为稳定、信任、关系而选择一个固定的供应商。他们会首先比较价格，而且比较的结果是让你没有利润，然后再要求质量。这样的客户经常会隐瞒事实，夸大自己，很多时候还会搞一些根本就不需要招投标的招投标形式，以此来压价满足自己的吝啬心理。

对应方式：建议不要在这类客户身上花费太多的时间，根据自己的产品特点及企业优势坚持原则。对这样的客户一开始就不能一味地满足其需求，该使用谈判技巧时则要果断使用谈判技巧，因为这样的客户不会因为你的良好表现和良好关系就容忍你的一些小错误。如果不是自己强项和优势业务大可不必去参与竞争，因为常常得不偿失，钱没有赚到，精力倒花费不少。所以这类型的客户不是企业发展的重点客户。

第七类型：刁蛮型客户

特点：这样的客户在第一次交往中会表现得很好，显示自己是很好很有信誉很有实力的公司。有时甚至会出现你开 800 他给你 1000 价格的情况，这样的客户在和我们交谈的过程中基本上是不会准备资料的，客户希望所有的资料由我们来为之准备，也不会在价格上和我们斤斤计较，在质量上也不会告诉你苛刻要求。他们会想方设法设置自己的陷阱，找借口说时间非常着急，其实真正等你做完了，他一点也不着急要货，却常常通过一些不重要的问题干扰你的视线，使产品或服务出现些某问题，再抓把柄找麻烦。

对应方法：对这样的客户千万不可以马虎，更不可以为客户的表现所动心，在所有的操作上一定要积极客观，不能被动，价格是怎么样就怎么样，质量是怎么样就怎么样，制作之前一定要有客户亲自确认签字，否则绝对不可以操作下去。对客户要求的时间也不可以随便承诺，给自己施加压力，预付款一定要收，合同一定要签，绝对不可以先做事再谈价格。总之对于这样的客户一定要先小人后君子，不见兔子绝对不可以撒鹰，不可麻痹大意。

第八类型：关系型客户

特点：这样的客户一般先要有朋友关系后有业务交往，如果把握不好一个介于朋友和客户之间的度，就很容易导致业务没有做好，朋友关系倒搞砸了。尤其在服务行业，朋友介绍朋友，朋友需要帮忙类似的业务时常会出现。

对应方式：对这种关系的客户一定要做好几个原则，不该收钱的千万不能收钱，该收钱的一定要把钱谈好。帮忙和赚钱生意一定要分开，如果遇到总是喜欢占便宜的朋友客户，就一定要注意小单子可以帮忙做，需要花费一定成本费用的单子要么就一切谈好后按正规方式操作，要么就委婉推掉。千万不可以占小便宜。

第九类型：综合型客户

特点：这样的客户在交往中没有一定性格模式，特定的环境下会演变成特定类型的客户，这样的客户一般非常老道，社会经验非常丰富，关系网也比较复杂，他的生活轨迹也不容易把握，思想活动很难认清。

对应方式：对这样的客户处理问题一定要小心，不可以定义为任何一种专业类型的客户来对待，因为这样的客户可变性很强，在与这样的客户交往过程中通常采用以静制动的战略攻势比较好。始终要以装作糊涂、认真、虔诚的心态，静观其变，等把握住客户的心态之后再对症下药。

> 读者可搜索观看北京外国语大学公开课《谈判学》的网易公开课视频，进一步了解相关知识。

后续

在我们的业务操作过程中往往会出现很多的不同的类型的客户，所以需要我们每一位营销战线的朋友们时时分析总结，兵法云："以无形之作战形态对有形之作战形态，方可克敌制胜"。公式是死的，运用是活的。只要我们总结出一些固定的客服公式，再因时、因地、因人对症下药，就一定能变被动为主动。

本章小结

本章主要介绍了公共关系谈判的概念及特征原则，公共关系谈判的阶段和谈判应掌握的技巧，公共关系谈判的策略等，比较重要的知识点有以下几点。

1. 公共关系谈判是指社会组织与社会公众之间，为寻求一致的观点和利益，通过洽谈、协商，彼此进行信息交流、相互磋商，最终达成一致协议的一系列行为活动的总称。

2. 公共关系谈判基本特征有：①既相互矛盾又相互合作的过程；②通过协商互惠互利的过程；③内容具有广泛性、多边性和不确定性；④结果具有相对平等性；⑤重视协商和沟通，以礼服人。

3. 公共关系谈判原则包括：①平等协商原则；②平等互利原则；③合法性原则；④时效性原则；⑤最低目标原则。

4. 公共关系谈判过程划分为以下几个阶段：①导入阶段；②概说阶段；③明示阶段；④交锋阶段；⑤妥协阶段；⑥协议阶段。

5. 公共关系谈判谈判应掌握的技巧有：①叙述技巧；②发问技巧；③说服技巧；④答复技巧；⑤拒绝技巧；⑥让步技巧。

6. 公共关系谈判的策略包括：①公共关系谈判的总体策略；②公共关系谈判主动权的谋取策略；③公共关系谈判互利型策略；④公共关系谈判对己有利型策略。

7. 公共关系谈判人员策略：①专家策略；②对等策略；③升格策略；④幕后策略；⑤车轮战策略；⑥中间人策略。

8. 公共关系谈判时间策略：①时机策略；②僵局策略；③休会策略。

9. 公共关系谈判互利型策略：①开诚布公策略；②以退为进策略；③润滑策略；④假设条件策略；⑤私下接触策略；⑥有限权力策略。

10. 公共关系谈判对己有利型策略：①声东击西策略；②先苦后甜策略；③最后期限策略；④攻心策略；⑤出其不意策略；⑥得寸进尺策略；⑦沉默忍耐策略；⑧情感沟通策略。

练 习 题

一、单项选择题

1. 让谈判各方通过介绍相互认识，彼此熟悉，以创造一个有利于谈判的良好氛围的阶段是（　　）。

A. 导入阶段　B. 概说阶段　C. 明示阶段　D. 妥协阶段

2. 是谈判各方第一次正式的会谈，谈判各方应简要亮出自己的基本想法、意图和目的，以求让对方了解的阶段是（　　）。

A. 导入阶段　B. 概说阶段　C. 明示阶段　D. 交锋阶段

3. 对人温和、对事强硬的谈判策略是（　　）。

A. 软式谈判　B. 硬式谈判　C. 原则谈判　D. 基础谈判

4. 要求恰到好处地表述己方的基本观点，准确无误地与对方沟通的谈判技巧是（　　）。

A. 叙述技巧　B. 发问技巧　C. 说服技巧　D. 答复技巧

5. 当谈判双方分歧较大，均陷入紧张的矛盾中时，为了缓解双方的关系、立场，可从外界寻求有影响力的第三者，并谋求一个各方都能接受的新方案的谈判策略是（　　）。

A. 幕后策略　B. 车轮战策略　C. 中间人策略　D. 僵局策略

6. 谈判过程中，在对方已经让步的基础上，再继续提出更多对己方有利的要求，最终达成目标的策略是（　　）。

A. 得寸进尺策略　B. 先苦后甜策略

C. 最后期限策略　D. 攻心策略

二、多项选择题

1. 谈判的总体策略按谈判的方针可划分为（　　）。

A. 软式谈判　　B. 硬式谈判　　C. 原则谈判　　D. 基础谈判

2. 谈判的总体策略按谈判的姿态划分可分为（　　）。

A. 积极策略　　B. 消极策略　　C. 攻势策略　　D. 防御策略

3. 谈判的总体策略按谈判的方式划分可分为（　　）。

A. 攻势策略　　B. 防御策略　　C. 积极策略　　D. 消极策略

4. 谈判者应该掌握的众多谈判技巧中，最基本的技巧是（　　）。

A. 叙述技巧　　B. 发问技巧　　C. 说服技巧　　D. 答复技巧

5. 在谈判中，一方为了达到己方谈判目标，而有意识地将谈判议题引到对己方并不重要的话题上来分散对方注意力的一种策略是（　　）。

A. 声东击西策略　B. 先苦后甜策略　C. 最后期限策略　D. 攻心策略

6. 公共关系谈判时间策略有（　　）。

A. 时机策略　　B. 僵局策略　　C. 休会策略　　D. 车轮战策略

三、简答题

1. 公共关系谈判原则有哪些？
2. 谈判技巧是什么？
3. 公共关系谈判的总体策略是什么？
4. 公共关系谈判主动权的谋取策略是什么？
5. 公共关系谈判互利型策略是什么？
6. 公共关系谈判对己有利型策略是什么？

四、案例分析

案例 1

日本一家著名汽车公司刚刚在美国“登陆”，急需找一个美国代理商来为其推销产品，以弥补他们不了解美国市场的缺陷。当日本公司准备同一家美国公司谈判时，谈判代表因为堵车迟到了，美国谈判代表就这件事紧紧不放，想以此为手段获取更多的优惠条件，日本代表发现无路可退，于是站起来说：“我们十分抱歉耽误了您的时间，但是这绝非我们的本意，我们对美国的交通状况了解不足，导致了这个不愉快的结果，我希望我们不要再因为这个无所谓的问题耽误宝贵的时间了，如果因为这件事怀疑我们合作的诚意，那么我们只好结束这次谈判，我认为，我们所提出的优惠条件是不会在美国找不到合作伙伴的。”日本代表一席话让美国代表哑口无言，美国人也不想失去一次赚钱的机会，于是谈判顺利进行下去了。

问题：

（1）美国公司的谈判代表在谈判开始时试图营造何种开局气氛？

（2）如果你是美方谈判代表，应该如何扳回劣势？

案例 2

沃尔• 斯特里特公司的男鞋推销员去拜访他的一个贩卖商。在推销过程中，这位商人抱怨说：“知道吗？最近两个月，我们订货的发送情况简直糟透了。”

这一抱怨对于公司的推销员来说无疑是一个巨大的威胁，谈判有陷入僵局的危险。

推销员的回答很镇定：“是的，我知道是这样，不过我可以向您保证，这个问题很快就能解决。您知道，我们只是个小型鞋厂，当几个月前生意萧条并有九万双鞋的存货时，老板就关闭了工厂。如果您定的货不够多，在工厂重新开工和有新鞋出厂之前，您就可能缺货。最糟糕的是，老板发现由于关闭工厂他损失了不少生产能手，这些人都去别处干活了，所以，在生意好转之后，他一直难以让工厂重新运转。他现在知道了，他过早惊慌地停工是错误的，但我相信我们老板是不会把现在赚到的钱存起来而不投入生产的。"

那商贩笑了，说："我得感谢您，您让我在一个星期之内头一次听到了如此坦率的回答。我的伙计们会告诉你，我们本周一直在与一个购物中心谈判租赁柜台的事，但他们满嘴瞎话，使我们厌烦透了。谢谢您给我们带来了新鲜空气。"

这个推销员用他的诚恳态度赢得了客户的极大信任，他不但做成了这笔生意，还为以后的生意打下了良好的基础。

问题：请结合案例分析案例中的谈判策略。

综合实训

一、实训内容

选择一谈判背景，制订合理的谈判计划；分别模拟谈判A方、B方，制订各自的谈判计划，包括组成谈判小组、进行人员分工、确定谈判目标、确定谈判地并做好相关准备、确定谈判进程、制定谈判策略、准备谈判资料、准备谈判合同文本、制订应急预案。

二、方法步骤

1. 以6人分为一谈判小组，制定谈判计划。
2. 谈判小组之间模拟谈判A方、B方进行谈判。

三、实训考核

教师依据小组之间谈判的效果以及小组为达成谈判准备的谈判计划、资料、合同文本、应急预案综合进行评分。

第九章

公共关系写作

学习目标

知识目标：了解公共关系文书的概念和分类，了解请柬、信函、简报、新闻、公共关系调查报告的概念，掌握请柬、简报、新闻、公共关系调查报告的写作格式。

能力目标：培养熟练撰写请柬、简报、新闻、公共关系调查报告的能力。

教学导入案例

上海铁路局官方微信正式上线

扬子晚报讯（通讯员 邵弢如 记者 徐媛园）2014 年 1 月 16 日春运首日，上海铁路局官方微信上线，微信名（ID）为 shtljwx。微信可实现全国铁路列车时刻、余票、正晚点和车票代售点查询。记者在该官方微信中查阅后发现：内容包含各种购票方式及流程图；2014 春运购票、退票、改签、乘车指南；各雷锋服务站以及货运服务等十多项信息。

据悉，上海铁路局官方微信开办了自定义菜单的订阅号，用户只需点击菜单就能获取所需信息，并率先实现了与铁路 12306 官方网站的对接，具备实时查询全国铁路列车时刻、余票、正晚点信息和车票代售点分布情况功能。同时，为创造更好的用户体验，该官方微信配置了动态资讯、一线风采、你问我答、失物招领、一站一景、沿途风光、铁路博览、史海拾贝、旅途分享、生活常识等众多栏目，定期编辑相关内容向用户进行推送。

教学导入案例中，在上海铁路局官方微信上线的第二天，《扬子晚报》进行了报道，并简要介绍了上海铁路局官方微信的栏目和功能。看到该篇新闻的旅客可以根据需要，及时地加入该微信，了解相关信息，体现了新闻的及时性和价值性。那么，新闻的标题是如何设计的，内容是怎样撰写的，这正是本章所要探讨的部分内容，除此以外，本章还将探讨请柬、信函、简报、公共关系调查报告的撰写。

第一节　公共关系写作概述

组织在开展公共关系活动时，不可避免地要遇到请柬、信函、简报、新闻等文书撰写，为了能够掌握这些文书的撰写要领，我们先来了解一下公共关系文书的概念及分类。

公共关系文书是社会组织为了实现自己的公共关系目标和开展公共关系活动而制作的各种书面文字材料，它是文书在公共关系中的运用。

一、公共关系文书的分类

一般来说，公共关系文书写作内容较多，但概括起来，主要分为三个方面，即事务性公共关系文书、传播性公共关系文书和礼仪应酬性公共关系文书。

事务性公共关系文书就是为了正常开展公共关系工作而编制的文书，如简报，公共关系调查报告等。

传播性公共关系文书就是为了宣传组织良好形象，为组织的正常运作和发展创造有利的内外部环境而制作的文书，如广告、新闻、演讲等。

礼仪应酬性公共关系文书就是在日常工作中组织与组织，组织与个人之间为达到一定的公共关系目的而编制的文书，如请柬、祝词、答谢词等。

二、公共关系文书的写作特点

公共关系文书的写作特点有很多，主要的特点有以下几点。

（1）明确的实用性。公共关系文书与一般文书相同，其写作具有明确的实用性。它是为了达到一定的公共关系目的，在公众中树立良好的组织形象而写作的，实用性很强。如写公共关系广告，就是为了宣传组织形象，让公众了解，认知组织，提高组织的知名度，为组织的发展提供良好的舆论环境。因此在书写公共关系文书时，一定要从实际出发，本着一定的目标而写作。

（2）内容的真实性。由于公共关系文书服务于一定的公共关系目的，所以其中涉及的事情、人物、情节、数字，一定要真实、准确，不能有假设虚构，否则就会影响组织声誉，给组织的发展带来不良的后果。

拓展阅读

据《法制日报》2013 年 7 月 6 日《伪造遗嘱使用虚假文书 陈振聪被判囚 12 年》一文报道（记者刘欢）香港高等法院法官 7 月 5 日上午做出判决，陈振聪因伪造已故华懋集团主席龚如心遗嘱和使用虚假文书两项罪名成立，陈振聪被判囚 12 年，两项罪名同期执行，并需要支付控方诉讼费。

法官表示：陈振聪伪造遗嘱经过精心策划，可见他极之贪婪；又指龚如心在病危时是哀伤及寂寞的女人，但陈振聪却残忍邪恶地伪造遗嘱。法官认为，陈振聪欲侵吞原用作慈善用途的遗产，是无耻邪恶。

2013 年，53 岁的陈振聪被控在 2006 年 10 月 15 日至 2007 年 4 月 8 日期间,伪造一份注明日期为 2006 年 10 月 16 日，声称是龚如心遗嘱的假文书，并在 2007 年 4 月 4 日至 2010 年 2 月 3 日使用这份伪造遗嘱。

2009 年 5 月，龚如心遗产争夺案在香港高等法院开审。翌年 2 月 2 日，香港高等法院裁定陈振聪败诉，其所持遗嘱上的龚如心签名为伪造，有关遗产将拨归华懋慈善基金。此后，陈振聪向上诉庭提出上诉，但于 2010 年 2 月和 10 月遭上诉庭两度驳回。

7 月 4 日晚，香港高等法院陪审团裁定，陈振聪伪造已故华懋集团主席龚如心遗嘱和使用虚假文书两项罪名成立。

（3）较强的时效性。公共关系文书一般讲究时效，要求文书的写作在一定时间内完成，不允许拖拖拉拉，否则就会耽误工作的正常开展。如简报、新闻在这方面就有很高的要求，超过时间就毫无意义可谈。

（4）格式的规范性。公共关系文书与一般文书一样在写作上有较固定的格式，即比较固定的结构层次、习惯用语、称谓、签署等，这样便于书写、阅读。

（5）作者与读者的特定性。公共关系文书的作者一般为组织或组织代表，在写作时一定要遵循组织的意图、目标，初稿写成后，还要经过集体讨论，大家提意见，然后修改，最后由负责人审阅通过。写作要求表现出一定的程序化，公共关系调查报告和公共关系计划就是这方面突出的代表。其次，公共关系文书的阅读对象也是特定的，如广告的阅读对象为社会公众，简报的阅读对象是组织领导和内部员工。

三、公共关系文书的语言要求

公共关系文书的语言要求主要集中在以下几个方面。

（1）用词准确。公共关系文书的真实性要求文书写作力求用词准确，以达到预期的效果。如在介绍产品的广告中，其性能、规格、特点、专家评价、检测等一定要用准确而严密的语言表述出来，否则就有虚假不实之嫌。

（2）文字简洁。公共关系文书要求文字简短，简洁明了。如简报的自述要求千字以内，最多不超过 2000 字；广告、新闻更明确要求文字精练，篇幅简短有力。此外，为了使语言简洁，在信函中还经常使用“此复”等不常用的专业术语。

（3）语言质朴。公共关系文书是应用文书，因此要求写作内容实事求是，语言平实质朴，做到易看、易读、易懂，但是语言平实质朴也不等于枯燥无味。有些文体，如请柬的语言就要求富有感情色彩，情真意切，大方有礼；公共关系广告则要求运用适当的修辞手法使语言具有感染力，以达到引人注目的效果。所以在运用语言时一定要灵活多变，不拘一格。

（4）表现得体。公共关系文书有一定的阅读对象，因此语言要注意得体。如请柬对语言的要求方面要做到文雅、庄重、有礼，还要表现出邀请者的诚意；演讲稿要根据听众和场合的不同，在称谓上有所变化，总之，公共关系关系文书的语言一定要得体，这样才能发挥其作用。

第二节　公共关系常见的文书

一、请柬

请柬通常也称请帖、柬帖，是为邀请客人参加各种纪念活动、婚宴、晚会、诞辰和重要会议等而发出的一种书面形式的通知。在有一些比较重大的事项或庄重的场合，如规格较高的会议、宴请、展览等，需要宾客参加时通常都发出请柬，一般用套红制成帖子形式，所以又称柬帖。

从撰写方法上说，不论哪种样式的请柬，都有标题、称谓、正文、敬语、落款和日期。

（1）标题。双柬帖封面印上或写明“请柬”二字，一般应做些艺术加工，即采用名家书法、字面烫金或加以图案装饰等。有些单柬帖，“请柬”二字写在顶端第一行，字体较正文稍大。

（2）称谓。顶格写清被邀请单位名称或个人姓名，其后加冒号。个人姓名后要注明职务或职称，如“××先生”“××女士”。

（3）正文。另起行，前空两格，写明活动的内容、时间、地点及其他应知事项。

（4）敬语。一般以“敬请（恭请）光临”“此致敬礼”等作结。“此致”另起行，前空两格，再另起行，写“敬礼”等词，需顶格。

（5）落款和日期。写明邀请单位或个人姓名，最下面写日期。

二、信函

信函是社会组织之间联系工作的公用信件，它是组织公共关系事务活动中不可缺少的重要传播工具。因为它是对外联系中的一种正式形式，所以其语言、意图均要慎重斟酌，才能发往对方，以免造成不良后果。

千图网提供了丰富的电子结婚请柬范例，而且也支持电子结婚请柬的下载。

公共关系信函的主要作用是沟通组织与公众之间的感情，交换某些与双方有关问题的意见和建议，协调建立和发展组织与对外公众之间的关系，树立本组织良好的形象，争取公众的理解、信赖、支持与合作。公共关系信函有别于一般书信，它是代表本组织，带有一定的公共关系目的，不代表个人办私事。

平常的公共关系活动中遇到较多的是公函与便函。公函是公文的一种，按公文体式制作，便函不按公文体式制作，而按一般信件写作，不拘格式。

公函就其内容与作用来看又可分为商洽函、询问函、答复函、委托函和告知函五类。

（一）商洽函

又称商请函，是邀请函的一种，在平行机关或不相隶属机关之间相互协商或联系工作时使用。这类函的正文通常由商洽原由（发函的原因）和商洽事项两个部分组成。商洽事项是主体，应写清所商洽的具体事项，写清对对方的要求。

拓展阅读

关于选派员工到××大学进修的商洽函

××大学校长：

我公司为了提高专业技术人员的业务水平和科研能力，拟定选派张××、王××、李××去你大学进修英语和计算机，员工进修费用由公司支付，望贵校能协助。

特此函达

请复

×××公司（印章）

××年××月××日

拓展阅读

关于“塞北红”项目合作商洽函

大同华晟果蔬饮品有限公司：

我集团与贵公司经过三次接触，对贵公司生产的“塞北红”番茄酱、番茄汁有了初步的了解，根据贵方需求，针对“塞北红”番茄酱、番茄汁的品牌定位、品牌塑造、产品规划、产品力打造（产品包装设计）、媒体策划与推广、营销服务等内容欲进行深层次的合作服务，为此，我集团特组织专家项目组期望在近期对贵公司进行正式沟通、考察，并做以下工作。

1. 企业战略规划深层次沟通；
2. 企业生产设备、生产线实地考察；
3. 《合作意向书》的签订；

4. 项目合作内容、计划表的确认；

请贵公司予以考虑，并安排接洽时间提前告知我方，谢谢。

期待真诚合作！

此致

敬礼

圣朝传媒集团

××××年×月×日

（二）询问函

询问函主要用于向对方询问问题，也可以简述某一事项并提出处理方法，然后征求对方意见，要求答复。询问函正文一般也由两部分组成：一是说明询问的目的或原由；二是询问事项的主要内容，这是询问函的主要部分。因此要写的既明确而又具体、简洁，让人一目了然，以便答复。

拓展阅读

询　问　函

××市政府采购中心：

我公司于××年×月×日通过参与投标活动成为“××”项目(项目编号：×号第×包：×××)的中标人并在××政府采购网（http://www.××.net）上公示,但迄今为止尚未领取到《中标通知书》。由于工作的需要，请贵单位能否予以答复《中标通知书》的具体下发时间及领取《中标通知书》所需要准备的必要手续。

感谢支持！

××有限公司

××××年×月×日

函复地址：××××

电　　话：××

传　　真：××

联 系 人：××

（三）答复函

答复函是用来答复对方询问函的问题。答复函正文一般由三部分构成：一是说明对方函已收到，并写清收文的日期；二是简要复述对方函件所询问的主要问题或所提要求；三是答复内容，这部分是答复函的主体。因此要写的明确具体，简明扼要，所答问题的内容要有条理性、针对性和顺序性。

拓展阅读

答　复　函

××先生：

5月20日有关第645号订单的来信收到。

得知错运货物，本公司感到抱歉。正确的货物已安排空运，应于一周内运抵。有关文件将加函寄上。烦请暂存错运给贵方的货物。

如有任何疑问，欢迎与本公司联络。对此次错失，谨再次表示歉意。

××有限公司

××××年×月×日

（四）委托函

委托函用于委托有关组织代为办理某一事项。这类公函，过去使用不多，但随着公共关系活动的增加，这类公函的使用也随之增加。委托函正文一般由两部分组成：一是原因，这部分既要写清委托的目的，又要写清所委托代办或代办事项的基本情况；二是委托事项，这部分是主体，因此要写得清楚明了，尤其要写清托办的要求。此外还可以加上“以上事项希望大力协助办理（查清），并请尽快答复”做结束语。

拓展阅读

委 托 函

__________中心：

我单位×××同志因执行××××任务，将于××××年×月×日前往×××国家（地区），在外停留××天，费用××支付。因该同志的人事档案寄存贵中心，特委托办理相关外事手续。

××有限公司

××××年×月×日

（五）告知函

告知函一般是用在办理受托代办事项之后告知代办情况，或主动告知对方某种情况或某一事项，以引起对方注意。其正文包括两部分：一是告知发函原由；二是告知事项。

公共关系信函是社会组织与内外公众交流思想、互通信息、商洽联络的一种信件，因此要注意语言的文明、礼貌、庄重典雅，要充满真挚的感情，并遵循信函的格式，这样才能为树立良好的组织形象起到积极的作用。

拓展阅读

告 知 函

尊敬的××公司

我公司于 20××年×月×日确认订单（编号：××）至贵公司，与贵公司约定交货期限为×月×日。订单得到贵公司确认后，我公司即与客户确定好出货日期，并订下货柜和船期。至×月×日，贵公司交货日期已到，未能按约交货，已经延迟×天时间，耽误了我公司的船期，严重影响到我公司与客户的商业关系，对我公司的声誉和生产经营造成影响。

鉴于此，按照与贵公司的约定，我公司要求贵公司承担因此事造成的报关、船务等费用，且此批货物最迟交货期不能超过×月×日。

特此函告！

××有限公司

××××年×月×日

三、简报

新晨范文网提供了多种信函的范文，有兴趣的同学可访问该网站进行更深入地学习。（需注意多数网站所提供范文格式并不一定都十分规范，具体运用时最好参考较权威的应用文写作图书）。

公共关系简报，是组织内部交流、汇报情况的文字材料或刊物。简报多数为内部使用，有的也可直接向外发送，但要注意发送的范围与要求，不能像报纸一样到处分发、人人使用。简报不是正式公文，不具备法律效力和行政效力。

（一）简报的分类

常见的简报有三种：一是会议简报，主要反映会议交流、进展情况；二是情况简报，反映人们关注的问题，供机关领导参考；三是工作简报，报告重大问题的处理情况以及工作动态、经验或问题等。

（二）简报的特点

简报具有一般报纸新闻性的特点，但又有本身的特点。

1. 内容专业性强

公开的报纸，一般是综合性的，内容广泛，各方面的新闻都有，政治、经济、文化、工农商各行各业、城市乡村、国内国外的新闻等，除了新闻外，还有文艺作品。这样，它就能满足各阶层读者的需要，有宣传政策、沟通信息、传播知识和陶冶性情等多方面的作用。简报就有所不同，它一般由有关单位、部门主办，专业性十分明显。如《人口普查简报》《计划生育简报》《水利工程简报》《招生简报》，等等，分别由主办单位组织专人撰写，传递该项工作的各种信息，包括情况、经验、问题和对策等，一般性的东西少说，无关的东西不说，专业性的东西多说。这样，对一般读者来说，能使他们了解工作的进展情况，增强责任感。对领导机关来说，“各级领导接到这样的简报，掌握了情况，有问题就有办法处置了。”

2. 篇幅特别简短

虽然所有报纸篇幅都有限，文章都较简短，但比较起来，公开的大报，一般都有四版，有四万多字；地方小报，每期也有二万多字。简报姓“简”。简，是它有别于其他报刊的最显著的特点。一期简报甚至只登一篇文章，几段信息，或一期几篇文章，总共一两千字，长的也不过三五千字，读者可以用很短的时间把它读完，适应现代快节奏工作的需要。简报的语言必须简明精练。

3. 限于内部交流

一般报纸面向全社会，内容是公开的，没有保密价值，读者越多越好，正因为如此，它除了新闻性外，还要求有知识性和趣味性。简报则不同，它一般在编报机关管辖范围内各单位之间交流，不宜甚至不能公开传播，特别是涉外机关和专政机关主办的简报更是如此。有的简报，往往是专给某一级领导人看的，有一定的保密要求，不能任意扩大阅读范围。

案例阅读和分析

教育活动简报

2014年第1期　（总第177期）

黄平县旧州小学党总支

黄平县旧州中心小学党支部
黄平县旧州镇中心小学
黄平县旧州中心小学关工委　　　　　　　　　　　　　　　　2014年1月16日

黄平县旧州中心小学党支部、旧州中心小学
开展走访慰问困难党员、教职工及离退休老党员、老教师活动

2014年1月15日，在春节即将到来之际，黄平县旧州小学党总支书记兼中心小学党支部书记苏小林同志、旧州中心小学工会主席吴富民同志代表学校党政领导班子，带着学校全体党员、干部及教职工的深切祝福，对该校困难党员、教职工及离退休老党员、老教师进行走访慰问，为他们带去党和政府的关怀，向他们致以节日的问候及诚挚的祝福。

每到一处，该校党支部书记、工会主席都亲切地询问困难党员、教职工和离退休老党员、老教师的身体、生活情况，并祝他们身体健康、生活愉快、家庭幸福，为他们送上节日慰问金，同时鼓励困难党员、教职工及离退休老党员、老教师要积极乐观地面对生活，遇到困难向学校反映，学校会尽力帮助他们克服困难。困难党员、教师及老党员、老教师对党组织和学校的关心表示衷心的感谢。

据悉，旧州中心小学历来重视离退休老党员、老教师工作。每年春节、“七一”、教师节、中秋，学校都要组织领导班子对老党员、老教师进行走访慰问。本次活动，该校共走访慰问田昌明、沈金光、郭明静、付国平等困难党员、教职工及离退休老党员、老教师共计15人，发放节日慰问金1500元。

通过走访慰问活动，使困难党员、教职工及离退休老党员、老教师真正感受到党组织和学校的关怀和温暖，这对进一步形成尊重、学习、关爱老党员、老教师的良好风尚，具有十分重要而又深远的意义。

（文/×××）

主题词：走访慰问　困难党员　老党员　老教师

报：县教育工委、关工委、教育局、教育督导室、教育工会、镇党委、镇政府
送：县教育局外宣办、镇信息办
发：镇属各小学党支部、学校、幼儿园　　　　　　　　　　　　（共印10份）

分析：

1. 简报和请帖有哪些不同点？
2. 结合该简报，体会简报的特点。

（三）公共关系简报的写作格式

公共关系简报的格式大体上是固定的，一般内报头、报核、报尾三部分组成。

> 中华人民共和国环境保护部在网站上公布了大量的部门往年工作简报，并且支持在线下载。

1. 报头

报头部分占简报首页的1/3到1/4左右，报头部分包括简报名称、期数、编报单位、编发日期等。如果是综合性简报，内容较多，在报头之下还有目录。报头各部分的位置已形成相对固定的格式要求，不得随意变更。

2. 报核

报核部分由标题和正文组成。有的简报在标题前加有编者按——对某些具有典型意义的事件或值得注意的问题着重说明，以引起读者重视。简报的标题要准确概括正文的内容与要旨，大都采用新闻报道的写法，单标题、双标题均可。**正文也以新闻消息式写法居多，由导语、主体、结尾构成。**导语用简明扼要的文字叙说主要事实或观点，有叙述式、结论式、提问式等不

同的写法。主体对导语内容展开和具体化，通常使用纵式或横式结构组织材料。结尾常用一段文字结束全文，或进行小结，或发表评论，或提希望与要求。有的简报主体叙述完毕即自然收尾，无须添设结尾一段。

3. 报尾

报尾部分列于简报末页的下端，也用横线与正文部分隔开。左侧标注简报报、送、发的名称，右侧标注简报印制份数。

四、新闻

新闻是指报纸、广播电台、电视台、互联网等媒体经常使用的记录社会、传播信息、反映时代的一种文体。新闻概念有广义与狭义之分。就其广义而言，除了发表于报刊、广播、电视上的评论与专文外的常用文本都属于新闻之列，包括消息、通讯、特写、速写（有的将速写纳入特写之列）等；狭义的新闻则专指消息，消息是用概括的叙述方式，比较简明扼要的文字，迅速及时地报道国内外新近发生的、有价值的事实。本书把新闻界定于狭义的新闻。

新浪网、搜狐网、网易网、腾讯网等门户网站都提供大量的新闻，可供学习中参考。

（一）新闻的类型

以写作特点来区分，新闻可以分为四类：动态性新闻、经验性新闻、综合性新闻和评述性新闻。

1. 动态性新闻

所谓动态性新闻，是对新近发生或正在发生的事件和活动的报道。它重在揭示事物发展、变化的特征。反映社会生活中的新气象、新情况、新问题，是最基本、最常见的一种新闻报道形式。

2. 经验性新闻

所谓经验性新闻，是指对一个社会组织乃至于一个行业领域先进经验、成功典型的新闻报道。这类新闻往往偏重于交待情况、介绍做法、反映变化与效果，较多提供背景材料，因而篇幅比其他类型的新闻要长一些。

3. 综合性新闻

所谓综合性新闻，是指把发生在不同地区或部门的性质相似又各有特点的事件综合起来，从不同侧面阐明一个共同的主题思想，反映一个时期内带有全局性的情况、成就、趋势或问题的新闻报道。它纵览全局、报道面广、声势较大，给人以较为完整的印象。常见的综合新闻有两种类型，一种是横断面的综合，一种是纵深度的综合。

4. 评述性新闻

所谓评述性新闻，是指一种且述且评、夹叙夹议的新闻报道体裁。它在“用事实说话”，报道具有普遍意义的新闻事实的基础上，结合形势和动向，对事实进行适当的分析、评述，揭示其本质意义，指明其发展趋势，以指导实际工作。

拓展阅读

“一镇一品”带动农村循环经济链

《中国青年报》2014年1月3日讯（记者董碧水 通讯员朱浙）在2013年一片卖茶难的呼声中，杭州市余杭区的“径山茶”却异军突起，产量突破一万吨，产值达5.6亿元。杭州市工商局余杭分局局长胡昕认为，“径山茶”取得的喜人成绩很大程度上得益于它的品牌化打造。

余杭区位于杭州城北。近年来，为全面提升现代农业发展层次，余杭区在“品牌强区”中注入“一镇一品”目标，着力在全区镇乡街道打造具有地方特色的农业知名品牌，引领当地农业产业快速发展。

据统计，目前，余杭区农产品注册商标已达2863件，约占到全区商标注册总量的20%，其中还成功注册了“径山茶”“塘栖枇杷”“鸬鸟蜜梨”三件地理标志证明商标和“本”牌鳖、“百丈”竹制品、“黄湖笋干”等七件集体商标。

“一镇一品”建设在为余杭各镇乡街道打造出一张张农业“金名片”的同时，也实现了创收富农。成功注册“黄湖笋干”集体商标的黄湖镇，竹笋业成为黄湖农民发家致富的重要产业，全镇竹林面积超过3.7万亩，竹笋年产值3000多万元。“径山茶”所在的径山镇，建立了5万亩的“径山茶”品牌基地，加工厂46家，专业合作社13家。通过茶叶专业合作社，实现农户户均收入20万元，纯收入6万元。

据统计，2013年上半年，余杭农业总产值47亿元，品牌农业产值16.45亿元，占农业总产值的35%，同比增长7%。到2013年年底，余杭区农产品品牌经济总量已突破35亿元。

拓展阅读

“玉兔”月球车舒展机械臂 成功实施首次科学探测

中新社北京2014年1月14日电（欧阳开宇 祁登峰）北京时间1月14日21时45分，在北京航天飞行控制中心精确控制下，“玉兔”号月球车舒展“玉兔之手”——机械臂，对脚下月壤成功实施首次月面科学探测。

北京航天飞行控制中心总体室副主任吴凤雷介绍说：“这次探测任务的成功，标志着中国突破了月面高精度机械臂遥操作控制技术，实现了38万公里之外的机械臂毫米级精确控制。”

据悉，由于受“玉兔”号月球车活动维度限制和避障因素影响，“玉兔之手”完成对一个预定目标点的探测，一般要经过十七八个操作步骤，几乎每一步操作都要经过极其精密的计算。2013年12月23日凌晨，北京航天飞行控制中心曾控制机械臂进行投放测试，目的是为此次月壤元素成分探测以及其他科学探测工作做先期技术验证。

机械臂控制软件设计师荣志飞说：“此次探测，精度之高、难度之大超乎想象，犹如控制38万公里之外的‘手’穿针引线，稍有偏差就会前功尽弃。”

据介绍，“玉兔之手”实施首次科学探测的过程中，机械臂末端的粒子激发X射线谱仪，距离目标探测点仅20毫米左右，探测时间持续近30分钟，所有操作均精准无误。后续任务中，“玉兔”号月球车还将对月石、月坑等进行科学探测。

（二）新闻的结构

新闻（消息）一般由标题、导语和主体组成。新闻中时常也要介绍一些背景资料，但由于它不是一个单独的组成部分，无固定地位可言，因而不能看作是新闻结构的一个独立的层次。新闻结构组成部分中还有个结尾，但对多数新闻来说，结尾不是非有不可的。

1. 标题

新闻的标题，可以说是一篇新闻稿的点睛之处。它能迅速地向读者提供简要的信息，同时又能吸引读者的注意，使读者产生阅读这篇新闻的愿望，所以必须精心加以拟定。

新闻稿的标题形式有单行标题（即只有一个主标题）、双行标题（即一个主标题，一个引标题或副标题）、三行标题（即一个引标题，一个主标题，一个副标题）。一般来说，内容比较简单的新闻稿，有一个主标题就可以。内容比较重要而且包含信息较多的新闻稿，则需要添加副标题和引标题，以构成更加完整的标题。如前面拓展案例中《“玉兔”月球车舒展机械臂 成功实施首次科学探测》就是一个主标题，下面的拓展阅读《天津将允许企业注册“一照多址”和“一址多照”》就属于双行标题。

拓展阅读

天津将允许企业注册“一照多址”和“一址多照”

工商登记制度改革后，三个工作日办完“四证一章”

《中国青年报》天津 2014 年 1 月 2 日电（记者张国）新年伊始，天津市的创业者迎来好消息：企业的经营场所登记条件将放宽，注册企业的速度也将加快。在贯彻落实《中共中央关于全面深化改革若干重大问题的决定》的意见中，天津市委结合当地实际提出一系列改革方案，其中提到，要推进工商注册制度便利化，实行先照后证，允许“一照多址”和“一址多照”。……

2. 导语

导语是用简明生动的语言介绍新闻事件中最重要、最有价值的内容，并能引起读者阅读兴趣的开头部分。一篇好的新闻稿，要在导语写作上下功夫。导语有以下两种写作方法。

（1）运用读者熟悉的事物引出新闻事实。导语是一篇新闻的入手之处，应当在导语中把人们熟知的事物与新闻事件的联系揭示出来，从而激发人们了解新闻事件的兴趣。如上面的拓展案例《天津将允许企业注册“一照多址”和“一址多照”》的导语通过对创业者迎来好消息入手，吸引关注创业方面的读者的注意力，勾起其阅读欲望，向下继续阅读该篇新闻。

（2）写作感性、形象、具体的导语。感性、形象、具体的导语更容易打动观众，引起共鸣，而概念、抽象、笼统的语言则相反。如前面的拓展案例《“一镇一品”带动农村循环经济链》的导语通过“异军突起”“一万吨”“5.6 亿元”等感性、具体的词语，吸引读者的眼球，勾起读者的阅读欲望，向下继续阅读该篇新闻。

3. 主体

一般来说，新闻主体应当具备以下两部分内容：一是对导语提出的主要事实、问题或观点进行具体的阐述或回答，使导语部分的内容借助于一连串丰富的材料而得到进一步的说明和解释，使新闻诸要素更为明确和详尽。二是用附加的次要材料来补充导语中没有涉及的新闻内容，提供新闻背景，说明事件的来龙去脉，使新闻内容充实饱满，主题更加突出。

主体部分常见的结构形式有以下两种。

（1）以事件的重要程序为序组织材料。这是常说的倒金字塔结构。这种写作方法，**多用于动态新闻**。所谓倒金字塔结构，就是大头在上面、小头在下面。具体来说，一篇新闻，先是把最重要、最新鲜的事实放在导语中，主体部分的内容则依照重要性递减的顺序来安排：较重要的材料往前放，较次要的往后放，最次要的放在最后面。这种叙述方式的优点是，重点突出，阅读简便，同时便于编辑删节、修改稿件。如前面的拓展阅读《"玉兔"月球车舒展机械臂 成功实施首次科学探测》分为五段，第一段为导语，第二段介绍了探测的意义，第三段介绍了简要的探测操作和目的，第四段探测的难度，第五点更进一步介绍了探测的操作及未来展望。从第二段到第五段的撰写思路依照重要性递减的顺序来安排，给读者以重点突出、阅读简便的感觉。

（2）以事件的时间先后为序组织材料。这种主体结构形式，通常是按事件发生的时间顺序来组织材料，事件的开始是新闻稿的开头，事件的结束为新闻稿的结尾。这种结构方法**比较适用于内容较为复杂但线条单一的新闻的写作，如报道节日游行盛况、一些重大事件、一场灾祸、一次球赛等**。这种叙述方式的优点是，能够清楚反映新闻事件的来龙去脉和前因后果，使人们对事件的全过程有一完整印象，适合一般读者的阅读习惯，在实际写作中也较容易掌握。如下面的拓展阅读《广东湛江6艘渔船着火被烧毁 无人员伤亡及失踪》就是按照事件的时间先后为序组织材料的。

拓展阅读

广东湛江6艘渔船着火被烧毁 无人员伤亡及失踪

中新网广州2014年1月31日电（廖丽丽 梁盛 潘永德）中国交通运输部南海救助局31日通报称，停靠着近300艘渔船的湛江硇洲岛新港码头30日深夜有渔船失火，该局救助艇"华英397"紧急出动。至31日零时30分，在救助艇和当地渔民、消防员的合力施救下，大火基本扑灭。

30日23时12分，南海救助局湛江基地收到救助信息：停靠着近300艘渔船的湛江硇洲岛新港码头有渔船失火，现场火势较大，情况十分危急，请求救助。

在湛江硇洲岛值班的"华英397"艇接到救助指令，立即出动前往救助现场。在救助现场，渔船燃烧产生的浓烟使能见度不足4米，面对凶猛的大火，"华英397"艇全体船员临危不惧，迅速利用艇上灭火水泵扑灭大火。

在事故现场，"华英 397"的船员一边不停地灭火，又机智地利用艇上的工具将渔船间连接的缆绳砍断，以防止火势蔓延波及更多渔船，有效地隔离渔船达200艘，避免了一次重大的恶性事故的发生。此外，为了防止事故再次发生，"华英397"直至天亮才返航。

经过统计，这次事故造成6艘渔船被烧毁，3艘渔排烧坏，幸无人员伤亡及失踪，事故的起火原因当地政府正在调查中。

4. 背景

背景材料是新闻所报道的事实发生的环境或条件，背景对于新闻的内容起到烘云托月的作用。背景不是新闻的独立部分，它可以放在导语之后，也可以暗含在主题中间，也可以放在结尾部分。

5. 结尾

结尾是新闻写作的最后一段或一句话，阐明所述事实的意义，使读者对所述事实的理解、感受加深，从中得到更多的启示。新闻的结尾通常有以下几类。

（1）小结式，对全文进行总结，这种结尾犹如画龙点睛，易于突出中心。

（2）展望式，对未来进行展望，充满希望，余味悠长。

（3）号召式，在结尾发出呼吁、号召，具有强烈的鼓动色彩。有些新闻没有结尾，在主体部分自然结束。如前面的拓展阅读中的案例《"玉兔"月球车舒展机械臂 成功实施首次科学探测》的结尾就是以对未来的展望结束的。

五、公共关系调查报告

公共关系调查报告就是运用定性、定量相结合的方法，通过社会调查，科学准确地分析研究组织的公共关系现状、历史，预测今后的发展方向，检验活动效果，然后形成的书面文字材料。

（一）公共关系调查报告的分类

公共关系调查报告依据不同的划分标准，依据调查对象的范围和内容的不同，可以分为综合型公共关系调查报告和专题型公共关系调查报告。

（1）综合型公共关系调查报告，主要是用于整体的调查和全面调查，涉及面比较广泛，引用的材料也比较多，而且报告内在的层次性和系统性要求比较高，报告的整体分量比较重。例如，进行企业发展战略的策划，不仅要进行知名度、美誉度的调查，还要进行企业内部基本实态调查分析，并要对自己的产品、广告宣传、营销方式等各个方面进行一系列的调查，除了了解自己以外，还有竞争对手的情况、本行业发展趋势等也要调查，形成这种综合型调查报告才能满足它的实际需要。综合型调查报告要展示调查内容的全貌，既要纵向发生、发展的线索，又要梳理横向各部分之间关系，注意到内外之间的联系和互相影响，从而使组织的决策者对调查对象的历史、现状和趋势有一个全面、立体的认识。

（2）专题型公共关系调查报告，是围绕某一个具体的公共关系问题进行调查之后所写的报告，它涉及的问题较为单一，针对性强。每个报告所涉及的内容范围相对集中，报告具有显著的实用性。专题型调查报告按内容划分，主要有概述基本情况的专题报告、透视热点情况的专题报告、经验总结性的专题报告、查找教训原因的专题报告、建议性的专题报告。

另外，公共关系调查报告依据调查客体的性质不同，还可以分为叙述性调查报告和分析型调查报告；依据调查表达的方式不同，可以分为文字型报告和口头报告。

（二）公共关系调查报告的结构

公共关系调查报告的结构，是指构成报告文本基本骨架的形式。**构成公共关系调查报告的主要部分有标题、导语、目录、报告主体、结尾、附件。**

1. 标题

标题是公共关系调查报告本质内容的高度概括，一个好的调查报告标题不仅能直接反映出报告的核心思想和基本内容，还会因为它揭示的深刻内涵引发读者强烈的阅读欲望，所以，标题要开宗明义，做到直接、确切、精练。

一般来说，公共关系调查报告的标题都要写在报告文本的封面上，当然，在封面上除了报告的题目之外，还应标上调查单位名称和报告日期。

公共关系调查报告的标题可以分为单标题和双标题两种。单标题多为公文式标题，一般是把调查单位、调查内容明确而具体地表现出来，如《关于××省今年“注册入学教育”收费问题的调查》。这种标题概括了报告的主要内容和分析范围。有的单标题报告直接将调查报告的基本观点挑明，如《我省电大的教学资源为何得不到充分的利用》。

双标题也称为双行标题和主、副标题。一般主标题反映调查的中心思想，是受关注的部分，它揭示的是报告中最主要的事实和思想；副标题则是在时间、范围、内容上对正标题加以限制，或补充主标题之不足，《变“两张皮”为“一体化”——新飞公司加强企业思想政治工作调查》。这种标题往往是主标题发人深省，简洁明快、新颖活泼，富有强烈的吸引力，副标题相对来说更具体“务实”一些。

2. 导语

在调查报告的开头一般是导语，即公共关系调查报告的前言部分，对本次公共关系调查的情况做简明扼要的说明。所以，也有的调查报告将这部分内容单独拿出来，放在报告文本的开头，称其为“说明”或“概要”部分。

导语根据报告的种类、用途和具体调查的手段和方法不同，略有一些差异，一般情况下它包括以下三方面内容。

（1）要说明公共关系调查研究的缘由和目的；委托方与被委托方的单位名称；调查什么问题，解决什么问题。有的报告在此还要阐明调查的意义。

（2）说明调查对象、范围、主要调查方式和手段。

（3）说明调查的主要过程，即调查时间、调查地点、大致经过等。

有的调查报告在导语中，概述调查报告的基本观点。也有的调查报告没有目录，在导语中直接交待调查报告的主要内容有“一、二、……等”部分组成，以此作为报告文本的大纲。

3. 目录或索引

公共关系调查报告如果内容较丰富，装订页码较多，从方便阅读对象的角度出发，应当使用报告目录或索引，将报告文本的主要章、节、目及附录资料的标题列于报告之前，在报告目录中写明章、节、目的标题及号码和页码。

4. 正文

正文是调查报告陈述情况、列举调查材料、分析论证的主体部分。在正文部分必须真实、客观地阐明全部有关论据，包括从问题的提出到引出结论的论证全部过程，以及其与之相联系的各种分析研究的方法。

此外，还要对报告文本有关内容结构进行精心安排。基本要求是结构严谨、条理清楚、重点突出。要做到这一点，就要将调查得到的数据、材料、图表、观点等，进行科学分类和符合逻辑的安排。正文部分的结构方式也由于不同的调查报告呈现出多种多样，但基本结构方式主要有三种，即横式结构、纵向结构和交叉结构。

5. 结语

这是公共关系调查报告的结束部分，没有十分固定的格式，写法是根据文本内容而定的。一般来说，这部分是对正文的概括和归纳，是报告主要内容的总结。有的在结束语中强调报告所论及问题的重要性，以提示阅读者关注；有的提出报告中尚未解决的问题，以引起重视；有的则和盘托出解决问题的办法、建议或措施。

无论是哪种结语，其结论和建议与正文的论述要紧密对应，不要重复，以免出现画蛇添足之嫌。

6. 附件

附录部分的内容，是指在报告正文中因行文关系没有出现，或正文中提及了但又不完整，它们与调查结果有关，是整个调查结果必不可分的组成部分。附录部分的内容一般都对正文报告有补充作用，例如，重要的背景材料、公众问卷的设计、样本抽取方案和对企业财务报表的分析报告等。

本章小结

本章比较重要的知识点有以下几点。

1. 公共关系文书是社会组织为了实现自己的公共关系目标和开展公共关系活动而制作的各种书面文字材料，它是文书在公共关系中的运用。公共关系文书的写作特点：明确的实用性、内容的真实性、较强的时效性、格式的规范性、作者与读者的特定性。

2. 请柬通常也称请帖、柬帖，是为邀请客人参加各种纪念活动、婚宴、晚会、诞辰和重要会议等而发出的一种书面形式的通知。其结构有标题、称谓、正文、敬语、落款和日期。

3. 信函是社会组织之间联系工作的公用信件，它是组织公共关系事务活动中不可缺少的重要传播工具。就其内容与作用来看又可分为商洽函、询问函、答复函、委托函和告知函五类。

4. 简报是组织内部交流、汇报情况的文字材料或刊物。其特点有：内容专业性强、篇幅特别简短、限于内部交流。格式大体上由报头、报核和报尾三部分组成。

5. 新闻是指报纸、广播电台、电视台、互联网等媒体经常使用的记录社会、传播信息、反映时代的一种文体。以写作特点来区分，新闻可以分为四类：动态性新闻、经验性新闻、综合性新闻和评述性新闻。新闻一般由标题、导语和主体组成。

6. 公共关系调查报告是运用定性、定量相结合的方法，通过社会调查，科学准确地分析研究组织的公共关系现状、历史，预测今后的发展方向，检验活动效果，然后形成的书面文字材料。构成公共关系调查报告的主要部分有：标题、导语、目录、报告主体、结尾和附件。

练习题

一、名词解释

公共关系文书　　请柬　　信函　　公共关系简报　　新闻　　公共关系调查报告

二、单项选择题

1. 公共关系文书是为了正常开展公共关系工作而编制的文书，如简报，公共关系调查报告属于下面(　　)类型。

A. 礼仪应酬性文书　B. 传播性公共关系文书　C. 事务性公共关系文书　D. 私人文书

2. 另起行，前空两格，写明活动的内容、时间、地点及其他应知事项是在阐述(　　)的写作。

A. 称谓　B. 正文　C. 敬语　D. 落款和日期

3. (　　)是邀请函的一种，在平行机关或不相隶属机关之间相互协商或联系工作时使用。

A. 商洽函　B. 询问函　C. 答复函　D. 委托函

4. 一般是用在办理受托代办事项之后告知代办情况，或主动告知对方某种情况或某一事项，以引起对方注意的是(　　)。

A. 答复函　　B. 委托函　　C. 告知函　　D. 询问函

5. 简报的（　　）包含简报名称、期数、编报单位、编发日期等。

A. 报头　　B. 报核　　C. 报尾　　D. 报标

6. 新闻中的（　　）是用简明生动的语言介绍新闻事件中最重要、最有价值的内容，并能引起读者阅读兴趣的开头部分。

A. 导语　　B. 主体　　C. 背景　　D. 结尾

7. 公共关系调查报告的研究的目的，调查对象、范围、主要调查方式和手段，调查调查时间、地点是在（　　）部分给予说明的。

A. 标题　　B. 导语　　C. 正文　　D. 结语

三、多项选择题

1. 下面（　　）是公共关系文书的写作特点。

A. 明确的实用性　　B. 内容的真实性　　C. 后果的危害性　　D. 格式的规范性

2. 下面是简报特点的是（　　）。

A. 内容专业性强　　B. 篇幅特别简短　　C. 限于内部交流　　D. 受众的社会性

3. 以写作特点来区分，新闻可以分为（　　）类。

A. 动态性新闻　　B. 经验性新闻　　C. 综合性新闻　　D. 评述性新闻

4. 依据调查对象的范围和内容的不同，公共关系调查报告可以分为（　　）。

A. 叙述性调查报告　　B. 分析型调查报告　　C. 综合型调查报告　　D. 专题型调查报告

四、简答题

1. 公共关系文书的写作特点有哪些？
2. 请柬的结构有哪些？
3. 如何撰写商洽函？
4. 如何撰写简报的报核？
5. 如何撰写新闻的主体？
6. 如何撰写公共关系调查报告的导语？

五、案例分析

苏士澍建言“汉字书写”写好中国字 做好中国人

新华社北京 2014 年3月8日电（记者孙铁翔、吴晶晶）苏士澍委员在全国政协十二届二次会议第三次全体会议上发言时说：越是全球化，汉字书写越显其珍；越是科技进步，汉字书写愈彰其贵。我们必须从现在做起，从你我做起，更从娃娃抓起，写好中国字，做好中国人。

随着科技的发展和手机、互联网的普及，人们对汉字书写的依赖度急剧下降，不规范使用汉字和“提笔忘字”现象越来越多。

苏士澍说，一字一世界，一笔一精神。中共十八届三中全会指出，要建设社会主义文化强国，增强国家文化软实力，推动中华文化走向世界。紧握汉字书写之笔，重兴汉字书写之风，展现汉字书写之美，是中华传统文化传承之需要，是中华民族实现伟大复兴之必然。

为使书法教育进一步健康有序推进，苏士澍委员建议：一是切实落实《中小学书法教育指导纲要》，解决好师资、教材等问题；二是尽快建立国家级书法学院；三是将每年9月的第一周设定为中国书法周。加大文博系统对民众普及汉字教育和书法艺术教育的职能，营造全民书法的良好氛围。出台鼓励政策，加强对汉字书法、笔墨纸砚等相关产业的开发和扶持力度。

问题：

（1）该篇公共关系文书属于什么类型？

（2）该文书的标题有什么特点？

（3）该文书正文的结构形式是怎样组织的？

综合实训

1. 江苏省南京市食源面包厂定于20××年6月20日隆重举行开业庆典仪式。请制作一个请帖。
2. 江苏旺润大酒店举行了厨师厨艺比赛，请尝试撰写一份简报和新闻。

第十章

公共关系专题活动

学习目标

知识目标：了解公共关系专题活动的概念和特点，了解新闻发布会、庆典活动、展览活动、赞助活动的概念，掌握新闻发布会、庆典活动、展览活动、赞助活动的筹备和实施。

能力目标：培养策划新闻发布会、庆典活动、展览活动、赞助活动的能力。

教学导入案例

悉尼将举办龙舟竞渡作为中国农历新年庆典闭幕礼

环球网2014年2月8日报道（实习编辑加琳玮　审核谭利娅）据澳大利亚新快网2月7日报道，2014年2月8日，南半球最大的竞渡赛——中国农历新年龙舟竞渡将在达令港（Darling Harbour）开赛，是悉尼市政府为中国农历新年庆典献上的精彩闭幕礼。比赛地点位于达令港海扇湾。

据悉，12米长的赛船由精美雕琢的龙头和龙尾装点，船体绘有龙鳞，船桨象征龙爪，可容纳20名船员，包括一位掌领方向的舵手和一位鼓舞士气的鼓手。赛船将跟随撼天的鼓声龙腾虎跃，民众携带亲友齐聚到这一年度赛事现场，为上千名来自全澳各个地方的参赛者助威、呐喊。

悉尼市市长穆尔（Clover Moore）表示，这一年度赛事为大家创造了良机，大家可以亲眼目睹这项充满古老浓郁中华传统的运动在积聚标志性的悉尼景观——达令港，龙腾出世。她说："2014年，无论是慈善机构社团，还是专业竞技团体，各年龄段和竞技水平的民众都积极地参与到我们的中国农历新年龙舟竞渡盛会。我们诚挚地邀请大家前来观赏2014年的精彩赛事，为参赛选手们助威，同时也为本届中国农历新年庆典画上圆满的句号。"

教学导入案例中，悉尼市政府通过举办龙舟竞渡作为中国农历新年庆典闭幕礼，来庆祝中国农历新年。通过开展这种活动，加深了中澳之间的友谊。举办这些活动，需要充分的筹备。怎样筹备，就是本章研究的一部分。除此之外，本章还研究了新闻发布会、庆典活动、展览活动和赞助活动。

第一节　公共关系专题活动概述

公共关系专题活动能把组织与广大社会公众紧密地联系在一起，增强公众对组织的亲近感，吸引社会舆论对组织的兴趣与注意。它也是一种有效的传播形式。

公共关系专题活动是指公共关系活动中，针对某种特定的主题，利用某种特定的时机举办的公共关系活动。公共关系专题活动是公共关系工作重要的有机组成部分，社会组织之所以要不断开展公共关系专题活动，就是为了不断增进组织同公众的共同交往和紧密联系，从而使双方关系的协调步入实质性的促进阶段。

一、公共关系专题活动的特点

公共关系专题活动其本质是社会组织为了加强与特定公众的联系、扩大组织的社会影响，围绕某一确定目标而开展的特殊公共关系活动。它一般具有以下特点。

（1）针对性。公关专题活动是在审时度势后，根据组织或公众的某种特殊需要而举办的，这就使得它的目标明确，同时活动也比较集中，能较好地解决某一特殊问题。

（2）传播性。公关专题活动的策划者把活动作为一个信息传播的载体，通过活动内容把信息传达给活动参加者，并且通过参与者的人际传播和大众传播媒介把信息进一步传播到更大的范围。

（3）创新性。公共关系专题活动，应策划得新颖别致、富有特色、大胆创新、力戒平淡。公共关系专题活动的创新主要表现是：在创意上新，在形式上新，在内容上新，在方法上新。

（4）效率性。公关专题活动讲求效率性，主要体现在两个方面：第一是投入与产出的概念，一个专题活动应该讲究，投入了一定数量的人力和物力能产生多少效益；第二是现代社会的人们讲究时间观念，参与活动的公众付出了时间的代价，活动策划者应该予以有效的回报。

课堂讨论

仔细研读本章的导入案例《悉尼将举办龙舟竞渡作为中国农历新年庆典闭幕礼》，体会该活动具备以上公共关系专题活动特点的哪几个？

（5）灵活性。公关专题活动方式多样，举办时间的长短也受限制，其规模大小随需要而定，活动内容也可以根据需要不定期安排，在活动过程中也可以做适时调整。

二、公共关系专题活动的基本类型

公关专题活动有许多不同的类型，可以有以下几种划分。

1. 按公关专题活动的规模分类

公共关系专题活动按其规模可分为大型系列活动、大型活动和小型活动。

（1）大型系列活动。以同一目标为出发点，形成不同内容、不同形式、不同场所或由不同机构众多人参加的多项活动。

（2）大型活动。有目的、有组织、有计划的众多人参加的协调行动。

（3）小型活动。在某个机构场所和人员范围内举行的或人数在一百人以下的活动。

拓展阅读

据《成都晚报》2014年1月22日《2014中国·成都熊猫嘉年华暨首届熊猫艺术节即将开幕》一文报道（记者陈昌梅）2014年春节怎么过？来熊猫基地与国宝大熊猫开心共团圆。由四川省旅游局、成都市旅游局、成都市林业和园林管理局、成华区人民政府主办，成都大熊猫繁育研究基地承办的“2014中国·成都熊猫嘉年华暨首届熊猫艺术节”将在春节期间正式拉开序幕。从正月初一至正月初七，十二项丰富多彩的特色主题活动等您参加。看活宝大熊猫，吃熊猫特色餐，与家人感受其乐融融的春节氛围，体验十足“熊猫范”，过个地道成都年。

2. 按公关专题活动场地分类

按公关专题活动场地分类，可以分为以下几类。

（1）室外活动。在室外进行，受天气影响大，要考虑天气状况、布置物的安全性、公众对环境的适应性等。

（2）室内活动。主要考虑室内通风设施安全性，房间的整洁性，出入通道是否畅通。

（3）野外活动。活动在野外进行，要考虑活动中一些在都市活动中不需要的设施，如救伤设施、通信交通设施等。

3. 按专题活动性质分类

按专题活动性质分类，可以分为以下几类：①商业性活动，如商业促销活动、商业推荐活动等；②公益性活动，如环保、敬老、慈善、救灾活动等；③专业性活动，如科技、文学、艺术、体育等某一专业内容十分突出的活动；④社会工作活动，属于社会工作范畴类的活动，如道德、公民教育等；⑤综合性活动，即集各种性质为一体的活动。

拓展阅读

据《重庆晚报》2012 年 6 月 7 日《美克美家献礼六一》一文报道（记者杨杰、华官林）近日，由美克美家与中国青少年发展基金会共同举办的“艺术放飞梦想——2012 美克美家 · 希望工程快乐美术教室捐赠仪式”在重庆市和平小学举行，中国青基金会常务副秘书长杨晓禹，美克股份、美克美家副总经理戴建国等出席。

会上，美克美家发布了 2012 年在重庆、云南和山东新增的 30 所快乐美术教室名单。这是美克美家连续第四年捐赠快乐美术教室，截至 6 月累计捐赠数量达到 120 所。

4. 按专题活动形式分类

按专题活动形式分类，可以分为以下几类：①会议型活动，如新闻发布会、研讨会、洽谈会、交流会、鉴定会和培训类活动；②庆典型活动，如奠基礼、周年庆典、落成典礼、开业典礼、颁奖典礼、庆功会等；③展示型活动，如展览会、展销会、促销活动等；④综合型活动，是集各种活动形式为一体的系列活动。

拓展阅读

据太湖明珠网 2013 年 11 月 10 日《2013“无锡好味道”美食展评活动颁奖典礼举行》一文报道（记者叶米）由无锡市旅游局和无锡广播电视集团(台)共同主办、无锡移动电视承办、无锡市旅游业协会协办的 2013“无锡好味道”美食展评活动颁奖典礼于 11 月 10 日在无锡新区哥伦布广场举行。颁奖典礼上，揭晓了所有获奖作品及“无锡好味道”制作单位，并评选出了“无锡百姓最喜爱的十大家常菜”“无锡百姓最喜爱的十大小吃”“无锡百姓最喜爱的十大农家土菜”和“无锡百姓最喜爱的十大农家土点”。

本次活动自 2013 年 10 月 16 日开启以来，通过线上线下的互动，受到了广大市民的广泛关注，所有奖项以网友推荐和老百姓投票为主要参考依据，结合专家评分最终评选而出。主办方表示，本次活动的宗旨不仅仅想要找到隐藏在无锡大街小巷的真正美味，更是想要通过活动来寻觅和挖掘“无锡好味道”背后的故事，并且呼吁传统本帮菜在美食界的回归以及无锡美食文化的传承。

第二节　新闻发布会

新闻发布会又称记者招待会，是政府、企业、社会团体和个人把各新闻机构的有关记者邀请来．宣布某一或某些重要消息，并让记者就此进行提问，然后由召集者回答的一种具有传播性质的特殊会议。

拓展阅读

新闻发布会的命名有多种方法，常见的是在主标题中直接出现“×××发布会”字样，也有的有一个大的主题，下面为正题，也有两者的结合。

另外，按照国家新闻出版有关部门的规定，凡是主题中有“新闻”字样的发布会，须经国家新闻出版部门的审批。一般来说，实践中，很多企业略去“新闻”字样，采用其他名命法。

一、新闻发布会的特点

举办新闻发布会的目的是迅速及时地把组织的重要信息传播给社会公众，因而新闻发布会具有以下特点。

（1）信息发布的权威性。新闻发布会的形式正规、规格档次较高，一般举办新闻发布会的都是政府部门、社会组织、企业集团等，它代表某一组织的权力。因此，发布信息具有较高的权威性，如我国外交部新闻发言人代表中国政府对中外记者发布信息，就具有很高的权威性。

（2）信息发布的真实性。由于新闻发布会是一级组织最高权力机构所举办的新闻发布活动，因此发布信息正规、真实和可靠。

（3）信息传播的快速性。新闻发布会的快速性有二：一是指信息本身的时效性，即发生即发布；二是指信息传播的快速性，不受时空限制。

（4）受众的社会性。与其他传播方式相比，新闻发布会无论在深度还是广度上都更为优越，公众可以通过多种渠道获得消息，信息的受众面广、线长。

拓展阅读

据《法制晚报》2013年11月6日《娃哈哈正式进军白酒行业》一文报道（记者张颖）11月5日，中国饮料行业巨头杭州娃哈哈集团在北京召开新闻发布会，董事长兼总经理宗庆后正式宣布娃哈哈进军白酒行业。发布会上，一款以贵州茅台镇为原产地的酱香型白酒——“领酱国酒”正式宣布上市。

发布会现场

发布会上，对于为什么选择进入白酒行业，宗庆后表示，当前中国的白酒行业进入发展低谷，比较困难，而中国又有着悠久的酒文化，行业的振兴与传承需要有实力的企业加入。

他介绍说，贵州省仁怀市被誉为“中国酒都”，茅台镇乃“中国第一酒镇”，当地所产的酱香型白酒距今已有2000多年的历史，早在汉武帝时期就成为“御酒”，茅台酒即是该香型酒的代表。

宗庆后表示，正是看到了茅台镇酱香型白酒珍贵的健康价值，娃哈哈集团在茅台镇选定了拥有百年酿造历史的合作伙伴——贵州省茅台镇金酱酒业有限公司。金酱酒业是茅台镇历史最悠久的优质白酒酿造企业，其前身是始建于1909年的汪家烧坊，是茅台镇历史上最著名的四大烧坊之一，所生产的汪氏酱香型酒因品质一流而声名远播。

本次娃哈哈与金酱酒业牵手推出的领酱国酒，就是在有多年负责茅台酒厂品质管理的金酱酒业厂长、汪家烧坊传人汪洪彬先生的全程把控下，严格按照茅台镇酱香型白酒酿制的祖传技艺精心酿造。

市场潜力大　专家力挺酱香型白酒

由于目前市场份额不大，消费者确实对酱香酒缺乏认识。

现场的专家介绍，酱香酒由纯粮酿造、经自然发酵，期间需要经过九次蒸煮、八次发酵、七次取酒，酿制过程中绝不添加酒精和任何香味物质，具有酒体醇厚、酱香宜人、回味悠长等众多优点。独特的工艺使得茅台镇酱香型白酒中大部分对人体有害的物质在酿造过程中已经挥发，而茅台镇独有的天然酿酒微生物群发酵所产生的有益物质则得以保留。

乐视网上有娃哈哈正式进军白酒行业的新闻报道，其二维码如下。

二、新闻发布会的筹备

社会组织是否能通过新闻发布会将组织的有关信息成功地传递出去，并借此树立自己的形象，提高自身的知名度、美誉度，关键在于新闻发布会的筹备。

1. 确定新闻发布会的主题

确定新闻发布会的主题应从新闻价值和社会组织的自身利益出发。所谓新闻价值，是指所发布的信息能否引起社会公众的兴趣，是否具有吸引新闻记者采访和报道的价值。在新闻发布会上，要明确所发布信息的内容，要注意主题的单一、集中，否则便达不到新闻发布会的公关效果。

2. 准备相关材料

新闻发布会之前要准备好各种相关资料。主要有发言稿、组织宣传材料、答记者问的备忘录和为记者准备的新闻稿等。这些资料应在充分讨论、统一认识、统一口径的前提下，由专门的班子负责起草，并在会前打印好分发给与会记者。另外，还应该准备各种宣传辅助材料，包括口头的、书面的、实物、图片、模型等，注意资料的全面、详细、具体和生动，以便增强记者招待会的效果。

3. 选择会议主持人和发言人

新闻发布会的主持人一般由社会组织公关部的负责人担任。主持人要在把握会议主题的基础之上引导记者提问，并控制会议时间。发言人一般由社会组织最高领导人担任。他们不仅对本组织的整体情况有全面的了解，而且其身份也决定了他们的发言和回答更具权威性。

4. 确定会议的时间和地点

新闻发布会的时间选择原则：一要与即将发生或已经发生的事件在时间上靠近，但又不能太紧迫；二要考虑到被邀请对象是记者的特点，应避开节假日及社会上的重大活动的日子，以免影响新闻发布会的效果。地点应根据发布信息的内容和影响的区域，选择新闻中心、宾馆、会议厅或会议室等具体场所，无论是在组织内部还是组织外部举行记者招待会，会场布置均应体现出新闻发布会的严肃性及权威性。

5. 确定应邀请记者名单并发请柬

组织新闻发都会应根据所发布信息的重要性、涉及的范围等因素来确定邀请记者的范围：

是地方性媒体记者还是全国性媒体记者；是文字记者还是图片记者或音像记者；是中文报刊记者还是外文报刊记者等。在邀请记者时要特别注意，与社会组织有密切关系的新闻机构的记者不能遗漏，并适当邀请一些权威性的新闻机构的记者参加。但同时要注意：邀请记者面要广，尽量照顾到报纸、杂志、广播、电视等各媒体；队伍要精，参加对象不宜太多。

6. 预算会议经费

新闻发布会的会议经费应根据会议的规格和规模预算，并适当留有余地。一般应考虑印刷费、场租费、会场布置费、音响器材费、照相费、礼品费、茶点费、交通费、会后餐费等。

拓展阅读

新闻发布会可以分为如下几个类别，而且风格也基本沿用下述套路。

1. 政治性——严肃感
2. 高科技产品类——正规中带有活泼
3. 农业类别——亲切、环保
4. 文化类别——文化感、历史感
5. 一般工业品——科技感、品质感
6. 娱乐类——活泼、前卫
7. 时尚产品——经典中带有时代气息
8. 工艺品类——经典、古拙

（江浩，2014）

三、新闻发布会的流程

举办新闻发布会，会议程序要安排得详细、紧凑，避免出现冷场和混乱局面。一般来说，新闻发布会应包括以下程序。

（1）签到。在接待处设签到处，接待人员最好是组织的一个主要人物，一方面表示主人的礼貌和会议的郑重，另一方面也可以通过问候寒暄加强接触了解，建立感情。参加会议的人要在签到簿上签下自己的姓名、单位、职业和联系电话等。

（2）发资料。在会议正式开始前，要将准备好的资料有礼貌地分发下去，让记者对会议有一个粗略的了解，以便在发言人发布信息时对会议主题有更进一步的认识和理解。

（3）介绍会议内容。会议开始时由主持人说明召开会议的目的，会务联系电话与联系人，会议报送的交流信息等。

（4）主持人讲话。

主持人要充分发挥主持和组织的作用，以庄重的言谈和感染力活跃整个会场气氛，并引导记者踊跃提问。当记者的提问离会议的主题太远时，要善于巧妙地将话题引向主题。会议出现紧张气氛时，能够及时调节缓和，不要延长预定会议的时间。

（5）回答记者提问。发言人要准确、流利地回答记者提出的各种问题，不要随便打断记者的提问，也不要以各种动作、表情和语言对记者表示不满。对于保密的东西或不好回答的东西不要回避，而要婉转、幽默地进行反问或回答，并确保所发布的消息准确无误。

（6）参观和其他安排。会议结束后还应由专人陪同记者参观考察，给记者创造实地采访、摄影和录像等机会，增加记者对会议主题的感性认识。如果有条件还可以举行茶会和酒会，以便个别记者能够单独提问，并能融洽和新闻界的关系。

第三节 庆典活动

庆典活动是社会组织为与公众沟通信息、联络感情、增进友谊、提高知名度而利用重大节日或纪念日举行的专题活动，它包括开业典礼、周年庆纪念活动、节日联谊会、联欢会等活动形式。与社会组织平常的活动相比，庆典活动更具有特殊性和隆重性，因而能引起较广泛的社会影响。

一、庆典的类型

社会组织庆典活动的范围较广，形式较多，概括起来主要有以下几种类型。

1. 开业庆典

开业庆典是社会组织在新成立时，重大活动的开幕时，社会组织重要机构组建时举办的庆典活动。通过开业庆典，社会组织可以向社会公众和舆论传递信息、通报情况、扩大影响，还可以得到社会公众的祝福祝愿，为获得今后事业的顺利发展奠定基础。可以说，一个成功的开业庆典就是社会组织事业发展的一个重要里程碑。

拓展阅读

衡阳沪通别克汽车销售有限公司开业庆典 新春送祝福！

据汽车之家网站2014年2月6日报道（周晨曦）蛇年奏凯去，马年吉祥多。值此新春佳节之际，衡阳沪通别克汽车销售有限公司向广大衡阳人民致以最亲切的问候和最诚挚的祝福！祝大家在新的一年里生活幸福美满，和气致祥，万事如意！

随着洪亮的鞭炮声，衡阳沪通别克汽车销售有限公司盛装开业，全体工作人员早早地到公司准备开业庆典，就这样衡阳沪通别克在一阵祥和、喜庆、热闹的鞭炮声中盛大开业。

衡阳沪通别克汽车有限公司自2003年成立以来经营规模不断扩大，企业实力日益增强。目前主要经营别克品牌汽车，旗下有凯越、英朗XT、英朗GT、昂科拉、君威、君越、GL8商务车、昂科雷等多款车型。提供包括整车销售、配件供应、维修服务及信息反馈为一体的4S服务。衡阳沪通别克作为十年诚信经营老牌汽车经销商，“诚信 责任 勤奋 务实 进取”是企业的精神。在新的一年中衡阳沪通别克依然会不断阔步前进、努力奋斗，不辜负衡阳车友的期望，为不断满足广大消费者的需求而奋力拼搏，为衡阳汽车行业的成长与进步做出更大的贡献！

衡阳沪通别克节后有大量现车销售，有意向购车的朋友可前往该店试乘试驾。

全新凯越凭借别克现代家族风格外观设计、安全和人性化配置方面的多项改进和升级，以及全新动力驱动系统和欧风操控调校底盘，满足入门中级车用户务实进取、用心生活的主流用车理念，为新时代中坚提供更胜一筹的领先品质和舒适驾乘体验。

全新凯越这款1.5L DVVT发动机在各项动力参数上都达到了同级车领先水平，83KW的最大功率、141Nm的最大扭矩，采用同级车较少同时采用的D-VVT双可变气门正时技术和VGIS可变进气歧管系统，都为新凯越带来更强的动力和更低的油耗表现，并拥有更强的竞争力。

别克英朗GT凭借全球先进科技及造车工艺，突破现有对中级车的定义，真正将性能与舒适融为一体，满足新一代主流中坚持追求完美的当代价值观。

甲午马年逢盛世！衡阳沪通别克携全体工作人员再次祝大家新年快乐，马年吉祥，马上有钱，马上有车，马上有一切！

2. 周年庆典

周年庆典是社会组织在开业纪念日举行的庆祝活动和纪念活动。可以每年举行一次，也可以五周年、十周年等举行一次。周年庆典是社会组织进行公关活动的有利时机，通过这一机会向社会公众宣传自己的历史、发展、成就和对社会的贡献等，制造出有影响的新闻，有助于提高社会组织的知名度和声望。

拓展阅读

据中国网 2013 年 9 月 4 日《玫琳凯 50 周年庆典举办》一文报道（记者郭惠华）玫琳凯（中国）化妆品有限公司（玫琳凯）创造了一项全新的吉尼斯世界纪录——一幅面积达到 56.5 平方米世界最大的“彩妆画”。

玫琳凯首席市场官谢乐尔·阿特金斯·格林说，在玫琳凯成立 50 周年之时，我们决定以一种盛大且具有视觉冲击力的方式来庆祝。于是，在 16 天时间里，10 位艺术家累计投入 1000 多小时，用 3500 多种玫琳凯的化妆品（包括滋润修颜粉底乳、炫润唇膏、纯色眼影、眼彩霜、眼部打底膏和 300 把彩妆刷）创造了这项世界纪录。其中还未包括 40 小时的产品和材料的测试时间以及 60 小时的创意时间。

据悉，该幅画的设计灵感来自于玫琳凯 50 周年主题“爱的传奇·你能！我能!”。20 世纪 60 年代，美国的大多数女性没有全职工作，玫琳凯女士为了想要帮助女性获得个人的成功和经济的独立，于是开创了玫琳凯。这幅画是对玫琳凯 50 周年庆典的一份献礼，同时也呈现了玫琳凯独特的企业文化。

3. 庆功庆典

庆功庆典是社会组织在工程竣工、建筑物落成或取得某项战略性成果时为祝贺成功而举行的庆祝活动。庆功庆典有着锦上添花的作用。社会组织趁机造势，凭借组织在公众心目中的良好印象再做出努力，有助于进一步强化并扩大这种良好的形象。

4. 节日庆典

节日庆典包括国家法定节日(如元旦、劳动节、儿童节、妇女节、建党节、建军节、国庆节等)、我国民间传统节日(如春节、端午节、中秋节等)、西方国家的传统节日(如情人节、圣诞节等)及其他重大事件节日等，为庆祝和纪念这些节日而举办的典礼仪式或各种联谊活动(如大型游园、团拜会、嘉奖等)统称节日庆典。社会组织举行节日庆典活动可以借助热闹的节日气氛宣传本组织，融洽各种社会关系。

拓展阅读

据大公网 2013 年 4 月 29 日《梅州将借力举办央视中秋晚会打响世界客都品牌》一文中报道（记者 徐小瑜）2013 年中央电视台中秋晚会确定落户梅州，将于 9 月 19 日中秋之夜在梅州市院士广场举行，并将实现多频道、多语种直播。届时，全球 100 多个国家和地区将收看晚会直播盛况。梅州将借力中央电视台中秋晚会的知名品牌效应，打响世界客都品牌。

该晚会以“梅州月·中华情”定名，并将作为“2013 客家文化艺术节暨世界客商大会”的主题晚会。梅州市相关负责人介绍，梅州将以中秋晚会为重要平台，以客都之誉，传中华之情，聚四海之心，圆客家之梦，对于弘扬中华文明、传承客家文化、彰显梅州形象、打响客都品牌、展示优良生态意义重大，影响深远，将极大提升梅州在全球的知名度和美誉度。

据悉，该晚会将注重融入客家元素，体现岭南风采，展现客家风貌，努力放大“融汇世界的客家，展示客家的世界”效应。2013 年 4—9 月，中央电视台中秋晚会导演组将紧锣密鼓地策划晚会方案，梅州市各级各部门将全力以赴做好各项筹备工作，确保晚会圆满成功。

5. 表彰庆典

表彰庆典即发奖、授勋仪式，一般以表彰大会的形式出现。社会组织举行这类庆典活动的目的在于宣传和弘扬先进模范人物或集体的优秀事迹和高尚精神，并授予其光荣称号、勋章、奖旗、奖状及物质奖品等，以此来激励组织内部员工更好地工作，并向外部公众展示自身的良好形象。

拓展阅读

“寻找最美乡村医生”大型公益活动自 2012 年 10 月 22 日启动以来，中央电视台组织新闻中心、科教频道《讲述》栏目和中国网络电视台多路记者、编导，奔赴乡村，足迹遍布 31 个省（市、自治区），行程数万公里，寻访乡村医生典型人物。同时，通过网络报名、电话报名、卫生部门推荐等多种方式，活动组委会陆续收到全国各地报名推荐“最美乡村医生”的线索 1000 多条。通过对报道选题和申报材料的筛选，共产生候选人 500 多名，并在活动官网中国网络电视台搭建专题页面进行了公示。活动组委会经过认真筛选，从 500 余名候选人之中推选出 20 名“最美乡村医生”候选人。经过 28 位评委的最终投票，活动组委会确定了 10 位“最美乡村医生”和 10 名“特别关注乡村医生”。

作为活动的收官之作，“寻找最美乡村医生”大型公益活动颁奖典礼已于 2013 年 1 月 4 日在中央电视台录制完成，并于 1 月 13 日 20: 10 在中央电视台综合频道（CCTV1）、20:30 在科教频道（CCTV10）、22:00 在中文国际频道（CCTV4）播出。

2013 年 1 月 12 日，中央电视台“寻找最美乡村医生”大型公益活动正式揭晓了最美乡村医生名单。

居马泰·俄白克　新疆特克斯县包扎敦牧业卫生院阿尔帕萨斯牧业卫生室乡村医生

钟晶　贵州省黔西南州龙河村乡村医生

李前峰　广西横县六景镇大浪村乡村医生

张振江　安徽省亳州市利辛县刘染村乡村医生

洛松江村　西藏东部昌都地区边坝县沙丁乡乡村医生

谢爱娥、何太瑜　湖北省洪湖市滨湖办事处船头咀村乡村医生

陈凡经　江西省南昌市新建县南矶乡南矶山村乡村医生

王布和　内蒙古兴安盟科右中旗西哲里木镇西哲里木嘎查卫生室乡村医生

周月华　重庆市北碚区柳荫镇西河村乡村医生

邓前堆　云南省怒江傈僳族自治州福贡县乡村医生

二、庆典活动的筹备

社会组织庆典活动是所有公关活动中“表演”色彩最为浓厚的活动。要把庆典活动开展得有声有色，引起社会公众的广泛注意，社会组织公关人员应做好以下工作。

1．确定庆典活动的主题

主题是一切活动的灵魂，也是选择活动内容和形式的基本依据。从公共关系角度看，每个庆典活动本身的名称只是标明了形式上的主题，其中往往还蕴涵着与社会组织发展密切相关的更为重要的主题。如宣传组织精神、显示组织实力、传播组织业绩等。组织公关人员应努力发掘那些与事业发展有本质联系的东西，从而把活动的表象形式与内涵主题有机融合起来。

2．设计庆典活动的形式和程序

社会组织庆典活动的形式和程序会因组织的性质、活动的目的、主题的不同而呈现出丰富多彩的多样性。如何选择恰当的形式和程序，是活动能否成功的关键。设计活动的形式应注意：一要明确庆典活动的中心内容和辅助内容分别是什么；二要明确庆典活动的具体做法和措施。设计程序也是一项重要的工作。尽管各类庆典活动都有大致相同的基本程序，但具体到每个活动又各有特殊性。程序设计要严密有致，做到隆重热烈又有条不紊。特别是如何营造气氛和烘托高潮，是活动能否获得喜庆效果的点睛之笔。

3．邀请庆典嘉宾

社会组织公关人员在庆典活动之前应拟好庆典的嘉宾邀请名单，并做好邀请工作。嘉宾的确定直接关系到庆典的规模、层次和宣传效果。邀请嘉宾不仅要考虑有关单位和左邻右舍，还要考虑邀请一些社会名流和新闻界人士，同时也要考虑股东代表及员工代表等。拟好名单后，社会组织公关人员应将请柬提前送达嘉宾手中。请柬应新颖别致，并写明活动事由、方式、时间、地点等。对一些重要嘉宾，应当面邀请，以示尊重。

4．落实致辞和剪彩人员

庆典活动之前，社会组织公关人员应落实庆典致辞和剪彩人员名单。胜任这些工作的人应具有权威性和代表性。工作人员应事先通知致辞人和剪彩人，并拟好发言稿。

5．安排礼仪、工作人员

为使庆典活动显得隆重和热烈，社会组织公关人员应安排礼仪和工作人员，由他们担任礼仪、接待、服务等工作。礼仪人员应端庄大方，服饰统一，举止高雅。工作人员要职责明确，密切配合。入场、签到、奉茶、录音、摄像、留言、现场布置等均应有专人负责。礼仪人员和工作人员一般都需进行事前排练和演习，以便其在庆典活动中头脑冷静、成竹在胸。

6．庆典接待工作

庆典活动开始之前，社会组织公关人员应组织好一切接待工作。礼仪和工作人员各就各位、各司其职。重要来宾应由组织高层领导人亲自接待，以示重视和礼貌。要设置专门的接待休息室，以便正式活动开始前让来宾休息并相互认识。此外，还要准备好相关物品，包括款待嘉宾的茶水、糖果、香烟，乐队、音响、话筒、摄影器材，横幅、鲜花、彩带、鞭炮，签名簿、纪念品，等等。

拓展阅读

乐峰广场开业庆典有好礼

据《南方都市报》2013 年 6 月 21 日报道（张远）乐峰广场将举行全面的开业庆典，届时将推出一系列的活动，并带给市民更多的惊喜。第一场：6 月 14 日—7 月 8 日快乐大派送，乐峰广场巡游车广州市内疯狂派发礼物，惊喜随时送到你手上。第二场：7 月 13 日—7 月 14 日你快乐，我埋单，乐峰请您食大餐。凭活动宣传单及网上微博转发活动，10 万份餐券及华影飞扬电影票免费换，人人有份，先到先得。第三场：7 月 13 日—7 月 14 日消费我爱你，乐峰送大礼。凡 7 月 13、14 日到乐峰广场店内消费(除餐饮及超市)满 520 元，即送华影飞扬（乐峰广场店）电影票二张，价值高达 160 元，数量不限。

三、庆典活动的流程

典礼活动的流程一般包括以下几个方面。

（1）迎宾：接待人员就位在会场门口接待来宾，请来宾签到后，引导来宾就位。

（2）典礼开始：主持人宣布开业典礼正式开始，全体起立，奏乐，宣读重要嘉宾名单。

（3）致贺词：由上级领导和来宾代表致贺词，主要表达对组织的祝贺，并寄予厚望。由谁来致贺词事先要定好，以免当众推来推去。对外来的贺电、贺信不必一一宣读，但对其署名的单位或个人应予以公布。

（4）致答词：由本单位负责人致答词。其主要内容是向来宾及祝贺单位表示感谢，并简要介绍本单位的经营特色和经营目标等。

（5）揭幕：有些庆典活动涉及揭幕，如开业庆典的揭幕，一般由本组织负责人和一位上级领导或嘉宾代表揭去盖在牌匾上的红布，宣告企业的正式成立。参加典礼的全部人员应鼓掌祝贺，在非限制燃放鞭炮的地区还可燃放鞭炮庆贺。

（6）参观：如有必要，可引导来宾参观，向来宾介绍本单位的主要设施、特色商品及经营策略等。

第四节　展览活动

展览活动是综合性的传播活动，通过实物、产品、图片、资料的展示，使公众对产品和服务有一个直观、具体的了解，是组织与公众直接沟通的最佳方式。同时，展览活动又是新闻媒介报道的热点，具有很好的传播效果，历来被组织公共关系活动所广泛采用。

一、展览活动的特点

展览活动的特点有以下几个方面。

1. 传播方式的复合性

展览活动是一种复合运用多种传播方式的传播活动。它既运用人际传播的许多方法和技巧，又要运用大众传播的许多方式和策略。如面对面的解说、咨询，文字说明，图片、实物展览，以及电视、广播、报纸等多种传播手段使展览活动能够综合各种传播媒介的优点，形成多层次、全方位、立体化的传播效果，取得很好的社会效益。

2. 沟通方式的双向性

展览活动是社会组织与公众进行直接双向沟通的最好形式。社会组织通过对自己产品和服务的展示、咨询、洽谈来传播和反馈社会组织信息。这种面对面的信息交流，不仅可以使公众很快了解社会组织的信息，而且通过留言簿、征询卡、洽谈等及时反馈信息。同时，展览活动上往往商家云集，信息传播反馈快，成交集中，无疑是一种传播沟通的极佳形式。

3. 宣传的直观性

展览活动以产品、实物展示，解说员的生动讲解，现场的具体操作，生动形象的示范表演等给人以生动直观的印象。特别配以现代化的电子媒介，往往给参观者留下更为深刻的印象。因此，它带来的宣传效果比一般的广告宣传更直观、更真实、更具体。

4. 形式的活泼多样性

展览活动可以通过各种形式来展示自己的产品，宣传社会组织的业绩和风采。特别是可以运用声、光、电等现代化手段，把展览活动办得有声有色、丰富多彩，如通过录像、电影、电视专题片来展示社会组织的发展面貌，从而起到良好的沟通效果和宣传效果。

二、展览活动的类型

展览会的形式很多，从不同的角度，可以划分不同的类型。

（1）按展览活动的性质分为贸易展览会与宣传展览会。贸易展览会，也称展销会，是一种旨在展示新型产品，扩宽销售或展示实力的一种贸易宣传活动。包括类似广交会在内的商品展销会和世博会之类的博览会等多种形式。通过展出实物产品，促进产品的销售。宣传展览会主要是为了树立组织、产品或人物形象，通过图片资料、图表或某些实物而举办的，目的在于宣传一种观念、思想、成就，并不直接发生贸易活动。

案例阅读和分析

首届中国—东盟（泰国）商品贸易展览会（以下简称为“泰国展”）于2012年1月6—9日成功举办。展览会云集了158家来自中国水泵、电机、建筑陶瓷等行业基地的品牌厂商，展出面积达5000平方米，共设摊位280个，吸引了来自泰国、马来西亚、新加坡、印度、缅甸等41个国家和地区共11294名专业采购商到会参观，展会获得中泰双方的一致好评。应众多参展商和买家的要求，第二届泰国展于2012年8月23—26日举办，展出企业123家，展出面积4000平方米。四天展期接待了来自33个国家共6876名专业采购商。展览会得到了泰国政府及相关机构的重视，取得了超过预期的良好效果。

近年来，电气设备及零配件、机械设备及零配件、电子集成电路、建材产品等已逐步成为泰国从中国进口的重要商品，而泰国处于东盟十国的心脏地带，对周边国家具有很强的辐射作用，是东南亚地区经济、金融中心和航空枢纽。泰国展的举办顺应了市场需求，将为东南亚相关行业之间提供一个贸易洽谈、技术交流、信息交流的商业平台。

（资料来源：中国—东盟（泰国）商品贸易展览会官网“展会介绍”栏目）

据《信息时报》2013年12月21日《省博物馆首次集中展出茶文化类藏品》（记者 蒋隽）。一文中报道，2013年12月20日，“茗香·茶韵——中国茶文化展”在广东省博物馆开幕，其中50件珍品是首次展出，展览将持续到2014年2月23日。

50件珍品首次展出

此次展览涉及陶瓷、银器、锡器、书画等类别近300件/套，其中近50件珍品首次展出。

其中省博珍藏的一件清代朱漆菊瓣盖碗，做工精良，壁薄胎轻，握之若无物，堪为乾隆时期漆器工艺的最佳代表。此外，还有宋代黑釉兔毫盏、明玛瑙茶杯、清代珊瑚红釉提梁茶壶等。

唐朝人喝茶“重口味”

你知道唐朝人怎么喝茶吗？一套唐朝的“白釉煮茶器”能直观地告诉你，这套茶具由茶碾、茶炉、茶釜及茶盏托组合而成。唐朝人喝茶是先从茶饼上掰下一块，用茶碾碾碎，放入茶炉煮，煮的时候还要放生姜、橘皮等东西，由此可推测，唐朝人喝茶比今人“重口味”多了。

到宋朝，喝的是点茶，文人们还流行“斗茶”，宋人喝的茶类似日本抹茶，讲究茶面上要有一层白沫，白沫越厚、持续时间越长，泡茶人越有功力。

课堂讨论：按展览活动的性质分，上述中国—东盟（泰国）商品贸易展览会和省博物馆首次集中展出茶文化类藏品两个展览各属于什么类别？

（2）按展览活动的规模分为大型展览会与小型展览会。大型展览会是指规模较大、参展单位和项目多、展览技术较高的展览会，这种展览会通常由行业主管发起和组织，参展者报名参加。小型展览会可由若干社会组织或某个社会组织主办，主要展示与本组织有关的主题或产品。

（3）按展览活动的举办地点分为室内展览会与室外展览会。室内展览会一般在一个大厅或展览馆举行，不受气候影响，并可以精心布置，较为庄重，时间有保证，展品易保存。室外展览会一般在室外的广场、操场等空旷地举行，活动空间大，布置相对较为简单，花费也相对较少，但是受天气的影响较大，因而展览时间不宜过长。

（4）按展览活动的内容分为综合展览会与专题展览会。综合展览会要求内容系统、参加单位众多、参展品种门类多，其综合概况性强，能给参观者留下全面的印象。专题展览会是因某一特殊专题而组织的展览活动。与综合展览会相比，其内容较少、规模较小，不具有综合性，但这种展览会的对比性强、竞争激烈，对于促进行业技术进步和新产品的开发有较强的推动作用。

拓展阅读

中国进出口商品交易会（广交会）概况

中国进出口商品交易会，又称广交会，创办于1957年春季，每年春秋两季在广州举办，迄今已有57年历史，是中国目前历史最长、层次最高、规模最大、商品种类最全、到会采购商最多且分布国别地区最广、成交效果最好、信誉最佳的综合性国际贸易盛会。

广交会吸引了资信良好、实力雄厚的24000多家中国公司以及500多家境外公司参展。

广交会以进出口贸易为主，贸易方式灵活多样，除传统的看样成交外，还举办网上交易会，开展多种形式的经济技术合作与交流，以及商检、保险、运输、广告、咨询等业务活动。来自世界各地的客商云集广州，互通商情，增进友谊。

创办年代：1957年春季　　展出周期：一年两届

举办时间：第116届广交会

第一期：2014年10月15日—19日

第二期：2014年10月23日—27日

第三期：2014年10月31日—11月4日

会期：每期5天

展览地点：中国进出口商品交易会展馆（广州市海珠区阅江中路380号）

展览总面积：117万平方米（2014年春交会）　　总展位数量：59 708个（2014年春交会）

参展商数量：24 581 家境内外企业（2014 年春交会）
到会境外采购商：188 119 人（2014 年春交会）　出口成交：310.51 亿美元（2014 年春交会）
（资料来源：中国进出口商品交易会(广交会)官方网站“广交会概况”栏目）

（5）按展览活动时间的不同可分为固定展览和流动展览。固定展览会一般在室外或某一固定空间举办，它又可以进一步分为长期性展览会和周期性展览会。前者往往长期稳定不变，后者则是定期更换内容，而地点和名称不变。流动展览会也被称为一次性展览会，它没有固定的举办地点，而是在展览的过程中宣传组织及其产品或服务的形象。

三、展览活动的筹备

展览会为组织开展公关活动提供了一个良好的机会，组织应该充分利用这个机会展示自己的产品，传递必要的信息，加强与社会公众的直接沟通。为使展览会办得卓有成效，展览会的筹备应注意做好以下工作。

（1）分析必要性和可行性。展览会是大型的综合公共活动，耗费较大。因而在举办展览活动之前，组织的公关人员一定要对举办展览会的必要性和可行性进行分析研究，防止盲目投资、得不偿失，起不到应有的作用。

拓展阅读

第一次参展对企业来说相当重要，特此整理相关注意事项，希望对读者有帮助。

费用预算：参展企业应提前做好费用预算。参展费用包括展位费、展位装饰装修费、展品运输费、交通费、食宿费、设备租赁费、广告宣传费、资料印刷费、礼品制作费、会议室租赁费等。

展位布置：展位就是战场，有利的战场才适合作战，展位的布置很讲究，不是花钱多就一定好，展台的总体布局（色彩搭配、标志设计、样品摆放等）对企业参加展览会能否成功非常重要。观众自然愿意访问那些最美观和最有秩序感的展台，而且在了解企业产品的品质之前，他们就会根据展台的布置水准评判出参展企业的优劣。即使企业有非常好的产品，但在设计得非常糟糕的展台上展出，等于产品非常糟糕，所以一定要注意通过展位突出个性特色，要在众多的展位中引人注目，达到突显企业、推出产品、提升形象的目的。但是也没有必要把展台搞得过于豪华，新颖和活络一点就足以达到吸引人的目的了。

展览资料：宣传单张或者手册是宣传企业最基本的工具。它可以展现一个企业的水平和实力。企业可以在展览会名录或专业刊物上刊登一个图文广告。在当地刊物上刊登的广告可以包括展览会和公司网站地址，以便感兴趣的读者访问。

参展人员：配备合适的参展人员，有利于取得更佳的参展效果、更好的销售业绩。参展人员应具备以下基本条件：有较深入的专业知识；自信，适应能力强；性格外向，易于与人交谈沟通。这个团队可以包括：技术、商务人员负责向观众介绍参展产品的优点；一个或多个导游小姐，确保观众与商务人员建立对话/联系；一个翻译。参加一个展览会是一次艰苦的考验，尤其是体能方面，所以应该选择那些积极主动、充满活力的员工在展览会期间担任企业的形象大使。一般来说，一个 3 人至 5 人的团队规模是最理想的，因为这样可以确保展台上始终能够有两个人在场。

参展人员服饰：参展人员是公司的代言人，展会期间应穿着正式、统一的服装，一方面代表公司的形象，另一方面也是对参观者的尊重。高雅庄重的服装会给参观者带来良好的印象。

（资料来源：中国会展网）

（2）明确主题，确定展览方式。每次展览会都应有一个明确的主题，并将主题用各种形式反映出来，如主题性口号、徽标、纪念品等。必须弄清楚是要宣传产品的质量、品种，还是要宣传组织形象；是要提高组织的知名度，还是要消除公众的误解。在明确主题的基础上，进而确定展览会的类型以及举办方式。

（3）选择地点和时机。地点的选择要考虑交通、周边环境、展览场所的大小、质量、设施等。目前，我国的大型展览会多选大城市举办，就是考虑到交通便利，参展单位方便前往，观展公众人数众多等因素。时机的选择上要考虑季节性和周期性，再就是要考虑避开或利用重大节假日的原则。如迎新春年货展销活动，就应当选在春节的前几周进行，太早了很难有节日即将到来的气氛，太迟了又难以达到销售的目的；而有些展览会又要利用节假日，因为大量公众的休假出行为展览会的人气提升提供了可能性。

拓展阅读

在大型展览会上，大大小小聚集在一起的展台，以及人来人往的参观者和工作人员很容易让参观者审美疲劳而没有目的性，错失有意向的客户。如何在济济一堂的展览会上出彩，吸引参观者眼球，参展方必须做到以下几点。

（1）展前的宣传要下功夫。大多数的参观者去看展都是没有目的性和针对性，一般都是以自己对展台的审美来决定去哪家咨询。在展览中，使展台具有美观性参展方一般都做到了，美观就没有什么可比性了。这时能比较的就是专业性，针对用户需求有一个很健全的说明和展示，这样会为展台带来客户，所以展前寄邀请卡、产品知识、公司手册及展会平面图给客户会增加参观者的目的性。这样会给参展方带来想不到的收益。

（2）展台的地理位置选择也很重要。要根据人流的习惯来选择展台的位置，一般靠近进出口、餐饮休息以及厕所都会人流比较大。如果没抢到好的地理位置，就要走冒险的搞法，万绿丛中一点红，这样能起到独特和醒目的作用。

（3）展览期间的宣传和工作人员的素质更加重要。通常在参观者参观时工作人员不上前来讲解，任由参观者自己到处乱看或拿宣传手册之后离开，这样会不了解客户需求也会错失有意向的客户。让客户了解产品功能和树立公司的形象是展览人员必须做到的，要不然公司去参展就没有实质性的意义了。

通过适当的小活动和参观者互动，适时发送企业产品手册或精致小礼品给潜力客户，会给参展方带来更好的参展效果。

（资料来源：中国会展网）

（4）了解参观者类型。展览的对象是谁，范围有多大，参观者的层次、要求、数量等状况如何，这些都是组织公关人员在展览活动前应分析研究的问题。这样在接洽、解说材料上才能根据不同层次的参观者来准备，从而保证展览活动的顺利开展。

拓展阅读

在展台设计与搭建时的三点技巧。

第一，展台的设计要突出主题、强调个性，同时要在空间和气氛上给观众一种亲和力而且要方便交谈。充分利用各种可能的要素，如展台的形状、材料、音响、光线、色彩和其他装潢用品，不断给观众以新鲜感，刺激其好奇心，使他们对展台产生兴趣，进而产生与展览者谈话的愿望。

第二，展台设计还要考虑到与展览会期间企业计划举办的其他活动配套。现在，越来越多的企业把展览会当成了进行公关活动的好场所，除了展览本身以外，他们还在展览会期间同时举行各种各样的发布会、表演等活动。由于展览会期间观众量大而且集中，这些活动与展览同时举行，影响大又节约开支。这也就对展台搭建提出了新的要求。企业对参展的态度还取决于性价比。因此在保证效果的同时，还要算好经济账，尽可能使用新型的、可重利用的展台材料，认真研究设计布置方案，减少不必要的开支。

第三，据资料显示，2012年全国办展数量突破4600多个，每个行业都有十几个或几十个展会。因此可根据展会上不同的主题馆设计自己的主题展位，大企业通常是采用传统方式展览，并且依赖大规模场地，小企业应该以新颖的设计布置来突显自己的小摊位，并且应根据摊位尺寸大小来选择合适的展示用品及参展产品，以免过度拥挤或稀松，而且要善用新型材料，一定避免使用看似廉价的租赁桌椅，要给人“小而精”的感觉，把摊位设计布置得有品位。

有些参展商认为，如果不使用展品而使用图片，效果岂不是更好？图片会创造出强烈的视觉效果。实际上，在展会上太过密集或太小的图片皆不易读取。即使是要用图片，也应限制文字的使用和图片的位置，要将图片放在视线以上。除此之外，摊位装饰还可以使用大胆抢眼的颜色，这样从较远距离即可突显出来，要避免使用易融入背景的中性颜色。

（资料来源：中国会展网）

（5）准备展览会的宣传资料。展览活动需要的材料很多，如展览徽标、宣传招牌、图片、展品、广告、气球等，还有些要分发给参观者，如社会组织及其产品或服务的简介、宣传画册、纪念品等。这都应在展览活动前做好充分准备。

（6）培训参展工作人员。展览会组织的成功与否、质量好坏，与工作人员的素质高低有很大关系，特别是一些专业性较强的展览，如果没有一定的专业知识，展览的组织、洽谈、解说、咨询等工作就会受到影响。此外，工作人员的公关素质、接待、礼仪、讲解的技巧，都影响着展览活动的成功。因此，必须对展览工作人员进行事前培训，提高他们的素质和技能。

（7）落实参展设施和配套服务。与主办方联系协商落实电源、电话、照明、音响、影像、展品与设备的安保等辅助设施，以及邮政、检验、保险、银行、交通、住宿等配套服务，以保证展览活动集中、高效率地进行。如果是自己是主办单位，则需要自己落实上述事宜。

拓展阅读

展会布展是什么？很多人都有同样的疑问，很多人对展会布展还不太了解。展会您知道吗？某公司新研发产品的发布会、世博会，类似的，这就是展会。展会主要就是为了宣传自己的产品，或宣传自己，展会像一个有很多人来参观的会议。那么展会布展又是什么呢？展会布展就是为将要开展会的公司或个人布置展会的现场，进行展会设计，这就是展会布展。但是在展会布展的施工中，有一些展会布展施工的相关规则，您可能还不太了解，这是必须要知道的，下面就让我们来看一下展会布置施工的相关规则。

（1）搭建物必须建在承办单位划定的范围以内。

（2）所有搭建物不能封顶，与天花的距离不少于50cm，与墙的距离不少于60cm。

（3）不得使用易燃材料进行搭建和装修，不得将消防器材挪作他用，搭建物及展品不得阻挡消防栓，不得占用消防通道。

（4）展场内不准生火，如需动火作业（明火、电焊、气焊），必须通过承办单位事前提出申报，经批准领取动火证并做好现场防范工作，方可施工。若不按规程和不带焊工证操作者，要追究当事人责任。

（5）所有图纸必须于展前一个星期提交承办单位审阅。展位图纸应包括正、侧、剖面图，并标明尺寸、材料，要有文字说明及用电负荷，并附电路图。承办单位有权拒绝设计图，或要求参展商做出修改。

（6）参展单位聘请私人承建商对展位进行特装工程，须向展馆方支付展场施工管理费。

（7）所有参展商不得使用万用电源插座及插头。

（8）展位电力供应将于每日展览会完后30分钟内关闭，若需要24小时电力供应，应尽早与承办机构联系并需另付费用。

（资料来源：上海逸晨广告有限公司官方网站）

（8）与新闻界进行联络。展览活动要利用一切可以调动的传播媒介进行公共关系活动，使公众通过视、听等多种渠道了解有关社会组织的信息。展览活动前应组建专门的新闻机构，如新闻处、秘书处等，负责展览活动的新闻宣传。由他们邀请新闻记者参加开幕式、采访，举办记者招待会，与新闻媒介保持密切联系，为新闻记者采访提供一切方便和相关资料等。

（9）展览活动费用预算。经费预算是把展览活动所投资的总金额落实到展览活动的每项具体项目中，使每一个项目的经费得以落实，如场地租金、设计装修、广告费、电费、运输费、接待费、资料费、劳务费等。公共关系人员应有计划地分配展览所需的各项资金，防止超支和浪费。

（10）展览会效果的测定。这个环节是对实施展览工作所带来的社会效果的检测和评估，是评估展览活动的主要衡量标准。可以通过参观者留言、观众座谈会、记者采访、问卷调查、知识竞赛等方式来评测。

四、展览活动的流程

展览活动的流程包括以下几个阶段。

1．开幕式阶段

展览会开幕式一般时间不长，但却关系到展览会的传播效果。通常开幕式内容应包括：主办者致辞，说明举办展览会的目的、宗旨，向协办组织致谢，向各位嘉宾、与会者表示欢迎与感谢；来宾代表讲话，表示祝贺之意；嘉宾代表、知名人士剪彩；等等。

2．观展阶段

观展阶段主要是接待参观者，讲解展品，做好服务咨询工作，并注意利用观展机会向其他组织提出合作意向。参观者进入展览厅，最渴望的是对本展览厅有一个全面的了解，服务人员如能面带微笑送上一份图文并茂的资料介绍，观众会感到莫大的满足。对于一些机械产品，有时需要技术人员亲自动手操作，并在操作过程中进行讲解。必要时还要播放录音、录像以增加展品动感，这样可激发观众的兴趣和购买欲望，达到成交的目的。

拓展阅读

据《京华时报》2013年6月3日《服务贸易就在每个人身边》一文报道（记者孙雪梅、胡笑红）作为全球首个也是唯一专门针对服务贸易全部领域的综合交易会，第二届京交会以成交额达786.9亿美元、较上届增长30.9%落下帷幕。1300多家中外企业参展，148场论坛、洽谈等活动，签订项目415个……纷繁的数字略显抽象，服务贸易对于我们普通老百姓来说，感觉很遥远。但实际上，京交会离我们也很近。

相对于货物贸易的“有形”，服务贸易则是“无形”的，它更多通过面对面提供的服务实时完成。记者根据多日的采访以及媒体公开报道，给大家盘点了京交会上离我们“很近”的服务贸易。

在京交会的台湾馆，很多人在一种机器前排长队体检，一站上去，很快你的脂肪重量、肌肉量、蛋白质含量等信息都会打印出来。

脱了鞋子，站到仪器上对应脚印感应区，报上年龄和身高，系统设定后，伸开双臂握住两个手柄，听见机器呜呜作业，几秒钟后，吐出一张单子，对你的身体状况进行描述。

那张单子上写着你的脂肪重量、肌肉量、骨头量、蛋白质含量、水分含量、内脏脂肪量等信息，最后再给你打个总体分数，判定你属于“肥胖型”“消瘦型”“超重肌肉型”“低脂肪型”“肌肉不足型”等。

有记者在现场看到，一个胖乎乎的女孩瞄了一眼结论后，连奖品都没要就低头撤了，混入来往的人群之中隐身了。

3. 总结检测展览效果

总结检测展览效果的方法有以下几个方面。

（1）举办有奖检测活动。根据展览内容，制作以填空、选择、判断为主的问答题，当场解答，当众发奖。这种方式既是活跃展览会气氛的有效手段，也是检测展览会效果的第一手资料。

（2）设置公众留言簿。组织者可在展览会出口设置公众留言簿，主动征求公众的意见。这些意见可作为检测结果的依据。

（3）召开公众代表座谈会。组织者可随机请一些公众代表进行座谈，听取他们对展览会的观后感，或讨论一些技术性、程序性的问题，征求他们对本组织的意见或建议，这是最直接的效果检测法。

（4）借助记者采访。展览会期间，组织者可以邀请一些新闻记者对公众进行采访并做好录音或记录，以便组织在检测效果时参考。

（5）开展问卷调查。闭展时，组织者可安排专人向公众发放调查问卷，或根据签到簿上掌握的公众名单邮寄问卷调查表，甚至选择重点对象登门拜访他们，并请他们填写问卷调查表，以了解展览会的实际效果。

企业参展的根本目的是为了销售，但这并不意味着只有参展时签的定单数才能体现参展效果。企业参展除了展示新产品、提升企业知名度外，还是了解市场变化的最佳途径，市场上什么样的产品最受欢迎，你的竞争对手的各种动态，这些都将是展会带给你最有价值的东西，这能让你及时地对自身的战略进行实施和调整。

第五节 赞助活动

赞助活动是指组织通过无偿地提供资金或物质对各种社会公益事业做出贡献，以提高社会声誉，树立良好社会形象的公关专题活动。公关赞助是举办专题活动最常见、最重要的形式之一，因为它既可以为社会公益事业的顺利进行提供保障，同时又可以为各类组织的不断发展创造和谐的社会环境。因此，越来越多的赢利性组织纷纷以自己收益的一部分回馈社会公益事业，以表示它们乐于承担一定的社会责任和义务。

一、赞助活动的类型

赞助活动的类型很多，常见的赞助类型有以下几种。

（1）赞助教育事业。有远见的企业家，应该注重企业精神，培养企业的爱心，有长远眼光，关心国家教育事业的发展，这既有利于自身发展和对未来人才的选择，又能为社会带来效益。

企业可以出资投入希望工程，也可以资助某些中小学或大学。

拓展阅读

据《扬子晚报》2014 年 1 月 8 日《他是全国最有名“楼主” 江苏有 140 多座逸夫楼》一文报道（通讯员许启彬、丁珊《扬子晚报》记者蔡蕴琦、张琳）南京大学“逸夫馆”“逸夫楼”，东南大学“逸夫建筑馆”及“逸夫科技馆”……江苏省教育厅昨日统计公布，1986 年以来，邵逸夫基金会捐赠江苏省大中小学项目超过 140 个。江苏校园内有 140 多座“逸夫楼”，捐赠资金超过 2.1 亿港元。项目涵盖部省属本科院校及中小学。

斥资 2100 万港币三赠南大

邵逸夫先生似乎与南京大学有着特别情感，从 1987 年首次捐赠 1000 万港币建逸夫馆，1999 年又捐 800 万港币建“逸夫管理科学楼”，2008 年再捐 300 万建仙林校区“邵逸夫楼”。三栋(建筑)总共捐赠 2100 万港币。“这在国内高校中也算很少见了，1987 年的千万港币在当时可谓一笔巨额捐赠，南大是全国第一批邵逸夫楼的捐赠对象。”南大校长助理左成慈告诉《扬子晚报》记者，“逸夫馆奠基时，邵逸夫先生、方逸华女士都亲临现场，对南京大学非常关心。”至今在鼓楼校区逸夫馆的贵宾室还悬挂着一幅邵逸夫捐赠的油画，“油画尺寸 120cm × 80cm，画的正是邵逸夫先生本人。”

作为南大驻港办主任，左成慈教授与邵逸夫有过多次接触。“我对他的印象是开朗睿智，思维很敏捷。2009 年，我作为高校代表参加邵逸夫奖的颁奖礼，当时邵先生已经 102 岁了，亲自来到颁奖现场，虽然没有发言，但在台上站了半小时之久，精神状态也特别好。”

亲临东大逸夫科技馆奠基

东南大学逸夫科技馆是邵逸夫先生捐款与国家教委拨款建造的科研实验楼，其中部分面积安排了学术交流会议用房。

记者了解到，东南大学拍摄的《东南大学逸夫科技馆掠影》专题片介绍说，“1992 年 12 月，香港著名爱国人士邵逸夫先生，慷慨解囊，捐资 500 万港币给东南大学，改善办学条件。邵逸夫先生造福桑梓的义举，顿时成为东南大学的热门话题，广大师生员工无不对邵先生拳拳爱国之心和博大胸怀表示钦佩。”1992 年 8 月 2 日，邵逸夫先生、方逸华女士亲临东大，参加了逸夫科技馆的奠基仪式。1994 年 6 月，东南大学逸夫科技馆竣工。

1994 年，邵逸夫先生又出资 500 万港币支持东南大学逸夫建筑馆的建设，该馆于 2000 年 11 月竣工交付使用。东南大学逸夫建筑馆位于东南大学校园内中大院东侧，健雄院南侧，前工院北侧，东面为城市道路成贤街。建筑地下有一层，地上主楼十五层，裙房三层。设计遵规划、功能、经济和环境四大原则。

苏大逸夫楼也捐了 300 万港币

苏州大学的逸夫楼位于本部，教学楼为四层，外观为砖红色。1991 年 10 月，邵逸夫先生向苏州大学捐赠 300 万元港币建造教学楼，江苏省政府配套投入 210 万元人民币。

时任苏大校长的姜礼尚教授当时还赴香港参加了这次捐赠仪式，“正好是 22 年前的今天，1992 年的 1 月 7 日，当时的国家教委主任朱开轩率领大陆受到捐赠的学校代表团前往香港参加捐赠仪式，仪式在香港中文大学举行。仪式上邵逸夫并没有来，夫人方逸华代表邵氏基金会出席并讲话。”姜校长回忆说，“仪式结束后，代表团还集体参观了邵氏电影基地，并受邀参加了晚宴。我记得晚宴时邵逸夫本人出席了，他本人很低调，没有讲话。作为受捐学校我们也分别给他赠送了礼品，对他的捐赠表示感谢。”

（2）赞助体育运动。赞助体育活动是赞助活动中常见的一种方式。体育活动是广大群众喜闻乐见的活动，也是许多公众热心的活动。涉及的公众层面宽、范围大，使赞助活动影响的广度和深度都很大。如 2012 年伦敦奥运会之前，搜狐网在 2012 年 3 月 19 日报道了“中粮家佳康成为中国体育代表团专用肉类食品供应商签约仪式”，这一事件对中粮集团的形象起到了良好的促进作用。

（3）赞助文化活动。文化活动吸引的公众层面较宽，影响较广，品位较高。赞助的文化活动主要有音乐会、电影电视节目、文娱演出、书画展、摄影作品展览等。

（4）赞助科研学术活动。赞助的科研学术活动的影响面虽然不大，但意义重大而深远。一是可推动与本组织性质、产品和服务有关的研究深入发展，为组织发展提供基础理论研究和技术支撑；二是可以提高本组织在同行中的知名度和影响面。

（5）赞助环保事业。环境保护是功在当今、利在千秋的公益事业，涉及广大公众的切身利益，是公众和媒介关注的热点，赞助环保事业能收到经济效益、社会效益和生态效益的三丰收。

二、赞助活动的组织与实施

赞助活动的组织与实施可以通过以下几个方面来开展。

（1）进行赞助研究。组织的社会赞助活动并不是无计划无目的的大把扔钱，也不是谁找上门来就给谁赞助，而是要减少被动和盲目，主动地开展赞助活动。主动赞助的前提是进行赞助研究和策划。公共关系人员应该从组织的实际情况和经营政策人手，根据组织的公共关系目标，制订组织的赞助方向和赞助政策，在落实每一项赞助资金之前，要分析赞助成本和赞助效果。

（2）制订赞助计划。根据赞助前的研究和组织的赞助政策，组织的公共关系部应该在上年年底或本年年初制订出切实可行的赞助计划。赞助计划一般包括赞助宗旨、赞助的对象、赞助的费用预算、赞助的形式、开展赞助的组织管理等。

（3）审核赞助项目。按照年度赞助计划，每进行一项具体的赞助活动之前，都应由公共关系人员或组织赞助委员会对此项目进行审核，充分论证此项目赞助的可行性及赞助方式是否合适，赞助款项是否合理，此项赞助是不是组织的最佳选择。

（4）实施赞助活动。在对赞助项目进行审核的基础上，公共关系人员按照赞助计划具体实施赞助活动。在实施过程中，公共关系人员应充分选用各种传播媒介做好宣传，从而使组织通过赞助活动尽可能地扩大社会影响。

拓展阅读

据《京华时报》2011年2月28日《友邦保险赞助南极探险环保活动》一文中报道（记者夏萌）2月11日，经过20多天的辗转跋涉，著名旅游达人黑剑圆满结束了南极探险环保之旅返回国内。黑剑的南极环保之旅从广州出发，历时22天，途经巴西、阿根廷等国家，最后乘坐星辰公主号游轮进入南极半岛。友邦保险为此次活动提供了五万元的赞助费用，更为黑剑本人提供了最高赔偿额为150万元的意外险。

佳酿网于2013年5月2日刊出的《企业进行体育赞助的成功要素及实施战略》一文值得读者关注，特别文中指出发现影响体育赞助战略的关键成功因素来自三个方面，即赞助方、被赞助方和双方交互状况。

（5）测定赞助效果。一项赞助活动完成之后，组织应对赞助效果进行调查与测定，看一看组织的知名度是否提高了，组织的公众关系是否改善了，是否产生了良好的社会效益和经济效益。并且根据所得结果写出报告，归档储存，以备日后参考。

本章小结

本章比较重要的知识点有以下几点。

1. 公共关系专题活动是指公共关系活动中，针对某种特定的主题，利用某种特定的时机举办的公共关系活动。特点有：针对性、传播性、创新性、效率性和灵活性。

2. 新闻发布会的筹备有：确定新闻发布会的主题、准备相关材料、选择会议主持人和发言人、确定会议的时间和地点、确定应邀请记者名单并发请柬、预算会议经费。流程有：签到发资料、介绍会议内容、主持人讲话、回答记者提问、参观和其他安排。

3. 庆典活动的筹备有：确定庆典活动的主题，设计庆典活动的形式和程序，邀请庆典嘉宾，落实致辞和剪彩人员，安排礼仪、工作人员，庆典接待工作。流程有：迎宾、典礼开始、致贺词、致答词和揭幕。

4. 展览活动的筹备：分析必要性和可行性；明确主题，确定展览方式；选择地点和时机；了解参观者类型；准备展览会的宣传资料；培训参展工作人员；落实参展设施和配套服务；与新闻界进行联络；展览活动费用预算；展览会效果的测定。

5. 赞助活动的组织与实施：进行赞助研究、制订赞助计划、审核赞助项目、实施赞助活动、测定赞助效果。

练习题

一、名词解释

公共关系专题活动　　新闻发布会　　庆典活动　　展览活动　　赞助活动

二、单项选择题

1. 公关专题活动是在审时度势后，根据组织或公众的某种特殊需要而举办的，是指公关专题的（　　）特点。

A. 针对性　　B. 传播性　　C. 灵活性　　D. 创新性

2. 公关专题活动其规模大小随需要而定，活动内容也可以根据需要不定期安排，在活动过程中也可以做适时调整，是指公关专题活动的（　　）特点。

A. 传播性　　B. 创新性　　C. 灵活性　　D. 效率性

3. 以下不属于会议型公共关系专题活动的是（　　）。

A. 新闻发布会　　B. 研讨会　　C. 交流会　　D. 展览会

4. 一般举办新闻发布会的都是政府部门、社会组织、企业集团等，它代表某一组织的权力是阐述的新闻发布会的（　　）特点。

A. 信息发布的权威性　B. 信息发布的真实性　　C. 受众的社会性　　D. 信息传播的快速性

5. 主持人要充分发挥主持和组织的作用，以庄重的言谈和感染力，活跃整个会场气氛，并引导记者踊跃提问，阐述的是新闻发布会的（　　）环节。

A. 发资料　　B. 介绍会议内容　　C. 主持人讲话　　D. 回答记者提问

6. 社会组织在新成立时或重大活动的开幕时，社会组织重要机构组建时举办的庆典活动属于（　　）。

A. 开业庆典　　B. 周年庆典　　C. 庆功庆典　　D. 节日庆典

7. 由本单位负责人和一位上级领导或嘉宾代表揭去盖在牌匾上的红布，宣告企业的正式成立是阐述的庆典（ ）环节。

A. 致贺词 B. 致答词 C. 参观 D. 揭幕

8. 也称展销会，是一种旨在展示新型产品，扩宽销售或展示实力的一种贸易宣传活动是（ ）。

A. 贸易展览会 B. 宣传展览会 C. 大型展览会 D. 小型展览会

9. “逸夫教学楼”，也简称“逸夫楼”，是由中国香港电影大王、邵氏影业的创始人邵逸夫先生捐款建造的建筑物属于（ ）活动。

A. 赞助体育运动 B. 赞助教育事业 C. 赞助环保事业 D. 赞助科研学术活动

10. 企业的社会赞助活动并不是无计划、无目的的大把扔钱，也不是谁找上门来就给谁赞助，而是要减少被动和盲目，主动地开展赞助活动是赞助活动（ ）环节。

A. 进行赞助研究 B. 制订赞助计划 C. 实施赞助活动 D. 审核赞助项目

三、多项选择题

1. 属于公益性公关专题活动的是（ ）。

A. 环保 B. 慈善 C. 救灾 D. 商业促销

2. 新闻发布会的特点有（ ）。

A. 信息发布的权威性 B. 形式的活泼多样性
C. 受众的社会性 D. 信息传播的快速性

3. 以下属于展览活动的特点是（ ）。

A. 传播方式的复合性 B. 沟通方式的双向性
C. 信息发布的权威性 D. 形式的活泼多样性

4. 检测展览效果的方法有（ ）。

A. 举办有奖检测活动 B. 设置公众留言簿
C. 召开公众代表座谈会 D. 开展问卷调查

四、简答题

1. 公共关系专题活动的特点有哪些？
2. 怎样进行新闻发布会的筹备？
3. 新闻发布会的流程有哪些？
4. 怎样进行庆典活动的筹备？
5. 庆典活动的流程有哪些？
6. 怎样进行展览活动的筹备？
7. 展览活动的流程有哪些？
8. 怎样进行赞助活动的组织与实施？

五、案例分析

美国IBM公司每年都要举行一次规模隆重的庆功会，对那些在一年中做出过突出贡献的销售人员进行表彰。这种活动常常是在风光旖旎的地方，如百慕大或马霍卡岛等地进行。对3%的做出了突出贡献的人所进行的表彰，被称作“金环庆典”。在庆典中，IBM公司的最高层管理人员始终在场，并主持盛大、庄重的颁奖酒宴，然后放映由公司自己制作的表现那些做出了突出贡献的销售人员工作情况、家庭生活，乃至业务爱好的影片。在被邀请参加庆典的人中，不仅有股东代表、工人代表、社会名流，还有那些做出了突出贡献的销售人员的家属和亲友。整个庆典活动，自始至终都被录制成电视（或电影）片，然后被拿到 IBM 公司的每一个单位去放映。（佚名）

问题：

（1）什么是庆典活动？

（2）庆典活动的流程有哪些？

（3）你认为 IBM 公司举行金环庆典活动，有哪些意义？

综合实训

1. 假设你是某食品加工厂的市场部经理，公司最近研发了一款新口味面包——紫薯面包，需要进行新闻发布。请以小组为单位进行讨论并撰写新闻发布会策划草案。

2. 江苏省南京市食源大酒店定于 2014 年 9 月 20 日隆重举行开业庆典仪式，旨在通过开业庆典仪式制造声势和达到气氛热烈祥和、喜庆隆重的宣传效果。请设计一个开业庆典策划方案，并模拟一下庆典的接待工作。请以小组为单位进行讨论并撰写新闻发布会策划草案。

3. 江苏旺润葡萄酒厂准备参加今年秋季的广交会，请思考应该怎样进行该展览活动的筹备？

第十一章

公共关系危机管理

学习目标

知识目标：了解公关危机的概念、特征和原因；理解公关危机处理的原则，掌握公关危机处理的策略、了解公关危机监测的概念，理解公关危机的预控。

能力目标：培养处理和预控公关危机的能力。

教学导入案例

据中国新闻网2012年11月27日《肯德基避谈药物饲料问题 “速成鸡”事件迷雾重重》一文报道（记者陈薇伊）近日，洋快餐食品安全又起波澜。肯德基陷入“速成鸡”喂“有毒”饲料风波。尽管肯德基及供货商粟海集团均回应称“速成鸡”安全，但肯德基避谈饲料添加药物问题，且除当事方自说自话以外，目前尚未有第三方权威检测机构就此回应，消费者疑虑难消，盼望有权威、全面的解释。

教学导入案例中，消费者期待肯德基对速成鸡事件有一个清楚、全面的解释，而肯德基方面只声称速成鸡安全，而对饲料添加药物问题，避而不谈。这其实是一件公关危机。肯德基在处理该公共危机时，做法是欠缺的。那么，怎样正确地处理公关危机正是本章所将要探讨的。除此之外，本章还探讨公关危机的监测和预控。

第一节　公关危机概述

公共关系危机，简称公关危机，是指由于突发事件或重大问题的出现，使组织的公众关系迅速恶化，生存和发展受到威胁，组织的公共关系状况严重失调，处于某种险情的状态。

一、公关危机的特征

公共关系危机事件是各种紧急的、意外发生的、对组织形象和经济利益有重大损害的突发事件。公共关系危机具有典型的特征，这些特征是组织公关人员识别公共关系危机的主要前提。

（1）发生的突然性。各类社会组织都可能因主观和客观因素的变故而发生意料之外、防不胜防的突发事件和危机。危机往往是潜伏着，不可预测，是一种未知因素。我们甚至可以毫不夸张地说：危机无处不在，无时不有。例如，本章导入案例中，速成鸡是媒体在2012年11月下旬曝光的，对于粟海集团和肯德基而言，饲养和使用速成鸡将来在某一天被媒体曝光是必然的，但就曝光的具体时间来说，是突然的。

（2）公众的关注性。危机事件的内容往往和公众有直接关系，特别是涉及人身安全时，更会成为社会舆论和社会公众的关注焦点和热点。而一经媒体报道，瞬间就会在大街小巷广为传播，公众也由潜在状态变为行动状态，使组织措手不及。例如，本章导入案例中，一经媒体曝光，在网络媒体发达的今天，很多消费者都关注到了这件事情，都在谈论这件事情，有一种谈“鸡”色变的趋势。

（3）后果的危害性。任何危机事件都会给组织的经济利益和声誉造成不利影响，破坏组织的正常运转或生产经营秩序，恶化组织社会关系，涣散组织战斗力，其涉及面广，影响巨大，甚至会使组织遭受灭顶之灾。当然，危机在危害社会组织的同时，还危害着当事人及其亲属的心理和健康，给他们造成极大的伤害和痛苦。肯德基的速成鸡事件甚至导致了整个养鸡业的洗牌，见下面相关报道。

拓展阅读

据《中华工商时报》2012 年 12 月 28 日《“速成鸡”事件引发养鸡业洗牌》一文中报道(记者迟明霞) 近期炒得沸沸扬扬的“速成鸡”事件，给市场造成了不小的冲击。伴随着央视对肉鸡养殖内幕的深度曝光，白羽鸡市场价格应声走跌，与之形成鲜明对比的，则是近期土鸡价格的持续攀升。

此消彼长的鸡肉价格走势昭示市场选择。记者通过对近期白羽鸡和土鸡价格走势的调查发现，随着媒体的不断曝光，白羽鸡价格涨幅趋缓，而进入 12 月，则开始由局部扩散至全国，白羽鸡价格大幅下跌，从此前全国均价 9.8 元/公斤的高位，下挫至 12 月 21 日 7 元/公斤。

而与之形成鲜明对比的是近期土鸡价格的持续走高。记者通过农产品价格信息网站了解到，全国土鸡价格从此前长期徘徊于 14～15 元/公斤，从 11 月 27 日开始，迅速攀升到 21 元/公斤的高位。

天然养殖的土鸡，有着白羽鸡所不能比拟的优势。由于放养在山野林间、果园，土鸡具有耐粗饲、就巢性强和抗病力强等特性，肉质鲜美的特点，营养丰富且无公害污染，近些年不断受到消费者青睐，此次“速成鸡”事件更是进一步催生了消费者对土鸡的需求。记者也实地走访了一家位于安徽合肥的中式快餐品牌老乡鸡。由于该品牌主食材是肥西老母鸡，记者也就其食材以及养殖方式进行了深入调查。记者发现，由于该品牌使用的原材料是自主养殖的传统土鸡，180 天才能出栏，并且经过 30 年的发展，已经建起了规模较大的养殖园。“由于我们坚持自己养殖、自己生产，且均选用优质的土鸡，近期销量有较大幅度上升。”一位企业管理人员在接受采访时表示。

> 有关此次速成鸡事件的来龙去脉可以参见搜狐网站提供的专题报道“速成鸡”安全之争。

“速成鸡”事件或将推动行业进入新一轮洗牌，各大企业也纷纷关注土鸡产业，为中国土鸡产业带来更大的突破与发展，让营养、生态、安全的美食回到消费者的餐桌。

（4）处置的紧迫性。在传媒十分发达的今天，组织一旦发生危机，会在很短的时间内迅速而广泛传播，其负面影响是可想而知的，它会像一颗突然爆炸的“炸弹”，迅速扩散开来。一旦控制不力，后果将十分严重。因此，对于危机的处置是一项十分紧迫的工作。例如，本章导入案例中，肯德基必须及时对饲料添加药物等问题给消费者一个清楚、明确的答复，来消除消费者的疑惑。

（5）趋势的可变性。公共关系危机从它的趋势看是可变的，危机既然可以发生，也可以消除，并不是一成不变的。即使处于顺境的组织也是可能发生危机的，关键在于，是否能在危机发生时，及时加以把握和处置，抓住危机可变的特性，将公共关系危机的危害降低到最小，甚至可以变坏事为好事，重塑组织形象。事情是两方面的，如果肯德基本着负责任的态度和做事原则，及时公布事情的来龙去脉，给消费者一个说法的话，消费者会认为这个公司有一定的社会责任感。

拓展阅读

据中国新闻网2013年1月10日《百胜就“速成鸡”致歉 称将主动通报自检的问题》一文报道（记者李金磊）1月10日，百胜餐饮集团中国事业部主席兼首席执行官苏敬轼代表百胜集团，在百胜餐饮集团和肯德基的官方微博上发布了《致广大消费者的公开信》，就近期中国百胜鸡肉原料供应的一系列事件诚挚道歉，并做出四项承诺。

苏敬轼在公开信表示，“近期中国百胜鸡肉原料供应的一系列事件给大家带来了困扰和影响。事件发生后，我们迅速配合各级政府监管部门的调查，同时也展开了自查与检讨。现在看来，无论是企业自检流程可操作性欠佳、公司内部沟通不到位、供应商调整速度不够迅速、检测结果没有主动通报政府、个别员工的不妥言论，还是不够快速透明的外部沟通，都有不足之处令人遗憾，我谨代表中国百胜向大家诚挚道歉。”

苏敬轼表示，百胜深知餐饮企业的第一要务是食品安全，将吸取此次事件的教训，并向广大消费者做出了四项郑重承诺：

1. 坚持2005年以来的企业自检行动。继续在政府的监管措施之外，增加供应商对百胜供货的检测要求。同时改进对供应商抽样复检的方式，自检提前在供应商出货前完成，避免问题产品进入百胜物流体系；

2. 加强与政府主管部门的沟通，主动及时通报企业自检发现的问题，供政府监督管理；

3. 提高供应商对食品安全管控能力的要求，严格审核现有供应商的资质，加快供应商队伍的优胜劣汰进程；

4. 扶植鸡肉供应商采用先进养殖方法和管理模式。

苏敬轼还在公开信中表示，他将从自己做起，并要求百胜员工始终以谦虚的态度，聆听各方声音，尽一切可能付出最大的努力，面对问题，严肃整改，提高管理品质，以实际行动赢回大家对百胜的信任。

（中新网财经频道）

二、危机的类型

公共关系危机可以从以下两种角度分类。

（1）从存在的状态划分，可分为一般性公关危机和重大公关危机。一般性公关危机主要是指常见的公共关系纠纷，从某种意义上说，公共关系纠纷还算不上真正的危机，它只是公共关系危机的一种信号、暗示和征兆。只要及时处理，做好工作，公共关系纠纷就不会转向公共关系危机，甚至造成危机局面。重大公关危机是指企业的重大工伤事故、重大生产失误、火灾造成的严重损失、突发性的商业危机、大的劳资纠纷等。它是公共关系从业人员面临的必须及时处理的真正危机。如产品或企业的信誉危机、股票交易中的突发性大规模收购等，公关人员必须马上应付处理，最好在平时就有所准备。例如，本章导入案例“速成鸡”事件就是重大公共危机。

（2）根据危机给企业带来损失的表现形态划分，可分为有形公关危机和无形公关危机。有形公关危机指给企业带来直接而明显的损失，凭借肉眼即可观测到这些损失，如房屋倒塌、爆炸、商品流转中的交通事故等造成的人员伤亡或财产损失。无形公关危机指给企业带来的损失表现得不明显的危机或者给任何一个企业的形象带来损害的危机，皆属于无形公关危机。如果不采取紧急有效的措施阻止，已受损害的企业形象将使企业蒙受更大的损失。如本章导入案例中，因为“速成鸡”事件颠覆了人们对肯德基原料食品安全的信任，该危机属于无形公共危机。

三、危机产生的原因

危机产生的原因包括组织内部的原因和组织外部的原因。

（一）组织内部原因

组织内部的原因有很多，主要集中在以下几个方面。

1. 危机意识淡薄

“生于忧患，死于安乐”，这是中国传统文化对数千年生存经验的智慧总结，也可以看成危机管理的金玉良言。这句话强调了危机意识的重要性：没有危机意识才是最大的安全隐患。而这一点并没有真正得到危机管理者普遍和深刻的认同。组织缺乏危机意识或危机意识淡薄，是造成组织公关危机的一个重要内部原因。把危机当作社会常态，建立危机应对机制，履行社会责任，只有这样才能解除危机根源或把企业的公关危机控制在萌芽状态或及早发现公关危机以采取相应对策。例如，本章导入案例速成鸡事件与肯德基及供货商粟海集团危机意识淡薄有一定的联系。

2. 危机公关策略不得当

组织不能根据内外部环境、条件正确制定经营管理策略和公关战略，造成组织基础工作差、管理的规章制度不健全、管理方式手段不科学，使组织的生产经营活动得不到公众的支持，引发危机。组织经营管理不善还体现在缺乏健全的公关危机管理体制。组织如果没有将公关危机管理制度化，没有建立企业公关危机管理团队，就不能从根本上防止危机的形成和爆发，也无法控制解除已经发生的危机。

拓展阅读

据中国新闻网 2013 年 1 月 8 日《DSG 问题两地差别对待引质疑 大众称实质内容一致》一文报道（记者魏巍）2012 年闹得沸沸扬扬的大众 DSG 事件本已逐渐淡出大家的视线，但随着日前大众迫于中国台湾地区交管部门压力对配备 7 速 DSG 双离合变速箱的车型进行召回后，再次将该问题推到了风口浪尖。对于相同问题两地的区别对待，各媒体不仅对大众的质疑声四起，连刚刚实施的《缺陷汽车产品召回管理条例》的执行力度也遭受质疑。对此，国家质检总局 5 日公开回应，称从未说过大众 DSG 问题不用召回，已使大众在大陆市场承担全球最长的质量担保期限。6 日大众中国也做出回应，称此次中国台湾地区的召回实质内容与大陆市场 DSG 升级服务活动内容一致。

3. 产品质量问题

所谓产品质量危机就是指因产品质量问题而导致的对企业运转和信誉乃至生存产生重大威胁的紧急或灾难事件。产品是企业与顾客之间实现价值交换的基础，产品质量不但关乎于民众利益的福祉，而且会受到百姓和媒体的高度关注。现实一再告诫人们，现代组织如果不能很好地应对产品质量危机，其发展必然会受到严重影响，甚至会满盘皆输。因此，探讨应对产品质量危机的方略是现代企业健康、稳定发展的必然要求。例如，本章导入案例，速成鸡事件危机与产品质量有问题有着很大的关系。

拓展阅读

据新华网2013年8月22日《恒天然出口中国奶粉又被曝硝酸盐超标》一文报道（记者刘洁秋）正饱受肉毒杆菌污染事件困扰的新西兰乳业巨头恒天然公司又被曝出新的质量问题。恒天然一名发言人证实，该公司今年5月出口中国的一批奶粉硝酸盐含量超标。

这名发言人21日对新西兰媒体说，这批总重量为42吨的奶粉在新西兰境内检测时各项指标均符合新西兰标准，但抵达中国口岸后，中国质检部门在抽检时发现其硝酸盐含量超标。

这名发言人表示，在不同的实验室使用不同方法测试时，是有可能出现这种情况的。他说："这次我们选择了接受中国实验室的检测结果，并遵循必要的程序提交文件，向中国和新西兰的食品监管机构都提交了相关文件。"

近日新西兰乳业接连被查出质量问题。新西兰负责监管食品安全的初级产业部8月3日宣布，恒天然公司旗下工厂生产的约38吨浓缩乳清蛋白粉被检测出含有肉毒杆菌毒素。几天后，斯里兰卡卫生部称恒天然出口至该国的奶粉被检测出双氰胺残留，要求超市和商店下架恒天然产品。

8月19日，新西兰初级产业部又宣布，由新西兰第二大乳品公司韦斯特兰乳品公司旗下工厂生产、出口至中国的两个批次乳铁蛋白，被检测出硝酸盐含量严重超标。初级产业部已决定撤销韦斯特兰4个批次乳铁蛋白的出口许可。

4. 没有建立通畅的信息沟通渠道

没有建立通畅的信息沟通渠道主要表现在两个方面：①内部沟通不畅，组织成员和利益相关者之间相互不了解，管理者下达的命令也难以被及时执行；②外部沟通不畅，使公众缺乏完整可靠的信息来源，为其想象和捏造事实真相留下了大量空间。

组织没有建立通畅有序的信息沟通渠道，缺乏有效、及时、适用的信息披露制度，与媒体关系处理不当，就无法及时有效地向公众传播组织的信息和获得公众的反馈信息。过分保密，不了解舆论，都会引发危机。例如，本章导入案例中，肯德基避谈饲料添加药物问题，且除当事方自说自话以外，尚未有第三方权威检测机构就此回应。肯德基没有建立起一个通畅的信息沟通渠道。

5. 社会责任缺失

社会责任感不强是引发组织公关危机的根本原因之一。企业社会责任要求企业对利益相关者、社会和环境造成或可能造成不利影响时，应持有公正倾向和自省纠偏意识，必要时给予补偿、履行社会责任。如果企业只考虑本公司的相关利益而忽视了相关者的利益，如股东、政府、员工和消费者的利益，对待利益相关者极其不负责任，甚至宁以牺牲利益相关者的利益来保全企业自身的利益，一旦企业的不良行为被媒体曝光，企业便会丧失公众的信任，导致危机一发不可收拾，使企业面临尴尬的境地。

（二）组织外部原因

组织所处的外部环境是异常复杂的，某一方面发生变化，尤其是突如其来的变化会给组织以重击，使组织陡然陷入困境，组织形象面临前所未有的挑战。

1. 企业恶性竞争

在市场竞争中，有些对手为了能够获得更多的利益就不择手段，故意歪曲事实，散布谣言以恶意中伤别的企业达到破坏对方品牌的目的。

2. 企业遭受不可抵抗的天灾人祸

对于很多企业而言，虽然有很好的危机预警措施，但是天灾人祸的发生是他们难以控制的，如自然环境变化、政策体制转变、舆论错误导向等。如下面的案例中，就是由于企业遭受不可抵抗的天灾人祸引起的危机。

拓展阅读

事发富士康南宁科技园区，6人受伤，其中两人伤势严重

据《南国早报》2013年8月18日《事发富士康南宁科技园区，6人受伤，其中两人伤势严重》一文报道。（记者 谢奎）“仅几秒钟时间，台风就把我们20多人住的活动板房掀翻。”8月16日晚，在富士康南宁科技园高新园区内，两栋供建筑工人居住的双层活动板房被风刮坏，导致6名民工受伤，其中两人伤势较重。事发后，富士康南宁分公司连夜将20多名民工安排在宾馆过夜。

富士康南宁科技园高新园区位于南宁市沙井大道与亭洪西路延长线交汇处。17日下午，《南国早报》记者在现场看到，活动板房受损严重，其中一栋只剩下骨架，棚顶已被完全掀开。另一栋部分房顶也已被掀掉，屋内一片狼藉。

一些民工正忙着收拾房内的东西。民工们称，他们是给富士康南宁分公司员工宿舍楼搞建筑的，共有20多人在此居住。

据民工们称，因事发突然，有的民工根本来不及反应，就被倒塌下来的木板压住，导致6人不同程度受伤。17日，除两名仍在医院治疗的民工外，其余民工均被转移至该公司的职工宿舍楼安置。

富士康集团南宁分公司一名负责劳务输出的负责人说，受伤民工的治疗费将全部由公司埋单。

第二节 公关危机的处理

一、公关危机处理的原则

组织公关部门在处理危机事件、实施危机公关时，并不能随心所欲、肆意而为之，必须按照一定的处理原则，妥善地加以处理，用稳妥的方法赢得公众的谅解和信任，尽快恢复组织的信誉和形象。

1. 快速反应的原则

凡是危机都是突发性的，而且会很快传播到社会上去，引起新闻媒介和公众的关注。所以，第一时间做出迅速恰当的反应是防止危机事件继续恶变的“第一法宝”。加拿大企业危机管理专家唐纳德·斯蒂芬森曾说过：“危机发生的第一个24小时至关重要。如果你未能很快地行动起来并已准备好把事态告诉公众，你就可能被认为有罪，直到你能证明自己是清白的为止。”例如，本章导入案例中，肯德基的“速成鸡”危机，2012年11月下旬曝光，2013年1月上旬才向媒体和消费者做出道歉和解释。在危机开始阶段，肯德基避谈饲料添加药物问题，且除当事方自说自话以外，尚未有第三方权威检测机构就此回应，没有做到快速反应。

拓展阅读

据世界工厂网2012年5月24日《危机公关就是“拼人品”》一文报道（记者王直板）2012年3月初，美国篮球巨星飞人乔丹正式起诉中国的乔丹体育股份有限公司侵犯姓名权。乔丹体育自2000年以来开始以“乔丹”的品牌出售体育用品，这一名称在中国一直被认为是“飞人乔丹”的中文译名，而乔丹体育更是使用了疑似“飞人乔丹”的剪影作为商标，并注册了其使用的球衣号码23号。飞人乔丹据此认为乔丹体育使用自己的姓名进行商品推广，通过误导了消费者获利，因此提出申诉。面对危机，乔丹体育方面保持低调，一直不对自己是否“沾光”进行回应，只是反复强调符合“中国法律”。因为对乔丹体育的操作模式心知肚明，加上飞人乔丹强调索赔会用于慈善事业，舆论风向明确偏向了飞人乔丹一方。

2. 真诚坦率的原则

公共关系危机一旦爆发，通常情况下，都会使公众产生种种猜测和怀疑，同时也会引起政府部门、社会公众和相关媒体的关注与报道，有时新闻媒体甚至会有扩大事实的报道。此时作为事件的当事人，要想取得公众和新闻媒介的信任，必须采取真诚、坦率的态度，告知公众事实真相。迈克尔·里杰斯特尤其强调实言相告的原则，他指出，越是隐瞒真相越会引起更大的怀疑。肯德基在2013年1月10日的公开道歉信中，做到了真诚坦率的原则，这一点是值得肯定的。

3. 人道主义的原则

危机在不少情况下会带来生命财产的损失。危机处理中首先要考虑人道主义的原则。我国政府在每次自然灾害中，都是把抢救和安置灾民放在第一位，这正是人道主义原则的高度体现。

4. 维护信誉的原则

迈克尔·里杰斯特说，公共关系在危机处理中的作用是保护组织的声誉。这是危机处理的出发点和归宿。企业的信誉是企业的生命，而危机的发生必然会在不同程度上对企业信誉带来损失，甚至造成难以弥补的损失，危及企业的生存。在危机处理的全过程中，公关人员要努力减少危机对企业信誉带来的损失，争取公众谅解和信任。实行前述三项原则的最终目的也是为了维护企业的信誉。肯德基在2013年1月10日的公开道歉信，本质上就是一种维护肯德基重视食品安全的好名誉的一种措施。

5. 冷静统一的原则

在公共关系危机来临的时候，组织对危机的处理必须遵守统一的原则，即信息发布的口径要统一，避免出现多种不同声音，造成外界更大的猜疑和混乱。组织的行动、目标及反应协调活动都要统一，甚至包括组织的人力、物力、财力和各机构部门都应统一在最高危机处理小组的领导下，以组织的全部力量尽快平息危机给组织带来的不良影响。

6. 承担责任的原则

公众的利益高于一切，应该是组织危机处理的一条重要原则。组织应该有强烈的社会责任感，无论危机的后果有多么严重，作为组织都应该勇于承担责任，做到不推诿、不埋怨，不为自己寻找客观理由，只有这样才能赢得社会和公众的谅解和好感。肯德基“速成鸡”事件从根本上说还取决于企业是否真正对社会、消费者有责任心，有承担社会责任的意愿。显然在这次危机开始阶段，肯德基没有做到承担责任的原则。

拓展阅读

据中国营销传播网2012年3月16日《要速度，更要品质——麦当劳3·15危机公关反思》一文报道（记者张恒）央视“3·15”晚会所报道的北京三里屯餐厅违规操作的情况，麦当劳中国对此非常重视。我们将就这一个别事件立即进行调查，坚决严肃处理，以实际行动向消费者表示歉意。我们将由此事深化管理，确保营运标准切实执行，为消费者提供安全、卫生的美食。欢迎和感谢政府相关部门、媒体及消费者对我们的监督。

15日晚间9点50分，距央视报道麦当劳位于北京三里屯的餐厅违规操作不到一个半小时。麦当劳中国即在微博发出了上述道歉声明。该微博迅即引发网友“围观”，短时间内转发上万条，评论3000余条。

麦当劳“闪电式”危机公关赢得广泛认可，却也因为微博中“个别事件”等用语而招致大量调侃和批评，而“麦当劳‘危机公关’遭网友调侃”也成为许多媒体评价麦当劳事后处理的新闻标题。

麦当劳借助微博，第一时间对公众做出道歉并承诺改进的声明，危机公关的速度可圈可点。然而，随着时代的进步，承担责任的第一原则已经成为越来越多企业在危机公关中的共识，绝大多数企业都已经懂得在危机事件发生后，首先向公众表达歉意，解释疑虑。这种整体性进步也对企业的危机公关提出了更高的要求。因为公众在习惯性接触企业的即时道歉后，不再满足于安抚性表态的第一步，而是对公关危机的真相有更多追问，对危机处理的后续有更多期待。

面对麦当劳这样的品牌巨头，公众的要求标准显然会更高，危机公关尤为如此。而麦当劳显然没有完全意识到这一点。尽管麦当劳希望通过“个别事件”的定性进行危机止损，避免事件扩散影响到整体品牌形象。然而在实质性调查尚未开始，最后结果尚未落定的情况下，麦当劳对性质和范围进行提前限定的做法，既不够真诚，也不够严谨，更易让公众对麦当劳“深化管理，确保营运标准切实执行”的承诺产生怀疑，危机公关声明招致调侃与批评在情理之中。

危机公关，要速度，更需要品质。对企业而言，危机公关的本质是把握公众的核心关切。麦当劳违规事件中，公众关注的不是麦当劳三里屯门店，而是麦当劳品牌，公众担忧的关键，不是三里屯门店的违规现象将如何整改，而是这种现象是否也会在麦当劳其他门店发生。麦当劳理应把握公众这一核心关切，不仅对三里屯门店这一“个别事件”进行危机公关，更应将品牌的全国体系纳入危机处理全过程，给出切实可信的调查结果和承诺。唯此，才能够真正将歉意变为诚意，消除公众疑虑。否则，将一切责任归咎于个体门店，却没有品牌整体的宏观反思，第一时间的回应根本无法换来真正的谅解和尊重。

中国公关网于2014年7月21日在该网站上公布了2014年上半年十大危机公关案例，针对每个危机公关案例企业的做法给出了点评，值得读者关注。

二、公关危机处理的策略

危机公关的策略包括总策略和具体策略。其中总的策略要求是：重视事实，迅速调查，妥善处理，做好善后工作，再造组织形象。而具体策略则要根据不同的公众对象分别采取不同的对策。

1. 针对企业内部策略

首先，立即成立处理危机事件的专门机构。由组织的主要负责人领导，公共关系部会同其他职能部门人员组成有权威而有效的工作小组。其次，工作小组应迅速而准确地了解事态的发展，制定原则与工作策略并通知全体人员，以便统一口径，步调一致。再次，做好善后服务。如本组织有员工伤亡，立即通知其家属或亲属，并尽可能提供条件满足其所提的合理要求。最后还要合法转嫁和分散危机。根据危机发展的趋势，可以独立承担某种危机损失，如停止生产滞销产品，主动撤出某一投资领域等，或者由合作者、股东来共同分担组织危机。例如，2013 年 1 月 10 日，百胜的道歉信中提及，坚持 2005 年以来的企业自检行动，加强与政府主管部门的沟通，提高供应商对食品安全管控能力，就是应对“速成鸡”危机的企业内部策略的具体方案。

2. 针对受害者的策略

第一，要了解情况，进行沟通。发生危机后，应认真了解受害者的情况，及时而真诚地与受害者及亲属进行沟通，给他们以深切的同情和安慰，若有必要，组织的最高层领导人要亲自出面。第二，要倾听意见，承担责任。冷静地倾听受害者的意见，了解受害者关于赔偿损失的要求，并实事求是地承担责任，尽可能提供他们所需要的服务，满足他们的要求。第三，要把握分寸，赔偿损失。避免在事故现场与受害者发生争执，即使受害者有一定的责任，也需在合适场合单独与其商议，有分寸地让步，拒绝不合理要求时应注意方式方法。第四，要保持稳定，尽快赔付。在处理整个事件过程中，要保持各项分工人员的稳定性，不要无故更换工作人员，从而引起不必要的麻烦。并及早公布受害者及其家属补偿方法及其标准，尽快补偿。

拓展阅读

据《京华时报》2013 年 3 月 18 日《谁惯出了苹果的傲慢时间》一文报道（记者燕农）在涉嫌歧视中国消费者的行为被央视 3·15 晚会曝光后，苹果中国公司 16 日发表声明，虽然声称高度重视每一位消费者的意见和建议，但其中并无一丝道歉的意味，短短不到 200 字的声明被网友批为“官方回复假大空的经典范文”。

其实，早在 2012 年 6 月 19 日和 8 月 30 日，中消协就曾两次点名批评苹果公司，第二次更是以洋洋万言斥责苹果公司无视中国法律，构成侵犯。2013 年 3·15 当天，中消协又联合全国副省级以上消委会集中火力单独炮轰苹果售后维修的 10 大恶行——更换强制留旧件、擅自更换好部件、维修损坏多敷衍、单方判断拒维修、数据损失不负责、维修换新争议大、履行义务不充分、换件欺诈骗客户、检测维修不出具检测报告和修理拖延时间长。

3. 针对新闻界的策略

实事求是不回避，不隐瞒；设置临时记者接待场；主动向新闻界提供事实真相和相关的信息，并表明自己的态度；在事实结果没有明朗之前，不信口开河，盲目加以评论，与新闻界密切合作，表现出主动和信任，以客观公正的态度表明自己的看法，不带有主观情绪；借助新闻媒介表达自己的歉意，并向公众做出相应的解释。无论哪种情况，公关人员都不能用“无可奉告”来抵挡公众及新闻媒介。气急败坏的否认不但于事无补，反而“越描越黑”。例如，2013 年 1 月 10 日，百胜的道歉信，就体现了这一策略。

4. 针对上级主管部门的策略

事故发生后，及时、主动向组织的主管部门汇报，汇报应实事求是，不能文过饰非，更不能歪曲真相、混淆视听；事故处理中，定期汇报事态的发展情况，求得上级主管部门的指导和支持；事故处理后，对事件的处理经过、解决方法和今后的预防措施要及时总结并向上级详细报告。例如，2013 年 1 月 10 日，百胜的道歉信中提到今后的具体方案就是对速成鸡事件今后的预防措施。

5. 针对消费者及其团体的策略

事故发生后，组织要及时通过各种可以利用的渠道，如零售网络、广告媒介等，向消费者说明事件的经过、处理办法及今后的预防措施。热情接待消费者团体及其代表。因为他们代表消费者的利益，在新闻界很有发言权，应热情并慎重接触。例如，2013 年 1 月 10 日，百胜的道歉信是通过网络媒体公开道歉并给出了今后具体的预防措施，就体现了这一策略。

6. 针对社区居民的策略

社区是社会组织赖以生存和发展的基地，社区居民也是社会组织形象的传播者，如果危机事件给社区居民带来了损失，社会组织应努力做好与社区居民的沟通协调工作，主要应做好道歉、补偿、赔偿等工作。

如果组织不幸发生了危机事件，与各方面公众的沟通协调是非常重要的，除了上述六个方面的对策外，还应根据具体情况，分别与事件有关的主管行政机关、友邻单位等公众进行及时沟通，以便通报情况，问答咨询，巡回解释，调动各方面的力量，协助社会组织尽快度过危机。

拓展阅读

据新华网 2013 年 1 月 13 日《中石化：将承担青岛“11 • 22”东黄输油管道泄漏爆炸事故相应赔偿责任》一文报道（记者安蓓、朱诸）中国石油化工股份有限公司 13 日发布公告称，公司将承担山东省青岛市“11 • 22”中石化东黄输油管道泄漏爆炸特别重大事故相应赔偿责任。目前公司生产经营和财务状况总体保持稳定。

公告称，根据国务院事故调查组的统计，该事故造成直接经济损失人民币 75.172 万元。中石化股份公司相关赔偿资金主要来自公司在以前年度积累的安全生产保险基金（指经国家有关部门批准由中国石油化工集团公司面向公司所属企事业单位设立的企业安全生产保险基金）和公司向商业保险公司投保的商业巨灾保险的保险理赔资金。

三、公关危机处理的程序

1. 成立快速高效的危机管理机构

在危机发生时，以最快的速度成立危机控制中心，调配经受过训练的高级人员，配备必要的危机处理设备工具，以便迅速调查分析危机产生的原因及其影响程度，全面实施危机控制和管理计划。危机处理专门机构主要有三方面的作用：一是负责对危机事件管理决策；二是内外沟通联络；三是为媒介准备材料。

解决危机，要求组织迅速决策、快速行动。为此，从总体上看，组织机构必须精简、统一、协调、规章齐全。职责明确。从参与人员来看，危机的程度和类型不同，参与者有所区别。关系组织整体的重大危机应包括组织的最高领导人(以保证危机决策和执行的权威性)、组织主要管理部门的负责人（以快速协调各个部门对危机做出反应）及相关外部专家（以提供专业咨询意见）。

2. 危机的确认与评估

危机确认就是做出启动危机管理程序的决策。这意味着给组织面临的问题定性，同时也意味着组织将实施一系列管理和挽救措施的开始。组织若能尽早确认危机，就能在危机形成的早期较为主动地处理危机；否则，等到事态扩大、舆论蔓延才不得不采取行动时，则会给组织形象和公众关系带来更为不利的影响。

危机评估即组织对危机所造成或可能造成的危害以及影响有一个整体的把握，如是否危及组织的生存，影响是短期还是长期等，以此为基础快速形成危机处理的主攻方向和重点。

3. 迅速隔离危机

当出现严重的恶性事件和重大事故时，要采取各种果断措施迅速隔离险境，力促将各种恶性事件和重大事故所造成的损失降到最低程度，为恢复组织的良好公共关系状态提供保证。隔离危机，首先应做好公众和财产的隔离，其次要做好危机事件的隔离。如指挥人员划分处理危机的人员和维持日常工作的人员两部分，规定哪些人参加危机处理，哪些人坚守原工作岗位。不能因危机发生造成日常管理无人负责，从而造成更大的危机。

拓展阅读

据《北京日报》2012 年 6 月 5 日《蓬莱油田再现漏油 油源已切断》一文报道（记者安蓓 胡俊超）中国海洋石油有限公司 4 日表示，公司接蓬莱 19-3 油田作业者康菲石油中国有限公司报告，该油田 3 日晚在对排液泄压产生的原油进行外输作业时，由于外输软管连接阀异常导致安全装置自动断开，少量原油入海，连接阀自带的自动隔离阀立即关闭，油源被迅速切断。入海原油最大估算为 0.6 吨。

据悉，事件发生后，康菲公司立即对海面油膜进行了回收清理。监测表明，至 4 日 15 时许，现场已无油膜。

中海油表示，对此事件保持密切关注，并积极协助作业者进行相关处置。

4. 查请事故原因

面临危机事件，组织应在安抚救助、控制事态的基础上，迅速查明事情发生的时间、地点，深入群众，了解危机事件各个方面的综合信息，并形成基本的调查报告，为处理危机提供可行的依据。

详细地收集危机事件的信息。包括危机事件发生的时间、地点、发生的原因、人员伤亡情况、财产损失情况。查清事件的现状是否还在发展，或者得到有效控制，控制措施的实施情况如何？如果危机事件还在发展，原因是什么？例如，2013 年 1 月 10 日百胜集团的道歉信中就提到，无论是企业自检流程可操作性欠佳、公司内部沟通不到位、供应商调整速度不够迅速、检测结果没有主动通报政府、个别员工的不妥言论，还是不够快速透明的外部沟通，都有不足之处令人遗憾，这就是速成鸡事件危机发生的原因。

调查受害公众、新闻媒介及事件有关其他公众对危机的反应及要求。如本次事件牵涉到的公众对象有哪些？与事件具有直接和间接责任或利害关系的组织或个人有哪些？与事件处理的有关机构有哪些？等等。

需要注意的是，从事件本身、事件亲历者、目击者和有关方面人士那里广泛收集的信息，无论是现场观察还是事后调查，都应该详细地做好记录。除一般文字记录外，最好利用录音、录像、拍照等进行更为客观的记录，为危机事件的处理提供充分的依据。

拓展阅读

据新华网2013年6月3日《中储粮粮库火灾原因查明 9名责任人被控制》报道（记者刘景洋 范迎春）黑龙江省公安消防总队3日公布了"5·31"黑龙江中储粮林甸直属库火灾原因，系配电箱短路打火引发火灾。

消防部门通过询问大量现场目击证人以及勘查火灾现场，在排除放火的可能后，首先确定起火部位位于12号堆垛南侧。

消防专家在起火部位提取了粮食输送机的配电箱，并送公安部沈阳火灾物证鉴定中心进行鉴定，结合鉴定结论，最终查明该起事故是"由于穿过金属配电箱的导线与配电箱箱体摩擦，致使导线绝缘皮破损，短路打火，引燃配电箱附近可燃的苇席和麻袋，进而引发火灾。"

导线为何会与箱体摩擦？专家表示，由于粮食输送机和其配电箱在该粮库的实际操作中要随堆垛不断搬运，在移动过程中埋下了隐患。

5. 分析信息，确定对策

在掌握危机第一手信息的情况下，了解公众和舆论反应的基础上，深入研究和确定应采取的对策和措施。对策不仅要考虑危机本身的处理，还要考虑如何处理危机涉及的各方面的关系，如组织和员工、受害者、受害者家属、新闻媒介、消费者、客户、政府主管部门等关系。

在与新闻媒体沟通时，组织要掌握舆论的主导权，尽量以组织发布的消息为唯一的权威性来源。在危机发生而事故真相尚未查明前，可向媒介提供背景材料，介绍发生危机的初步情况，组织采取的措施，以及与事件相关的其他资料来占领舆论阵地。组织需要慎选对外发言人。发言人应当具有足够的权威，对组织的各个方面和危机事件十分清楚，同时应当头脑清晰、思维敏捷。组织在处理危机时，应当以社会公众利益为重。组织可以邀请公正、权威性机构帮助解决危机，以协助保护组织在社会公众的信任度。

6. 总结检查，提高管理

这是危机管理结束阶段必不可少的工作。危机管理小组应对危机处理情况全面检查、评估，并将检查结果向公众公布，表明组织敢于承担责任，一切从公众利益出发，认真做好善后处理工作。危机爆发本身就说明组织的管理并非无懈可击，几乎从每一个危机管理案例中我们都能总结出值得组织改进的地方。例如，2013年1月10日百胜集团的道歉信中就提高到了今后的整改措施。

第三节 公关危机的预防

公关危机监测是指当企业面对突发事件，危机监测系统会系统性的扫描本次事件的各类相关信息，并识别和分辨出各类信息的关键要素，诊断当前危机状态，提出危机公关建议案，辅助危机管理者决策判断。公关危机预防的前提是公关危机监测，而后是预控（预防控制）。

我们从监测体系的建立、监测体系的实施和迹象监测的实施三个方面来讨论公关危机监测机制形成。

一、监测体系的建立

危机具有突发性和破坏性，要想在危机出现之后将损失降到最低就必须做好危机监测体系，具体而言包括以下两个方面。

（1）内部危机监测。内部危机监测也是社会组织内部自身所能控制的。严格制定规章制度和执行规章制度，会将一般的危机消灭在萌芽之中。

（2）外部危机监测。外部危机监测是指对外因产生的危机进行及时的发现并采取措施。通常对事件传播的途径进行实时监测能够对负面信息早发现、早解决。

二、监测体系的实施

我们从监测体系的日常监测和突发事件监测来阐述。

1. 日常监测

日常监测，指将监测作为本部门的一项日常工作不间断进行，随时掌握社会舆论的导向、特点和趋势。日常监测的意义在于：随时了解网络舆论的动态、方向；一旦发现有不利于社会组织稳定、重大的虚假舆情，可以及时反馈到有关部门；通过“舆论领袖”等手段，对日常舆情进行引导；为有关部门提供社会舆情方面的决策支持。

案例阅读和分析

据中电新闻网2013年12月18日《中电投国际矿业日常舆情信息监测提供决策参考》一文报道（记者李嘉）近日，中电投国际矿业下发《关于开展舆情信息监测报送工作的通知》，在本部及山西铝业、眉山铝业开展舆情信息监测报送机制，为公司营造良好的舆论环境。

互联网时代网络舆论成为意识形态工作不容忽视的思想高地，重视并利用好网络，是构建和谐企业的重要手段。国际矿业将进一步强化舆情监管力度，设立舆情信息专员，做到常规舆情每周报送，突发事件一时一报。其中，监测报告将对社会媒体中有关国家、行业及公司的重要信息进行监测，关注舆论热点、焦点问题，并对涉及公司本部及所属单位的负面信息及时预警。

舆情信息监测机制涉及动静监测和多元联动监测，在定期搜集整理信息和不定时关注特定事件相结合的同时，探索多元联动，充分扩大舆情信息监测范围。通过完善舆情监测预案、完善网络分析和引导、完善舆情队伍建设，做到增强公司内部的信息共享、建立外部网站管理机构的稳定联系、加强主流媒体的沟通交流，以便于及时掌握公司内外部舆论和相关业务的行情动态，提高监测、研判及应用水平，主动有效地防范风险，把握网络舆论主动权，切实维护公司品牌形象。

分析：为什么中电投国际矿业要开展舆情信息监测报送工作？

2. 突发事件监测

突发事件监测，尤指当发生群体性突发事件时，对相关网络舆情的监测。突发事件的变化因素多，内部关系较为复杂，发展趋势难以预测，相关信息纷繁复杂，给管理机构的信息判断和决策增加了难度。另外，由于突发事件中的矛盾双方往往处于对立状态，影响或阻碍了原有信息沟通渠道的正常功能，从而给各种“小道消息”提供了填补信息真空的机会。此类事件突发性强、社会影响大、给决策者思考的时间短，如果不及时准确获得最新信息并加以判断处理，产生的后果会非常严重。而巨大的压力使决策者很难从容地对所有信息进行采集、整理和判别，一些有价值的信息可能被遗漏或者忽视，从而对处理决策产生误导。因此，在突发事件出现时，完善的舆情监测机制、及时有效的舆情信息汇集和分析，对于全面掌握与该事件密切相关的各种信息极其重要。

三、迹象监测的实施

我们从危机公关迹象监测、危机公关迹象识别和危机公关迹象诊断三个方面来阐述。

（一）危机公关迹象监测

（1）要确定危机迹象监测的对象。一般把最可能引发危机的影响因素或最可能出现危机的实践领域作为重点对象。

（2）要明确危机迹象监测的任务。一是过程监视，即对监测对象的活动过程进行全过程的监测，对监测对象同整个社会组织各活动环节和外部环境的关系状态进行监测。二是信息处理，即对大量的监测信息进行整理、分类、存储，建立监测信息档案，形成系统有序的监测信息成果。

（3）要选择危机迹象监测的有效手段。一般地说，危机迹象监测指标体系及其测量工具就是危机迹象监测过程必不可少的基本手段，而像计算机以及其他的现代化手段则是进行危机迹象监测的重要辅助手段。

（二）危机公关迹象识别

识别公关危机是指公关工作者在日常的公关工作中，通过一些事物的现象和自已长期的工作经验，对危机事件出现时的及时发现和判断。具备识别公关危机的能力相当重要，它可以使组织的损失在及早发现的情况下得到降低。公关危机的识别包括两个方面：一种是显性状态下的发现；一种是隐性状态下的察觉。

1. 察觉隐性状态下的公关危机

组织出现隐性状态下的公关危机时，公关工作还处在表面正常的状态，但是隐患已经在某些因素和环节中存在。例如，组织内部干群关系、部门关系、上下级关系不和；或者是组织内部管理出现了混乱，效益停滞不前；或者是时代进步了，组织发展的脚步却越来越慢，跟不上形势；或者是出现了组织和公众之间的不协调；或者是组织与政府、社区、同行业产生了摩擦等。在这种情况下，有经验的公关人员就会发现这些不和谐因素。目前的状态只是萌芽，随着事物的进程和发展规律，就会由量变到质变，特别是会由局部发展到全局。因此，当一些细小的环节或因素上呈现问题时，就要及时发现，马上处理。这种发现问题的能力需要学习和长期经验的积累。它不仅是理论学习的结果，也是社会经验、工作经验的体现。

2. 发现显性状态下的公关危机

比起隐性状态，显性状态下的公关危机比较容易被发现。稍有一些公关经验，或者是任何一个人都可以判断显性公关危机。因为它是既成事实的危机状态，而且多是影响较大的突发性危机，常常以重大的损失作为标志，容易为人所重视，但是对于重大的显性危机的危害程度的认识和判断却需要丰富的公关经验和很高的判断水平，因为它涉及危机处理的决策和处理手段的制定，以及处理措施的实施。

（三）危机公关迹象诊断

危机迹象诊断是根据危机迹象识别的结果，利用与危机迹象相关的各种信息，对已被识别的危机迹象进行基本成因分析和发展趋势预测，为危机预控提供根据。诊断工作包括：①深入分析危机迹象产生的原因；②合理预测危机迹象的发展趋势。

四、公关危机的预控

我们从公关危机预控的基础工作和危机预控的组织准备两方面来阐述。

1. 公关危机预控的基础工作

组织管理的基础工作一般包括标准化工作、定额工作、企业规章制度建设工作、培训工作、危机意识强化工作等。只有做好组织基础性工作，才能保证高效率、高质量、高效益、优质服务，才能增强组织对环境的适应能力和竞争能力，使组织管理系统运行有序，减少和消除组织存在的各种危机。

（1）标准化工作。一是制定组织的技术标准，包括产品标准、生产工艺标准、操作标准和安全与环保标准等。二是管理标准。从组织生产经营过程看，物质供应、生产、销售、服务等过程均有一套管理标准；从生产经营要素看，人力资源管理、物质设备管理、资金管理、技术管理、信息管理等也有一套管理标准；从管理职能划分看，组织的计划、决策、预测、控制、协调等也有一套管理标准。这些管理标准结合起来，构成一套系统化的、科学化的和现代化的管理标准体系。

（2）定额工作。定额是指在一定的生产技术条件下，对人力、物力、财力等生产经营要素的消耗、占用和利用方面的规定标准。各种定额一般由组织根据自己的实际情况而定，包括劳动定额、设备定额、物资定额、资金定额、费用定额等。

（3）组织规章制度建设工作。组织规章制度是全体职工的行为规范和准则，它能保障组织顺利完成各项管理工作。它包括组织基本制度、组织工作制度和组织责任制度。

（4）培训工作。培训的方式有委托培训、组织内部培训和自我培训三种。

（5）强化危机意识。诱发组织危机的因素潜伏在组织方方面面的经营行为中，从创建企业文化到确立经营思想，从制定战略目标到确定决策方案，从产品生产到销售服务，从外部合作到内部管理，危机无孔不入。所以，组织全体成员只有强化危机意识，才能从根本上防患于未然，如信誉意识、形象意识、服务意识、公众意识、协调意识、效益意识等。

腾讯网于2014年5月5日登载了一篇文章——《企业应该如何预防公关危机》。在该篇文章里给出了企业预防公关危机的原则和方法。

2. 危机预控的组织准备

组织准备是指为预控对策行动开展的组织保障活动。它包括危机管理机构的设置、危机管理制度的制定和危机应急队伍的训练，目的在于为预控对策活动提供有保障的组织环境。

（1）建立快捷、高效的危机管理机构。危机管理机构是进行危机预防管理的重要保证，也是进行危机管理行之有效的工作。危机日常管理机构的设置不仅可以承担危机的日常检测、识别、诊断、评价和预警预控工作，而且可以向组织内外公众表明组织“认真负责的管理态度”。

危机管理机构一般由职位较高的组织者、公共关系部门负责人组成。其工作职责主要有：①全面清晰地对危机进行预测；②针对组织可能存在的各种危机制定防范的方针和政策；③为处理危机制定有关的策略和步骤；④指导与监督整个组织各部门危机预防管理的措施；⑤编制危机管理的经费预算；⑥对全员进行危机教育培训；⑦在危机事件发生时负责对危机事件处理进行指导和咨询等。

（2）建立危机管理制度。制度是用以规范人的行为、保证方针政策得以实施，实现组织系统良性运营的各种约束性规则。建立危机管理制度还需要具体的执行和检查。

（3）危机应急队伍的训练。训练内容具体包括：①应对危机事件的能力培训；②进行危机事件的应对策略培训；③建立危机处理案例库，从中汲取经验教训；④进行综合性模拟演习。

拓展阅读

据中国民航网 2013 年 7 月 5 日《南京机场与油料公司举行消防联合演练》一文报道（通讯员杨卫华、朱宏利）7 月 3 日 9 时 21 分，南京禄口油库火警消防警报响起，空港油料公司三号油罐遭雷击起火。南京禄口机场消防大队接警后，立即调派人员车辆赶往现场。消防执勤点先期到达，出水枪冷却三、四号油罐。随后，消防大队增援队伍赶到现场，侦察小组发现一名受伤人员，随即通知救援小组实施救助，伤员救出后，开始总攻，一举扑灭火灾。

这是当日南京禄口国际机场消防保卫部与空港油料公司联合举行的一场消防演练。此次演习禄口机场消防大队共出动四辆消防车，消防指战员 40 名，充分检验了机场消防应对突发事件的处置机制，为保障机场消防安全积累了宝贵经验。

（4）精心策划危机实施方案。良好的危机防范管理不仅能够预测可能发生的危机情境，而且要为可能发生的危机做好准备，拟好计划，从而自如应付危机。制订全面的危机反应计划主要包括危机运营的目标、策略对策、工作程序方法、方案运作条件、组织资源配置等。在制定危机反应方案时，要倾听外部意见，要有一定的灵活性。

本章小结

本章比较重要的知识点有以下几点。

1. 公共关系危机，简称公关危机，是指由于突发事件或重大问题的出现，使组织的公众关系迅速恶化，生存和发展受到威胁，组织的公共关系状况严重失调，处于某种险情的状态。

2. 公关危机的特征有：发生的突然性、公众的关注性、后果的危害性、处置的紧迫性、趋势的可变性。

3. 公关危机处理的原则有：快速反应的原则、真诚坦率的原则、人道主义的原则、维护信誉的原则、冷静统一的原则、承担责任的原则。

4. 公关危机处理的程序有：成立快速高效的危机管理机构；危机的确认与评估；迅速隔离危机；查清事故原因；分析信息，确定对策；总结检查，提高管理。

5. 迹象监测的实施包括：危机公关迹象监测、危机公关迹象识别、公机关迹象诊断。

6. 公关危机预控的基础工作包括：标准化工作、定额工作、组织规章制度建设工作、培训工作、强化危机意识。

练 习 题

一、名词解释

公关危机　公关危机监测　危机迹象诊断　无形公关危机　有形公关危机

二、单项选择题

1. 危机事件的内容往往和公众有直接关系，特别是涉及人身安全时，更会成为社会舆论和社会公众的关注焦点和热点。该观点是阐述公关危机特征的（　　）方面。

A. 发生的突然性　B. 公众的关注性　C. 后果的危害性　D. 处置的紧迫性

2. 组织一旦发生危机，会在很短的时间内迅速而广泛传播，其负面影响是可想而知的，它会像一颗突然爆炸的“炸弹”，迅速扩散开来。该观点是阐述公关危机特征的（　　）方面。

A. 发生的突然性　B. 公众的关注性　C. 后果的危害性　D. 处置的紧迫性

3. 主要是指常见的公共关系纠纷，从某种意义上说，公共关系纠纷还算不上真正的危机，它只是公共关系危机的一种信号、暗示和征兆。该定义是关于（　　）的阐述。

A. 一般性公关危机　B. 重大公关危机　C. 有形公关危机　D. 无形公关危机

4. 第一时间做出迅速恰当的反应是防止危机事件继续恶变的“第一法宝”。这是阐述处理公关危机原则的（　　）方面。

A. 快速反应的原则　B. 真诚坦率的原则　C. 人道主义的原则　D. 维护信誉的原则

5. 事故发生后，组织要及时通过各种可以利用的渠道，如零售网络、广告媒介等，向（　　）说明事件的经过、处理办法及今后的预防措施。

A. 企业内部员工　B. 上级主管部门　C. 新闻界　D. 消费者

三、多项选择题

1. 下面（　　）是关于公关危机特征的阐述。

A. 发生的必然性　B. 公众的关注性　C. 后果的危害性　D. 处置的紧迫性

2. 下面（　　）是关于公关危机处理原则的阐述。

A. 快速反应的原则　B. 冷静统一的原则　C. 成本最小的原则　D. 真诚坦率的原则

3. 危机处理专门机构主要的作用有（　　）。

A. 负责对危机事件管理决策　B. 内外沟通联络

C. 为媒介准备材料　D. 预测危机

4. 迹象监测的实施包括（　　）。

A. 危机公关迹象监测　B. 危机公关迹象的预防　C. 危机公关迹象识别　D. 危机公关迹象诊断

四、简答题

1. 公关危机的特征有哪些？
2. 公关危机阐述的原因有哪些？
3. 公关危机处理的原则有哪些？
4. 处理公关危机时，针对受害者应该采取怎样的策略？
5. 公关危机处理的程序有哪些？
6. 怎样进行危机公关迹象的识别？

7. 公关危机预控的基础工作有哪些?

8. 公关危机预控的组织准备有哪些?

五、案例分析

据中国经济网2012年03月15日报道（记者明彪）在2012年的3·15晚会上，麦当劳食材被曝光存在严重的卫生问题。据悉，麦当劳对每种食材均有在保温箱内存放时间的限制，并规定食材在保温箱中存放超过规定时间就要扔掉，但记者暗访的结果却是，在北京三里屯某麦当劳店内，食材已经在保温箱中存放超过规定时间，但并没有被扔掉，而是被重新放回了保温箱。

麦当劳的香芋派等甜食很受消费者欢迎，在每个派的包装上都有一个数字，它是这个派的过期时间，而记者却发现，这些数字可以被员工随意更改，原本只有一个半小时保质期的派，有可能载三四个小时之后还在待售。

此外，记者在暗访中还发现，有些麦当劳员工会把掉在地上的牛肉饼、过期变硬的芝士片、已经过期的鸡翅当作正常的原料使用。

问题：参考第二节拓展阅读中麦当劳处理本次危机的方法，回答下述问题。

（1）什么是公关危机?

（2）处理公关危机的原则有哪些?

（3）你如何评价麦当劳处理此次危机的方法?

综合实训

假设你是上述案例中麦当劳的公关部的负责人，请模拟召开一次新闻发布会来处理此次公关危机。

主要参考文献

[1] 安蓓、胡俊超．2012-6-5．蓬莱油田再现漏油 油源已切断[N]．北京日报，13.

[2] 安蓓、朱诸．2014．中石化：将承担青岛“11·22”东黄输油管道泄漏爆炸事故相应赔偿责任[OL]．新华网[2014-1-13].

[3] 蔡志刚．2010．公共关系原理与实务[M]．西安：西北工业大学出版社.

[4] 陈昌梅．2014-1-22．2014 中国•成都熊猫嘉年华暨首届熊猫艺术节即将开幕[N]．成都晚报，21.

[5] 陈琼．2013-7-16．中联重科称将起诉“背后黑手”[N]．北京晨报，B05.

[6] 陈薇伊．2012．肯德基避谈药物饲料问题“速成鸡”事件迷雾重重[OL]．中国新闻网[2014-5-27].

[7] 迟明霞．2012-12-28．“速成鸡”事件引发养鸡业洗牌[N]．中华工商时报，3.

[8] 范方舟，岳学友，孙志洁．2007．实用公共关系[M]．开封：河南大学出版社.

[9] 方莉玫，熊畅．2013．公共关系实务[M]．北京：机械工业出版社.

[10] 冯冰．2006．公共关系基础[M]．北京：中国传媒大学出版社.

[11] 郭洪涛．2004．国有股表决权证券化构建新型政企关系[J]．重庆邮电大学学报(社会科学版)，16(1).

[12] 郭惠华．2013．玫琳凯 50 周年庆典举办[OL]．中国网[2013-9-4].

[13] 韩宝森．2009．公共关系理论、实务与技巧[M]．北京：北京大学出版社.

[14] 加琳玮，谭利娅．2014．悉尼将举办龙舟竞渡当中国农历新年庆典闭幕礼[OL]．环球网[2014-8-8].

[15] 江浩．2013．会展策划都有哪些内容[OL]．中国礼品网[2014-8-29].

[16] 蒋隽．2013-12-21．省博压箱宝 明玛瑙茶杯[N]．信息时报，A8.

[17] 节勇．2008-5-15．10 万美元寻找主人[N]．番禺日报，A6.

[18] 居延安．2005．公共关系学[M]．北京：北京工业大学出版社.

[19] 李嘉．2013．中电投国际矿业日常舆情信息监测提供决策参考[OL]．中国电力新闻网[2014-9-1].

[20] 李金磊．2013．百胜就“速成鸡”致歉 称将主动通报自检的问题[OL]．中国新闻网[2014-7-10].

[21] 廖丽丽，梁盛，潘永德. 2014. 广东湛江 6 艘渔船着火被烧毁 无人员伤亡及失踪[OL]. 中国新闻网[2014-6-31].

[22] 凌义斌．1992．“丑陋”招财[J]．南窗风，(03).

[23] 刘欢．2013-7-6．伪造遗嘱使用虚假文书 陈振聪被判囚 12 年[N]．法制日报，3.

[24] 刘建长，程旭兰．2010．公关礼仪概论：公共关系·人际关系·礼仪[M]．杭州：浙江大学出版社.

[25] 刘洁秋．2013．恒天然出口中国奶粉又被曝硝酸盐超标[OL]．新华网[2014-7-22].

[26] 刘景洋、范迎春．2013．中储粮粮库火灾原因查明 9 名责任人被控制[OL]．新华网

[2014-6-23].

[27] 马志强. 2012. 现代公共关系案例教程[M]. 上海：上海交通大学出版社.

[28] 明彪. 2012. 3.15 晚会曝光麦当劳餐厅无视食品保质期[OL]. 中国经济网[2012-3-15].

[29] 欧阳开宇，祁登峰. 2014. “玉兔”月球车舒展机械臂 成功实施首次科学探测[OL]. 中国新闻网[2014-6-15].

[30] 潘洁、夏妍. 2013-4-9. 农夫山泉被指浙江标准广东用[N]. 国际金融报. 2.

[31] 任焕琴. 2012. 公共关系学实用教程[M]. 北京：北京大学出版社.

[32] 任正臣. 2011. 公共关系学[M]. 北京：北京大学出版社.

[33] 赛韬. 2005. 凝聚力量扬帆青岛——评“迎办奥运看青岛大型历程展”[J]. 公关世界，(07).

[34] 邵弢如，徐媛园. 2014-1-17. 上海铁路局官方微信正式上线[N]. 扬子晚报，A06.

[35] 申俊龙，王悦. 2006. 公共关系学[M]. 北京：科学出版社.

[36] 孙恒有，王红. 2007. 公共关系与商务礼仪[M]. 郑州：郑州大学出版社.

[37] 孙铁翔，吴晶晶. 2014. 苏士澍委员：写好中国字，做好中国人[OL]. 新华网[2014-7-8].

[38] 孙雪梅 胡笑红. 2013-6-3. 服务贸易就在每个人身边[N]. 京华时报，46.

[39] 王玫，王志敏. 2007. 公共关系理论与实务[M]. 北京：北京大学出版社.

[40] 王直板. 2012. 危机公关就是“拼人品”[OL]. 世界工厂网[2014-6-24].

[41] 魏铭言. 2013-5-31. 高校烟草科研 7 成由烟草公司赞助[N]. 新京报，A23.

[42] 魏巍. 2013. DSG 问题两地差别对待引质疑 大众称实质内容一致[OL]. 中国新闻网[2014-7-8].

[43] 夏萌. 2011-2-28. 友邦保险赞助南极探险环保活动[N]. 京华时报，C07.

[44] 谢奎. 2013-8-18. 事发富士康南宁科技园区，6 人受伤，其中两人伤势严重[N]. 南国早报，4.

[45] 徐小瑜. 2013. 梅州将借力举办央视秋晚打响世界客都品牌[OL]. 大公报网[2014-8-3].

[46] 许启彬、丁珊、蔡蕴琦、张琳. 2014-1-8. 他是全国最有名“楼主” 江苏有 140 多座逸夫楼[N]. 扬子晚报，A10.

[47] 燕农. 2013-3-18. 谁惯出了苹果的傲慢时间[N]. 京华时报，42.

[48] 杨杰，华官林. 2012-6-7. 美克美家献礼六一[N]. 重庆晚报，46.

[49] 杨俊. 2008. 新型实用公共关系教程[M]. 北京：高等教育出版社.

[50] 杨明娜，陈敏，王凤. 2008. 公共关系学[M]. 西安：电子科技大学出版社.

[51] 杨卫华、朱宏利. 2013. 南京机场与油料公司举行消防联合演练[OL]. 中国民航网[2014-8-5].

[52] 叶米. 2013. 2013“无锡好味道”美食展评活动颁奖典礼举行[OL]. 太湖明珠网[2014-8-10].

[53] 曾湘宜. 2006. 公共关系基础[M]. 北京：北京工业大学出版社.

[54] 张国. 2014-1-3. 天津将允许企业注册“一照多址”和“一址多照” 工商登记制度改革后，3 个工作日办完“四证一章”[N]. 中国青年报，1.

[55] 张恒. 2012. 要速度，更要品质——麦当劳 3.15 危机公关反思[OL]. 中国营销传播网[2014-7-16].

[56] 张静容，张月娥. 2009. 新编公共关系实务[M]. 北京：北京大学出版社.

[57] 张梅贞. 2012. 网络公关[M]. 武汉：武汉大学出版社.

[58] 张美清. 2007. 现代公共关系原理与实务[M]. 北京：北京大学出版社.
[59] 张颖. 2013-11-6. 娃哈哈正式进军白酒行业[N]. 法制晚报，A38.
[60] 张远. 2013-6-21. 乐峰广场开业有好礼[N]. 南方都市报，A23.
[61] 周晨曦. 2014. 衡阳沪通别克开业庆典 新春送祝福！[OL]. 汽车之家[2014-7-6].
[62] 周人杰. 2013-9-24. 多美滋为何再陷贿赂丑闻[N]. 京华时报. 2.
[63] 朱臣，李留法，黄玉庆. 2011. 公共关系学[M]. 北京：中国传媒大学出版社.

更新勘误表和配套资料索取示意图

说明：扫描本书封底左下角二维码可直接打开本书页面，配套学习资料注册后可直接下载；**教学用资源**仅供教师下载，**教师身份**、**用书教师身份**需网站后台审批（咨询邮箱 13051901888@163.com）。

更新勘误及意见建议记录表

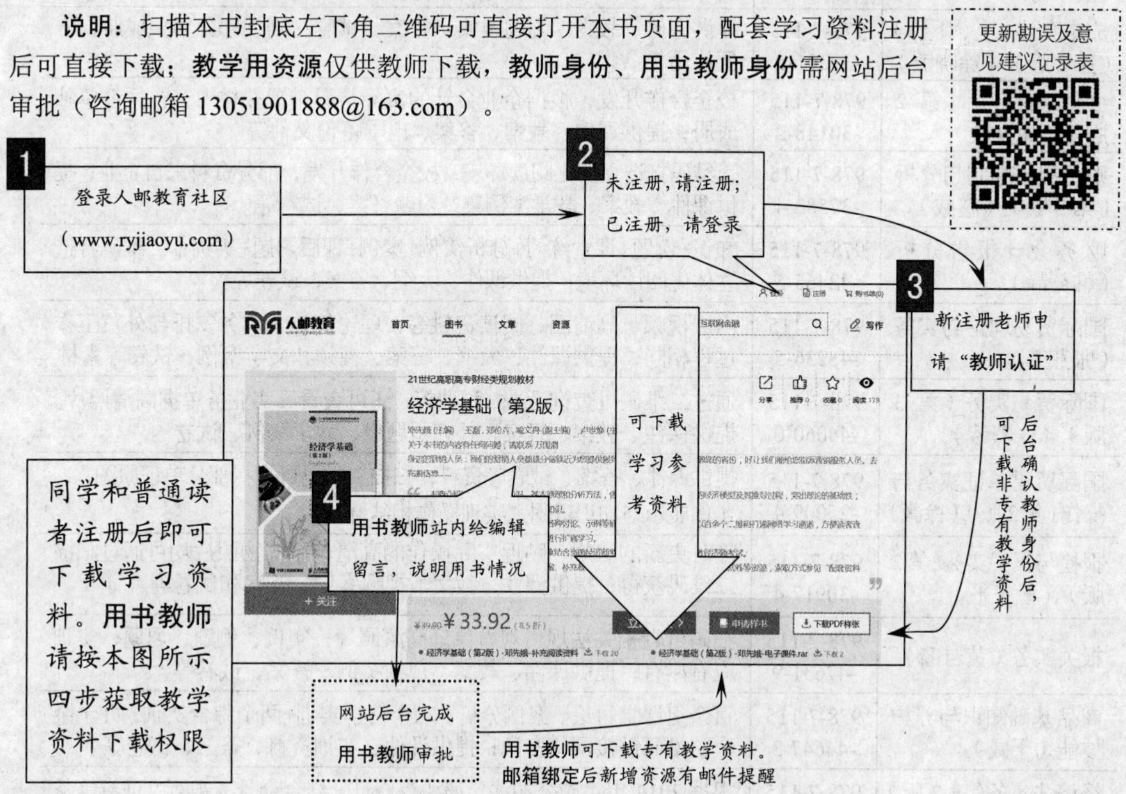

本丛书部分教材推荐

书名（作者）	书号	特点简介
管理学基础（第 2 版）（季辉）	978-7-115-38656-4	正文内有丰富的课堂互动栏目；二维码链接网络学习资源；提供课件、视频教学案例、习题答案、试卷、阅读资料等
管理学基础（李海峰）	978-7-115-39378-4	提供课件、教案、教学体会、实训说明、文字与视频案例、参考答案、习题集、试卷、阅读资料等，作者开通有教学博客
人力资源管理（第 2 版）（吴少华）	978-7-115-44162-1	四十余二维码链接新闻、案例等；案例阅读与分析、实战演练等形式促进边学边练；提供课件、教案、实训指导、答案、案例和试卷等
生产运作管理（微课版）（王肇英）	978-7-115-46701-0	内含生产运作动画、视频实例等；以实例解读为依托展开理论知识、操作技能的学习；提供课件、教案、答案、教学动画、试卷等
电子商务基础（白东蕊）	978-7-115-40043-7	涉及物联网、互联网+等新内容；二维码链接网络学习资源；提供课件、实训指导、文字与视频案例、试卷等
公共关系理论与实务（吴少华）	978-7-115-38147-7	大量采用 2013 年、2014 年案例；二维码链接案例、视频等网络资源；提供课件、教案、答案、案例和试卷等
经济学基础（第 2 版）（邓先娥）	978-7-115-42219-4	数百实例讨论连接理论与生活；百余二维码打通网络学习通道；提供课件、答案、阅读资料、教案、文字与视频案例、试卷等
会计基础与实务（第 3 版）（杨桂洁）	978-7-115-42694-9	市级二等奖；满足会计从业资格考试要求；原始凭证单独成册；二维码展示在线视频等学习资源；提供课件、教案、答案、试卷等

续表

书名（作者）	书　　号	特 点 简 介
财务会计（第 2 版）（贾永海）	978-7-115-39292-3	提供课件、教案、教学做一体化训练参考答案；学练结合，重点突出课堂练习及课后实训环节，配有“教学做一体化训练”
成本会计（上、下册）（第 2 版）（徐晓敏）	978-7-115-39201-5	提供课件、教案、习题及实训答案、试卷；实训部分单独成册，方便使用
会计综合实训（第 2 版）（甄立敏）	978-7-115-30148-2	校企合作开发，根据企业会计的实际情况布置教材内容；凭证单独成册；提供课件、教案、答案、电子备份文件等
财务报告编制与分析（第 2 版）（赵威）	978-7-115-37583-4	二维码打造立体化阅读环境，校企合作开发，部分资料来自企业；提供课件、教案、教学案例集、习题答案、试卷等
财务会计报告分析（韩德静）	978-7-115-42465-5	知识+例题+课堂练习+分析实例+案例+课后习题+实训；二维码打造立体化阅读环境；提供课件、大纲、答案、试卷等
国际贸易理论与实务（张燕芳）	978-7-115-48236-5	内嵌视频、高清图、阅读资料等；理论简洁，实务安排与外贸工作过程相同；提供课件、大纲、答案、视频和文字案例、试卷等素材
国际贸易实务（第 3 版）（张燕芳）	978-7-115-44060-0	通过二维码可查询运费、税费等，还可查看真实业务单据高清照片。提供课件、教案、答案、补充习题集、教学案例、试卷
国际贸易单证实务与操作（第 2 版）（徐薇）	978-7-115-25009-4	提供课件、答案、试卷等资料；扫描二维码可查看部分单证原图；实例展示与知识巩固、实训操作相结合
报检与报关实务（第 2 版）（熊正平）	978-7-115-30917-4	随时更新的法规、贴近实际操作的高清单证实物照片均可通过扫描二维码获得；提供课件、教案、视频案例、答案和试卷等
报关实务（黄君麟）	978-7-115-47631-9	扫码可查相关法规、观看单证高清照片；实例、例题、习题、实训应有尽有；提供课件、教案、视频案例、答案、试卷等
商品基础知识与养护技能（于威）	978-7-115-44647-3	百余组课堂讨论、案例分析；八个自学实训+两个综合实训；九十余个二维码链接网络资源；提供课件、实训资料、答案、试卷等
经济法实务（第 2 版）（王琳雯）	978-7-115-35654-3	根据 2014 年实施公司法、消法等修订；结合会计、银行、证券等从业资格的考试要求；提供课件、教案、答案和试卷等
经济法概论（第 2 版）（刘磊）	978-7-115-46178-0	内容图表化、案例故事化，实践与实训源于工作实际；提供教案、教学计划、课件、答案、补充教学案例（文字、视频）、试卷等
金融法理论与实务（第 2 版）（罗艾筠）	978-7-115-35124-1	“十二五”职业教育国家规划教材；省级精品资源共享课程配套教材；提供课件、教案、答案、文字与视频案例、实训指导、试卷等
金融学概论（第 2 版）	978-7-115-47097-3	时事、案例提升学习兴趣；视频、图例拓展阅读空间；提供课件、答案、视频案例、试卷等
金融基础知识（第 2 版）（韩宗英）	978-7-115-35666-6	“十二五”职业教育国家规划教材；以故事提升学习兴趣，以通俗降低学习难度；提供课件、教案、答案、试卷、视频案例等
证券投资实务（孟敬）	978-7-115-43069-4	二维码拓展学习通道；学练结合提高学习效果；涵盖证券从业资格考试知识点；提供课件、文字与视频案例、试卷等
保险基础与实务（第 2 版）（徐昆）	978-7-115-35125-8	“十二五”职业教育国家规划教材；校企合作开发，与职业资格证书考核内容和专业岗位要求相衔接；提供课件、文字与视频案例、答案、试卷和实训资料等
商务礼仪　案例与实践（王玉苓）	978-7-115-46646-4	内含实践与训练指导，即学即练；高清彩图、视频案例，边学边看；提供教案、大纲、课件、视频及文字案例、试卷等
人际关系与沟通技巧（龙璇）	978-7-115-41966-8	数十组实训寓教于乐；近百实例开启思考讨论大门；五十余二维码拓展网络空间；提供课件、大纲、实训指导手册、答案、补充教学案例集等